Marianne Streuer

Die Streifen des Zebras

Marianne Streuer

Die Streifen des Zebra

Aktuelles Weltgeschehen
seine geheimen Wurzeln

sein erstaunliches Ergebnis

 Argo-Verlag
Ingrid Schlotterbeck
Sternstraße 3, D-87616 Marktoberdorf
Telefon: 0 83 49/92 04 40
Fax: 0 83 49/92 04 449
email: mail@magazin2000plus.de
Internet: www.magazin2000plus.de

1. Auflage 2010
Satz, Layout, grafische Gestaltung: Argo-Verlag
Umschlaggestaltung: Argo-Verlag

ISBN: 978-3-937987-87-3
Copyright © Argo 2010

Gedruckt in Deutschland auf chlor- und säurefreiem Papier.

Dieses Buch widme ich
meinen Enkelkindern
May und Tamin

Inhalt

Erster Teil

1. Worte von El Morya.. 9
2. Begrüßung.. 10
3. Worte von Tamim Hokan.. 13
4. Welt im Wandel – Erde im Wandel........................ 14
5. Es ist, wie es ist.. 43
6. „Wir waren die Leoparden,
   jetzt kommen die Hyänen."..................................... 58
7. Jeder Mann – Jede Frau... 73
8. Und der Teufel lacht... 84
9. Ich bin eine staatenlose Deutsche......................... 110
10. Quo vadis, Europa?... 153
11. Die Sache mit dem Geld... 175
12. Nichts bleibt, wie es ist.. 201
13. Die Streifen des Zebras.. 208

Zweiter Teil

14. Das Kosmische Jahr... 238
15. Krebs.. 254
16. Zwillinge... 263
17. Stier.. 269
18. Widder... 276
19. Fische... 293
20. Wassermann.. 305

Dritter Teil

21. Garantie für eine glückliche Zukunft.................... 316
22. Ein Strom aus vielen Flüssen................................ 328
23. Die Kinder des Wassermanns................................ 340

24. Die ständig erneuerbare kosmische Energie des
    menschlichen Geistes... 364

25. Planet Erde in der Galaktischen Föderation................. 373

26. „Alle Menschen werden Brüder".................................. 383

Anhang   389

• Afrika und Albert Luthuli.................................... 392

• Der Atem Parabrahmans...................................... 396

• Das Kosmische Jahr - astronomisch betrachtet............ 398

• Der Fall Roswell.. 399

• Die Ode an die Freude... 401

• Dollarsystem seit 1913.. 406

• Ein Hoch auf die globale Krise, Artikel des
  russischen Generals (a.D.) Leonid Iwaschow............... 411

• El Morya.. 419

• Ende der Dollar-Hegemonie,
  Rede von Ron Paul 2006..................................... 420

• Erklärung zu dem Begriff Kryon........................... 441

• Gründung des Federal Reserve Systems..................... 442

• Maibaum.. 451

• Metaphysik.. 453

• Die Namen des Bösen... 454

• Potenzieren der Energie von Gedankenkraft................ 456

• Rede von Prof. Carlo Schmid zum Grundgesetz........... 458

• Schuman-Resonanz-Frequenz................................ 471

• Sheldrake, Der hundertste Affe.............................. 473

• Verzeihensübung... 475

• Weitere Kinder-Aussprüche................................... 477

Abkürzungen und Begriffserklärungen.......................... 480

Bibliographie... 485

Wenn ich mein Ohr auf den Wüstensand lege,

höre ich Stimmen

einer unvorstellbar schönen Zukunft.

El Morya

Begrüßung

Die ersten Ideen, die mich zu diesem Buch anregten, waren hervorgerufen durch die Überfülle an Missständen von Not, Leid, Schmerzen und Lügen, die wie eine Dunstglocke über unserer Erde liegen. Sie lassen Freude und Schönheit kaum zum Leuchten kommen. Das Ungute ist in den undurchsichtigen Bereichen der Manipulation von Eliten entstanden. Einige Machenschaften stelle ich ins Scheinwerferlicht, um aufzuwecken, Verantwortung zu übernehmen und als notwendige Änderung Licht ins Dunkel zu bringen. Auf diesem Wege glaubte ich, meinen Beitrag für ein verändertes Fundament im Bewusstsein der Menschen zu geben. Denn im *Großen Jahr*, dem Weltenjahr von 25 816 Erdenjahren, vollzieht sich gerade jetzt der „springende Punkt" von Unwissenheit zur Bewusstwerdung der Menschheit.

Die gegenwärtige Zeitqualität liegt genau im Wendepunkt von der dunklen Halbzeit zur lichtvollen, von Schwarz zu Weiß, von Elend zu Wohlergehen für alle. Es ist berechtigt, mit Zuversicht und Freude durch die Systemkrise dieses Paradigmenwandels zu gehen. Wie nach einem Winter sprießt in allen Bereichen erneut das Leben und treibt allerdings zuerst das Ungute hervor, um Raum zu geben für eine gänzlich neue Zeit.

So sind Klage und Anklage hinfällig geworden. Vorbei ist vorbei! Auch meine Motivation zu diesem Buch hat sich geändert, seit Ende 2007 der Wandel mit der Finanzkrise tatkräftig und vielseitig in Gang gekommen ist. Lügen und Gewalt zeigen ihre hässlichen Gesichter. Mögen unsere Kraft und aller Einsatz einer guten Zukunft gelten! Wenige

Fakten vergehender Lebensmuster mit ihren unguten Gepflogenheiten erwähne ich, um die Größe und Bedeutung dieser Wandlungszeit zu veranschaulichen. Nichts sonst.

Die Menschheit kommt zu einer neuen Weltordnung doch entsprechend kosmischer Ordnung, die mächtiger ist als menschlicher Wille anders als es die „Schattenregierung" mit ihren „black operations" heute mit aller Kraft anstrebt. Es wird aus kosmischen Gesetzmäßigkeiten heraus eine ‚Weltordnung des Lichtes' sein, auch wenn es angesichts des aktuellen Weltgeschehens noch kaum glaubhaft erscheint. Das Spiel genau gesagt: Die Machenschaften, aus der Vormacht der dunklen Zentren neigt sich immer stärker und ständig schneller werdend dem Ende zu. Deswegen ist eine „Weltordnung" entsprechend ihrer ego-zentrierten Interessen, gewiss zu einem illusorischen Wunschtraum geworden.

Zum richtigen Lesen und Verstehen dieses Buches ist es wesentlich zu betonen, dass mit dem Wort GOTT kein personifizierter Gott gemeint ist. Diese Vorstellung war wohl im Mittelalter noch zeitgemäß. Wem sie aber angenehm und gebräuchlich ist, dem sei sie belassen. Das, was in diesem Buch als Gott oder das Göttliche genannt wird, ist als der Urzustand von wesenhafter Energie im Weltall zu verstehen, in all ihrer unermesslichen Vielfalt, Schönheit, Liebe – inbegriffen sogar das so genannte Böse. „Gott" ist alles, was ist. Als Energie, als Wirksamkeit ist das Göttliche der Lebenskern eines jeden Menschen, was heutige Wissenschaft begonnen hat zu beweisen. (spätlat. *energia*; griech. *en-érgeia* **„wirkende Kraft"** / Alles was ist, ist ein Zustand von einer Art von Energie.)

Ein Energiestrahl in unserem Sonnensystem heißt: *Durch Konflikt zur Harmonie.* Wir befinden uns in der ‚*Chaosfindung*‘, nicht mehr weit entfernt von der Spitze des Umkippens. Chaosfindung aber liegt unausweichlich auf dem Weg zur ‚*Ordnungsfindung*‘. Die Chaosfindung demonstriert die große **Wunde** in der Menschheit und von unserer Erde. Die folgende Ordnungsfindung lässt uns das **Wunder** erleben. Haben Sie keine Angst vor der Zukunft! Werfen Sie alle Sorgen hinter sich! Dieses Wunder wird ein Leben in Fülle, Liebe und Schönheit sein. Das ist uns sicher, denn die Zeit dazu ist gekommen. Und außerdem: „Nichts ist so beständig wie der Wandel“.

Friedrich von Schiller sagt in seinem *Wilhelm Tell:*

Das Alte stürzt, es ändert sich die Zeit,
und neues Leben blüht aus den Ruinen.

Das geheime Ordnungssystem im Inneren des Menschen wie im Kosmos erklärt in logischer Weise, warum es auf der Erde so aussieht, wie es aussieht.

Wir leben in der Zeit einer Morgenröte des Geistes.

Tamim, mein Enkelsohn, war 8 Jahre alt,
als seine etwas ältere Schwester May mich fragte:
„Gibt es das Böse wirklich?"
Bevor ich antworten konnte, sagte Tamim mit fester Stimme:

„Na klar gibt es das Böse –
damit wir unterscheiden lernen
und dann entscheiden."

Welt im Wandel - Erde im Wandel

Freunde!

Mehr, *viel mehr* bedeutet die begonnene weltweite Entwicklung zum Wohlergehen der Menschheit, als nur:

- den totalen Zusammenbruch des krebsartig wuchernden Finanzsystems – *damit eine neue Welt-Währungsform erneut mit fachlich veränderten, ehrlichen, transparenten Strukturen aufgebaut werden kann.*

- Auflösung von Regierungen, in denen die meisten Persönlichkeiten Lakaien von Geldmogulen sind, brauchbar gemacht durch ihre Egozentrik, Unwissenheit oder getrieben von Gier nach Geld und ein wenig Macht. – *Auflösung, um humanere Verwaltungssysteme zu etablieren, mit verantwortungsbewussten Menschen ohne Lebensangst vor einer Schattenregierung, die durch rücksichtslose Brutalität bedeutende Entscheidungsträger manipuliert und das weltweit.*

- Wandlung der Globalisierung, nicht im Sinne reiner Geldinteressen, sondern – *Globalisierung zum Wohle aller.*

- Ein gereinigtes Sozialwesen *stärker in echter Fürsorge für Bedürftige.*

- Umwandlung einer überwiegend skrupellosen Pharmaindustrie – *durch unvorstellbar großartige, natürliche, tatsächlich wirkende Heilweisen.*

- Befreiung der Wissenschaften von der totalen Geheimhaltung fortschrittlichster Technologien in den Forschungsstätten der so genannten ,schwarzen Zellen'

– durch mutige Wissenschaftler, die sich den geistigen Bereichen öffnen für Inspiration und Kontakte mit friedlichen, hilfsbereiten, außerirdischen Wesenheiten. (ET = extraterrestrische Intelligenzen / Die Außerirdischen, die sich der Menschheit jetzt nähern sind *nicht* bösartig und wirken *nicht* zerstörerisch. Beweis: Wenn dem so wäre, würde die Erde nicht mehr existieren. Im Gegenteil, sie sind hilfsbereit und haben die Möglichkeit, mutige Menschen mit einem Schutz für deren Leben zu umhüllen.[1])

• Bereits vorhandene extraterrestrische Techniken[1] aus den Händen dunkler Interessen zu lösen, um - *durch genau diese, segensreich angewandt, menschliches Leben zu erleichtern, zu verbessern und viel interessanter und schöner zu gestalten.*

Der erste Teil dieser Sätze beschreibt einen Tatbestand, der zweite eine Utopie? Nein, es ist möglich, nur ist diese Vision so großartig, dass sie unglaubwürdig erscheint – und doch ist es möglich! Von dergleichen Entwicklungen soll es *noch mehr* geben? Ja, allerdings in den Bereichen geistiger Dimensionen mit Auswirkungen auf unserer Erde, für unseren Alltag, denn **menschliches Bewusstsein dominiert Physik.** Praktisch bedeutet es: Je mehr Friede in unserem Inneren, umso früher entwickelt sich Weltfrieden. Je mehr Wohlwollen für andere, umso schneller löst sich das eigene und weltweite Ungute auf und umso sanfter geschieht der Übergang. Wenn wir nicht nur auf die Missstände starren, sehen wir wunderbare Veränderungen, die Knospen eines neuen Frühlings.

Dass wir in einem grandiosen Wandel leben, bestreitet derzeit niemand. Begonnen bei Gedanken, Gefühlen und Ereignissen im Leben eines jeden von uns bis hin zur Manipulation der gesamten Menschheit wirkt sich dieser Umbruch mehr und mehr aus oft mit durchaus unangenehmen Übergängen. Totale Veränderungen sind immer mit Chaos verbunden, größer oder kleiner, je nachdem wo sie sich abspielen. Das ist es, was wir heute erleben. Bei auffallend vielen Menschen ergeben sich Veränderungen im Beruf, im Portemonnaie, in den Beziehungen, ein Umzug, aufräumen, aussortieren, sich neu orientieren, innere Wandlungen, Bewusstwerdungsprozesse.

Nichts kann auf irdische Dimensionen begrenzt sein. Denn alles was ist, ist miteinander verbunden. So haben die Ausstrahlungen der Sterne tatsächlich ihre Wirkungen auf unsere Erde. Derzeit verändern sich die Einstrahlungen in ihrer Qualität, unser Bewusstsein zu erweitern und sie werden ständig intensiver. Sie wirken bis in unsere Zellen, sogar in unsere DNS und unser Gemüt. Die Resonanz auf Welt und Menschheit wandelt sich und erweitert das Bewusstsein des Menschen zu dem, was wir „das Gute" nennen, zur Liebe und allem was daraus erwächst. Hier liegt die Ursache für das derzeitige Chaos. Für die Neue Zeit muss zuerst der Unrat hochtreiben, damit er abgeräumt werden kann. So ist die Ordnung. Oberflächen zeigen bei Weitem nicht alles. Diese sind immer chaotisch, weil beides gleichzeitig regiert – das Alte noch und schon das Neue.

Meines Erachtens würden selbst die bestmöglichen Formen von Erziehung und Bildung keineswegs ausreichen, den *notwendigen* Wandel im Charakter der Menschen für die

Rettung unserer Erde zu erwirken. Dazu braucht es dieses *„noch mehr"*. Die aus dem Universum einstrahlenden Energien mit ihren Wirkungen im Menschen und die Empfehlungen zur geistigen Entwicklung von liebevollen Außerirdischen, wozu auch Engel zählen, sind die große Hilfe, um eine höhere Bewusstseinsebene zu erreichen. Dadurch wird ein allgemeines Handeln zum Wohle aller möglich. Sollte Ihnen dieses unbekannt sein, so könnte folgender Hinweis dahin führen, ein solches Denken zu akzeptieren.

Sie wissen, dass alles was ist, Energie ist. Seit Einstein und seiner Erkenntnis: $E = mc^2$, *Materie ist eine Zustandsform von Energie*, brauchen wir dieses Naturgesetz nicht zu glauben, wir dürfen wissen! Materie existiert nur im Zusammenspiel mit dem Unsichtbaren. Öffnet sich nicht auch für Intellektuelle damit ein Zugang zum geistigen Bewusstsein? *Materie ist eins mit dem Unsichtbaren.* Energie, eine unsichtbare „Wirksamkeit" hinter allem Sichtbaren. Es ist Schwingung, Strahlung. Meditieren Sie darüber, was dieses letztendlich bedeutet (engl. to meditate = nachdenken), besprechen Sie es mit Freunden. Es ist wahrhaftig wichtiger, als das Auto zu waschen und auch wichtiger als Aktienkurse.

Menschen, die Erlebnisse hatten mit dem, was „das Göttliche" genannt wird, erzählen vom „Licht". Auch diejenigen, die eine Nahtoderfahrung erlebten, beschreiben das wundervolle „Licht", wenn sie von diesem Ereignis berichten.

Energie ist Elektrizität, Magnetismus, Gravitation. Jetzt ist die Zeit, es zu begreifen, zu erfassen (nehmen Sie diese beiden Begriffe wörtlich), dass unsere Gedanken und Gefühle ebenfalls Energie sind, Wirksamkeiten. In der aristotelischen Philosophie ist ,energia' gleichbedeutend mit Tätigkeit, Tatkraft. Energetik ist die philosophische Lehre, *die Energie als Wesen und Grundkraft aller Dinge erklärt* (Duden).

Dazu ein Erlebnis mit meiner Enkeltochter May. Sie war in dem Alter vor der Einschulung. Ich brachte sie zu Bett und May fragte: „Wie sieht Gott aus?" Meine Antwort: „Gott sieht gar nicht aus, Gott ist." Darauf May: „Ist er auch Elektrizität?"

Wir können unsere dreidimensionale Welt nicht richtig erkennen und erst recht nicht höhere Dimensionen, wenn wir dieses physikalische Gesetz, diese *Naturordnung* nicht wahrnehmen. Wissenschaftliche Erkenntnis reicht nicht aus. Erst wenn die Naturgesetze in unserem Innersten bewusst werden, aufleuchten, dann können sie gelebt werden. Die gesamte Natur mitsamt Kosmos und Menschheit ist „sichtbar gewordener GOTT".

Die Energie Ihrer Gedanken erschafft auch Ihr Schicksal. Derzeit erreicht eine Erkenntniswelle von der Macht der Gedanken die Massen. Vor einem Viertel-Jahrhundert nahmen nur die Vorreiter eine solche Welle wahr. (Aus dieser Zeit kennt man die Namen: Murphy und Peal in USA, Schellbach in Deutschland. Mein Buch „Zauberformel Gedankenkraft" erschien 1982, vergriffen) Einzelne, rund um den Globus, kannten es zu allen Zeiten, das Geheimnis. „The secret" ist ein derzeit beliebtes Buch, übersetzt aus dem Amerikanischen.[2] Literatur von Gregg Braden, wie auch seine CDs, erklären allgemein verständlich, wie die geistigen Funktionen mit Hilfe unserer Gehirnmaschine nutzbar werden. Durch wissenschaftliche Beweise kann dieses Wissen nicht mehr übergangen, noch geleugnet werden.

Gerne verbreite ich die Erkenntnis, dass die auf unseren Planeten einwirkenden Strahlungen bald so kraftvoll werden, dass diejenigen, die der erhöhten Schwingungsqualität nicht entsprechen können oder nicht wollen, diese Erde verlassen werden. Natürlich gilt das nicht für jeden Todesfall. Doch gibt es dazu viele Möglichkeiten, sei es durch Selbstmord, weil die alltäglichen Schwierigkeiten die Kräfte übersteigen oder Erkrankungen wie zum Beispiel Aids. In Namibia, wo ich mich zurzeit aufhalte, sind offiziell 30 % der Bevölkerung betroffen. Dabei ist Namibia in Afrika ein Land mit verhältnismäßig guten Zuständen. Es ist durchaus möglich, dass Mutter Erde sich mitsamt ihrer Menschheit auch durch Naturkatastrophen erneuert. Damit die Menschheit gesundet, werden zahlreiche Menschen in einem Naturereignis hinweggerafft. Viele von ihnen verabschieden sich aber, weil sie – ohne es in ihrem Denken zu wissen – zum Opfer bereit sind, um durch den Schock von Katastrophen andere wach zu rütteln. Das sind Seelenverträge, welche diese Personen, auch Kinder, vor ihrer Geburt eingegangen sind.

Ich besitze ein Buch, welches nicht im Handel erschienen war, Informationen von Außerirdischen aus ihrem UFO. Eine Hausfrau in Hamburg erhielt zwischen 1961 - 1966 diese Mitteilungen. Da bei der ersten Durchsage kein Schreibpapier im Haus war, nahm sie ein Schulheft ihrer Kinder, die damals alle einen blauen Umschlag hatten. Deswegen heißt der Titel: „Die blauen Hefte".

17. Juni 1962 – 4 Uhr früh

Wenn die Hüllen eines Wohnsterns mutwillig beschädigt werden, können sie nur repariert werden mit den Bausteinen, aus denen sie entstanden sind. . . . In dem angeführten Falle wird Eure Erde alles tun und die möglichsten Anstrengungen machen, Euch Eure Erde zu erhalten. Dass sie sich dabei mehr als sonst *bewegen* wird, sei Euch gesagt." Und sie bewegt sich, wenn sich tektonische Platten verschieben, wie bei den Tsunamis im Pazifischen Ozean oder wenn noch stärkere Seebeben die Küsten der Kontinente verändern. Sie bewegt sich, wenn Erdbeben Städte zum Einsturz bringen.

In der Astrologie versinnbildlicht Pluto unter anderem auch „den Willen Gottes". In astrologischer Formulierung kann man sagen: Wenn bei bestimmten Plutoaspekten nicht freiwillig eine Wandlung in der Gesinnung vollzogen wird, dann schlägt Pluto die alte Form kaputt. Das geschieht im Einzel- wie im Weltenschicksal. Diese Energie könnte es sein, die Meinungen, Dogmen, Häuser zerschlägt, *wenn der Mensch nicht freiwillig seine persönliche Entwicklung oder die weltweite Evolution erkennt, annimmt und unterstützt.* Wir Menschen haben Gelegenheiten und Chancen, das Drama abzumildern. Wir sind es, die mit der Qualität ihrer Lebensenergie entscheiden, wie der Wandel geschieht. Da sich Pluto sehr langsam am Himmelsrund vorwärts bewegt, hat er für seine verwandelnde Arbeit knapp 20 Jahre Zeit. Der Weg zur Erkenntnis vom Sinn des Lebens führt in tief liegende und vielseitige Facetten des Daseins.

Der Ausspruch „viel mehr" zu Beginn dieses Kapitels mit den beschriebenen phantastischen Faktoren kennzeichnet lediglich das äußere Fundament für die tatsächliche Entwicklung. Was aber ist dieses Zaubermittel, das unser aller Leben verändert hin zu Wohlergehen und Freude? Sprechen wir es aus: Zum Glücklichsein. Es ist nicht der Swimmingpool, gefüllt mit Macht, die entstanden ist aus Reichtum, um kaufen zu können was man gerade will – ob Dinge oder Menschen. Auch dieses hat durch Überfülle und Überdruss seine Grenzen. Das von mir erwähnte **„viel mehr"** ist etwas, das zuerst den Einzelnen ergreift und später die gesamte Menschheit, um sie von Leid und Angst zu befreien.

Es ist die Bewusstseinserweiterung.

Obwohl allgemein unbekannt, wurde Nicholas Georgescu-Roegen (1906 - 1994) in Fachkreisen als der bedeutendste Wirtschaftswissenschaftler des vergangenen Jahrhunderts bezeichnet. Er forderte eine totale Neuformulierung der Ökonomie[3] und brachte das Entropie-Gesetz in Zusammenhang mit Wirtschaftsprozessen. Kurz zusammengefasst lautete Georgescus Motto: Aus Möbeln kann man keine Bäume machen. Verständlich, dass bestimmten einflussreichen Eliten seine Theorien gar nicht angenehm waren. Hätten sie Gehör gefunden, so wären sie eine Gefahr mit weit reichenden und mehr als unangenehmen Folgen für die Wirtschaftsgiganten gewesen. Roegen wurde, so weit als möglich totgeschwiegen. Und doch traute Georgescu-Roegen der Menschheit eine totale Innovation zu. Andernfalls sah er keine Überlebenschance. Bei dem Wort ‚Innovation' handelt es sich hier, wovon ich überzeugt bin, keineswegs um eine industrielle Neuerung, sondern um „viel mehr".

**Die notwendige (Not wendende) Innovation, etwas absolut
Neues, ist die über das Materielle hinausführende
BEWUSSTSEINSERWEITERUNG.**

Sie ist der einzige Weg, den menschenverachtenden, diabolischen Machenschaften, die sich fest etabliert haben, Einhalt zu gebieten, sie aufzulösen, wie da sind:

- Die Zerstörung von Familie und Gesellschaft

- Der globalisierte, korrupte und brutale Kapitalismus

- Das monopolistische Finanzkapital

- Die Institutionalisierung des globalen Verbrechens

- Die Macht von „schwarzen Zellen" die im Besitz extraterrestrischer Techniken sind, einsatzbereit zu einem „Krieg der Sterne", bis hin zu einer von diesen Kreisen angestrebten

- „Stateless global governance" (staatenlose Weltregierung)

- Die Versklavung der Menschheit.

Wie Sie im Folgenden sehen werden, hat selbst dieses Ungute seinen Sinn in kosmischer Ordnung.

Deutlich spreche ich es aus, um die Bedeutung eines erweiterten Bewusstseins als die Grundlage des Wandels in allen verbessernden Maßnahmen kenntlich zu machen.

Praktisch bedeutet es z. B.:

- Der brasilianische Regenwald wird tatsächlich *nicht* abgeholzt. Die weltweit vernichtenden Folgeerscheinungen durch die Zerstörung der „grünen Lunge" der Erde sind bekannt. Durch ein verändertes Bewusstsein wendet sich das Blatt und kann den *Widerstand gegen die Rettung der Wälder rund um den Globus auflösen.*

- Liebevolle Gedanken- und Gefühlsenergien der Menschenmassen, die um den Globus kreisen, werden die Entwürdigung und Demütigung in unzähligen Produktionsstätten auflösen. Menschen schuften unter schießbereiter Überwachung für ein Reiskorn am Tag, werden krank und vegetieren dahin ohne Hilfe. *Wenn das humane Bewusstsein sich verbreitet, werden derartige Qualen beendet sein.*

- Die durchaus einsatzfertigen, doch geheim gehaltenen Techniken für eine gesunde, blühende, globale Kultur und Zivilisation, unter anderem die *Freie Energie*, werden zum Wohle von Mensch, Tier, Pflanze und Erde frei gegeben. Gewiss bedeutet das zuerst den totalen Zusammenbruch der Weltwirtschaft in ihrer jetzigen Form. Ein sanfter Übergang wäre eine phantastische Gelegenheit, alle Kreativität und das gesamte Potenzial der Menschheit in einer freudigen Anstrengung einzusetzen. Derzeitige Entscheidungsträger in den Zentren der Macht sind kaum zur Weisheit und Motivation für eine solche Veränderung bereit. Sie können nicht, weil sie nicht wollen – nicht wollen, weil sie aus ihrem Inneren nicht können? *Doch, jeder Mensch kann sich ändern. Die Zeichen der Zeit lassen hoffen.*

• Die Ausbeutung und Vergewaltigung von Mutter Erde wird ein Ende finden. Wir lassen sie nicht mehr ausbluten, indem wir ihr Öl absaugen. Es ist absolut unnötig. Mit *Freier Energie* steht uns ständig und überall die unbegrenzte, saubere, kostenlose Energie aus der Luft zur Verfügung. Menschen, denen das Sanskritwort „Prana" ein Begriff ist, finden es durchaus logisch, dass diese Essenz in der Luft, die unseren Körper leben lässt, auch noch andere Kräfte beinhaltet. Dieses zu akzeptieren ist *fundamental. Das ist Bewusstseinserweiterung. Das ist keine Symptombehandlung, sondern beginnt mit der Heilung an den Wurzeln.*

Ein wesentlicher Beitrag zum Wohle aller in einer glücklichen Epoche in unserer Welt wird die *Freie Energie* sein. Aus diesem Grunde einige Hinweise aus spiritueller Sicht zur *Freien Energie.*

Ihre Quelle ist die überall vorhandene Luft, die nicht einigen arabischen und asiatischen Fürsten und wenigen Nationen gehört, sondern der gesamten Menschheit.

Die Gewinnung von Freier Energie soll von den Zellen der ‚black operations' bereits nutzbar gemacht und einsatzfähig sein. Sie wird durch die allerhöchste nur denkbare Geheimstufe zurück gehalten. Verständlich, denn:

Sobald die Freie Energie aus der Luft der Erdbevölkerung zur Nutzung frei gegeben ist, wird es die alte Welt aus den Angeln heben.

**Dieses absolut zentrale Thema kann
– ausgelöst durch ansteigende geistige Energie der Bevölkerung –
das Kernstück des sichtbaren Wandels werden.**

Wozu brauchen wir dann noch Öl, neben dem Finanzbetrug die Drehscheibe von Macht und Geld? Öl wird die Neue Zeit nicht mehr regieren. Darüber besteht keine Frage, doch was wird zuerst geschehen? Kommt irgendwo auf der Erde eine Forschergruppe zum Durchbruch oder greift der Wandel so tief, dass die gebrauchsfertigen Entwicklungen frei gegeben werden? Wunder sind möglich. Der Begriff „erneuerbare" Energie wird hinfällig. Die alternativen Methoden zur Energiegewinnung sind Kindergartenspiele. Der Weg über Sonnenkollektoren gehört dazu, obwohl die in der Luft enthaltene Freie Energie mit der Sonneneinstrahlung zu tun hat. Energie ist in unendlicher Fülle einfach vorhanden. Malen Sie sich die Bilder dazu aus, kostenlose Energie für alle mechanischen Zwecke, für Wärme und Licht – und das weltweit!

Von 1894 bis 1897 dauerte die Expedition einer amerikanischen Forschergruppe im Himalaya. Ein Teilnehmer, Baird Spalding, führte Tagebuch und schrieb die ‚Belehrungen' durch spirituelle Freunde mit, ohne die Absicht es je zu veröffentlichen. Nach vielen Jahren, Anfang des vergangenen Jahrhunderts geschah es doch, unter dem Titel „Leben und Lehren der Meister im fernen Osten"[4]. Vor einem Jahrhundert geschrieben, wird dieses Buch immer wieder neu aufgelegt. Als ich es las, war ich von der Beschreibung einer seltsamen Energie sehr beeindruckt. Damals erkannte ich: Würde diese Aussage eine wirkliche Entdeckung werden und zur Anwendung gelangen, dann würde sie unsere gesamte Wirtschaft total umkippen, mit Auswirkungen in alle Lebensbereiche und zwar zum Guten und zum Glück eines jeden Menschen, aber zum Austrocknen der Hochfinanz.

Obwohl diese Berichte außergewöhnlich waren, erfühlte ich die Wahrheit darin. Diese hohen Meister waren einstmals den Entwicklungsweg als Mensch gegangen, nun aber waren sie nicht mehr Geburt und Tod unterworfen. Sie hatten sich in eine hoch schwingende Dimension entwickelt, die der normale Mensch nur sehen kann, wenn diese Wesen ihre Schwingen absenken. Man nennt sie die *Aufgestiegenen Meister*. Für diese Forschergruppe machten sie sich in gewissen Zeitabständen sichtbar. Sie sprachen mit den Forschern, belehrten sie über geistige Gesetze – die ja gleichzeitig die Naturgesetze sind – begleiteten und beschützten sie. Denjenigen Lesern, die darüber lachen oder lächeln, empfehle ich das Buch zu lesen. Es ist eine Hilfe, das Bewusstsein in umfassendere, unsichtbare Dimensionen zu erweitern. Es eröffnen sich zeitgemäße interessante Perspektiven und neue Erlebnisse. „Wer zu spät kommt, den bestraft das Schicksal." Dieser Ausspruch des früheren russischen Ministerpräsidenten Michail Gorbatschow ist uns allen noch im Ohr und passt auch hier hin. Wer lächelt denn heute noch ironisch und zweifelnd darüber, dass der Nachrichtensprecher der in Jetztzeit in einem Aufnahmestudio spricht, dort existiert, obwohl er ohne den von uns benutzten Fernsehapparat an anderen Orten nicht zu sehen ist? Ebenso können wir diese Wesen nicht sehen, wenn sie sich nicht auf unser Niveau herab begeben und sich für uns sichtbar machen.

In dem erwähnten Buch heißt es an einer Stelle, dass die Meister mit den Forschern noch zu Tisch saßen, nachdem das Abendessen beendet war. Jemand fragte, auf welche Weise der Raum geheizt würde. Die Antwort lautete:

„Die Wärme, die ihr in diesem Zimmer spürt, wird durch eine Kraft erzeugt, mit der wir uns alle in Verbindung setzen können. Diese Kraft oder Macht ist höher als irgendeine mechanische Kraft oder Macht, aber sie kann vom Menschen angezogen und als *Licht, Wärme oder sogar als Kraft, die alle möglichen mechanischen Arbeiten verrichtet,* benützt werden. Es ist, was wir eine universelle Kraft nennen. Wenn ihr euch mit dieser Kraft in Verbindung setzen und sie gebrauchen wolltet, würdet ihr sie vielleicht unaufhörliche Bewegung heißen. Wir nennen sie universelle Kraft, Gottes-Kraft, die der Vater allen seinen Kindern zur Verfügung stellt. *Sie setzt jede Mechanik in Bewegung, besorgt jeden Transport, ohne die Verbrennung eines Stoffes zu beanspruchen, und liefert ebenso Licht als Wärme. Sie ist überall vorhanden, man kann sie ohne Geld oder Geldeswert erlangen . . .*“

Bei einem anderen Anlass heißt es:

„Eine geistige Meisterin sprach in reinem Englisch, und ihre Stimme war klar und bestimmt. Folgendes war der Inhalt ihrer Rede: „Wir machen jeden Gebrauch von Kräften, über die ein Mensch mit sterblicher Auffassung lacht. Wir, die wir den Vorzug haben, sie wahrzunehmen und anzuwenden, tun alles, was wir können, um die Menschen einsehen zu lehren, was sie aus ihrem Leben ausschließen, indem sie unrichtig denken über vollkommene Dinge, die bereit und nur auf Annahme wartend vor ihnen liegen. . . Ihr werdet bemerkt haben, dass alle Bequemlichkeiten, auch Licht und Wärme in diesem Raume sowie in den von euch bewohnten Zimmern aus dieser Kraft erschaffen wurden; *ja, sogar die Speisen, die ihr genossen habt, sind aus dieser Kraft hergestellt.* Ihr mögt sie Lichtstrahlen heißen oder wie ihr wollt. Wir betrachten sie als eine große universelle Kraft, die, wenn sie vom Menschen benützt wird, für ihn weit wirksamer als Dampf, Elektrizität, Gas oder Kohle arbeitet. Wir pflegen sie trotzdem als eine der niedrigsten Kräfte des großen Gesetzes zu betrachten.

Sie wird nicht nur einst alle Kraft liefern, deren der Mensch bedarf, sondern auch alle Wärme, die ihm für alle seine Bedürfnisse nötig ist, und zwar zu jeder Zeit und ohne Verbrennung eines einzigen Pfundes an Heizmaterial irgendeiner Art. *Die Kraft arbeitet vollständig geräuschlos, und wenn der Mensch sie anwenden und benützen lernen wird, wird er damit gleichzeitig einen großen Teil des Lärms und der Konfusion zum Schweigen bringen, die heute unvermeidlich erscheinen. Diese Kraft ist überall vorhanden, um jeden herum; sie wartet nur darauf, dass der Mensch mit ihr in Beziehung tritt und sie anwendet.* Wenn dies einst geschieht, so wird sie sich im Gebrauch weit einfacher erweisen als Dampf oder Elektrizität. Ist der Mensch erst imstande, von ihr Gebrauch zu machen, so wird er einsehen, dass alle die verschiedenen Arten der Fortbewegung und anderer Kraftanwendung bloße Machenschaften sind, die er mit seinem menschlichen Verstand erschaffen hat. Er hat gemeint, er selbst hat sie erschaffen, und auf diese Weise hat er wirklich das erschaffen, was er mit seinen sterblichen Sinnen zu erschaffen imstande war. Der Mensch hat unvollkommene Dinge erschaffen, währenddem er alles vollkommen zu erschaffen imstande wäre, was er unternimmt, wenn er bloß einsehen wollte, dass alles von Gott kommt und dass Gott sich durch ihn ausdrücken will."

In den „Blauen Heften" aus den Anfängen der 1960er Jahre heißt es übereinstimmend: „Ihr werdet keinen Strom mehr brauchen, um Licht in Euren Wohnungen zu haben, und alle lauten Verkehrsmittel werden leise und ganz anders über die Erde gleiten . . ."

Alice Baily (1880 - 1949) hatte in Amerika die *Arkan-Schule* für spirituelle Studien aufgebaut mit Niederlassungen in vielen Ländern, verstreut über die ganze Erde. Mehrere Jahre arbeitete sie zusammen mit einem nicht inkarnierten Meister, der sich „der Tibeter" nannte. Sie waren miteinander verbunden durch Hellhören, was sehr selten ist und schrieben zusammen mehrere Bücher. In ihrem Buch „Die geistige Hierarchie tritt in Erscheinung"[5] ist zu lesen: „Diese *freigesetzte Energie* wird einmal Geld völlig unwichtig machen. Infolge der menschlichen Unzulänglichkeiten hat Geld erwiesenermaßen Unglück und Elend gebracht, Zwietracht gesät und in der Welt Unzufriedenheit hervorgerufen. Diese neue Energie kann sich als eine „rettende Kraft" erweisen, die die ganze Menschheit von Armut, Hässlichkeit, Erniedrigung, mühsamer Arbeit und Verzweiflung befreit; sie wird die großen Monopolgesellschaften hinwegfegen, der Arbeit ihren Fluch nehmen . . . Später (und im Laufe der Zeit) wird diese *befreite Energie* die neue Zivilisation und bessere Welt einleiten und günstigere Bedingungen für das Geistesleben schaffen . . . Überall gibt es reaktionäre Gruppen, die die Notwendigkeit dieser neuen Weltordnung weder anerkennen noch wünschen, einer Weltordnung, die durch *Freisetzung kosmischer Energie* (sogar in diesem vorerst winzigen Ausmaße) ermöglicht werden könnte. Die großen Kartelle und Monopolgesellschaften, die in den letzten Jahrzehnten vor diesem Weltkrieg eine Vormachtstellung inne hatten, werden alle Mittel und Kräfte aufbieten und bis zum äußersten kämpfen, um ihre verbrieften Rechte zu behaupten und ihre Einkommensquellen zu sichern. Sie werden mit allen Mitteln zu verhindern suchen, dass die Herrschaft über diese grenzenlose Macht in die Hände der Massen übergeht, denen sie rechtmäßig zukommt. Die egoistischen großen Aktionäre, Banken und reichen Kirchenorganisationen werden sich jeder Änderung widersetzen."

Der Experimentalphysiker Nikola Tesla (1856 - 1943) war der erste Mensch, der intuitiv dieses physikalische Gesetz aufgenommen hatte, wodurch tatsächlich eine Energiegewinnung ohne irgendeinen Treibstoff, einfach aus der uns umgebenden Luft möglich werden sollte. Auf ihn, den Erfinder des Wechselstroms und vieler grundlegender, naturwissenschaftlicher Erkenntnisse, gehen die ersten Forschungen mit dem elektro-magnetischen Feld zur Energiegewinnung zurück.

Tesla war Kroate, geboren in dem Dorf Smiljan, wo seine Familie lebte und sein Vater Geistlicher der serbisch-orthodoxen Kirche war. Seine Ausbildung gewann er an verschiedenen Schulen und Universitäten in Europa. Durch Freunde kam er 1882 in die Niederlassung von Thomas Alva Edison in Paris. Von dort aus ging Tesla direkt in die Staaten zu Edison, der sich vom Autodidakten zum weltberühmten Erfinder entwickelt hatte. 1891 wurde Tesla amerikanischer Staatsbürger. Mit Edisons Gleichstrom war schon ganz New York „erhellt" worden. Als aber Teslas Wechselstrom seinen Siegeszug begann, bekämpfte ihn Edison mit den übelsten Methoden. Im Gegensatz zur Geschäftstüchtigkeit von Edison hatte Tesla für Geld kein besonderes Interesse. Es waren seine eigenen Forschungen die ihn faszinierten, so sehr, dass er sich ununterbrochener Arbeit hingab, mehrmals bis zur totalen Erschöpfung.

1891 äußerte er seine Überzeugung in einer Rede im *American Institute of Electrical Engineers:*

„Ehe viele Generationen vergehen, *werden unsere Maschinen von einer Kraft angetrieben werden, die an jedem Punkt des Universums verfügbar ist. . . .* Überall im Weltraum ist Energie. Ist diese Energie statisch oder kinetisch? Wenn statisch, werden unsere Hoffnungen vergeblich sein. Wenn kinetisch – und wir wissen, dass dem sicherlich so ist – dann ist es nur eine Frage der Zeit, dass die Menschheit ihre Energietechnik erfolgreich an das eigentliche Räderwerk der Natur angeschlossen haben wird."

Sagten nicht die Meister im Fernen Osten: „Ihr würdet sie vielleicht unaufhörliche Bewegung nennen." Edison war genial, Tesla war ein Genius.

„Kurze Zeit nach in Betriebnahme des Kraftwerkes in *Niagara Falls* katapultierte sich Nikola Tesla in einen ‚wissenschaftlichen Super-Raum' hinaus, in den ihm, soweit wir heute wissen, kein damals lebender Wissenschaftler folgen konnte. Lediglich der Bankier John Piermont Morgan scheint in etwa begriffen zu haben, was die Stunde geschlagen hatte. Tesla hatte dazu angesetzt, das Energiefeld, welches die Erde umgibt und den Raum erfüllt, damals auch Äther genannt, anzuzapfen und ihm Energie zu entziehen. Gleichzeitig benutzte er das energetische Feld des Äthers zu mehreren Formen von Kommunikation und Energiefortleitung. . . . Energiequellen wie Kohle, Öl, Wasserkraft entfielen ebenso wie elektrische Überlandleitungen. Schiffe, Flugzeuge, Automobile, Fabriken und Häuser könnten die Energie unmittelbar dem Energiefeld des Äthers entnehmen."[6]

So weit bekannt ist, ließ John Piermont Morgan – als Tesla ihm seine neuesten Erkenntnisse unterbreitet hatte – ihn augenblicklich fallen und soll Tesla nie mehr empfangen haben. Wären die Ideen damals schon verwirklicht worden, es wäre das „Aus" für den „Weltbankier" gewesen. Würden *die inzwischen fertig gestellten Entwicklungen zur Freien Energiegewinnung* heute aus der Geheimhaltung befreit, so würde das Szenario der Hochfinanz in den Zentren der Macht das gleiche sein wie zur Zeit Morgans. Das erklärt alles. Ihr Geld-Macht-Lebensnerv wäre durchschnitten.

Malen Sie sich aus, was es in Ihrem ganz persönlichen Leben bedeuten würde, könnte alle Energie, die Sie brauchen aus der Luft entnommen werden. Es benötigt nur die Anschaffung einer kleinen Maschine und wenige Cents für den jeweils ersten Input. Möglicherweise ist bis dahin der Wandel so weit fortgeschritten, dass jeder Haushalt die Maschine zur Verfügung gestellt bekommt, was Geschäftemacherei und Gerangel ausschließt. Träumen Sie davon, keinen Cent mehr ausgeben zu müssen für die gesamte verbrauchte Elektrizität, für Heizung, für den Treibstoff Ihres Autos usw.! Je mehr Menschen diese Träume in den Raum schicken, umso früher werden die Absichten dunkler Pläne vereitelt. In Ihrer Vorstellung starten Sie Ihr Auto mit wenigen Cents und fahren, wenn Sie keinen Stopp einlegen, von München nach Hamburg ohne Kosten. Ebenso geht es ihrer gesamten Familie, Ihren Freunden, allen Bewohnern Ihrer Stadt, dem ganzen Volk, allen Ländern rund um den Erdball. Ist das Utopie? Nein. Diese Technik ist zur Anwendung fertig entwickelt.[1] Unser jetziges System in Wirtschaft und Politik ist Betrug am Menschen, durchgeführt von wenigen Individuen, die uns diese Wohltat vorenthalten. Träumen Sie weiter, alle Produkte wären total billig, die Benutzung der städtischen Verkehrsmittel, Reisekosten per Bahn oder Flug, ob Lebensmittel oder Gebrauchsgegenstände. Die Hersteller hätten sehr niedrige Transportkosten, die weltumspannende Logistik hätte einen *nicht nennenswert geringen* Energieaufwand. Es wird kaum einen finanziellen Aufwand für Energie in den Produktionen geben, keine Elektrizitätskosten in Bürohäusern. Spinnen Sie diese Gedanken fort, damit Sie es so richtig bis in jedes Blutplättchen spüren, wie sich die Befreiung anfühlt. Ganz realistisch, im Verzicht auf jede Emotion ist festzustellen, dass wir noch immer in der Epoche der Ausbeutung unseres Planeten und seiner Menschheit durch wenige kriminell Gierige leben.

Ebenso wie zu Zeiten von John Morgan, wie in den davor liegenden Jahrtausenden und ebenso heute wollen die Beherrscher der Welt ihr Monopol nicht aufgeben, schon gar nicht, da dieses verbunden wäre mit dem Wohlergehen für die Massen. Diese könnten sich erheben, ihre Würde wieder finden und erstarken. Finanzielle Enge oder gar Not hat die

Menschen in aller Vergangenheit schwach gemacht, klein, dumm und abhängig gehalten. Armut erzeugt Kummer, Sorgen, Krankheit, Angst, Ärger und Streit. Das Potenzial im Menschen kann sich nicht entfalten. Allerdings, die Macht für sich zu erhalten, reicht längstens bis zum Tod – wenn überhaupt, denn die Menschheit erwacht. Sogar innerhalb von Familien der Machteliten gibt es Einzelne, die die Pferde wechseln wollen oder vielleicht schon insgeheim gewechselt haben? In diesen Familien werden, im Sinne des Wandels, *auch* die „neuen" Kinder geboren, Indigo- oder Kristallkinder mit einem hohen Bewusstsein. Sie wissen mehr, weil sie alte, erfahrene Seelen sind und vor ihrer Geburt selbst gewählt haben, sich aktiv für den Wandel einzusetzen.

In den 1980er Jahren waren Informationen über Forschungen zur *Freien Energie* nicht mehr zu unterdrücken. Aufsehen erregte damals der *Newman Konverter.* Eine Erfindung des Amerikaners Joseph Newman. Wegen der lang andauernden Streitigkeiten mit dem Patentamt hatte er ein Buch herausgegeben: „The Energy Machine of Joseph Newman". Im Internet finden Sie reichliche Informationen dazu und von neueren Forschungen.

Nach dem zweiten Weltkrieg hatte der Verleger Artur Missbach ein Informationsblatt zu Themen der Wirtschaft und Politik herausgegeben, das bis heute weiter geführt wird. Artur Missbach ließ aktuelles Schriftmaterial, das er zum Thema des Newman-Konverters aus USA erhalten hatte, übersetzen und sandte es im Juni 1986 an alle Abgeordneten, Damen und Herren, des Deutschen Bundestages. In einem Begleitbrief schrieb er:

„ . . . wurde der englische Text in meinem Verlag ins Deutsche übersetzt und soll nun, wegen der großen Bedeutung der Sache, einer breiten Öffentlichkeit zugängig gemacht werden. Bevor ich das tue, bringe ich das Material indes den Abgeordneten der Länderparlamente zur Kenntnis. Kein deutscher Parlamentarier soll künftig sagen dürfen, er habe von der Existenz der Newmanschen Energiemaschine und den Bemühungen interessierter Kreise, sie letztlich zu zerstören, nichts gewusst.

Sehr geehrte Frau Abgeordnete, sehr geehrter Herr Abgeordneter, ich wäre Ihnen zu aufrichtigem Dank verbunden, wenn Sie mir bestätigen würden, dass Sie mein vorliegendes Schreiben erhalten haben und dass Sie sachdienliche Schritte einleiten werden, um die Entwicklung zur Gewinnung dieser optimalen Energie für Deutschland zu fördern. . . .

In jener Zeit war Dr. Heinz Riesenhuber *Bundesminister für Forschung und Technologie*. Es ist mir bekannt, dass Herr Riesenhuber von verschiedener Seite auf dieses Thema mit der *Freien Energie* aufmerksam gemacht wurde.

Als Minister eines Vasallenlandes gäbe es damals wie heute - selbst wenn die Herren und Damen begriffen hätten, worum es geht und sich für den Wandel praktisch einsetzen möchten – keine Möglichkeit, gegen die höchsten, infizierenden Machtinteressen tätig zu werden. Stattdessen gibt es reichlich Aktivitäten und viel Geschrei um verschiedene, alternative, erneuerbare Energien wie Wind und Wasser, denn Öl- und Atomenergie sind Auslaufmodelle wie ihre Profiteure allerdings auch. Mein Enkelsohn machte mich im Alter von 14 Jahren darauf aufmerksam, dass zuerst

Energie gebraucht würde, um H_2O nutzbar zu machen. Und zweitens, er lebt in einem wasserarmen Land: „Wir haben doch sowieso zu wenig Wasser auf der Erde. Stell dir vor, alle Autos der Welt sollten mit Wasser fahren!" – **Einzig und allein die Freie Energie speist sich aus einer nie endenden kostenlosen Quelle.** Ist Ihnen jetzt alles klar, was im Dunkeln gehalten wird? Die Vorgänge ähneln dem, was David Rockefeller mit seinen Ölfeldern erlebte. In den allerersten Anfängen des Ölbooms ließ er die Ölquellen anderer anzünden. Als aber ständig neue Bohrungen fündig wurden, war diese Methode überholt und er konnte das Monopol nicht mehr halten. Wenn erst einmal die *Freie Energie* frei gegeben wird . . .

Advanced Energy Research Organization (AERO) wurde 2001 von Dr. Steven Greer gegründet[1] und heute bekannt als *Orion Projekt*. Diese Forschungsorganisation hat die Zielsetzung, einen brauchbaren, einheitlichen, strategischen Weg zu entwickeln, die Energie aus dem Raum, aus der Luft zu nutzen, um so gut wie alle fossilen Brennstoffe und nuklearen Techniken innerhalb von 20 bis 30 Jahren zu ersetzen. Das wäre schon was! Ich bin überzeugt, es wird früher geschehen.

Wissenschaftler und Pseudowissenschaftler wie Hobbyphysiker bemühen sich auf dem Gebiet, die Freie Energie aus der Luft brauchbar zu machen. Dazu passt ein Ausspruch, der Werner Heisenberg zugeordnet wird, dem bedeutenden deutschen Wissenschaftler für theoretische Physik (1901 - 1976): „Ich denke, es ist möglich, den Magnetismus als Energiequelle zu nutzen. Aber wir Wissenschaftsidioten schaffen es nicht. Das muss von Außenseitern kommen."

In dem Wirrwarr jener Zeit war es ein Leichtes für die von Fremdinteressen gesteuerte Presse, die Forschungen öffentlich lächerlich zu machen. Damals hatte ich Zeitungsartikel zum Thema gesammelt, pro und kontra. Schon nach kurzer Zeit verschwanden die Berichte aus den Medien. Das allgemeine Interesse erstarb, es wurde ruhig um das Thema. Wie beschrieben, in geheimen Laboratorien wurde diese Technik zur Perfektion entwickelt und der Geheimhaltung unterworfen.

Aus Gründen der Ungeheuerlichkeit dieser Machenschaften, der Menschheit die *Freie Energie* – diese Forschung steht als Beispiel für vieles andere Gute – vorzuenthalten, gebe ich dem Thema so viel Raum. Außerdem ist es ein großartiges Beispiel, wie spirituelle Weisheit und Wissenschaft zusammengehören und sich gegenseitig bestätigen, sogar fördern können. Ich zitiere nochmals Heisenberg: „Ich denke, es ist möglich, den Magnetismus als Energiequelle zu nutzen."

Der Inder Swami Sri Yukteswar, er lebte zu Beginn des vergangenen Jahrhunderts, ein höchst bedeutender und ehrenwerter geistiger Lehrer hat nur ein Buch geschrieben und das im spirituellen Auftrag einer hohen, heiligen Wesenheit, Babadschi. In „Die heilige Wissenschaft"[7] ist über gewisse, lang währende Bewusstseinsepochen zu lesen: „Der menschliche Intellekt kann alsdann die feinstofflichen oder *elektrischen Kräfte und deren Eigenschaften – die schöpferischen Urkräfte der äußeren Welt* – begreifen." Im folgenden Absatz heißt es: „ . . . hat dann die Fähigkeit erlangt, *den göttlichen Magnetismus, die Quelle aller elektrischen Kräfte, zu verstehen, von denen das Dasein der Schöpfung abhängt.*"

Magnetismus findet seine Entsprechung in der Liebe, Elektrizität in Erkenntnis.

Sri Yukteswar lehrte, dass Magnetismus der Elektrizität übergeordnet ist.

Sobald die Menschheit reichlich Liebesenergie ausstrahlt, kann die Freie Energie nicht mehr geheim gehalten werden!

Wie das funktioniert ist Physik, Naturgesetz, unumstößliche Tatsache. Und wie vollzieht sich das? Liebe Leser, es beginnt wahrhaftig damit, wie Sie persönlich einem jeden Menschen freundlich begegnen. Haben Sie so viel Respekt, Anerkennung, so viel *Liebe* in sich und für sich selbst entwickelt, dass Sie genügend davon haben, um sie weiter zu anderen auszustrahlen, anderen schenken zu können? Eine harte Arbeit ist es in großen, schwerwiegenden, gegen Sie gerichteten Situationen und ebenso auch bei Millionen von kleinen Moskitostichen!

Aus unserer Zeit erwähne ich ein Channeling, eine Durchgabe vom 23.11.2003 in New Hampshire. Seit vielen Jahren ist der Amerikaner Lee Carroll ein Kanal, ein Channel, für Kryon. Als ‚Kryon' benennt sich eine wesenhafte Energie, die im kosmischen Bewusstsein existiert, natürlich körperlos und in ihrer Energie weder männlich noch weiblich. Sprachlich wird diese Energie noch mit dem männlichen Aspekt ausgedrückt, da es so für uns Menschen leichter zu verstehen ist, mit unserer Jahrtausende währenden Vorherrschaft des Männlichen. Lee Carroll kann die Informationen von Kryon für uns Menschen verständlich in unsere Worte fassen. Eine schwierige Aufgabe, da Kryon oft wissenschaftliche Informationen durchgibt, die erst Jahre später als neueste Forschungsergebnisse veröffentlicht werden. Etwas, was ich selbst mit Vergnügen beobachte. Kryon nennt sich der ‚Meister des Magnetismus'. [8]

Und, was hat das mit freier Energie zu tun? Denken sie an den Ausspruch von Heisenberg. *Freie Energie* bezieht sich auf einen, die Naturgesetze entsprechenden Zustand, der uns an die Quelle ewiger Energie anschließt. Wie zuvor beschrieben, sie wird ein Teil von dem sein, was die Menschheit von der Bürde des Alltags, dem finanziellen Druck im Existenzkampf befreit. Der Mensch wird dadurch unbeschwerter, heiterer, gesünder. Er wird in Frieden sein gesamtes Potenzial an Kreativität, Kraft, Liebe und Freude leben können. Um das zu verwirklichen, brauchen wir echte Volksvertreter mit Liebe zu ihrem Volk, zu ihrem jeweiligen Vaterland. In unsere Realität umgesetzt heißt es, dass wir neben grandioser, das Leben verbessernder Technik Zeit haben werden, unsere Spiritualität zu entwickeln, um zu werden, was wir wirklich sind: Der göttliche Mensch.

Bei dem Channeling vom 23.11.2003 von Kryon war noch eine andere hohe Wesenheit anwesend. Der Text lautet:

„Wir möchten über etwas sprechen, was den Physikern am Herzen liegt. Wir werden über *Freie Energie* sprechen. Es ist nicht für alle von euch verständlich. . . . einige werden verstehen, wie es wirkt, denn der zutiefst liegende Faktor ist Magnetismus. . . . Es gibt etwas, was mit Magnetismus vor sich geht, was tatsächlich entdeckt werden wird. Es gibt eine Schicht von Interdimensionalität, die ihr jetzt gerade anzapft; es ist nicht erklärbar in der Vierdimensionalität. Der wahre Grund der Abstoßung (im Magnetismus, Anm.

M. St.) ist kein Teil der vier-dimensionalen Physik. Ihr benennt es, aber ihr versteht es nicht. . . . Die Physiker sagen, du kannst nicht etwas bekommen für nichts. Da gibt es immer etwas, was freie Energie beeinträchtigt, stört. Haben sie Recht? JA! Lasst mich euch erklären, was dieses „etwas" ist: 4 D Physik! Die Hemmung ist, worin ihr euch selbst befindet – der Grund, warum es nicht funktioniert – ist eurer eigenen dimensionalen Realität zuzuschreiben. . . . Die Physiker haben Recht, wenn sie euch sagen, ihr könnt nicht etwas bekommen für nichts. Jetzt müssen wir euch etwas über wahre Physik sagen. Mit all diesem in eurer Ansicht wird dieser Motor jemals arbeiten? JA. Dieser magnetische Motor arbeitet sehr gut! Aber nicht auf die Art, wie Ihr denkt, dass es sein müsste." Es folgen physikalische Erklärungen, die in der Erkenntnis münden: „ . . . ihr mögt es die Fortbewegung von der 4. in die 5. Dimension nennen."

Die ersten Dimensionen bilden die materiellen Ebenen von Länge, Breite, Höhe, der Raum. An die 4. Dimension hat uns Albert Einstein herangeführt: die Relativität der Zeit. Die 5. Dimension ist die Bewusstseinsebene, da der Mensch aus dem so genannten „Nichts" erschaffen kann, was er will. – Oh, tief durchatmen! Die Menschheit hat diese Pforte erreicht. Wir können nicht alle auf einmal hindurchgehen. Doch auch in unserer Zeit sind einige hindurchgegangen, andere bereiten sich darauf vor und die Pforte wird nicht mehr geschlossen. . .

Für die unzähligen Geschehnisse und Verknüpfungen von Wirtschaft mit Politik, dem Geldhandel und den Einrichtungen sämtlicher Religionen gibt es eine reiche Literatur von bewanderten Experten, gut recherchiert und mit Dokumenten belegt. Die Zustände sind entsetzlich, unvorstellbar, unmenschlich, so dass die meisten, die nicht betroffen sind, sie gar nicht wissen wollen oder einfach nicht für möglich halten. „So lange das Bäumchen in meinem Garten noch blüht . . .“ Was kümmert mich die Weltpolitik. Doch: Mitgegangen – mitgefangen – mitgehangen.

Nach dem *Kosmischen Plan* – den es tatsächlich gibt, woraus ich Ihnen im zweiten Teil dieses Buches das Große Sonnenjahr aufzeigen darf – befindet sich der Planet Erde in einer rasanten Entwicklung, eben auch als eine lebende Wesenheit. Von höherer Ebene werden zu diesem Zweck weltweit die gesamten Lebensbereiche gerüttelt, geschüttelt, ausgeschüttet und neu sortiert.

Den Medien als *meinungsbildende* Mitspieler steht weltweit eine grundsätzliche Erneuerung in besonderem Maße bevor. Sie werden den Weg von der angepassten Lüge zur Wahrheit durch ganz persönliche, von innen nach außen wachsende Unabhängigkeit ihrer Entscheidungsträger finden. Das gehört zu der unabwendbaren Evolution. Wer aber hat derzeit den Mut dazu? „Wehret den Anfängen“ sagt die hellwache Gegenseite und droht Journalisten, Reportern, Redakteuren mit Verlust des Jobs und auch des Lebens. Doch, diejenigen, die nicht begreifen, was die Stunde geschlagen hat, erleben, dass ihre Marktanteile auf Dauer nicht zu halten sind. Das Szenario hat bereits begonnen. Genauso wie die Menschen vor der Öffnung zum Osten 1989 gerufen haben: Wir sind das Volk! So beginnen Völker zu rufen: Wir lassen uns nicht länger belügen! Wir lassen uns nicht länger vergewaltigen! Wir verlangen von Regierungen und Meinungsmachern Wahrhaftigkeit, Stärke und Mut!

Noch eine Weile wird es dauern und *die überwältigende mentale Energie* der Massen walzt die Hybris der Wenigen nieder. Sobald die ‚kritische Zahl'[9] von Menschen, die ihre denkerisch-schöpferische Kraft als eine mentale Macht erkannt haben und zum Wohle aller einsetzen, gibt es kein Halten mehr. Wollen Sie, verehrte Leserin und Sie, verehrter Leser, Ihren Beitrag zum Entstehen einer besseren Welt geben, dann sagen Sie nie mehr, Sie könnten nichts dazu tun. Allein Ihre Gedankenkraft kann „Berge versetzen". Sie potenziert sich in unvorstellbarer Dynamik, wenn sie sich mit Gleichgesinnten verbindet. (Anhang) Wer einen wahrhaftigen liebevollen Frieden in seiner Familie erschafft, der ist ein Mitschöpfer für eine friedvolle Welt. Schon weit verbreitet hat sich das Wissen, dass die menschliche Denk- und Gefühlsenergie schöpferisch ist und unsere Welt, unser aller Leben verändern kann und wird. Mitarbeiter werden in Unternehmen im „positiven Denken" trainiert, um Leistung und Umsatz zu steigern. Also muss doch etwas dran sein an dieser Verwirklichungskraft unserer Gedanken. Ist es zu viel verlangt, ein Mal am Tage zu denken:

Möge es allen Wesen gut ergehen. Mögen alle Menschen glücklich sein.

Frieden für die Menschheit!

Es ist, wie es ist.

Die Verhältnisse in unserer Welt sind durch die so genannte „freie globale Marktwirtschaft" – es sei ausgesprochen – in höchstem Maße menschenverachtend. Selbst diese Worte reichen für eine Charakterisierung nicht aus. Finanzsysteme, die miteinander agieren, sind: TWO (Welthandelsorganisation), IWF (internationaler Währungsfond), die Weltbank und die Fed (Federal Reserve Act) mit ihren Federal Reserve Banken als eine private Einrichtung. Diese sind das Zentralbanksystem der Vereinigten Staaten. Fakt ist, dass sie in ihrem Zusammenspiel reihenweise Völker in den Ruin, in Krieg und Hungertod drangsalieren. Alle 10 Sekunden stirbt ein Kind unter 10 Jahren an Hunger und das, weit überwiegend, in den an Bodenschätzen reichsten Ländern. Ich wiederhole lediglich Tatsachen, die Kenner und Fachleute ins Licht gestellt haben, zum Beispiel Jean Ziegler. Bis 1999 war er Nationalrat im Schweizer Parlament. Zuerst lehrte er in Bern Soziologie, danach bis zu seiner Emeritierung 2002 an der Universität Genf und gleichzeitig als ständiger Gastprofessor an der Sorbonne in Paris. Ziegler ist Sonderberichterstatter der UN-Menschenrechtskommission für das Recht auf Nahrung. Einen solchen Hintergrund nenne ich: Kompetenz, obwohl auch Ziegler angegriffen wurde und wird. Gerne zitiere ich ihn, weil er den Mut hat, seine Beobachtungs- und Forschungsergebnisse eindeutig zu benennen und laut auszusprechen. Da ich nicht als Wissenschaftlerin schreibe, erlaube ich mir charakterliche, psychologische und vor allem spirituelle Aspekte einzubringen und die Verknüpfungen mit verschiedenen Lebensbereichen aufzuzeigen.

Genau genommen gibt es keine selbstständigen Staaten mehr. Sogar die Rechtsprechung ist in einem so genannten Rechtsstaat wie Deutschland machtlos gegen das Triumvirate, WTO, IWF, Weltbank. Der Fall Vodafone-Ackermann/Esser mit den unbekannten Hintermännern, in den Jahren 2005/2006, kann als Beispiel gelten. Auch erinnert sich jeder Deutsche an die Geldaffäre von Bundeskanzler Helmut Kohl und die für das Volk geheim gebliebenen Quellen dieser viel besprochenen Gelder, die zu ihm oder durch seine Hände flossen. Was sich mir damals tief einprägte, war eine Formulierung des Komikers und Kabarettisten Dieter Hallervordern. Zitat: „Man könnte es auch ganz anders sagen: Ich (Herr Kohl) werde doch meine Kumpels nich' verpfeifen. Das geht gegen meine Ganovenehre." Es ist eben, wie es ist.

In welche Zwänge war Deutschland von den Vereinigten Staaten von Amerika verpflichtet, dass 1991 Bundeskanzler Kohl an Amerika Milliarden DM-Beträge für den ‚Kuwait-Krieg' mit dem Irak leistete? Das gründete auf dem geschickt installierten *Vasallentum zu Gunsten der USA*. Was hatte Deutschland sonst mit dem Kuwait-Krieg zu tun? Mir ist es unvergesslich, weil es für mich das erste Mal war, dass ich im Zusammenhang mit der Politik der BRD das Wort Milliarden DM gehört hatte.

Derzeit halte ich mich in einem der Entwicklungsländer auf, im afrikanischen Namibia. So liegt es nahe, dass ich die dortigen Verhältnisse als Beispiel nehme für das, was in vielen Ländern in gleicher Weise geschieht. Für afrikanische Verhältnisse geht es Namibia gut. Die Straßen sind sauber, die Verhältnisse ruhig. Der Präsident, Hifikepunye Pohamba, gilt als vernünftig, angenehm und als korrupt in einem zu akzeptierenden Maße. Er wurde von seinem Vorgänger, dem Präsidenten Sam Nujoma lanciert, der gleichzeitig der erste Präsident der *Southwestafrica People Organization, der* SWAPO war. Diese war ursprünglich eine Befreiungsbewegung gegen die *südafrikanische Apartheidbesatzungsmacht.* Übrigens freiwillig verlässt kein afrikanischer Präsident seinen einträglichen Posten. Es ist, wie es ist.

Die Menschen verschiedener Stämme konnte ich ein wenig kennen lernen. Etwas haben sie alle gemeinsam. Vergleiche ich sie zum Beispiel mit den Indern – auch Menschen eines Entwicklungslandes – die ich eingehender erlebt habe, dann sehe ich die Ureinwohner Afrikas als harmloser, einfältiger, gutgläubiger, dümmer im Sinne von nicht so gewandt, nicht so raffiniert wie die Inder. Wir sollten nicht vergessen, dass Afrikaner ausschließlich in und mit der freien Natur lebten, als die Holländer in Südafrika an Land gingen und die Eingeborenen „Hottentotten" nannten.

Auf der Farm, wo ich alleine in einem Farmhaus zwischen Busch und Wüste wohne, lebt in kurzer Entfernung ein schwarzer Afrikaner mit seiner Familie. Er sieht nach den wenigen Rindern, Pferden und den Ziegen und nach dem, was gemacht werden muss, um die Farm zu erhalten. Zurzeit wird sie nicht richtig genutzt. Auf der Hauptfarm läuft das aktive Leben. Außerdem ist es Fallas Aufgabe, für mich zu sorgen und mich zu beschützen. Er spricht so gut deutsch, dass wir uns unterhalten konnten. Ich fragte ihn: "Falla, wie habt ihr gelebt, bevor die Weißen kamen?" Er sagte: „Das ganze Leben drehte sich damals nur darum, Essen zu beschaffen, Kinder zu machen und um die Angelegenheiten des Stammes." Ich füge dem noch hinzu: Probleme wurden damals mit Totschlag geregelt, ob Tier oder Mensch und auch heute noch oftmals.

Von einigen Ländern Afrikas ist bekannt, dass ein Menschenleben nichts wert ist. Das Leben eines ‚Schwarzen' schon gar nichts. Den Einheimischen, die auf dem Boden geboren wurden, der an Schätzen so außergewöhnlich reich ist, wurde diese Einstellung ihrer eigenen Wertlosigkeit von den weißen Eindringlingen höchst intensiv eingeprägt, dass sie es selbst noch heute glauben. Eine Freundin berichtete mir eines ihrer Erlebnisse in Nigeria. Eine Mutter wehrte es ab, ihren Sohn gegen Geld vom Tod zu retten. Das bedeutete, ihn aus der Gefangenschaft heraus zu kaufen. Mir fehlen die Worte wiederzugeben, wie diese Gefangenschaft aussah. Durch Verleumdung war der junge Mann einer Straftat bezichtigt worden. Der Vater hatte das Lösegeld nicht. Er wollte es leihen. Meine Freundin bezahlte den Bestechungsbetrag. Sie war zugegen, als die Mutter vor der Familie zum Vater sagte: „Du darfst das schöne, gute Geld dafür nicht ausgeben. Der ist doch sowieso nichts wert." Sie selbst fühlte sich ebenso wertlos. Und das in dem Land mit den viertgrößten Ölvorkommen der Erde! Gehört nicht auch dieser Familie ein Teil der Luft über Nigeria, ein Teil seines Ölreichtums und all der Bodenschätze unter ihren Füßen?

Hier in Namibia, so wurde mir berichtet, wurde erst 1972 das Gesetz aufgehoben, Buschmänner ungestraft jagen zu dürfen, um sie zu töten. *Man hatte vergessen, das Gesetz zu ändern,* bis ein weißer Farmer um eine behördliche Erlaubnis nachfragte. Buschmänner hatten Vieh von seinem Weideland gestohlen. Er fand das Stehlen unerlaubt, aber die Diebe umzubringen, sie zu ermorden als angebracht. Das Gesetz erlaubte es. Im Land der Apartheid gehörte Derartiges zur Sitte. Man hat gestohlen und die anderen haben wieder zurück gestohlen. Stamm gegen Stamm. Wie ich erkannt habe, ist die Apartheid nicht nur eine Schwarz-Weiß-Angelegenheit. Sie liegt wie eine dunkle Wolke über ganz Afrika. Es ist afrikanische Mentalität. Die Apartheid, die Abgrenzung, sie ist ursprünglich schwarz-schwarz. Wie der berühmte Freiheitskämpfer Witbooi sagte, der Afrikaner könne damit umgehen. Es war seine Eigenart. Als die weißen Kolonialisten kamen – als Herrenmenschen, nicht zu vergleichen mit den einfachen Siedlern – eskalierte die Apartheid.

Nach dem was historisch zurückverfolgt werden kann, hatte Afrika die Kultur eines Naturvolkes. Es gab in der Frühzeit nur einige wenige, begrenzte Zentren von hoher Zivilisation. Dort wurde Handel getrieben, sogar mit überseeischen Ländern. Indien, im Vergleich dazu, hatte neben Armut eine hoch entwickelte Kultur. Sitten und Künste gab es in grandios verfeinerten Formen, höchste Weisheit, natürlich auch Betrug und Mord. Jedes Handwerk hatte alte Tradition. Das führte durch ständiges Training über Generationen hinweg zu einer bewundernswerten Geschicklichkeit in Vollendung. Auch Denken und Philosophie wurden als Tradition geübt. Obwohl ich in meiner Zeit in Indien immer wieder sagte: Verglichen mit der westlichen Welt und den Bedürfnissen des gegenwärtigen Alltags muss Indien erst das folgerichtige Denken lernen. Wie in letzter Zeit zu beobachten, ist Indien dabei, dieses erneut, ganz gezielt und mit Erfolg zu aktivieren. Zum Beispiel hat die IT-Branche Indiens weltweite Anerkennung. Experten erklären, dass in der Wirtschaft demnächst nicht China, sondern Indien die Weltspitze erreichen wird.

Indiens Kolonialzeit ist nicht zu vergleichen mit der afrikanischen. Als England sich zurückzog, verließen die Weißen des Westens Indien in Anerkennung seiner Souveränität. In Afrika aber meinten die Farmer mit ihrer Mühe und Arbeit das Land als Besitz erworben zu haben. Gewisse Minimalzahlungen sind nicht des Erwähnens wert. Die Farmer halten an ihren Rechten in einer Form der Abgrenzung fest und die Einheimischen werden erwachsen und verlangen früheren Besitz zurück. Enteignung? Sollte Apartheid der Atem Afrikas sein?

Auf der Farm wo ich mich aufhalte, lebt Fanuel Kharuxab, den wir Falla nennen. In meinen Augen unterscheidet er sich von den anderen schwarzen Afrikanern. Er wirkt auf mich wie ein König, im Gefängnis seines Schicksals als schwarzer Afrikaner geboren zu sein. In seiner Jugend spielte Falla die Hauptrolle in einem Film über den bekannten aber glücklosen Freiheitskämpfer Morenga. So wurde ich auf die Lebensgeschichten von Morenga und seines Vorläufers Hendrik Witbooi, dem Stammesfürsten der Namas, aufmerksam. Beide hatten die gleiche Sichtweise und Einstellung. Heute ist Witboois Angesicht auf jedem Geldschein Namibias. Sein Leben ist ein Beispiel für die damals allgemein herrschende Charakterlosigkeit europäischer Kolonialherren und für den Widerstand eines Stammesfürsten. Mit Abstand ist das Geschehen objektiver zu betrachten. Es war aus den Denkschablonen längst verstorbener Generationen entstanden. Wenn ich das so eindeutig ausspreche, dann weiß ich wohl, dass Ausnahmen auf beiden Seiten die Regeln bestätigen. Witboois Leben beweist, dass die Besitz ergreifenden Eindringlinge nicht als friedliche Siedler kamen wie die allerersten niederländischen Weißen. Wenn auch als Spät-Kolonialist wollte der deutsche Kaiser Wilhelm auch ein wenig Kolonialland haben. Wie bei anderen Kolonialisten üblich erzwangen die Deutschen in Südwestafrika ihre Vorherrschaft mit List und Gewalt, mit Vertragsbruch und Tücke. Als der Deutsche Curt von Fancois dem Stammesfürsten „Schutz"verträge mit dem deutschen Kaiser anbot, fragte der Afrikaner, vor wem die Deutschen sein Volk denn schützen wollten? Sie brauchten keinen Schutz, sie hätten ihre Angelegenheiten immer selbst geregelt, entsprechend ihrer Sitte – Apartheid als Sitte. Sie hatten ihre Art, damit umzugehen. Witbooi war gebildet. Der freundliche, vornehme Stil seiner Briefe, in denen seine Anerkennung dem Vertreter des deutschen Kaisers gegenüber – einem Souverän, wie auch er sich fühlte – zum Ausdruck kam, war gleichzeitig in klarem Selbstbewusstsein geschrieben. Deutlich zeigten die Antworten des deutschen Generals Leutwein, dass er es an Anstand fehlen ließ. Für ihn war Witbooi nichts als ein Ärger machender Krimineller. Witboois Korrespondenz mit seinen Freunden und Feinden von 1884 – 1905 dokumentiert seine Einstellung, Meinungsverschiedenheiten im Dialog lösen zu wollen. Der gläubige Christ äußerte: „Frieden ist etwas, das von Gott auf Erden eingerichtet ist und Er sagt, dass es auch Zeiten des Krieges wie des Friedens gibt." Für Witbooi war Krieg die letzte Maßnahme in einer Auseinandersetzung, wie es mit dem Stamm der Hereros bezeugt ist. Es dauerte fünf Jahre bis die deutsche

Kolonialmacht Hendrik Witbooi zwingen konnte, einen „Friedens"- und „Schutz"vertrag zu unterzeichnen. General Theodor Leutwein, der Beauftragte des Deutschen Kaisers, sah die Dinge natürlich anders.[12] Der Volksmund sagt: Geschichte wiederholt sich. Lesen sie dazu das Kapitel über Deutschland.

Von Falla weiß ich, dass seine Eltern auf einer deutschen Farm arbeiteten und lebten, wo auch er aufwuchs. Die Behandlung war sehr gut, daher seine Deutschkenntnisse. Wenn die Arbeiter das Geld aufbrachten, eigene Ziegen oder Kühe zu erwerben, durften sie züchten und die Tiere auf dem Farmland kostenlos weiden lassen. Das war auf vielen Farmen üblich. Inzwischen ist es in Namibia zum Gesetz geworden, was aber nicht immer eingehalten wird. Überwiegend war die Kolonialzeit kein freundliches Siedeln. Allgemein wurde es nicht als Aufgabe betrachtet, den in Zivilisation unentwickelten Völkern die Vorteile von Allgemeinbildung und Technik zu ihrer eigenen Weiterbildung zu vermitteln. Es war wie seit Jahrtausenden in der gesamten Welt üblich: Überfall und Ausbeutung im Sinne „der Stärkere hat das Recht" zum Zwecke seiner eigenen Interessen. Inzwischen haben die Dinge eine leichte Besserung erfahren. Doch Bildung wird noch nicht in ausreichendem Maße gefördert, intelligente Arbeit aber gefordert, möglichst so perfekt wie in den Herkunftsländern der Weißen. Kann oder will man sich nicht auf den Standpunkt der Einheimischen stellen? Wahrscheinlich fehlt es an Erkenntnis und Herzensbildung. Afrika ist ein Spiegelbild für das Weltgeschehen: Versklavung der Vielen zum Gewinn von Wenigen. Es ist, wie es ist.

Eigentlich human eingestellte Weiße, zivilisiert und durchaus gebildet, können und wollen sich nicht vorstellen, wie denen zumute ist, die in Blechhütten geboren werden, aufwachsen und bei irgendwelchen Gelegenheiten auf den Bildschirmen der Fernseher das Leben der Reichen sehen. Schon mit der Muttermilch saugen sie ihre Bestimmung zum Elend ein. Ihre Verbindung zur Zivilisation war und ist, abgesehen von Missionarstätigkeiten und privaten Hilfsinitiativen, ausschließlich das Transistorradio, das weder Bildung noch Herzensbildung vermittelt. Und es ist keineswegs selbstverständlich, dass Kinder ihr Recht auf Bildung genießen können, um wenigstens einige Jahre in eine Schule zu gehen. Das Niveau der nationalen Systeme in Afrika ist ohnehin völlig unzureichend und auf die Förderung von Seiten der ‚Geldelite' ausgerichtet, was aber nicht deren Interesse ist. Allgemeine Bildung der Schwarzen ist eine Gefahr für die Vormacht und den Wohlstand der herrschenden Klasse, gleichgültig ob sie von weißer oder schwarzer Hautfarbe sind.

Es braucht viele Generationen, bis sich folgerichtiges Denken entsprechend heutiger Ansprüche, Disziplin, Arbeitsverständnis, Verantwortungsbewusstsein und Zuverlässigkeit zur Mentalität entwickeln in einem Volk, das noch vor kurzem im Kraal auf dem Boden saß und palaverte. Die Frauen kochten, die Männer gingen auf die Jagd. Wie könnte der afrikanische Mensch ohne Hintergrund von Bildung und Zivilisation den Arbeitsanforderungen der als Herrenmenschen auftretenden Weißen entsprechen? Dadurch entsteht viel Unverständnis, Ärger, Unmut. Eine gewisse Nervosität liegt in der Luft, denn auch die weißen Farmer sehen sich großen Problemen gegenüber. Der Regen bleibt aus. Die schwarze Regierung neigt zur Enteignung der weißen Farmer usw. Trotz allem herrscht noch weitgehend die Einstellung, die schwarzen Menschen wären zu benutzen, um durch ihre Arbeit – wenn auch mit unzureichender Arbeitseinstellung und Leistung – den eigenen Wohlstand und manchmal auch Reichtum zu erhalten, besser noch ihn zu vermehren. Dagegen gesetzt: Wie viel wundervolles Potenzial an Kreativität und verschiedensten Begabungen könnte in den Einheimischen Afrikas und in den die Mülltonnen durchsuchenden Kindern Südamerikas, gehoben und entwickelt werden! Doch es ist, wie es ist.

Natürlich gibt es in jedem afrikanischen Stamm Menschen mit Seelenadel und Intelligenz. Wenn ein Kind Glück hat, kann es durch Missionen und private Hilfsinitiativen Bildung und Ausbildung erhalten. Wie in jedem Volk rund um den Globus gibt es auch gewitzte und schlechte Charaktere. Von den afrikanischen Präsidenten sind eigentlich alle korrupt und mehrere sind in ihrer Dummheit außerordentlich brutal.[11] Dabei ist zu erwähnen, dass *Südafrika* nicht Afrika ist, sondern ein besonders schwieriger Spezialfall. Diese Länder mit einer zum größten Teil geradezu infantilen Bevölkerung sind enorm reich an verschiedensten Ressourcen von Gold, Uran und anderem bis zum Öl. Ausgezeichnet, ausgezeichnet! Leichtes Fressen, sagen die gierigen Hyänen, denn weltweit gilt die Formel: Charakterlose kann man benutzen. Gutgläubige und Ungebildete kann man ausnutzen.

Genau das realisierten die Weißen der Kolonialzeit bevor Amerika sich mit diesem Lehrsatz zu einem Imperium der

Schande aufbaute. Der aus geistigen Gesetzen zu verstehende Ausgleich, die spirituelle Wiedergutmachung, war in Nordamerika der Südstaatenkrieg mit seinen für damalige Verhältnisse gewaltigen Verlusten an Menschenleben und materiellen Werten. Die ‚Wiedergutmachung' der Vergangenheit wurde gleichzeitig zum Fortschritt in die Zukunft. Nord- und Südstaaten wuchsen zusammen zu einer Einheit. Nicht mehr ‚Neu-England', sie wurden die *Vereinigten Staaten von Amerika*. Die Wiedergutmachung an den indianischen Ureinwohnern steht noch aus. Diese wird dann beginnen, wenn Indianer mit ihrer alten Weisheit in der amerikanischen Regierung an der Politik beteiligt sein werden. Derzeit ist es noch, wie es ist.

Zwar werden schwarze Eingeborene nicht mehr zusammen getrieben und auf dem Markt verkauft. Wie den Tieren wurde ihnen das Maul aufgerissen, um an ihren Zähnen den Gesundheitszustand zu erkennen. Kann man aus ihren Körpern noch genügend Leistung herausquetschen, dass sie ihren Preis wert sind? Auch Amerika, das Land wohin die meisten Sklaven verkauft wurden, das Land indianischer Ureinwohner von Kanada bis zu den Anden, wurde von Weißen brutal in Besitz genommen. Seit der Zeit, da schwarze Menschen in Afrika wie Tiere gejagt, gefangen, verkauft wurden, um vor allem im Süden des nordamerikanischen Kontinents Sklavenarbeit in Leibeigenschaft zu leisten, gibt es die Bewegung zum Besseren. Welch ein grandioser Sprung war der Menschheit gelungen, als ein schwarzer Amerikaner Präsident der USA wurde und eine schwarze Amerikanerin First Lady. Lassen wir Hintergrundpolitik hier beiseite. Barack Obamas Vater war ein

Angehöriger des Luo-Stammes im afrikanischen Kenia, seine Mutter eine weiße US-Amerikanerin. Eine Halbschwester von ihm lebt in Nairobi, Kenia.

Und gab es in anderen Ländern keine Unfreiheit? Die „Erbuntertänigkeit", verbunden mit viel Leid und Schmerz, sogar mit dem „Recht der ersten Nacht" vom Tag der Hochzeit einer Leibeigenen zu des Herrn Vergnügen, wurde per Dekret in Österreich erst 1848 aufgehoben. Schon 1781 reformierte Kaiser Joseph II. das Gesetz. Dem folgten deutsche Fürsten. Erst 1861 wurde die Leibeigenschaft in Russland abgeschafft. Es ist, wie es ist, geboren zu dienen oder zu herrschen.

Auf dem Weg zur persönlichen Freiheit ist sicherlich ein großer Fortschritt in Richtung Humanität erreicht worden, doch zu wenig, viel zu wenig. Sklaventum überzieht die Welt noch immer, ein neues spezielles Sklaventum in Scheindemokratien, wovon später zu sprechen ist. Menschen werden absichtlich und gezielt in Armut gehalten, in Hungersnöte getrieben, in Kriege verwickelt, um sie ungefährlich und abhängig zu halten durch Unwissenheit, Krankheit und Schwäche. Weltweit sind die Formen der Missachtung in skrupelloser Ausbeutung offensichtlich, in Erniedrigung, in Missbrauch wie Prostitution, Pädophilie und anderen schrecklichen Auswüchsen von Quälerei und Demütigung. Gewiss gab es derartige Extreme schon immer. Doch ist der Prozentsatz in der Gegenwart nicht erschreckend hoch?

Vorgaben, die den Völkern noch immer aufgedrückt werden, sind ausgefeilt und durchtrieben, dazu mit humanem

Vokabular verschleiert. Unglücklicherweise sind sie bereits dermaßen institutionalisiert und etabliert, weil Regierungen und Organisationen mitmachen oder dem ohnmächtig gegenüber stehen. Das gilt in besonderem Maße für die Entwicklungsländer, denn die Kredit-Schulden-Schaukel ist das Erpressungsinstrument Nr. 1. Vor einigen Jahren wurde viel von „Neokolonialismus" gesprochen. Die an Bodenschätzen reichen, aber armen Dritte-Welt-Länder mit dumm gehaltener Bevölkerung werden noch immer als Kreditnehmer durch Zinsbelastungen in totaler Abhängigkeit gehalten. Aus dieser Falle ist kein Entkommen – aber Wunder sind möglich. Unvorstellbar, dass es schon so lange zurück liegt, als 1989 Alfred Herrhausen, Vorstandssprecher der Deutschen Bank, einem Attentat zum Opfer fiel. Er mahnte diesen und andere Missstände an und hatte zwei Tage vor seinem Tod intern seinen Rücktritt bekannt gegeben (Wikipedia). Der ‚RAF-Schnee von gestern' bedeckt sein Grab. Man schob der RAF, die gar nicht mehr aktuell war, offiziell den Mord zu.

Kolonialismus ist in andere Formen übergegangen. Wie schon erwähnt, korrumpierte Präsidenten verschleudern die Rechte des im Boden liegenden Reichtums der Völker an Beutejäger eines Neokolonialismus, um selbst in Reichtum zu leben und ihre ausländischen Bankkonten zu füllen. Der Reichtum arabischer Fürsten aus ihren Ölquellen wird mit anderer Mentalität und Intelligenz in anderer Weise gehandelt und gehandhabt.

Nicht nur mit dem Geld aus sprudelnden Ölquellen und nicht nur zum eigenen Profit arbeiten einige Araber, wie es scheint im Sinne der Neuen Zeit, zum Wohle der Allgemeinheit: der junge König von Jordanien, Abdullah II. und das Oberhaupt der Ismailiten, Karim Aga Khan. Auch Quabus von Oman macht eine Politik sehr zum Wohlergehen seines Volkes und mit Blick „auf die Zeit nach dem Öl". In Südamerika hat die amerikanische Hochfinanz durch unrealistische Zinsforderungen an ‚reiche Armutsstaaten' diese in eine neue Art von Neo-Kolonialismus oder Abhängigkeit getrieben, um an ihre Bodenschätze zu gelangen. Nicht nur die Bevölkerung bleibt in Armut und Ohnmacht, sondern mehr und mehr die Regierungen und nachfolgende Regierungen, bis ihnen nichts mehr gehört. So war jedenfalls der Plan. Noch ist es, wie es ist. Doch auch hier zeigen sich der Beginn des Wandels und ein Erwachen von Regierungen.

Daniel Ortega, Präsident von Nicaragua, sei als Beispiel angeführt wie auch Hugo Chavez, Präsident der Republik Venezuela. Allerdings ist Frieden letztendlich nicht durch Krieg zu erreichen. Der Wortkrieg, den Chavez gegenüber Amerika führte, war schon immer überdeutlich. Zum Regierungsantritt von Barack Obama ließ Chavez verlauten, er sei bereit für neue, veränderte Beziehungen. Ein im November 2009 unterzeichnetes Militärabkommen zwischen dem Nachbarn Kolumbien und den USA veranlasste Chavez die Bevölkerung aufzurufen, sich auf einen möglichen Krieg einzustellen. Das Abkommen gewährt den USA sieben Stützpunkte zu errichten, was der venezolanische Präsident als Aggression betrachtet. Schon vor Monaten warnte Chavez, mit dem Abkommen würde „der Wind des Krieges" durch das Gebiet wehen.

Verehrte Leser, sehen Sie meine Ausführungen nicht als Anklage gegen wen auch immer. Sie sind lediglich bewusst

machende Hinweise, „Spotlights" auf ungute Lebensformen die, obwohl sie der **kosmischen Ordnung entsprechen**
(erstaunlich, erstaunlich), so nicht weitergehen sollten. Allerdings durch uns Menschen muss es getan werden. Lassen wir uns von gegenwärtigen Turbulenzen nicht verwirren, sondern gehen in Zuversicht hindurch und mit Freude
auf die Zeit danach.

„Wir waren die Leoparden, jetzt kommen die Hyänen"

Sie sind da, die Hyänen und noch immer die Leoparden! Welch eine Zukunftsschau ließ Giuseppe Tomasi di Lampedusa in seinem 1958 erschienenen Roman „Der Leopard" den Fürsten Salina aussprechen! Diese Größe der Dimension, die inzwischen zur Wahrheit wurde, konnte er sicherlich nicht erahnen. „Wir waren die Leoparden, jetzt kommen die Hyänen." Das bedeutet: Ja, wir unter den Aristokraten mitsamt unseren Söhnen auf dem ‚Stuhl Petri' sind Beutejäger und inzwischen sind diejenigen hinzugekommen, die T-Shirt-bekleidet eine Beute von anderen jagen lassen, um sie selbst schamlos abzunagen, bis auf die Knochen.

Durch die gesamte überschaubare Vergangenheit ziehen sich Geschichten von Leid und Schmerz. Wir haben sie gelesen, wir haben von ihnen gehört. Für uns sind sie vorbei, Historie, Vergangenheit. Die Ursache ist leicht zu benennen. Es liegt an dem allgemein niedrigen menschlichen Bewusstsein ohne ausreichende Liebe. Viele denken, das Ungute von heute soll möglichst weit von mir weg bleiben! Die Armen, die Unterdrückten haben eben Pech gehabt. Das ist nun mal so. Über Jahrtausende war ein solches verantwortungsloses Denken der Wegweiser in das derzeitige Desaster. Heute, in der Zeit von Electronics und Internet, multiplizieren sich Ausbeutung und Betrug nicht mehr, sondern sie potenzieren sich und das in Höchstgeschwindigkeit. Und jetzt? So einfach geht es nicht weiter, da man noch im Geheimen, durchaus mit Stil betrogen, geraubt und getötet hat.

Sehen wir genau hin, wodurch war der Adel reich geworden? Ursächlich durch Armut erzeugenden Raub, Mord, Machtanspruch. Kriege zu führen, um Territorien zu gewinnen, das war in Ordnung, war Sitte, Tradition, oft Notwendigkeit, wenn es um mehr Lebensraum ging. Allerdings folgten auf Kriege Zeiten des Friedens und einer gewissen Fürsorge für Land und Leute. Sagen Sie nicht, Deutschland habe nach dem zweiten Weltkrieg wieder eine gute Friedenszeit ohne Friedensvertrag erlebt. Die wenigsten Deutschen wissen, was seit dem letzten Krieg – gekonnt verdeckt – geschehen ist. Wirtschaftskriege von heute kennen weder Friedensphasen noch Fürsorge.

Den Gegensatz von reich zu arm und alle Nuancen dazwischen gab es und wird es so lange geben, wie es die Entwicklung der Menschheit erfordert. Wie das?

Auf dem Band zwischen den Gegensätzen geht es bei allen Entscheidungen um speziell den Punkt, den man für sein eigenes Verhalten wählt. Hier liegen fabelhafte Möglichkeiten sich zu entscheiden von „gut" bis „böse". Und genau das ist das Thema des Evolutionsdramas der gesamten Menschheit. Einer meiner Freunde, Stefan von Jankovich, der bei einem Autounfall minutenlang klinisch tot auf der Straße lag, berichtete über seine Erfahrungen während dieser Minuten.[13] Eine davon war: Der maßgebende Faktor im Menschenleben liegt in den Augenblicken seiner Entscheidungen. Von dem Moment an, da die Wahl getroffen wird, zählt die Tat, nicht erst durch die Ausführung. Das, was wir entscheiden, ist es, was bleibt, ob gut oder schlecht. In unserer Seele verankert geht es mit uns durch den Tod, ist im Jenseits bei uns und sogar in späteren Wiedergeburten, so lange bis wir es in einer Inkarnation, einem zukünftigen Leben, im fleischlichen Körper, auflösen. Das Dualgesetz ermöglicht, freie Entscheidungen zu treffen. Die Frage ist, welchen Punkt auf dem Band der Gegensätze zwischen dem, was wir gut oder böse nennen, wählt der Mensch? Sind ungute Ursachen zu löschen? Wenn JA, dann wie? Es mag die Frage aufkommen: Warum soll ich sie überhaupt löschen? Hierbei geht es um das große Weltengeheimnis, die Liebe. Wer für andere Schaden, Leid oder Schmerz wissentlich verursacht, ist fern der Liebe. Sie allein ist Ziel und Zweck eines jeden Menschenlebens, der Schlüssel zur Seligkeit. Verzeihen, auch sich selbst und lieben sind die Zauberworte zur Bereinigung oder großen ‚Entsündigung', wenn man dieses Wort benutzen will. Mit diesen Ordnungsgrößen machen wir unser Schicksal selbst und haben die Möglichkeit zu unserer persönlichen Entwicklung, gleichermaßen ob normaler Bürger, Leopard oder Hyäne.

Entwicklung, wozu oder wohin?
Zur Verwirklichung unserer Göttlichkeit.

Solche Sprüche, sind sie ernst zu nehmen? Lehrt nicht auch die Kirche, wir seien „Kinder Gottes"? Demnach sind wir göttlich. Entsprechend dem Willen kirchlicher Obrigkeit sollten wir allerdings immer kleine, abhängige, unmündige Kinder bleiben. So können Kirchenfürsten, die Kurie (Verwaltungsbehörde des Papstes) und der Clan, der dahinter steht, ihre Bestrebungen von Macht, Besitz und Geld leichter Hand umsetzen. Doch dieses Vorhaben kehrt sich langsam ins Gegenteil. Jeder Bumerang kommt einmal zurück. Könnte der Fall des englischen Bischofs der Piusgemeinschaft Williamson (2009), von höherer Warte aus betrachtet, womöglich geeignet sein, an der „Unfehlbarkeit des Papstes" zu zweifeln? Könnte das wie ein Herausbrechen eines Steines aus der Mauer des Vatikans sein? Um einen Einblick in die Geschichte des Vatikans und der Katholischen Kirche zu gewinnen, die ich wie den schwarzen Adel zu den Leoparden zähle, sei das bisher noch nicht beendete Werk von Karlheinz Deschner empfohlen. „Kriminalgeschichte des Christentums", bisher 9 Bände mit jeweils ungefähr 500 Seiten.[14]

Die Menschen werden der Natur entsprechend erwachsen, auch im Geistigen. Sie erkennen den *inwendigen Gott in sich selbst* und machen sich frei von einem Stellvertreter Gottes auf Erden. Kein Mensch kann diesen Anspruch erfüllen. Dazu gehört, dass wir nicht nur ‚Halleluja' singen, sondern uns von Versklavung dunkler Machenschaften befreien. Vor kurzem las ich folgenden Spruch:

Der Minister legt seine Hand auf des Bischofs Arm und sagt leise: Du hältst sie dumm und ich halt sie arm. Ist das die Methode weiterführender Versklavung?

Nehmen Sie, verehrte Leser, es in sich auf und lassen folgende Erkenntnis Ihr Gemüt durchdringen, in jedes Blutplättchen bis hinein in Ihr Rückenmark: Tatsächlich, als Kinder Gottes sind wir alle selbstverständlich göttlich, denn wir tragen das Erbe unserer Göttlichkeit in uns und haben die Kraft, Ungutes in Gutes zu wandeln! Der Mensch ist lichtvoller Geist, gekleidet in körperliche Materie.

Es liegt an uns Menschen, dass wir uns unserer Würde bewusst werden und damit die Sklaven-Ketten auflösen.

Wir können noch so erfolgreich in Wirtschaft und Wissenschaft sein und uns stolz als Realisten bezeichnen, doch niemand kann sich aus diesem kosmischen System herausnehmen. Es gilt auch für menschliche Leoparden und Hyänen. Was besagen die Märchen, in denen Menschen kurz vor ihrem Tod ihre an den Teufel verkaufte Seele zurückfordern? Der Mensch ist frei, zu denken, zu fühlen, zu tun, was er will. Wer geistige Gesetzmäßigkeit durchschaut, erkennt sogar äußere Zwänge als sinnvoll. Alle Meinungen haben ihre Berechtigung, doch es ist empfohlen, zu bedenken, dass alles menschliche Denken subjektiv und wandelbar ist. Das kosmische Ordnungsprinzip aber ist die Ausdrucksform des einzigen Absoluten, dessen, was wir GOTT nennen.

Wir Menschen besitzen diese „freie Entscheidung“. So ist es, obwohl sich viele in ihren Lebensverhältnissen geradezu geknebelt und vergewaltigt fühlen. Das beginnt bei dem Status der Geburt, durchzieht unser soziales Umfeld, Beziehungen, Finanzen, Gesetze usw. Und das soll freier Wille sein!? Letztendlich: Ja. Die ewige Frage der Philosophen ist: Wie viel Freiheit hat der Mensch, wie unfrei ist er? Dass unser Leben grundsätzlich auf freien Entscheidungen beruht, kann erst vollständig durch die Lehre von der Wiedergeburt verstanden und als folgerichtig anerkannt werden. Eine Lebensspanne ist zu kurz, um dieses lebendig pulsierende, grandiose Ordnungssystem von Weltall, Erde und Mensch überschauen zu können. Die Logik dieser geistigen Ordnung, unter der das Leben verläuft, wird dem Einzelnen durch die Wiedergeburtslehre verständlich. Obwohl es mehr und mehr Literatur darüber gibt, wird sie von staatlicher und kirchlicher Seite nicht gefördert, im Gegenteil. Wie ich beobachtet habe, wird die Wiedergeburt selbst in den Ländern, in denen sie aus der Religion nicht heraus zu lösen ist, keineswegs in pragmatischer Form für den modernen Alltag gelehrt. Dabei ist sie eine der Lehren im Kindergarten menschlicher Entwicklung. An dieser Stelle ist es nicht angebracht, das Thema weiter auszubreiten. Dazu gibt es ausgiebige Literatur und scheuen Sie nicht Gespräche mit Freunden, die mehr darüber wissen. Hier ist lediglich beabsichtigt, darauf hinzuweisen, dass das Gesetz von „Ursache und Wirkung" (Newton) auch im Geistigen funktioniert und nicht durch den Tod aufgehoben wird. Niemand, auch nicht Leoparden und Hyänen können sich dem entziehen.

Lassen Sie uns einen Blick in die Vergangenheit werfen, so lässt sich Gegenwart besser verstehen. Michelangelo fertigte Skulpturen und Kirchenmalereien im Auftrag dreier Päpste zu einer vom Klerus versprochenen Bezahlung. Wie erklärt es sich, als Vorbild für die ‚Schäfchen', dass die Päpste Michelangelo mehrmals um seinen Lohn bitten ließen und diesen zum Teil nie zahlten. Das sind nur die kleinen Nachlässigkeiten „Ihrer Heiligkeiten". Hinzu kamen Demütigungen und die launisch-wechselhaften Ansprüche der Päpste, die zu Zeiten der großen Familien aus politischen Gründen die Papstwürde innehatten, durchaus nicht wegen ihres Seelenadels. Manipulation, Lug und Trug bis hin zur Inquisition waren Normalität. Kein vorbildhaftes Verhalten der religiösen Obrigkeit. Diese verkörpert ja nicht eine Religion sondern nur ihre Institutionalisierung. Religion an sich mit ihrem gemeinsamen heiligen Kern in allen ihren Formen weltweit ist unantastbar.

Wie musste ein Mensch sein, der die Ausführung von unguten Anordnungen übernahm? Wie unbewusst, verblendet und pervers müssen Menschen gewesen sein, die im Namen der Kirche oder des Fürsten den Hilflosen Schmerz zufügten, sich womöglich daran ergötzten und obendrein die Qualen für gerecht hielten? Und das Volk schaute zur Unterhaltung Menschenverbrennungen, Erhängungen und Enthauptungen an. Herrscher oder Regierungen entsprechen der Schwingung ihrer Völker!

Wer und wie sind in der heutigen Zeit die willfährig Ausführenden von Weltbank, IWF, Fed? Gehen diese Personen mit geschlossenen Augen durch die Welt, nehmen sie das durch sie weitergereichte Leid nicht wahr oder haben sie selbst Lust am Leid anderer? Haben sie kein Gewissen, einen schlechten Charakter oder sind sie nur oberflächlich? Jedenfalls sind sie und insbesondere ihre Auftraggeber, der höchsten Wahrheit gegenüber sehr unbewusst und unwissend.

Auf geistiger Seite ist bekannt, dass Musik Seele und Bewusstsein veredeln kann. Genau zu diesem Zweck soll Wolfgang Amadeus Mozart geboren worden sein. Wie bekannt, Musik vermag auch das Gegenteil zu bewirken: ‚Eindröhnen', Nervenzellen töten, krank machen, verblöden, zur Drogeneinnahme verleiten usw., kurz gesagt, die Seele unterminieren. Hier liegt ein riesiger, gewinnbringender Markt, der genutzt wird von Leoparden wie von Hyänen. Wird es sie glücklich machen? Ich habe mir von einem Experten erzählen lassen, dass die Jugend der Welt den Disco-Sound zu Beginn nicht annehmen wollte. Die Musik-Lobby habe damals, als Milliarden-Geldbeträge noch völlig unüblich waren, Milliarden US-Dollar investiert, um ihr Ziel zu erreichen, Geld zu machen und die Jugend zu schwächen. Der zugrunde liegende Zweck ist eher die Dekadenz der Weltbevölkerung als ihre Förderung. Die Absicht ist eine schwache Menschheit, unfähig zum Widerstand oder Aufstand. Nicht zu vergessen: Ausnahmen gibt es immer und überall.

Mozart stand jahrelang in der Pflicht, für den Erzbischof von Salzburg arbeiten zu müssen. Der Erzbischof allerdings entzog sich seiner Pflicht, Mozart zu bezahlen, obwohl dieser den hohen Herrn immer wieder daran erinnerte. Auch ist bekannt, dass das Bitten und Betteln ihm äußerst zuwider war. Mozart kannte seinen eigenen Wert, seine heutige Bedeutung hätte er gewiss nicht zu denken gewagt. Und der Adel allgemein? Man zahlte – einige zahlten gut, die meisten schlecht und der Rest gar nicht. Ein bayerischer Fürst soll gesagt haben „Gut, Mozart, sehr gut, nur viel zu viele Noten" – und schenkte ihm eine Uhr.

Isabella und Ferdinand von Spanien schrieben Leistungen anderer auf ihre Fahnen wie zum Beispiel die von Christoph Columbus. Er brachte der spanischen Krone südamerikanisches Gold ein. Und was leisteten sie selbst? In Isabellas wahnwitzigem, katholisch-religiösem Eifer vertrieb sie alle Andersgläubigen. Diese verloren ihre kleinen oder größeren Besitzungen, ihre Arbeitsplätze, ihren Lebensunterhalt und ihre Heimat. Die Fremde bot den Flüchtlingen nur eine Leere, die sich mit Problemen, Hunger und Angst füllte. Wo war die christliche Nächstenliebe?

Alexander der Große hatte gerade den Thron bestiegen, als er alle Verwandten ermorden ließ, die eventuell einen Anspruch auf die Königswürde hätten geltend machen können. Das war Tradition unter den Herrschenden. Wo reihen sich diese Entscheidungen ein auf dem Band von gut bis böse?

Die Kriminalgeschichte berichtet das Gleiche auch von bürgerlichen Erben – und das rund um den Erdball, zu allen Zeiten. Menschen zu benutzen und auszunutzen, beschrieb Gerhard Hauptmann in dem Schicksal der Weber. Als Maschinen für die Reichen profitabler arbeiteten, fühlten sich die Herrschaften für die Verarmung ihrer einstigen Arbeiter nicht verantwortlich. Man sprach von "Geldadel" oder besser von den „Neureichen". Die Hyänen waren angekommen. In heutiger Gegenwart werden Massenentlassungen „Entlassungsproduktivität" genannt. Sie sollen des Rätsels Lösung sein auf dem Weg zur Monopolisierung, zur Machtausweitung durch Zusammenschlüsse von Unternehmens-Elefanten und um den Aktionären ihren Gewinn zu erhalten. Dabei ist ‚Gewinn-Maximierung' ein geläufiges Wort geworden.

Im 19. Jahrhundert mussten neben den Vätern auch Kinder für Hungerlöhne schwerste Arbeit leisten. Man denke nur an den Kohlebergbau in England. Eine sehr gefährliche und krank machende Arbeit, ohne die geringste soziale Absicherung. Und heute sind es vor Hunger zitternde Kinderhände, die Teppiche für Fußböden in luxuriösen Häusern knüpfen. Teppiche sind schön und schmücken die Räume. Doch müssen deswegen Hunger und daraus folgende Krankheiten sein? Können nicht anständige Löhne gezahlt werden von denen, die nicht wissen, wie reich sie sind? Muss jeder Cent in überquellende Geldbeutel oder Zahlen fressende Konten gestopft werden?

Nicht besser ist es im 21. Jahrhundert: Als elternloses Kind in Mülltonnen der Großstädte nach Essbarem zu suchen, von einem zwölfjährigen Bandenführer schikaniert und gequält und von Erwachsenen missbraucht zu werden. Wie ist es als Kind, ob Mädchen oder Junge, auf den Markt der Prostitution geworfen zu sein? Wenn Pornographie und Kinderpornographie das Internet überschwemmen, dann nutzen das nicht nur wenige, sondern weite Bereiche der Bevölkerung.

Die Missachtung der Menschenwürde ist ein Raub am Menschen. Besonders stark äußert es sich in der Einstellung der Eliten gegenüber der Bevölkerung in Entwicklungsländern. In Abstufungen ist es immer noch so wie zur Kolonialzeit des 19. und beginnenden 20. Jahrhunderts, wenn auch nicht auf den ersten Blick zu erkennen und mit den ungeschickten Versuchen der einheimischen Bevölkerung, den Zustand zu ändern. Doch wenn man an das Dynamit der Apartheid in der Republik Südafrika denkt . . . und an das lügenhafte Geplapper von internationalen Politikern, deren Gerede das Volk im Dämmerschlaf hält, dann . . .

Im Luxusfell des Leoparden erbeuten und horten eine unchristliche Kirche und der ‚schwarze Adel' Geld und Macht seit Jahrtausenden. Wenn auch bisher verdeckt, so wirkt diese Gewohnheit doch bis in die Gegenwart, international durchsetzt mit der Mafia. Geifernde Hyänen haben sich dazu gesellt. Aus spiritueller Sicht unterliegt sogar dieses

Geschehen einer kosmischen Ordnung, um hier einiges zu verwandeln, wozu auch Finanz- und Wirtschaftskrise Instrumente sind.

Wie mit einem Scheinwerfer leuchte ich hinein in die Verhältnisse von damals bis heute. Es tauchen Bilder auf, die sich durch die Geschichte der letzten 12 000 bis 13 000 Jahre ziehen. Bilder unbeschreiblicher Grausamkeiten, die ich nicht zu beschreiben vermag. Sie sind angefüllt mit Strömen aus Tränen und wenig Freude. Ob Adel, Kirchenadel oder Geldadel, sie alle gehören zu den Beutetieren. Über Jahrtausende existierte ein unvorstellbares Geflecht einzelner Strukturteile, Anordnungen von Logen-Kontakten, Institutionalisierungen, Systemen, Abmachungen, Verträgen und staatlicher Gesetze, die zu dem derzeitigen Stand der Dinge führten. Die Spitzen der moralischen Unratberge sind erreicht. Die Zeichen der Zeit stehen für einen erneuten Beginn. Zur richtigen Zeit werden sie da sein, die weisen Volksvertreter, die Könige der Verantwortung.

Noch eine meiner Beobachtungen sei hier angeführt. Sie liegt schon einige Zeit zurück, doch passt gut zu Afrika, zur Ausbeutung durch Kolonialherrschaften, zu den Raubrittern, den Leoparden von damals und heute und zusätzlich zu den Hyänen. Meine ganz persönliche Sichtweise ist die, herauszufinden, welches die zutiefst liegenden, unsichtbaren Ursachen eines sichtbaren Geschehens sind. Zum Beispiel: Ein Mensch, der zwischen Gegensätzen lebt, wie dem Willen zur Ausbeutung und einem Gemüt zu helfen, muss unweigerlich zerrieben werden. Ein solcher Mensch war – so sehe ich es – Claus von Amsberg, der Prinzgemahl von Königin Beatrix von Holland.

In den 1960er Jahren, gerade in der Zeit als der holländische Hof die Verlobung von Prinzessin Beatrix mit dem deutschen Diplomaten Claus von Amsberg bekannt gab, besuchte ich regelmäßig ein älteres Ehepaar. Sie hatten ihre Farm in Afrika verkauft, um in Deutschland ihren Lebensabend zu verbringen. Alles war in Afrika recht mühsam gewesen, ähnlich wie bei ihren Nachbarn, den Eltern von Claus von Amsberg. Das Ehepaar betonte gerne und oft, wie angenehm diese Bekanntschaft war und wie ehrenwert die Familie sei.

Das holländische Amsterdam war seit Jahrhunderten eine außergewöhnlich reiche Handelsstadt und Handel bringt das meiste Geld in kürzester Zeit. Besonders ertragreich wurde der Handel mit Diamanten aus dem zuerst von den Holländern besetzten Südafrika. In Amsterdam ist bis heute die bedeutendste Diamantenbörse. Die Kolonialbesitzungen von Königin Juliane in Asien machten es verständlich, dass die Königin dieses kleinen Landes für lange Zeit als die reichste Frau der Welt galt, eine Leopardin. In den Listen der reichsten Menschen der Welt werden Aristokraten nicht erwähnt, ebenso keine Scheichs und Sultane der ölfördernden Länder. Sie sind nicht artgleich mit z. B. Warren Buffet, dem Börsen-Tycoon, Carlos Slim Helú, dem libanesisch-stämmigen Händler in Mexiko und Bill Gates, dem IT-Kapitän mit seiner Flotte Microsoft. In dieser Reihenfolge sind sie die drei reichsten Männer der Welt von heute – Hyänen. Es ist höchst wahrscheinlich, dass die holländische Familie, dezent aber geschickt, wie in europäischen Adelskreisen üblich auf dem Parkett der Finanzeliten tanzt.

Die Verknüpfung der Interessen von Leoparden und Hyänen könnte man davon ablesen, dass Prinzgemahl Bernhard der Niederlande in Absprache mit David Rockefeller es war, der zur ersten Gesprächsrunde der späteren Bilderberger die Persönlichkeiten derer, die die Welt wirklich bewegten, eingeladen hatte. Das war im Mai 1954 ins Hotel Bilderberg in dem kleinen Ort Osterbeek in Holland. Prinz Bernhard führte den Vorsitz über die folgenden 22 Jahre. Initiatoren waren die Familien Rockefeller und Rothschild. Die Anregung zu dieser Einrichtung soll aus dem Vatikan gekommen sein. Auch heute gehören die Zusammenkünfte der Bilderberger in den Terminplan von Finanz- und Machtstrategen. Allerdings sind hunderte geladene Teilnehmer, wie es derzeit üblich geworden ist, gewiss nicht die Initiatoren und höchsten Entscheidungsträger einer angestrebten Weltregierung für eine neue Weltordnung. Sind sie auch hochkarätige Persönlichkeiten, entsprechend der Teilnehmerlisten, so spielen sie doch höchstenfalls in der ‚2. Liga'. Wenn auch nicht mehr in einem ganz so illustren Kreis, sind die Zusammenkünfte höchst angesiedelte Konferenzen. Sie finden unter strengsten Sicherheitsmaßnahmen statt, die in letzter Zeit strenger geworden sind. Möglicherweise, um das Augenmerk ablenkend mehr auf diese Ebene zu ziehen. Es ist wahrscheinlich, dass die Bilderberger-Treffen heute nicht der Strategiefindung dienen wie zu Beginn im kleinen Kreis, sondern eher der Information und Kontrolle von Seiten der ‚1. Liga'.

Verknüpfen wir die Sachverhalte, so ergibt sich eine Erklärung für die Erkrankung eines so qualifizierten, ehrenwerten Mannes wie Claus von Amsberg es war. Sie werden fragen, was das miteinander zu tun habe. Richtig, diese beiden Faktoren haben nichts miteinander gemeinsam und lassen sich deswegen nicht in einem Menschen vereinen.

Bis 1965 blieb Claus von Amsberg im Diplomatischen Dienst der Bundesrepublik Deutschland. Seit der Hochzeit 1966 trug er den Titel Prinz der Niederlande. 1980 wurde die Krönung von Prinzessin Beatrix vollzogen.

Wenn auch im Diplomatischen Dienst, so war es sehr nahe liegend, dass von Amsberg die geheimsten Fakten der Verflechtungen und Absichten in den Zirkeln der Macht und des Geldes, die ohnehin aufs Engste miteinander verwoben sind, nicht kannte. Es ist anzunehmen, dass er spätestens zu jenem Zeitpunkt im ganzen Ausmaß darüber informiert werden musste. Bald zeigten sich bei Claus von Amsberg „Beschwerden depressiver Natur". Die Neue Medizin, die Psychosomatik, schließt Seele, Geist und Bewusstsein bei einer Erkrankung nicht aus. So ist bekannt und anerkannt, dass Krankheiten, die sich im Körper manifestieren, die materielle Seite der ‚inneren' Disharmonien des Menschen sind. Wie eine Bestätigung zu meiner Annahme empfand ich folgende Formulierung bei Wikipedia. „Er musste seine persönliche Meinung für sich behalten und erschien aus diesem Grunde oft farbloser als er in Wirklichkeit war."… „Er fühlte sich sehr eingeschränkt." Obwohl er verschiedene Aufsichtsratposten annahm, wurden ihm hauptsächlich soziale Aufgaben übertragen. Der Prinzgemahl hielt Vorträge zu Themen der Entwicklungszusammenarbeit. Mit seiner warmherzigen Anteilnahme am Wohlergehen der Menschen in den Entwicklungsländern setzte er sich immer wieder ein, besonders für Afrika. Seine Durchsetzungsfähigkeit war aber wegen der königlichen Familie sehr begrenzt. Nach seinen Äußerungen, auch in der Öffentlichkeit und entsprechend seinem Verhalten, ist mit großer Wahrscheinlichkeit anzunehmen, dass er seine Frau und auch die Kinder sehr liebte. Außerdem fühlte er sich dem Königshaus verpflichtet. Anscheinend musste er im Zwiespalt von Realität des Alltags und seinem Gemüt leben. Ist es da verwunderlich, dass er wie ein Mann wirkte, der nicht im Vollbesitz seiner Kräfte ist. Wie könnte ein Mensch das sein, der in der Diskrepanz zwischen seiner Pflicht und seinem innersten Wesen lebt? Im Fernsehen war zu beobachten, dass er oft wie nicht anwesend wirkte. 1991 wurden die Depressionen stärker und der Prinzgemahl erkrankte an Parkinson. Eine Niere musste entfernt werden, Probleme mit den Atemwegen und dem Herzen stellten sich ein. Eine Lungenentzündung war 2002 die Todesursache.

(Wikipedia) Trotz all dem „war er eines der populärsten Mitglieder des niederländischen Königshauses. Für die Bevölkerung war er ein freundlicher, trauriger und verletzbarer Schatten neben Beatrix... Claus von Amsberg hinterlässt das Bild eines stilvollen und besonders *integren* Mannes."

Jeder Mann

Jede Frau

Wie viele Menschen sind es, die in jedem Jahr zu den Sommer-Festspielen nach Salzburg reisen? Seit 1920, in jedem Jahr ein Festspielerlebnis vor der Kulisse des Domes, die Aufführung „Jedermann" von Hugo von Hofmannsthal. Einen jeden von uns betrifft das Thema, denn wir alle werden – sterben. Ob reich oder arm, eines Tages verändern wir durch den eigenen Tod unser Leben. Der Tod, eine Episode im Leben.

Gewiss fühlen sich einzelne vom Inhalt gerade durch dieses Schauspiel betroffen und für sie ist die Aufführung *der* Impuls, fortan bewusster zu leben. Möglicherweise so, wie Dag Hammerskjöld (1905 - 1961), der erste Präsident der UNO es aussprach: „Lebe so, dass du jeden Augenblick sterben kannst." Bemühe dich, im Frieden mit dir selbst zu sein, um in Harmonie sterben zu können. Der Tod, der „Jedermann" zu holen kommt, ist kein fleischloses Gerippe mit Sense. Dieses Muster ist längst überholt. Der Tod ist auch als Freund zu erkennen, der uns den Sinn von Leben und Sterben lehrt. Woher leben wir? Wohin sterben wir? Und in Wahrheit gibt es für das Menschenwesen keinen Tod. Leid, welches wir verursacht haben, geht mit uns in unser körperloses Leben und Freude, die wir verursacht haben ebenso.

Vor einigen Tagen erzählte mir Corinna, meine Gastgeberin auf der Farm, der Schlaf, „der kleine Bruder des Todes" habe ihr in dieser Nacht gesagt: „Alle Asche ist ohne Wert." Mit diesem Satz war sie in den neuen Tag zurückgekommen. Wir bedachten die Aussage und befanden: Ja, alles, was zu Asche werden kann, ist vergänglich, ohne bleibenden Wert, ebenso des Menschen Körper. Gleichgültig, ob er im Krematorium verbrennt oder den Würmern als Nahrung dient. *A l l e s,* was wir *haben, hat keinen beständigen Wert.* **Was wir sind, ist wert, unsterblich zu sein.** Und so ist es. Heißt es in der Lehre von Jesus nicht auch: „Sammelt euch Schätze im Himmel, da weder Motten noch Rost sie fressen." (Math. 6 Vers 20). Wer die Wiedergeburtslehre anerkennt, der weiß, dass wir unser nächstes Leben exakt entsprechend der Bestandsaufnahme beim letzten Sterben gestalten, die „im Himmel" in unserem unsterblichen Seelenanteil gespeichert ist. So gestaltet sich das neue Leben aus dem vorhandenen Material. Wir haben es selbst in unseren Erdenvergangenheiten gemacht, entsprechend unseren früheren Entscheidungen und Handlungen. Auch das, was uns anscheinend schicksalhaft bindet, ist in früheren Leben aus freier Entscheidung entstanden.

Welche Tragik liegt in der Unwissenheit! Warum war Jedermann und alle seine Saufkumpane und Hurenfreunde erschrocken, entsetzt über den Tod, der Jedermann zu holen kam? Warum liefen sie davon? Warum ließen sie ihn in der Stunde seiner Angst allein? Das gleiche Grauen das Jedermann überfiel, hatte auch sie erfasst. Weglaufen, entfliehen – kann sie das retten!? Nur nicht in seiner Nähe bleiben, bei dem, der jetzt gerufen wurde! Sie sind doch nicht dran, noch nicht! Aber jeder von ihnen könnte der Nächste sein. Entsetzlich, sein Leben zu verlieren und damit auch seine Schätze, seine Buhle, seine Lustgefühle. Armselig war das Leben des Reichen, arm an Seele. Jetzt gilt es, den Offenbarungseid zu leisten. Jedermann, Jedefrau, was behaltet ihr von all eurem Reichtum, Eurer Macht beim Verlust eurer Körper, wenn sie zu Asche werden oder zum Würmerfraß? Wie wollt ihr euren Besitz ohne Körper ,besitzen'? Habt ihr Schätze auf der Seite des Unvergänglichen, dort, wo sie als Material für das nächste Leben und für das göttliche Ziel stehen? Was ist da, wo nicht mehr das *HABEN*, sondern das *SEIN* gilt?

Hier liegt der Verbindungspunkt von der sichtbaren zur unsichtbaren Welt, das höchste Lebensgesetz überhaupt, maßgebend für den Bettler wie für den Edelmann, vom Sozialempfänger bis zu denen, die die Welt bewegen. Unter dieser kosmischen Ordnung lebt jeder, der ein Mensch ist – ohne Ausnahme. Das, was über den Tod hinaus Wert und Bestand hat, ist unser SEIN. Die Liebe ist der sichere Weg, diesen Schatz zu mehren. Alle Entscheidungen dem Rat entnommen, den die Liebe gibt, löst persönliche Probleme bis hin zu Weltwirtschaftskrisen, wandeln Krieg zu Frieden. Wenn Sie verehrte Leser jetzt sagen: Na und, das weiß man doch, dann frage ich: Handeln sie danach?

Gibt es einen Sinn für dieses spirituelle Theater mit dem Menschen in seiner Entscheidungspflicht: Wähle ich Haben oder Sein? In einer indischen Upanishade ist der Lehrsatz zu finden: Strebe zuerst nach Erkenntnis und dann nach Wohlstand. Ein kluger Rat, denn Weisheit lässt Wohlstand richtig verwalten zum eigenen und anderer Wohl. *Sein* und *Haben* können sich vermählen. Wozu aber liegen auf dem Entwicklungsweg so viele Versuchungen oder anders ausgedrückt: Bewährungsmöglichkeiten? Wozu gibt es das so genannte Böse? Wozu die Lust, die lüstern macht, wozu die

Gier, die unersättlich ist, die als Strudel Jedermann in die Tiefe ziehen? Sie sind da, weil sie zur Entscheidung fordern.

Die Realität der materiellen Welt existiert nicht ohne die Realität geistiger Bereiche, ob wir es wissen und bejahen oder nicht. Geistige Realität liegt allem Weltlichen zugrunde. Wir werden es lernen, dass Wirklichkeiten nicht mit sichtbarer Materie und Ereignissen enden. In der spirituellen Betrachtungsweise wird eine Erklärung angeboten, die eigenartig klingt und doch wohnt ihr Logik inne. Ebenso wie das Sterben des Körpers gilt sie für Jedermann und Jedefrau. Wie die Entwicklungsgeschichte zeigt, sind Experimente in der Natur nichts Besonderes und keineswegs einmalig.

So heißt es, dass sich auch im Leben des Universums ein Experiment vollziehe.

Die Mythologie sagt: Im Urbeginn von Raum und Zeit war es, da Gott sich selbst erleben und erfahren wollte, ob aus seinem Wesen eine Spezies entstehen könne, die sich aus *freiem Willen* für das Licht entscheidet. Es geht darum, ob lebenbegabte Wesen fähig sind, sich aus eigenem Entschluss für das, was man das Gute nennt, zu entscheiden, sogar bei physischen und psychischen Belastungen und Schwierigkeiten, die bis ans Äußerste gehen. Als Schauplatz fiel – um mit unseren Worten zu sprechen – die Wahl auf die Menschheit des Planeten Erde. Folgendes ist das kosmische Experiment:

Gibt es eine Spezies, die fähig ist, aus freiem Willen das so genannte Gute, „das Licht" zu wählen?

Wenn ja, so haben diejenigen, Jedermann und Jedefrau, die höchst mögliche Begabung, die es überhaupt geben kann –

selbst schöpferische Gottheiten zu werden.

Dazu muss gesagt werden, Gottheiten sind keineswegs *,das ewig Unaussprechliche',* das wir *GOTT* als *,die Quelle von allem was ist'* nennen. *GOTT* ist gleichzeitig *,Alpha und Omega',* Anfang und Ende in ständigem *,Eins-Sein',* das *,einzig Absolute'.*

Für diesen kosmischen Test wurden entwickelte Wesen im Kosmos befragt, ob sie bereit seien, mitzumachen. Ihnen wurde erklärt, dass dieses Experiment ihrer Entwicklung diene und dem Planeten Erde, sogar dem ganzen Universum. Allerdings, wurde auch dargelegt, dass sie ihr gesamtes spirituelles *Wissen* vergessen würden. Hier liegt ein weiteres geistiges Geheimnis. Damit war alles, was diese Wesenheiten über das SEIN und die LIEBE im Universum kannten, aus der Erinnerung gelöscht. *Ihr Bewusstsein allerdings blieb in einer grandiosen Dimension erhalten, doch sank es ab in einen unbewussten Zustand.* Sie, verehrte Leser, erlaubten, dass ihr vollkommenes Bewusstsein in Vergessenheit geriet, *um mehr zu werden als Sie in Urzeiten waren, nämlich* **schöpferische** *Gottheiten.*

Deswegen *sind in jedem Menschen ohne Ausnahme das ,Allwissen' und die ,Allweisheit' noch immer vorhanden. Wir nennen es* <u>*Bewusstsein*</u>. Die älteste noch existierende Sprache, das indische Sanskrit, nennt es ,Buddhi', *geistiger Körper.* In diesem Bereich lagert *alles* vergessene Wissen, *alle* vergessene Weisheit über das *gesamte Universum,* begonnen bei den Elementarteilchen! Es kommt nur darauf an, wie viel davon aus dem Unbewussten – wie C. G. Jung, der bedeutende Schweizer Psychologe es nannte – hinüber gewandert ist in unser Tagbewusstsein. Jede Erfahrung dient der Bewusstseinserweiterung. Bildlich ausgedrückt die Bewusstseins*entwicklung.* Alles ist in uns Menschen vorhanden, auch das Bewusstsein von unserer geistig-göttlichen Wahrheit bis hin zum Sinn und Zweck des persönlichen Schicksals. Wir müssen es ‚nur' *auswickeln.*

Es heißt, dass alle Wesen, die je als Menschen über die Erde gingen, gehen und gehen werden, Jedermann und Jedefrau, sich freiwillig zur Verfügung gestellt hätten. Sie wären einstmals bereit gewesen, die Seligkeit geistiger Dimensionen zu verlassen. So begann jeder Mensch bei der Marke Null mit dem Kampf ums Überleben, was rhythmisch und epochal immer wieder mit Zeiten voll Angst, Mühe und Leid verbunden ist. Später kam der Kampf ums Geld und um die sexuelle Lust, verbunden mit Gier hinzu. Leider führte auch die Sehnsucht nach Liebe zu grausamen Kriegen.

Es stellt sich die Frage: Müssen wir Menschen für dieses kosmische Experiment unbedingt zwischen den Gegensätzen in so großen Entscheidungszwängen leben? JA. Es ist das System des kosmischen Experimentes, dass Menschen aus freiem Willen wählen. *Es birgt in sich die weiteste Spannbreite zwischen den Gegenätzen für Wahl und Entscheidung aus freiem Willen.* Wie wir Menschen unter diesem Dualgesetz der Gegenpoligkeit (Mann-Frau, Tag-Nacht, dick-dünn, gut-böse) entscheiden, darin liegt die Entwicklungsmöglichkeit für den Einzelnen, für die Menschheit und weiter reichend für das Leben in unserem gesamten Universum. Aus diesem Grunde schaut – so wird aus der geistigen Welt gelehrt – der gesamte Kosmos auf den Planeten Erde, um zu beobachten, wie sich das in der angebrochenen Zeit des Wandels entwickelt. Anders gesagt, wie wir Menschen den Wandel mit seinen Auswirkungen in den Weltenraum meistern. Für eine derartig überdimensionale Leistung stehen uns außerirdische Intelligenzen hilfreich zur Seite. Im so genannten *göttlichen Plan* ist entschieden, dass die Menschheit den Wandel meistert. Deswegen sind wir umgeben von außerirdischen, höher entwickelten Wesen, auch von denen in ihren Raumschiffen, die bereit sind uns jederzeit beizustehen, was schon oft, sehr oft geschehen ist, ohne dass wir davon Kenntnis haben. Es ist wesentlich und wichtig geworden, dass wir Menschen beginnen, über unseren Planeten hinaus zu denken. Alles ist dafür vorbereitet. Ein planetar begrenztes Denken reicht für eine glückliche Zukunft nicht mehr aus. Wir müssen unser Denken in den Kosmos erweitern und es bewegt sich vieles in die Richtung, zuerst aus eingefahrenen Denkschablonen herauszukommen.

• Dieses erweiterte Denken geschieht bereits in unserer Wissenschaft der Physik, allerdings noch wenig bekannt. Die Forscher wurden automatisch in diese Dimension geradezu hineingezogen. Forschung machte es möglich.

• Heute las ich in *Vertrauliche Mitteilungen* (03.03.2009), dass sich in Saudi-Arabien eine ‚stille Revolution' durch den König Abdullah bin Abdul Aziz vollziehe. „In einem Land, in dem für Frauen noch immer ein Verhüllungsgebot und das Verbot besteht, selbst ein Auto zu fahren, kommt es schon einer Sensation gleich, wenn – wie jetzt geschehen – eine Frau zum Minister für die Bereiche „Erziehung" und „Ausbildung von Frauen" ernannt wird." Eine starke Leistung in einem islamisch, patriarchalischen System. Um die Bedeutung klarzustellen: Sogar im christlichen Europa gibt es bis heute noch keine vollständige Gleichstellung der Frau, geschweige denn in einem völlig patriarchalisch regierten Land. So ist die Übertragung eines Ministeramtes an eine Frau ein stiller, aber deutlicher Hinweis auf eine Änderung hin zur Gleichstellung der Frau. Wie lange wird es bis dahin dauern? Frauen sind zwar anders, aber sind sie nicht *gleichwertig* zum Mann. Sind sie nicht ebenso Menschen wie die Männer?

- Denke ich an die vielen Forschungsergebnisse, die das Jahrtausende alte spirituelle Wissen bestätigen, an eine sich mühsam wandelnde Politik, an die vielen und verschiedensten Hilfsaktionen, die unzähligen Informationen, die in Sekundenschnelle um den Erdball kreisen, dann sage ich: Die Menschheit hat ihre Unterschrift für den Wandel zum vollkommenen Licht gegeben.

Zu dieser Neuen Zeit gehört auch ein neuer Gottesbegriff. Der alte Mann mit Bart kann eine denkende Menschheit nicht mehr zufrieden stellen. Das ist ein Auslaufmodell. Menschen fragen: Warum lässt ein liebender Gott all das Leid zu? Das alte Modell hat darauf keine Antwort und die Glaubenssysteme längst vergangener Jahrtausende noch weniger. Doch, wer darin Ruhe, Frieden und Freude findet, für denjenigen ist seine Art der Gottesverehrung richtig. In der Baghavad Gita, genannt die indische Bibel, sagt Gott: „Wie du mich in deinem Herzen findest in einer Form, die du verstehen kannst, so halte ich dich heilig und habe dich lieb."

Für das Wohlergehen der Menschheit und der Weiterentwicklung unseres Universums sollte die Wahl auch unter den schwierigsten Umständen zum Guten, zur wahren Liebe, zum Licht ausfallen. Obwohl der göttliche Plan eine Vorsehung beinhaltet, so muss sie doch durch den Menschen verwirklicht werden. Die Auflage ist, die Entscheidungen müssen aus freiem Willen getroffen werden. Jede Manipulation gehört zur Dunkelheit. Welche Entscheidungen lagen all den Schmerzen durch die *Inquisition* im Namen der „Heiligen Kirche" im Mittelalter zugrunde, dem Leiden in deutschen *Konzentrationslagern* der Hitlerzeit, im russischen *Gulag*, im amerikanischen *Guantanamo* auf Kuba und dem Ruin zahlreicher Völker durch die *Freie globale Marktwirtschaft?* Dann der kriminelle Schwarzmarkt des Organhandels, besonders in Dritt-Welt-Ländern, China, Indien, Afrika, Südamerika, sogar mit Lebend-Spendern. Spionage und Morde in Wissenschaft, Wirtschaft und Politik gehören zum Alltag, aus der Absicht heraus, *diese Entwicklung zum Wohlergehen für alle* zu stoppen. Beachten wir die Berichte von *Amnesty International*. Es gab und gibt die Zentren politischer, diabolischer Quälereien. Von den Betroffenen ausgehend spannt sich ein Netz des Leides über ihre Familien rund um den Erdball. Das sind die Extreme, daneben gibt es den Kummer und die vielfältigen Schmerzen die in irgendeiner Art und Weise in jedem Leben liegen, das Grundleid, das bis heute ein jeder trägt. Sagen nicht auch Sie: **Es ist genug!? Das Leid in der Welt muss ein Ende haben!**

Und das soll Sinn gehabt haben? JA.
Der Einsatz, eine Gottheit zu werden, ist hoch.

Die Seligkeit eines in Liebe hoch entwickelten Wesens – was jeder von uns einstens war – das sollen wir jetzigen Menschenwesen freiwillig aufgegeben haben, um sie mühselig wieder zu erreichen? So viel *Mühe*, eine verlorene *Seligkeit* wieder zu erlangen? Dieser unbeschreiblich große Verlust, war *das Opfer* für die Entwicklung in unserem Universum. Nicht umsonst zählen auch wir, Jedermann und Jedefrau, zu denjenigen, von denen es in heiligen Urschriften des Hinduismus heißt: „Die, die den Tod wählten."

Das Menschsein bedeutet, auf diesem Weg zu sein,
sich zu entscheiden und zwar immerzu.

Alles das, was ich erkläre, sind in Wirklichkeit Vorgänge, Abläufe von Energie. Es sind ‚Wirksamkeiten' im Universum. Ich kann sie allerdings nur mit den Worten unserer Zeit beschreiben. So mögen sie wie Mythen anmuten. Wir werden für dieses neue, höhere Denken zu angebrachter Zeit, eine neue Terminologie brauchen und bekommen.

Es war in einem Follow-up-Seminar mit fünf Führungspersönlichkeiten der Geschäftswelt, einem weiterführenden Seminar, dem andere vorausgegangen waren. Ich stellte die Aufgabe, sich selbst zu fragen und schriftlich zu beantworten:

<u>Wenn ich jetzt sterben müsste, was hätte ich versäumt?</u>

„Der Wahrheit nachzuspüren."

„Zu wissen, um zu nutzen, dass es mit den Möglichkeiten des Geistes mehr gibt, als ich heute weiß."

„Einen mir noch unbewussten Bereich zu leben, von dem ich weiß, dass es ihn gibt."

„ Mit Bewusstsein den Alltag besser zu leben."

„Meinen inneren Aufbau, um bewusster ich selbst zu sein."

Die Teilnehmer habe ich aus den Augen verloren. Ich weiß nicht, ob ihre damalige Erkenntnis eine Änderung in ihrem praktischen Leben bewirkt hat. Vom Denken zum Tun ist ein weiter, schwieriger und verführerischer Weg.

Die meisten Menschen sind verwirrt und verunsichert durch die aktuellen Ereignisse im privaten Leben, in der Natur, in Wirtschaft und Politik. Ist es in solchen Zeiten nicht gut zu wissen, dass die Turbulenzen zur Entwicklung einer besseren Welt dienen und dazu gehören? Wer die Weltereignisse als die Geburtswehen einer Neuen Zeit erkennt und sich an das Licht hält, geht garantiert unbeschadet durch den Wandel.

Wird das Licht stärker, dann werden es auch die Schatten. Wir sollten so viel Licht aufbringen – und ich bin überzeugt: es wird so sein – dass die Schatten ausgeleuchtet werden. Zur Entscheidung, wie die Menschheit weltweit ihr Leben führen will, ist Jedermann und Jedefrau auch zum eigenen Glück aufgerufen.

Und der Teufel lacht

Wenn ich von meinem Schreibtisch in Namibia aufblicke und sehe, wie die kahlen, steinigen Berge im Süden vom letzten Sonnenschein in einem leichten Rot schimmern, dann neigt sich der Tag seinem Abend zu und die „blaue Stunde" beginnt. Hier ist sie grau-rosa, hier, wo der Busch in die Namib übergeht. Die Wüste, die dem ganzen Land ihren Namen gab, nicht weit entfernt von der südwestlichen Küste Afrikas.

Wie jeden Abend gehe ich hinaus auf die Terrasse des alten Farmhauses. Fünf eckige, natursteinbelegte Säulen trennen die Terrasse vom ‚Garten', einem kahlen Gelände mit wenigen Bäumen. Sie müssen mit einem Wasserkreis ständig umsorgt werden. An diesem Ort fühle ich eine schöne Gelassenheit und Harmonie. Dort, wo mein Liegestuhl steht, füllt ein uralter Tsawisbaum den Freiraum zwischen zwei Säulen. Ein ganzer Hain soll die Farm früher umstanden haben. Damals erhielt sie den Namen: Tsawichas. Der Stamm dieses Baumes wächst direkt am Rand der Terrasse und seine Zweige streben über das Dach des Hauses hinaus. Andere wiederum neigen sich mit ihrem Blattwerk bis zum Boden. Ich höre die große Stille, manchmal das Zirpen der Grille, die im Garten wohnt und einzelne Vögel fliegen noch von einem Baum zum anderen. Zwischen den Baumstämmen ist der Blick frei, hin auf das ausgetrocknete Flussbett im schmalen Tal und zu den kahlen Bergen.

Wie weiße, große, sich bewegende Steine springen die Ziegen den Berg hinunter zu ihrem Stall. Obwohl es mehr als 100 Ziegen sind, dauert es nur wenige Minuten und der graue Berg – in dem übrigens Uran lagert – liegt wieder ohne Bewegung vor mir. Ein zeitloses Bild, wie aus archaischer Vergangenheit. Die Kühe, die schon lange im weichen Sand des trockenen Flussbetts und der angenehmen Sonne des afrikanischen Winters liegen, erheben sich. Langsam wandern sie zur Tränke und gehen dann, eine nach der anderen, hinaus in den Busch und die nahende Dunkelheit.

Herausgenommen aus der nervösen Vielfalt und Hektik des europäischen Lebens fühle ich mich in einer unbeirrbaren Freiheit eingebettet zwischen Himmel und Erde. Hier kann ich in meiner Art, völlig unbeeinflusst berichten, was jetzt gesagt werden soll. Es möge ein Beitrag sein, die Notwendigkeit und gleichzeitige Möglichkeit des weltumspannenden Wandels in unserer Erdengegenwart aufzuzeigen. Die vielen Lebensthemen beschwören geradezu dramatische Ereignisse herauf und schreien nach Erklärung. Die gegenwärtigen, weltweiten Missstände und Nöte, nicht nur aus Charakterlosigkeit hervorgerufen, sondern auch aus großer Unwissenheit über den Sinn des Lebens und der dahinter liegenden kosmischen Ordnung, eskalieren in dramatischer Weise. Die Türme des *World Trade Centre* in New York, des Welthandelszentrums, sind 2001 eingestürzt. Könnte das ein vorausgeeiltes Symbol gewesen sein? Die Notwendigkeit zur Wende hat höchste Alarmstufe erreicht.

Wir erleben viel Ungutes, geradezu Böses. Damit verbinden sich Begriffe wie: Rücksichtslosigkeit, Brutalität, Ausbeutung, Quälerei, Mord, Vergewaltigung, Pädophilie, Nekrophilie, Lügen, Untreue, Bestechung, Verleumdung u. ä. – und das rund um den Erdball. Diese Dramatik ist mir in Afrika lebensnah bewusst geworden – ob durch Afrika oder auch nicht. In der Bestätigung meiner zuvor mehr intuitiven Sichtweise lag eine traurige Genugtuung, die sich mir schmerzhaft eingegraben hat. Die Völker der ‚Erste-Welt-Länder' leiden zusätzlich noch an anderen Auswirkungen der zersetzenden Maßnahmen und Vorgehensweisen der Schattenmächte. In den Zivilisationsländern herrschen Stress, Zeitnot, Lärm, Überforderung, Ausbeutung durch unerkannte Manipulationen des Staates, die man Gesetze nennt und alte, wertvolle Gesetze aushebelt, bevor die Bevölkerung es merkt.

Ein Infektionsherd für zu viele Minderwertigkeiten im Menschen sind ganz allgemein die Medien und Schulen. Gut verschleiert wuchert eine Bildungsverweigerung. Darunter sei nicht verstanden, dass Lernende die Bildung ablehnen, sondern dass Lernwilligen Bildung nicht in ausreichender und richtiger Weise ermöglicht wird. Woher kommt diese unterschwellige Manipulation? Durch sie wurden und werden wissentlich und unwissentlich unzureichende Schulsysteme eingerichtet, ist eine Zeitungswelt und Filmindustrie mit überwiegend verdummender Wirkung entstanden, die gleichzeitig das aggressiv-aufsässige Potenzial im Menschen, vor allem in der Jugend, mobilisiert. Neu und fortschrittlich sein, das zeigt sich anders. Wussten Sie, dass in Deutschland der Berufsstand mit den meisten Anträgen auf eine Frührente der Lehrerberuf ist? Leider sind es keine Zufälle, dass Fachidioten gezüchtet werden und in Schule und Medienwelt Programme installiert sind, die geradezu ‚verbilden'. Kindern wie Erwachsenen werden wenig Bildung und Herzensbildung vermittelt, was bekanntlich echte Persönlichkeiten entwickelt. Persönlichkeiten, die denken und lieben können, sind die große Gefahr für die Existenz der materialistischen, egomanischen und unbewussten Machtzirkel. Die Dekadenz in den Ländern, die einstmals Kultur und Zivilisation besaßen, ist erschreckend und sollte hellhörig und weit blickend machen.

In den so genannten ‚Entwicklungsländern' ist die Abschottung der Masse von Bildung, Ausbildung und Herzensbildung eine Schande für sämtliche Eliten der Menschheit. Das, was in aufbauender Hinsicht getan wird, ist wie ein Tropfen im Meer dessen, was getan werden müsste. Diejenigen, die sich aus dem Schlamm herausheben durch Seelenadel, Anstand, Weisheit, Intelligenz und sozialem Einsatz, sind wenige. Es sind diejenigen, die, in welchem sozialen Umfeld sie auch aufgewachsen sind, gleichermaßen den Impuls zur inneren Entwicklung wahrgenommen haben und verwirklichen wollen. Ich erinnere mich an einen Ausspruch von Benoit de Boigne: „Wir, die wir mehr haben und mehr wissen, haben eine Verpflichtung den Armen und den Dummen gegenüber."

Bei diesem Überblick tauchen Fragen auf wie:

Wo liegen die Ursachen für das dramatisch ungute Weltgeschehen?

Was ist der Sinn des Lebens in einer solchen Welt?

Es muss etwas geben, das der Verstand alleine nicht erklären kann.

Wohin geht des Menschen Weg?

Was ist die absolut zutiefst liegende Ursache für so viel Leid und wenig Freude? Im *Kosmischen Sonnenjahr* finden wir eine Antwort. Doch um dieses klar wahrnehmen zu können, müssen wir zuerst wissen, wo wir heute stehen. Schon seit langer Zeit zeichnet sich eine Interessensrichtung ab, die Menschheit zu „kaufenden Idioten" zu machen. Heute ist der Markt überschwemmt mit Billigprodukten für die Armen und gleichzeitig boomen die Sparten mit absoluten Luxusartikeln. Höchste Ansprüche – höchste Preise. Der Clou dabei ist, dass oft Billigprodukte, etwas „aufgemotzt" in den Chicki-Micki-Läden zu extrem hohen Preisen angeboten und verkauft werden. Kann man es Dummheit oder Unwissenheit nennen? Kaufen was als „in" erklärt wird. Modejournalisten suggerieren: Ein „Muss" ist in diesem Herbst die Jeansjacke mit Nerzeinfassung, nackter Bauchnabel im Winter unter der offenen Daunensteppjacke, dazu dünne Jeans, baumwollkühl und die Frauenärzte freuen sich über volle Wartezimmer. Das Geschäft läuft sexverbrämt, erschwinglich durch die erlittenen Qualen von Menschen, die zur Herstellung in den ‚Sonderproduktionsstätten' schuften. Offiziell werden in unserer humanen Gesellschaft Werte und Rechte des Individuums geachtet. Doch rund um den Erdball gibt es Einrichtungen, in denen etwas Diabolisches ins System gehört.

Die Methoden des so genannten Bösen sind, was bereits die Wörter veranschaulichen:

Verführung

führt vom sicheren Weg ab in gefährliches Gelände.

Zerstreuung

lässt den Menschen in Teile zerfallen. Er ist nicht mehr bei sich selbst. Er verliert seine „Mitte", seinen Zusammenhalt, seinen Halt.

Verblendung

die blind macht für Wahrheit, echte Werte und Wesentliches. Sie wird schon in der Schule und durch die Unterhaltungsindustrie bei den ganz Kleinen betrieben, von bestimmten Interessengruppen ertragreich manipuliert.

Verwirrung

Überangebote von Informationen, von Nahrung (andere Völker verhungern), von „Klamotten". Damit meine ich eine leicht und billig herzustellende Bekleidung aus wertlosem Material, ohne besonderen Schnitt, die mit wenigen verschiedenen Größen für fast jeden Körper passend ist. ‚Billig', nicht preiswert.

Fasse ich zusammen: Zum so genannten Bösen gehört, was wichtig erscheint und unwesentlich ist.

Macht es Sinn, den Tanz mit dem Wahnsinn zu durchschauen. Oder ist es besser wegzuschauen? Nehmen wir diese Bekleidungsalbernheiten als Beispiel und verfolgen sie zurück bis zur Herstellung. Dann ist es keineswegs mehr albern, sondern höchst durchtrieben, rücksichtslos, unmenschlich. Es gibt die *Sonderproduktionszonen*, wo „Schutz der Arbeiter" unbekannt ist. Die Löhne sind zum Leben zu wenig, zum Sterben ein klein wenig zu viel.

In dem Buch von Jean Ziegler „Die neuen Herrscher der Welt"[15] ist zu lesen:

„Naomi Klein beschreibt packend die Arbeitsbedingungen der jungen philippinischen Arbeiterinnen, die von den (koreanischen, taiwanesischen) Zulieferern der Textil-, Sportartikel- oder Computer-Multis in abgelegenen Landesteilen rekrutiert werden. Die Frauen werden in einer der aus dem Boden gestampften Fabriken in den *Sonderproduktionszonen* bei Manila eingesperrt, wo 14- bis 16-stündige Arbeitstage gang und gäbe sind. An diesen Orten gelten keine nationalen Gesetze. Die Löhne sind miserabel. Überstunden werden selten bezahlt. Vorarbeiter und bewaffnete Melizen, die im Namen der Unternehmer für Ordnung im Betrieb sorgen, setzen sich über die Rechte der Arbeiter rücksichtslos hinweg.

Von China bis Honduras, Mexiko und Guatemala, von Südkorea bis zu den Philippinen, Sri Lanka und Santo Domingo sind heute fast 30 Millionen Menschen von der modernen Sklaverei betroffen. Die internationale Arbeitsorganisation beziffert die Zahl auf 850, die sich auf 70 Länder verteilen. Die Fabriken, in denen diese Sklavinnen und Sklaven Markenprodukte für die transkontinentalen Gesellschaften herstellen, heißen auf Englisch *sweat-shops*, auf Spanisch *maquiladoras*. Sie befinden sich ausnahmslos in Freizonen, wo die Fabrikbesitzer weder Einfuhrzölle (für die Rohstoffe) noch Ausfuhrzölle (für die nach Nordamerika oder Europa gehenden Fertigprodukte), noch irgendwelche Steuern bezahlen.

„Ich (Jean Ziegler) habe selber die grauen, tristen, mit Stacheldrahtzäunen abgesperrten Barackenlager gesehen, die sich zu Füßen der alten Stadt Santo Domingo in der Karibik erstrecken. Ich erinnere mich an die Scharen von jungen Arbeiterinnen – die Gesichter vorzeitig gealtert, die Bewegungen schwerfällig, die Körper erschöpft - die gegen 20 Uhr zum Ton einer Sirene diese Sonderproduktionstore der Dominikanischen Republik verließen. Auch in den Vorstädten von Dhaka in Bangladesh habe ich Scharen ausgemergelter Arbeiterinnen gesehen, die erschöpft aus den Textilfabriken der Sonderproduktionszone kamen und in ihre von Ratten verseuchten Hütten in der Elendssiedlung von Goulshan heimkehrten."

Zu Zeiten der „Leoparden" waren es die Familien der Oligarchie, des Adels und der schon damals internationalen Handelshäuser, die, verknüpft mit dem Vatikan, die Beute erjagten. Es gab aber auch den Begriff des ehrenwerten Kaufmanns. Wer die „Fuggerei" in Augsburg besucht, eine Siedlung die von den Brüdern Fugger für ihre Mitarbeiter erbaut wurde, ist von den noch heute bewohnten und gepflegten Häuschen beeindruckt. Das genaue Gegenteil zu den Sonderproduktionsstätten. Die Fugger trieben Handel bis nach Russland und in den Orient und liehen Fürsten und Königen Geld. Heute in der Zeit der Hyänen gibt es die alten Familien der Leoparden in der Hochfinanz noch immer, die sich wie es ihre Tradition ist, sehr bedeckt halten. Die absolut allerhöchsten Kreise von Leoparden und Hyänen lassen ihre Pferdchen an so langer *Longue* laufen, dass es denjenigen, die sogar in diesem Metier unterwegs sind, kaum möglich ist, ihre Aktivitäten genau zurückzuverfol gen. Anders formuliert: Von wo und von wem die Leine gehalten wird, ist sehr geheim. Die Namen ihrer Clans sind durchaus bekannt, doch findet man sie nicht in der Presse, eher in den Namen ihrer Großbanken und im Gotha, dem Adelskalender, nicht zu vergessen in Vatikanstadt.

Die aber, die das Rad in die rasante Bewegung der Jetztzeit brachten, das sind die T-Shirt bekleideten Hyänen. Märchenhaft ausgedrückt: Dem „Teufel" stieg ihr Geruch von Gier und Machtwillen in die Nase. So näherte er sich ihnen, denn ihre ekelhafte Ausdünstung ließ ihn auf leichte Beute spekulieren und er versprach *Geld und Macht über die Welt*. Die Hyänen besaßen aber nichts, was zur Gegenleistung gefallen könnte als ihre Seelen und der „Deal" wurde perfekt.

Wie mir Falla – Sie wissen bereits von ihm – berichtete, fand er hier auf der Farm vor einigen Tagen eine Hyänenfährte. Er erzählte mir, dass Hyänen so gierig sind, dass sie alles von den Kadavern bis auf die Knochen fressen, sogar das Fell – „Mit Haut und Haar". Genau so wie bei Hyänen in freier Wildbahn, die sich untereinander um den Fraß streiten und gegen einander kämpfen, so geht es zu zwischen zwei der reichsten Menschen dieser Erde: Bill Gates, Boss von Microsoft und, weniger bekannt, Larry Ellison. Dieser ist Gründer und Mehrheitsaktionär von Oracle. Bekannt wurde der Kampf dieser Giganten unter dem Motto: „Märkte besitzen, den Konkurrenten vernichten!" Mitchell Kertzmann, ein angesehener und gründlicher Kenner der Szene, beschreibt es so:

„Alle großen High-Tech-Unternehmen, alle, die es nach ganz oben geschafft haben, werden im Grunde von blutgierigen Killern geleitet. . . Um so weit zu kommen, muss man der absolute Hai sein."[15]

Um die Jahrtausendwende wurde die *Bill & Melinda Gates Foundation* gegründet. Sie wird mit einem Grundkapital von 28 Milliarden Euro und 198 Mitarbeitern betrieben (Vergleich zur WHO mit 10 000 Beschäftigen, 2005) Das Management besteht aus 8 Mitgliedern, inbegriffen Bill, Vater Bill H. und Ehefrau Melinda.

„Dass nur zwei Männer und eine Frau über so viel Geld bestimmen, finden einige irritierend. „Das ist Entwicklungshilfe nach Gutsherrenart, sagt Bernhard Schwardtländer. Über Ausgaben von mehr als einer Million Dollar entscheidet die Familie Gates persönlich.[16] Man bedenke, dass ein verhältnismäßig kleiner Betrag bei einem solch immensen Kapital persönlich abgezeichnet werden muss. Bill Gates ist ein *Techie*, jemand, der gerne in Projekte zur Entwicklung neuer Technologien und Methoden investiert. Nicht nur deswegen ist die Suche nach Impfstoffen gegen Aids, Tuberkulose und Malaria ein wichtiger Schwerpunkt der Stiftung. (Es fragt sich, wem gehören letztendlich die pharmazeutischen Fabriken? Auch die gegen die Schweinegrippe? Anm. M. St.) Ist es nicht klug, in die eigenen Unternehmen ,sozial' zu investieren? Andererseits könnten die oft sehr bürokratischen, großen Hilfsorganisationen etwas lernen von Bill Gates, der die Foundation wie ein Unternehmen führt. . . . Zudem muss über jedes geförderte Projekt regelmäßig Rechenschaft abgelegt werden. Bleibt der Erfolg aus, fließt kein Geld mehr. Manche fühlen sich durch solch strenge Vorgaben an die Microsoft-Praktik erinnert, Geschäftspartnern Bedingungen aufzuerlegen, was schließlich zur Vormachtstellung von Microsoft auf dem Software-Markt geführt hat."

Die Verbindungen, die geknüpft wurden zwischen den „Leoparden", den „Hyänen", dem „institutionalisierten globalen Verbrechen" (sich mit letzterem auch manchmal bekämpfend), haben ihre Funktionsebenen etabliert in:

- WTO, *World Trade Organisation*
  (Welthandelsorganisation),

- IMF, *International Monetary Fund*,
  (IWF, Internationaler Währungsfond)
  als eine Schwesterorganisation der *Weltbank-Gruppe*,

- und der Fed, *Federal Reserve System*,
  (Zentralbanksystem der USA).

Die Seile für ihre Interaktionen sind stark und ausgezeichnet miteinander verknüpft. Wie das „Spiel" läuft, ist nicht Sache dieses Buches und ich sehe darin auch nicht meine Kompetenz, doch eines ist gewiss, es ist total eingespielt und funktionierte bisher wie geschmiert, vor allem mit dem Erdöl fremder Länder. Zusätzlich sind die verschiedensten Bodenschätze der „ärmsten" Völker erstklassige Erpressungsmittel für abhängig machende Kreditzusagen. In Zusammenarbeit mit den genannten Handels- und Finanzorganisationen sind die Auswirkungen der global operierenden Giganten der *Freien Marktwirtschaft* nicht zu unterschätzen. Für den Absatz der von ihnen erzeugten Lebensmittel und Gebrauchsgüter wird in den aufgebauten Absatzgebieten in den ‚Dritte-Welt-Ländern' die einheimische landwirt-schaftliche Infrastruktur fortschreitend zerstört.

So sieht es nicht nur in den meisten Ländern Afrikas aus (Südafrika ist nicht Afrika). Internationale Institutionali-sierungen, Gesetzesformulierungen, Organisationen und transkontinentale Gesellschaften funktionieren so inein-ander greifend, dass selbst politische Zusammenschlüsse kaum Chancen hatten sich durchzusetzen. Hier in Afrika erzählte man mir von dem Aufruhr darüber, dass ein *Mono-pol* genehmigt werden sollte, das den Kartoffelmarkt mit ei-ner Kartoffelsorte beherrschen würde, die erstmals bei der Ernte größeren Ertrag als gewöhnlich erbringe, aber für weitere Aussaat unbrauchbar ist. Ende der Fahnenstange! Der Bauer muss in jedem Jahr neues Saatgut kaufen. Dar-über hinaus sollte die Maßnahme noch gesetzlich gestützt und geschützt werden. Ich zitiere, was ich bei Jean Ziegler über diesen Fall gefunden habe.

„Ein weiterer Problempunkt war das Saatgut, namentlich die Frage seiner Reproduktionsfähigkeit. Die Afrikaner wollten verhindern, dass zum Beispiel der *Monsanto-Trust,* der den Agrarmarkt mit Saatgut für Ähren, Zitrusfrüchte, Wurzeln und Kartoffeln beliefert, nun ein Saatgut für Kar-toffel liefert, das zwar bei der Ernte einen größeren Ertrag erbringt, für eine zweite Aussaat aber nicht mehr zu ge-brauchen ist. Sollte es dennoch versucht werden, sind hohe Gebühren zu entrichten.

Die von den protestierenden Afrikanern vorgelegte Denk-schrift zielte auch darauf ab, die natürliche Umwelt vor den Raubzügen der pharmazeutischen Gesellschaften zu schützen. Diese entnehmen nämlich in Afrika und auf anderen Kontinenten Moleküle und Zellstrukturen von lebenden Organismen, lassen sie sich patentieren und gehen danach gegen jede Gemeinschaft und jede Person gerichtlich vor, die selbst auf ganz herkömmliche Weise diese Substanzen nutzen.

Überflüssig zu erwähnen, dass der afrikanische Vorstoß kläglich scheiterte. Die Denkschrift wurde als Verstoß gegen die Freiheit des Handels ohne weiteres zu den Akten gelegt."

Über eines sollte man sich vollkommen im Klaren sein, wenn man auf die politischen Entscheidungen der WTO abhebt: Gewiss sind es die Vertreter von Staaten, die dort verhandeln, aber sie tun es meistens im Namen der transkontinentalen Gesellschaften, die in ihrer jeweiligen heimischen Wirtschaft eine beherrschende Stellung einnehmen. „Monsanto Company" hat seinen Hauptsitz im US-Staat Missouri. Tägliche Selbstmorde unter den Baumwollbauern in Indien aus Hoffnungslosigkeit im Existenzkampf gehen auf das Konto von *Monsanto*. Die Firmengeschichte ist keine Greuelgeschichte, sondern grauenhafte Tatsache. Berichte mutiger Journalisten erzählen von hunderttausenden ‚schuldentoter' Bauern.

Man nennt so etwas wie in Mauretanien ‚Strukturanpassungspläne', natürlich über den IWF installiert. Mehrere Jahre von Dürreperioden und sinkende Eisenerzpreise – das Land ist ein bedeutender Eisenerzlieferant – verschärften die Probleme ganz erheblich. Weniger als 1 % der Böden sind agrarwirtschaftlich zu nutzen, dementsprechend hoch ist die Verschuldung. Bis 1983 wurde der Boden nach alter Tradition in einem klug eingerichteten Gleichgewicht gehalten. Auf die ‚Beratung' des IWF, der wegen der hohen Verschuldung in Mauretanien Ton angebend tätig ist – wo das Geld ist, da „spielt die Musik" – wurde eine Rechtsverordnung eingerichtet, die alle traditionellen Formen abschaffte.

Zusammengefasst:

Vor der Veränderung der Agrarwirtschaft wurde nur 5 % des konsumierten Reis im Lande produziert. Heute produziert Mauretanien 50 % des Eigenbedarfs. Aber! Ziegler: „Die Preise für mauretanischen Reis sind explodiert: hergestellt von einheimischen Agrar-Großbetrieben, die durch die Privatisierung entstanden sind, ist er heute fast doppelt so teuer wie der Reis, den die Regierung früher aus Thailand importierte. Daher die rapide und beängstigende Fehlernährung und der Hunger in den untersten Schichten der mauretanischen Gesellschaft. Die Unterernährung in diesem Lande greift rapide um sich. In allen Orten des Landes halten ausgemergelte Kinder und Bettler mit erloschenem Blick vor dem Reisenden die Hand auf. Elendsviertel der schlimmsten Art säumen die Marktflecken – die letzte Zuflucht bäuerlicher Familien, die der IWF ruiniert hat. . . . Beispiele für die Missetaten, welche die Söldlinge des IWF an den ärmsten Völkern dreier Kontinente verüben, gibt es mehr als genug."

Alles Gerede zur Erklärung oder Verschleierung ist „bull shit". Das Verhalten, das Tun und die Ergebnisse verraten immer die Wahrheit. „An ihren Früchten (Ergebnissen) sollt ihr sie erkennen" (Matth. 7, 16), ein treffendes Wort im Neuen Testament.

In den 60er Jahren zu Beginn der Unabhängigkeit produzierte Afrika 95 % der benötigten Nahrungsmittel selbst. Um 1990, abgesehen von Südafrika, *importierte* jedes afrikanische Land Lebensmittel! Zur Jahrtausendwende wurden schon 50 % der Nahrungsmittel importiert und der Prozentsatz bleibt steigend. Nicht nur, dass die Hyänen ihre Firmen marktpolitisch ausbauten, zu viele junge Afrikaner ohne Schulbildung wollen weder Kühe noch Ziegen hüten. Inzwischen kennen sie arbeitsfreie Sonn- und Feiertage und ziehen ein völlig arbeitsloses Stadtleben dem einsamen Hirtenleben vor. Falla erzählte mir davon, wie solch ein Leben, das meistens in einem Parasitendasein auf dem Geldbeutel von Verwandten und Freunden, die selbst fast nichts haben, schlussendlich durch Aids endet. In Namibia ist offiziell 30 % der Bevölkerung HIV positiv und das ist niedrig im Vergleich zu anderen afrikanischen Ländern. Folgende kurze Berichte sind bezeichnend. Zitiert aus dem Buch „Afrika Afrika" von David Lamb.[11]

„In Somalia hat ein normales Ministerium 800 Beamte. Doch an keinem einzigen Tag erscheinen mehr als 60 von ihnen gleichzeitig zur Arbeit, wie mir ein hochrangiger Funktionär versicherte."

„In Zaire schrumpfte ein international gewährter Zuschuss in Höhe von 1,8 Mill. Dollar für die Reparatur von Kinshasas zusammengebrochenen Stadtbussen auf 200 000 Dollar zusammen bis er das Transportministerium erreichte und bewirkte schließlich gar nichts."

Ich erlebte, wie Corinna den Farmarbeitern als Anerkennung für eine termingebundene gute Leistung schon den

Freitag als zusätzlichen Tag frei gab. Sie betonte, Montag pünktlich da zu sein. Nicht einer von ihnen war am Montag gekommen. Dabei ist das Verhältnis mit den Arbeitern als ‚in Ordnung' zu bezeichnen.

In Afrika gibt es für das Elend zwei kaum zu überwindende Hauptursachen. Erstens die Mentalität der Völker in Zusammenhang mit ihrer Vergangenheit. Vor kurzem erst sind sie der Wildnis entsprungen. Zweitens ist das Land genau deswegen als unerfahrenes Drittweltland zum Jagdrevier für menschliche ‚Leoparden und Hyänen' höchst geeignet. (Bei einem speziellen Interesse zu diesem Thema finden sie im Anhang das Kapitel „Afrika".)

Afrika war es, wo es mir überdeutlich bewusst wurde, dass selbst Erziehungs- und Bildungssysteme für den Wandel der Welt nicht ausreichen. Der Wandel muss nicht nur die Charaktereigenschaften der Führungsebenen aller Bereiche ergreifen, sondern die der Bevölkerung, der Masse. *Die Verseuchung der menschlichen Seelen ist eine weltweite Infektionskrankheit geworden.* Dazu bedarf es keiner Beschreibung, angefangen mit Streit und Neid in den Familien, „mobbing" in den Firmen, Anfeindungen unter den Religionsgemeinschaften und Kriminalität im Alltag. All diese Herausforderungen kreisen um den Globus. Und der Teufel lacht.

Zur erforderlichen Erneuerung auf der Erde und in der Welt reichen planetare Maßnahmen nicht aus.

Dazu ist eine kosmische Dimension erforderlich.

Kosmische Dimensionen in Form von spiritueller Entwicklung und Beistand auch von höher entwickelten, außerirdischen Wesenheiten. Wenn ich auf die vernichtenden, überbordenden Aktivitäten von Wirtschaftsinteressen der Jetzt-Zeit hinweise, will ich die vielen Unternehmungen nicht unerwähnt lassen, die *aus persönlicher Initiative* gegründet, als humane Projekte große Hilfen sind und durchaus gutes Geld einbringen. Geld an dem *kein* Blut klebt, sondern die Freude von Menschen mitschwingt, die dadurch ihr tägliches Brot und ein klein wenig Wohlergehen verdienen. Es bleibt zu wünschen, dass sich in diesen Unternehmen die Hyänen nicht einnisten und die Oberhand gewinnen, zumal ein gewisser Anteil auf dem Kapitalmarkt noch ein legal erworbenes Geld sein sollte. Nicht zu vergessen sind die zahlreichen Einrichtungen, die nicht gewinn- sondern hilfeorientiert arbeiten. Da entstehen Energien, die zum Wandel wirken, metaphysisch und physisch, praktisch.

Zu Beginn der 80er Jahre hörte ich zum ersten Mal von einem Beteiligten etwas über eine Elefantenhochzeit zweier Großunternehmen. Heute ist bekannt, wohin der Wind sich damals drehte: Machtpotenzierung. Kostenersparnis war das Wort für den harmlosen Bürger. *Freie Marktwirtschaft* war und ist noch der elektronisch-schnelle Aufzug zum globalisierten und monopolisierten Finanzkapital, weiterführend zu einer *Stateless Global Governance* (staatenlose Weltregierung) mit den erwähnten Methoden. Schon 1950, am 17. Februar, erklärte der Bankier James Warburg vor dem US Senatsausschuss für auswärtige Angelegenheiten: „Wir werden zu einer Weltregierung kommen, ob Sie es wollen oder nicht, durch Unterwerfung oder durch Übereinkunft." Zu Zeiten der Präsidentschaft von George Bush sen. hörte und sah ich zwei Mal in Fernsehnachrichten wie er das

Wort „worldgovernment", Weltregierung, aussprach, was ich bis dahin von keinem anderen Politiker so eindeutig formuliert gehört hatte. Erst heute (Ende Sept. 2009 auf dem G 20 Gipfel in Pittsburgh) wurde dieser Begriff *Wirtschafts-Welt-Regierung* für die allgemeine Bevölkerung offiziell ausgesprochen. Die Menschheit hat sich von dem politischen Kampf um die Weltherrschaft, russisch kommunistisch oder amerikanisch kapitalistisch, entfernt. Doch die Prognose des Bankiers Warburg verwirklicht sich jetzt nach einem halben Jahrhundert. Die internationale Hochfinanz hat den Begriff *Stateless Global Governance* kreiert und in Umlauf gebracht. Eine solche Staatenlose Globale Regierung wäre gewiss keine Völkervertretung. Im Gegenteil, sie wäre eine noch stärker unterjochende Interessengemeinschaft. An dieser Stelle möchte ich anfügen: Wenn die Menschheit sich entsprechend ihrer geistigen Entwicklung – die allem zugrunde liegt – zum Bewusstsein des *Eins-Seins* entwickelt, dann wäre ‚eine Weltregierung' denkbar. Jedenfalls wäre sie von entgegen gesetzter Art, nicht mit Versklavung sondern in Freiheit, in gegenseitiger Wertschätzung und Anerkennung. Fragen Sie mich nicht, wann das sein wird. Möglicherweise früher als wir alle es für möglich halten.

Wer aber sind die Ausführenden, die ‚Offiziere und Unteroffiziere', die von der ‚Generalität' die Vorgaben für ihre Strategien erhalten, um die Zielsetzungen zu erreichen? Wer macht die Arbeit? Es sind nicht die Broker, die an der Börse für eine Nerven tötende Arbeit enorme Einkommen einfahren, zumindest in ihrer erfolgreichen Zeit.

Selbst die ‚Generäle' wie (2009) Robert Zoellik von der Weltbank, Mike Moore von der WTO, Stanley Fischer vom

IWF, Ben Bernanke von der Fed sind Befehlsempfänger allerdings mit Mitspracherecht, aber ohne die höchste Entscheidungsbefugnis. Die Marionetten in den Regierungen besitzen die Kompetenz erst recht nicht, obwohl die meisten von ihnen noch glauben, sie würden Weltgeschichte mitgestalten. Es sind schon gar nicht diejenigen, die sogar den Generälen die Anweisungen geben. Nein – wer macht das Tagesgeschäft? Jean Ziegler hat mir da Einblick verschafft. Es sind „Fundamentalisten des monetaristischen Dogmas". Was für ein Wort! Sie haben fast ausnahmslos einen brillanten Abschluss an einer der nordamerikanischen Elite-Hochschulen, Nationalität unwichtig. Was auffallend ist, dass diese Männer und Frauen im Geldgeschäft an der Wall Street oder in einer anderen Weltstadt „problemlos mindestens das Fünffache dessen verdienen würden, was sie bei der Weltbank oder dem IWF bekommen. . . . Sie verdienen 85 000 bis 95 000 Dollar. . . . Dafür verschreiben sich die Kader mit Leib und Seele ihrer *Mission.* "

Was ich bei Ziegler las, war mir die Bestätigung: „Die ideologische *Verblendung*, die auf Vorurteilen beruhende Blindheit bei Männern und Frauen, die oft von großer persönlicher Intelligenz sind, stellen ein Rätsel dar, das sich durch die ganze menschliche Geschichte zieht. Trotz ihrer unbestreitbaren intellektuellen Qualitäten, ihrer gelehrten Studien, ihrer Diplome, ihrer Bildung scheinen die Funktionäre des IWF unempfindlich zu sein für Katastrophen, die sie auslösen, taub für die Schreie ihrer Opfer, ohne Witterung für den Geruch des Blutgeldes, das die Beutejäger anhäufen. Wie ist dieses Rätsel zu verstehen?"

Intellekt ist weit entfernt von Weisheit. Weisheit verbindet den Menschen mit seinem göttlichen Ursprung. Dazwischen liegt viel Raum für diabolische Verblendung.

Ziegler: „Diese „treasury boys" leben mit ihren Kollegen und den ganzen Familien in einem bestimmten Bezirk. Woche für Woche die gleichen Lebensformen, in der Privatzeit die geradezu zeremoniellen Tätigkeiten wie: Gemeinsames Einkaufen mit Familie in demselben Supermarkt, Sonntagscocktail im Club, Picknick im Freien bei Freunden, abends Barbecue. . ."

Früher hatte ich eine derartige Lebensweise von Intellektuellen für unwahrscheinlich gehalten. Seit ich aber hörte – obwohl er nicht zu den Intellektuellen gezählt wird – dass George W. Bush der II. vor seiner Präsidentschaft nie im Ausland war, halte ich dieses Leben mit selbst angelegten Scheuklappen für möglich. Scheuklappen gehören zum Werkzeug der Verblendung.

Bei ihren Auslandsaufenthalten zwecks Verhandlungen mit abhängigen Regierungen kümmert die „treasury boys" das Leben des Volkes, im „wahrsten Sinne des Wortes" so wenig wie der „Dreck" auf den Straßen der auszubeutenden Länder. „Die einheimischen Bauern, die Ausgestoßenen, die Bettler, die Straßenkinder? Die Geier aus Washington bekommen sie niemals zu Gesicht. Oder nur flüchtig hinter den getönten Scheiben einer Regierungslimousine." (Ziegler)

Doch, wie schon gesagt, es gibt Völker, die beginnen den Machenschaften zu widerstehen. Sie wählen mutige Pioniere zu ihren Präsidenten, wie zum Beispiel in Südamerika. Dann aber kommt es auf die Standhaftigkeit dieser

Persönlichkeiten an. Sind sie, jetzt in Amt und Würden, zu verführen?

Ein anderer bemerkenswerter Faktor ist, dass einige hervorragende Menschen aussteigen. Zum Beispiel im Januar 2000 legte Joseph Stiglitz, Chefökonom und 1. Vizepräsident der Weltbank seine Posten nieder. Das erschütterte seinen Boss, James Wolfensohn. Der aber zog ganz geschickt gleich seinen „Schafspelz" über, „fraß etwas Kreide" und verfestigte die Dinge in der gewohnten Bahn. Fortan benutzten seine Vasallen bei öffentlichen Auftritten mehr als zuvor menschenfreundliche Worte und skizzierten von ihren Vorhaben und Aktivitäten noch ‚humanere' Bilder. Sein Nachfolger, Paul Wolfowitz, stolperte 2007 wohl eher über die notwendig gewordenen Reformen, die er durchziehen wollte – in welche Richtung? – als über seine Liebesgeschichte.

Interessant ist der 1968 gegründeten *„Club of Rome"* mit der These: *Die Grenzen des Wachstums sind erreicht.* Mit einem in der Agonie liegenden Paradigma ist das sicherlich auf den ersten Blick korrekt, was immer drastischer zutage tritt. Hervorragende Persönlichkeiten, ausgezeichnete Wissenschaftler konnten gewonnen werden. Sie formulierten humane Theorien, doch gibt es zu denken, dass das erste Domizil des *Club of Rome* auf einem Grundstück der Rockefeller-Familie entstand und die Idee selbst geht zurück auf Aurelio Pecci, damals Mitglied der Führungsgruppe von Fiat und Olivetti, und auf Alexander King, Direktor der OECD, Organisation für wirtschaftliche Zusammenarbeit und Entwicklung. Was steckte in Wahrheit dahinter?

Angst zu machen ist immer vom Unguten, auch wenn es in einem schönen Rahmen dargeboten wird.

Hier, in dieser Aussage: „Die Grenzen des Wachstums sind erreicht", liegt der gesamte Irrtum und Zusammenbruch des alten Paradigmas, einem Denkmuster, welches das Weltbild einer Zeit prägte.

Für den göttlich unbegrenzten Menschen gibt es keine Begrenzung des Wachstums.

Georgescu-Roegen, der Wirtschaftswissenschaftler, dessen Theorie in dem Satz zusammengefasst ist: *Aus Möbeln kann man keine Bäume machen*, realisierte das alte Paradigma mit dem Endpunkt: Die Grenzen sind erreicht, dem Gesetz der Entropie. Doch Georgescu-Roegen dachte weiter und traute der Menschheit eine grundsätzliche Innovation, etwas vollkommen Neues zu. Ich darf Ihnen sagen: *Dieses Neue ist die Bewusstseinserweiterung*. Unsere größten Naturwissenschaftler Max Planck, Heisenberg, Niels Bohr, David Bohm, Cahill (das Universum hat Bewusstsein und Vitalität) und weitere bedeutende Physiker erkannten Grenzen nicht als Begrenzung, sondern lediglich als Übergänge in einen umgebenden größeren Bereich, der Negentropie.

Ein Beispiel ist Burghard Heim – der nicht nur wie der berühmte Albert Einstein in die 4. Dimension des Seins vorstieß, er konnte darüber hinaus bis in die 12. Dimension denken.[17] Heim entwickelte in den 1950er Jahren seinen ‚*Einheitlichen Feldantrieb*' für interplanetare Flugobjekte in Lichtgeschwindigkeit. Heim (1925 - 2001) wurde mit 19 Jahren als Soldat zur Luftwaffe eingezogen und in kurzer Zeit nach Berlin abkommandiert zur Erforschung von

Sprengstoffen für die Chemisch-technische Reichsanstalt. Bei einer Explosion im Labor verlor er beide Hände, sein Seh- und Hörvermögen. Seine Frau Gerda ersetzte ihm diese durch ihre ständige Anwesenheit. Über die innere Auseinandersetzung mit dieser erlittenen Tragödie braucht nicht gesprochen zu werden. Sie ist offensichtlich. Welch ein Schicksal und welche Größe! Obwohl von der Fachwelt totgeschwiegen, seines Wissens bestohlen, boykottiert und bedroht bis zu Heims geplanter Entführung, hat das Ehepaar für ihre Aufgabe zusammengestanden.

Bedeutend ist dieses spirituelle Gesetz:

Sobald ein Mensch einen Gedanken erstmals denkt, ist das darin enthaltene Potenzial als Bewusstsein in der Menschheit vorhanden. Ergo kann es auch von anderen Menschen gedacht werden. Wie heute bekannt ist, wurden ‚Unbekannte Flugobjekte', Ufos, bereits nachgebaut – auch ein geheim gehaltenes Wissen.[1]

Physiker sind die intensivsten Gottesforscher. Sie sind Naturwissenschaftler und Naturgesetze sind Gottesgesetze. Sie umfassen alles Leben von den Elementarteilchen bis zu den Sternen.

Wenn wir von den Grenzen des Wachstums sprechen, dann betrifft es unsere Erde als ein geschlossenes System entsprechend einem Lehrsatz der Thermodynamik, die *Entropie.* Unsere Bodenschätze sind begrenzt und nicht erneuerbar. Benutztes, verbranntes Holz wie Öl kann nicht wieder verwendet werden. Das ist der Ablauf, der *Entropie* genannt wird. ‚Aus Möbeln kann man keine Bäume machen.' Was verbraucht ist, das ist verbraucht.

Doch wir leben in einem größeren System, in unserem Sonnensystem, unserer Galaxis, unserem Universum, innerhalb des Weltalls. Wir können mit den höheren Dimensionen in Verbindung treten. Die Pflanzen machen es, die Tiere auch und unsere menschlichen Körper ebenso. Wir leben zu einem wesentlichen Teil von Sonnenenergie. Das ist allgemein bekannt, aber auch von anderen Einstrahlungen, womit uns der Kosmos beliefert. Warum sollten wir diese überall vorhandene Energie nicht, wie schon besprochen, für mechanische Zwecke, für Licht und Wärme nutzen? Die Nutzung hat bereits mit den Sonnenkollektoren begonnen. Unternehmen, die derartige Produkte anbieten, haben die allerhöchsten Umsatzsteigerungen.

Dem Bewusstseinsniveau des heutigen Menschen entsprechend benötigen wir allerdings zur Nutzung noch ein Maschinchen dazwischen. Ebenso, wie wir den Fernsehapparat benötigen, der die Filme, die in unser Wohnzimmer gesendet werden, einfängt und für uns sichtbar macht.

Und es geht weiter, denn die Bedeutung dieser Erkenntnisse liegt sehr, sehr viel tiefer. Erde und Mensch leben in Unbegrenztheit. Wir leben unter den Naturgesetzen der Entropie *und* der Negentropie, begrenzt und unbegrenzt gleichzeitig. Das eine hebt das andere nicht auf. Es herrscht noch der Zustand der Dualität. Wie aber die geistige Welt uns mitteilt, sobald wir die Entscheidungen auf dem Band der Gegensätze zur Entwicklung unserer Göttlichkeit nicht mehr brauchen, entsteht die Einpoligkeit die „Unipolarität". Macht das nicht deutlich, dass es die Naturwissenschaftler sind, die uns der Erkenntnis göttlicher Gesetzmäßigkeiten näher bringen. Verkürzen und vereinfachen wir den Satz: Auch Naturwissenschaftler führen uns zu Gott.

Es darf gesagt werden, bei den Hyänen steckt eine gewaltige, das Wohl der Völker fressende Motivation hinter ihrem Tun. Sie stammt aus einer massiven, *menschliches Vermögen übersteigenden Macht*. Es ist eine, in das Individuum hinein infiltrierte Manipulation des Egos. Kaum, aber doch verständlich: Gier nach scheinbar unbegrenzter Macht und unsinnigem persönlichem Reichtum. 1855 machte der 14. Präsident der Vereinigten Staaten, Franklin Pierce, den Duwamish Indianern das Angebot, ihr Land weißen Siedlern zu verkaufen. Sie selbst sollten in ein Reservat ziehen. Ihr Häuptling Seattle antwortete mit einer bis heute berühmten Rede vor dem Kongress. Es gibt verschiedene Übersetzungen. In der, welche ich las, blieben mir zwei Sätze in lebendiger Erinnerung: „Wenn der letzte Baum gefällt ist, werdet ihr wissen, dass man Geld nicht essen kann. . . . Meine Worte sind wie Sterne. Sie gehen nicht unter." Gewiss hat diese Rede die Anwesenden wenigstens etwas blinzeln lassen. Leider hat sich dieses Blinzeln zur Erblindung ausgewachsen.

Eine solche Art von Erblindung hat auch den *ausführenden Kader* der Troika von WTO, IWF und Weltbank infiziert. Es fragt sich, woher kommt deren Impuls für ihren schlecht bezahlten Einsatz? Er kommt aus dem gleichen dunklen Ursprung wie bei den Hyänen. Auch ihr Wesen ist manipuliert mit Hilfe von Verblendung. Das Thema Geld ist bei ihnen nicht vorhanden. Doch Macht schmeckt den Handlangern auch gut, obwohl es bei ihnen nur eine *Illusion von Macht* ist. Somit sind diese Menschen zu gebrauchen, zu benutzen. Die Quelle ihres Lebenselixiers liegt in ihrem unglaublich eingeschränkten Weltbild, verheiratet mit Arroganz. In Wirklichkeit sind sie die armseligen Instrumente, durch die sich tragische, leidvolle Schicksale auswirken - millionenfach, milliardenfach.

Die dem seelenlosen „Fundamentalismus des monetaristischen Dogmas" ergebenen Mitarbeiter passen zu folgender Beschreibung von Jean Ziegler. Er reiht nicht nur Fakten, die ihm in seiner Kompetenz zur Verfügung stehen aneinander, sondern fragt auch: Warum und wozu?

„Die Beutejäger gehören keiner Denkschule an, sie senken ihre Wurzeln in kein kollektives Abenteuer, kennen keinen geschichtlichen Horizont, sie gehen Bündnisse nur mit Artgenossen ein und haben keine besonderen Beweggründe – es sei denn die Gier nach Macht und Geld.

Sie sind weder rechts noch links, weder Süden noch Norden. Kein kollektiver Gedanke hat in ihnen erkennbare Spuren hinterlassen. Sie haben keine Geschichte, sie bauen nichts auf und wenn sie sterben, werden sie die Menschen in ihrer Umgebung niemals mit offenen Augen gesehen haben.

Durch ihr tägliches Verhalten verbannen sie sich selbst an den Rand der solidarischen Menschheit. Sie sind Verlorene."

Und der Teufel lacht.

Ich bin eine staatenlose Deutsche

Auch Sie, verehrte Leserin, verehrter Leser sind es ebenso, falls sie nicht eine andere Staatsangehörigkeit besitzen oder tatsächlich staatenlos sind.

Wenn ich im Folgenden einige deutliche Worte benutze, um die gegenwärtige Weltsituation darzustellen, so geschieht dies, um die Notwendigkeit des Wandels in eine bessere Zeit eindringlich aufzuzeigen. Inzwischen ist es in allen Gesellschaftsgruppen zu spüren. Keine Sorge! Der grandiose Wandel ist zeitgemäß. Er wird die Grundmauern veralteter Muster des menschlichen Verhaltens, die ich bisher beschrieben habe, verändern. Ein Urgesetz ist die große Chance: *Nichts bleibt, wie es ist.* Die begonnene Veränderung führt in eine *wundervolle* Zeit für die gesamte Menschheit, in *eine Zeit voller Wunder.* Ich bitte Sie, lesen Sie diese Aufzeichnungen als Fakten. Sie sind weder Klage, noch Anklage.

Will man etwas zum Besseren bewegen, und sei es mit dem Beitrag der eigenen Gedankenkraft, so sollte man die Tatbestände kennen. Für die meisten Menschen noch nicht vorstellbar sind die mentalen Energien dermaßen machtvoll und wirksam, dass sie in der Tat Weltgeschehen beeinflussen und gestalten, sogar verursachen. Wahrhaftig, mentale Energie dominiert Physik! Nicht nur mit einer Forschung sondern inzwischen von Wissenschaftlern verschiedener Nationalitäten bewiesen! Zudem potenziert sich die Wirkung, sobald gleich geartete Gedanken anderer hinzukommen. Lesen sie dazu im Anhang: Potenzieren der Energie von Gedankenkraft.

Mein Anliegen ist es: ‚Menschen wie du und ich' aufzuwecken, damit wir über unseren Gartenzaun hinaus schauen, auch unerfreuliche Gegebenheiten wahrnehmen, Verantwortung übernehmen und mitmachen, die Neue Zeit zu gestalten. Tägliche Gedanken und Gefühle sind die Schöpfungsmechanismen. Sie verändern unsere Welt, wenn wir wollen zum Paradies auf Erden für alle. Und so ist es! Wer es nicht ausprobiert hat, kann nicht behaupten, es wirke nicht!

Die in den vorangegangenen Kapiteln beschriebenen Vorgänge können mit zahlreichen, kaum vorstellbaren, doch belegten schrecklichen Ereignissen nahezu unbegrenzt erweitert werden. Um charakterloses, menschenunwürdiges Verhalten bei Entscheidungen auf höchsten Ebenen von Politik, Finanzwesen und Wirtschaft mitsamt ihren Zweigen der Pharmazie und Medizin aufzudecken und darzustellen, dazu sind mutige Konspirationsexperten tätig. Diese Spezialisten dienen der Wahrheitsfindung. Die aus übergeordneter Sicht betrachtet, genau zur jetzigen Zeit eine *Not-Wendigkeit* geworden ist. Mit ‚übergeordnet' meine ich nicht nur aus planetarer, sondern zusätzlich auch aus kosmischer Sicht. Wer das Wort „Verschwörung" für übertrieben hält, muss ein einfältiger Tor sein oder zu träge, um sich informiert zu haben. Vielleicht aber hat er eine ahnungsvolle Angst vor der Wahrheit – durchaus verständlich. Möglicherweise ist er einfach total unpolitisch. Und tatsächlich hörte ich mehr als einmal in Bezug darauf, dass Deutschland zwar friedensähnliche Zustände hat, aber seit dem zweiten Weltkrieg keinen Friedensvertrag und die Bürger in der BRD keine ordnungsgemäße Staatsangehörigkeit besitzen: „Na und, wir leben doch ganz gut." Erfreulicher Weise reiben sich seit 2007/2008 viele die Schlafkörnchen aus den Augen, die elitäre Sandmänner ausstreuen.

Zu den bisher erwähnten ausbeuterischen Machenschaften kommt noch etwas Gewaltiges hinzu. Das ist die Verdummung der Weltbevölkerung. Es ist die Enteignung nicht nur völkischer Besitztümer, sondern auch die Enteignung völkischer Identität und die Zerstörung ethnischer Eigenarten und damit ihrer Stärken. *Deutschlands Schicksal diene hier lediglich als Beispiel* für das, was mit vielen Völkern gemacht wurde und wird. Erfreulicher Weise: ein Auslaufmodell. Die Menschheit erwacht. Noch nie gab es so viel Information – besonders durch das Internet – und es entstehen ständig mehr aktive Gruppen des Widerstandes. Der Wandel wird es beweisen, dass bösartige Kräfte ihre Wirkung automatisch verlieren. Die Bewusstseinsentwicklung, die nicht mehr zu stoppen ist, wird's schon richten. *Heute geht es darum, Verantwortung im Denken, Sprechen und Handeln zu entwickeln, um mit der Kraft von Verantwortungsbewusstsein unsere Erde schützend zu überziehen.*

Freundliche Masken trugen und tragen die versklavenden Machenschaften des inkarnierten Bösen, das hinter ihren gleich gearteten, lakaienhaft willigen Handlangern in Regierungen und ausführenden Organen steht. Sinn und Wert haben die Völker der Erde für diese ‚dunklen Herrscher' einer zu Ende gehenden Epoche nur als arbeitende und kaufende Idioten. Berechnungen aus diesen Kreisen geben an, dass ihnen 750 Millionen Menschen als arbeitende Ameisen genügen würden, um die Elite zu ernähren und ihren Wohlstand zu sichern. Alle übrigen Menschen sind „unnötige Esser". Aha – um die Bevölkerungszahl zu verringern, auch dazu dienen gemachte Hungersnöte, Kriege und Pandemien.

Beweggründe und Ausführungen können nicht drastisch genug beschrieben werden, es sei denn mit dem Wort: *diabolisch*. Sie sind unvorstellbar schauerlich und deswegen *unglaublich* für einen, in seinem Wesen gesunden Menschen. Der normale Bürger kann sich diese Vorhaben und Vorgänge gar nicht vorstellen. Gerade darin liegt der größte und beste Schutz für die Wenigen, ihre Ränke und Machenschaften verdeckt zu halten und durchzuführen. Ihr Ziel ist, eine Weltregierung nach ihren Vorstellungen zu etablieren. Die Menschen durchschauen im Allgemeinen weder die Vorgänge noch die Bedeutung. Sie tun Hinweise ganz einfach als unwahr ab, weil Motive und Taten derart ungut sind, dass die Allgemeinheit sie einfach nicht glaubt. Sie prüfen nicht nach. Nun erfüllt sich die Zeit, dass die Verschleierungen über dem Lügennetz und den Verheimlichungen weggezogen werden. Noch vor kurzem wurden diejenigen, die Licht in das Dunkel zu bringen versuchten, als Spinner verächtlich gemacht, mit Drohungen zum Schweigen gebracht oder im Ernstfall gleich „entsorgt".

Eine solche Unglaublichkeit geschah mit Deutschland, einem „Volk der Dichter und Denker", hin zum *Zweiten Weltkrieg* und danach – und *die Deutschen ließen es mit sich geschehen*. Gleich nach dem letzten Krieg setzte mit Schuldzuweisungen die Gehirnwäsche ein. Die wichtigsten Themen waren die Anstiftung zum Krieg und die Judenverfolgung. Sollte den Deutschen das Denken abgewöhnt werden wie auch das Wertebewusstsein von Familie und Kultur?

Nun, in der dritten Generation nach dem Krieg, ist es nahezu vollbracht. Warten wir auf die stattfindende Geschichtsforschung nach unserem Leben und Tod. Wenn wir tiefer hineinschauen in die alles überlagernde göttlich-geistige Ordnungsmäßigkeit auf dem Weg zur menschheitlichen Entwicklung, dann wird das Ganze lediglich als Teil einer Strategie zu erkennen sein. Übergeordnet aber herrschen System – und Liebe. Schwierig zu verstehen, doch lassen sie uns Schritt für Schritt vorwärts gehen. Und damit Schluss mit den drastischen Worten.

Da ich eine Deutsche bin, erzähle ich einfach meine Geschichte. Wahrscheinlich entdecken ältere Leser Parallelen zu ihrem Leben. Es ist selbstverständlich, dass nicht alle Sichtweisen beachtet werden können. Diejenigen Leser, die ausrufen möchten: „Es war ganz anders", erinnere ich daran, dass andere Menschen Anderes erlebten oder Gleiches anders empfinden oder anders betrachten. Alle Varianten sind berechtigt.

Ich wurde noch von Lehrern geschult, die vor dem zweiten Weltkrieg ausgebildet worden waren. Meiner Art entsprechend ließ ich mir schon als Heranwachsende das eigene Denken nicht verbieten. „Die Gedanken sind frei" sagt ein deutsches Volkslied. Nach dem Krieg war ich ein Winzling, ein kleines Mädchen. Durch diese Tatsachen und dass ich mir später keine Kollektivschuld überstülpen ließ, erreicht mich keine Schuldzuweisung weder wegen des Krieges noch wegen der Verfolgungen. Ich war einfach noch zu klein, als dass ich etwas davon verstanden hätte. Allerdings bin ich den Menschen dankbar, die fühlten, sich mit diesen schmerzhaft grausamen, tragischen Geschehnissen auseinandersetzen zu müssen. Sie haben eine „Aufarbeitung" geleistet, wodurch diese Aufarbeitung im deutschen Volk vorhanden ist. Sie haben es für uns alle getan.

Was das bedeutet, hat der brasilianische, weltbekannte Bestseller-Autor Paulo Coelho wohl erfasst, so nehme ich an. In einem Gespräch im August 2005 mit dem "ZDF on-line" sprach er von Deutschland als von einer *Friedensmacht*. Der Kern des heutigen deutschen Traums, glaubt Coelho, ist die Sehnsucht der Deutschen nach Frieden: „Ihr wisst, was Krieg bedeutet, ihr wisst, was Tragödien bedeuten, die stets mit einem Krieg einher gehen . . . Ihr Deutschen habt in Eurer jüngeren Geschichte Tragödien durchlitten und Ihr habt sie überlebt. Das ist es, was Euch nun stärker macht, was Euch hilft, die menschliche Natur heute besser zu verstehen. Ich will das nicht weiter ausführen, aber viele andere Länder haben ihre Geschichte schlicht vergessen und dadurch auch nichts gelernt." Das, was Coelho sagte, betrifft die Bedeutung und das Ergebnis von „Aufarbei-tung". Eine Frage: Ist es jetzt nicht an der Zeit damit auf-zuhören, an unsere schuldbewusste Brust zu klopfen und eine schuldbeladene Politik zu machen?

Zurück zu den Tatsachen. Ich verstand noch nicht einmal, was es bedeutet, dass der zweite Weltkrieg sozusagen be-endet war, weil <u>die deutsche Wehrmacht in Berlin bedin-gungslos kapituliert hatte</u>. Niemand erzählte uns kleinen Kindern, wozu auch, <u>dass allerdings das „*Deutsche Reich*" **nie** kapituliert hat.</u> Der damals amtierende Kanzler Adolf Hitler, geborener Österreicher, hatte sich wie es heißt, le-diglich umgebracht. Interessant ist, dass Hitler, auf eige-nen Wunsch seit 1925 staatenlos, erst 1932 kurz vor der

Reichspräsidentenwahl die deutsche Staatsangehörigkeit erwarb. Die NSDAP, *Nationalsozialistische Deutsche Arbeiterpartei,* wurde während der Weimarer Republik gegründet. Sie wurde in kurzer Zeit zur stärksten politischen Macht in Deutschland. Parteivorsitzender war seit 1921 der spätere Reichskanzler Adolf Hitler. Der damalige Regierungspräsident Paul von Hindenburg ernannte ihn 1933 zum Reichskanzler.

Weil ich Fakten chronologisch aneinanderreihen möchte und dem Leser überlasse, sich seine eigenen Gedanken zu machen, will ich die allgemein bekannten, abscheulichen und entsetzlichen, schmerz- und leidvollen Geschehnisse im Hitlerdeutschland der Nazizeit keineswegs übergehen, aber auch nicht ausweiten.

Während der letzten Kriegsjahre lebte ich gut behütet als kleines Mädchen, obwohl evangelisch getauft, in einem katholisch-klösterlichen Kinder- und Schulheim im Schwarzwald. Mit anderen Kindern wurde ich von den Nonnen in Wiesen und Wäldern spazieren geführt. Wir spielten auf Waldlichtungen Ringelreigen, sangen Liedchen, saßen auf gefällten Baumstämmen und aßen Äpfel. Diese Bilder gehören zu *meinen* ersten Erinnerungen. Eine Welt in der Heiterkeit von Natur und mit dem Schutz einer geordneten Gemeinschaft, unter einem Himmel *ohne* Jagdbomber. Zwar realisierte ich, dass meine Mutter nicht anwesend war, doch ich wusste: *Sie war da,* denn sie kam mich besuchen. Wie sie mir später erzählte, war es nur durch Beziehungen möglich gewesen, mich in diesem Kloster im Schwarzwald in Sicherheit gebracht zu haben. Um ihr Kind zu sehen und zu küssen, fuhr sie auf der Lokomotive eines Zuges, sich fest an irgendetwas anklammernd. In der Kriegszeit waren die Züge, wenn sie überhaupt fuhren, so überfüllt, dass die Menschen auf den Dächern saßen. Dort, wo es keine Züge gab, lief meine Mutter zu mir mit blutenden, wunden Füßen.

Ich habe es nicht erlebt, wohl aber kennt und fühlt mein Herz die Angst der Kinder, die bei Luftangriffen in den Städten aus dem Schlaf gerissen, von der Mutter in eine Decke gehüllt, an die Hand genommen und in den Keller gezerrt wurden. Auf dem anderen Arm trug sie das Baby. Und seit der Sekunde, da die Kellerdecke nachgab und das Haus über ihnen zusammenbrach, gellt der Schrei: „Mama!" noch immer durch unsere kriegerische Weltenzeit.

Endlich war der zweite Weltkrieg vorbei. Ich war eines der glücklichen Kinder, die ohne seelischen oder körperlichen Schaden am Krieg vorbei geführt wurden. Zu Beginn des Krieges war mein Vater durch einen Autounfall ums Leben gekommen. Nun lebte ich wieder mit meiner Mutter zusammen, zumindest abends und nachts, denn tagsüber betreute mich Fräulein Elli, mein Kindermädchen. Meine Mutter bemühte sich, von dem Tiefbauunternehmen meines Vaters noch etwas zu retten, was aber ins Gegenteil hinauslief. Ein gewisser „Lastenausgleich" musste gezahlt werden.

Für mich folgte die Zeit im Lyzeum, der Oberschule für Mädchen und mich interessierten Jungens mehr als ein Friedensvertrag. Doch irgendetwas muss schon damals in mir wach gewesen sein, denn ich erinnere mich an eine bestimmte Szene. In einem Gespräch meiner Familie mit einem Gast war Deutschland das Thema. Sicherlich ist meine Erinnerung so deutlich, weil ich von dem Fremden gelobt wurde. Ich war ungefähr 13 Jahre jung und erlaubte mir zu sagen: „*Ich* fühle mich als deutsche Europäerin." Daraufhin klatschte der Fremde Herr in die Hände und rief: „Bravo meine Kleine!" – Das war's.

Die, im wahrsten Sinne des Wortes, *am Boden liegende deutsche Nation* war zu einem grandiosen Markt geworden. Der Marshallplan, *European Recovery Program*, sollte und hat Deutschland wieder auf die Beine gebracht, ebenso wie der tägliche Esslöffel Lebertran in den Schulen die unterernährten Kinder.

Als Kinder und Heranwachsende erfuhren wir in den Schulen *nichts* über die *Hintergründe* zur Bildung der so genannten „Bundesrepublik Deutschland". Später las ich *nichts* darüber in den Zeitungen, hörte *nichts* im Radio, später auch *nichts* im Fernsehen oder durch Filme, was zu Diskussionen hätte anregen können. Es war einfach so, wie es war. Allen Menschen in meinem Lebenskreis ging es ebenso. Wie kann der Mensch etwas wissen, was er nicht erfährt? Doch im Gegensatz dazu gab es, langsam mehr und mehr werdend, Archiv- und Dokumentarfilme wie auch abendfüllende Unterhaltungsfilme durchaus brauchbar, in den Deutschen ein schlechtes Gewissen wach zu halten. Es ist kaum zu verstehen, wie gleichzeitig eine infiltrierte, manipulierende Erziehungsform angenommen wurde. Sie war geeignet, nachwachsende Generationen von einem grundlegenden, unveränderlichen Wertebewusstsein zu entfernen. Gehirnwäsche. Dieses spreche ich als meine Beobachtung aus, nicht als allgemeingültige Behauptung.

Heute (2009) kennen wir die Hintergründe einer über 60 Jahre währenden heuchlerischen Gängelei Deutschlands und seines Volkes. Die Spitze der Elite, welche die gesamte Menschheit noch an der Leine hält, manipuliert auch über die großen Nachrichtenagenturen wie *Thomson Reuters* (bis April 2008 nur *Reuters*), *United Press International*, *Agence France-Presse* und einige andere. Es ist kein Geheimnis, dass die Medien die Völker ausschließlich mit dem füttern, was für die Zwecke der Machtpotentaten dienlich ist. Gehirnwäsche. In *Zeit-Fragen* vom 15.01.2007 war in einem Artikel von Thierry Meyssan zu lesen: „Sie (Bundeskanzlerin Frau Angela Merkel) kann auf Friede Springer zählen, die Erbin der Axel-Springer-Gruppe (180 Zeitungen und Zeitschriften, darunter <Bild>, <Die Welt>). Diese Spannbreite erfasst alle Leser von der Masse bis zur Intelligenz. Führende Mitarbeiter der Gruppe mussten (müssen?) eine Verlagsklausel unterschreiben, die festlegt, dass sie sich für die Entwicklung der Transatlantischen Verbindungen und für die Verteidigung des Staates Israel einsetzen." Dazu gebe ich aus erster Quelle eine Anmerkung. In den 50er Jahren war es üblich, die Transatlantischen Verbindungen eng zu knüpfen, aus welchen Gründen es auch gewesen sein mag. Die Freundschaft Axel Springers zu Israel war bekannt und die erwähnte Klausel mussten die Chefredakteure unterschreiben.

Frau Liz Mohn, Direktorin der Bertelsmann-Gruppe (Nummer 1 der europäischen Medien RTL, Prisma, Random House usw.) und Vizepräsidentin der Bertelsmann-Stiftung als intellektueller Stützpfeiler der euro-amerikanischen Verbindungen gilt ebenfalls als freundschaftliche Beraterin der deutschen Kanzlerin. Mit diesem Wissen ist hinter der Maske der deutschen Presse mehr und anderes zu lesen, als das, was ‚offen-sichtlich' gemacht wird.

Aus dem Ministerium des Schahs von Persien, Mohammad Reza Pahlavi, sagte mir einer seiner letzten Minister:

„Wer Deutschland zerstören wollte, musste den deutschen Menschen kaputt machen, denn der Deutsche *war* intelligent, arbeitsfreudig, diszipliniert und sogar die Allgemeinheit war verhältnismäßig gebildet."

War diese, auf dem historischen Boden von Kultur und spiritueller Weisheit gewachsene Mentalität nicht eine Basis zur Entwicklung von Persönlichkeiten? Man bedenke, für das Streben nach Weltherrschaft sind solche Persönlichkeiten gefährlich. Die Hybris der Weltherrschaft scheint ihren Hauptwohnsitz nicht nur in USA zu haben. Dieses kleine Deutschland, das *Deutsche Reich*, lebte seit dem zweiten Weltkrieg unter Aufsicht und Bestimmungen von Besatzungsmächten. Für Westdeutschland war und ist es in gewissem Sinne noch immer die USA.

Tatsächlich, länger als ein halbes Jahrhundert hörte ich nichts über die wahrhaftige juristische Situation Deutschlands nach dem Krieg bis heute. Trotz meiner Kenntnisse vom Weltgeschehen war es 2007 für mich ein echtes Schockerlebnis, die Wahrheit zu erfahren. Natürlich sind verschiedene Sichtweisen der Dinge berechtigt. Ich wähle Deutschland als Beispiel für die Enteignung von Identität, nicht nur von ethnischen Gruppen, sondern ganzer Völker. Allerdings gehören immer zwei dazu, Täter und Opfer. Hier seien lediglich die von mir erlebten Fakten aneinander gereiht.

Es wird versucht, die Verheimlichungen und das Lügengebäude noch aufrecht zu erhalten, obwohl sich immer mehr mutige Stimmen aus dem Untergrund erheben, um die juristischen Tatsachen bekannt zu machen. Trotz größter einschüchternder Maßnahmen und gesetzeswidriger Behinderungen, durch so genannte *staatliche* Einrichtungen wächst ihre Zahl ständig. Mittlerweile kann man Informationen dazu von Fernsehmoderatoren, noch vorsichtig verpackt, in ihren Sendungen hören. Auch werden es mehr und mehr Bürger, die von dieser Vergewaltigung der Deutschen Kenntnis haben. Es ist notwendig, not-wendend, denn die Zeit drängt.

Deutschland erwähne ich als Beispiel dafür, wie geschickt und verdeckt ganze Völker ihrer Identität enteignet und gefügig gemacht werden von Eliten des alten Paradigmas, um sich der Weltherrschaft zu bemächtigen. Doch im Zusammenhang mit dem Wandel dämmert gleichzeitig eine völlig neue gegensätzliche Form für eine *Weltregierung* auf, ein Zusammenwirken einzelner Regierungsvertreter von verschiedenen, anerkannten Nationen im Sinne der neuen Zeit.

Das Aufzählen von Fakten – verständlich und in Kürze formuliert – ist ein schwieriges Unterfangen. Diese sind seit 1933 in ihrer Rechtsauffassung oft keineswegs eindeutig. Die Interessen besonders der Hauptsiegermacht USA bestimmen bis heute, wenn auch verdeckt, das Geschehen in Deutschland. Weder bin ich Juristin noch Politologin, doch bemühe ich mich, wie einen roten Faden, die zentralen Ereignisse als Blitzlichter aufleuchten zu lassen. Klar, korrekt und möglichst knapp schreibe ich für Menschen, die das

Volk bilden. Es möge mir gelingen, die richtige Sprache zu finden. Das Volk wird schlecht, gar nicht oder falsch informiert und wenn, dann meistens in einer Ausdrucksweise, die es nicht versteht. Das Imponiergehabe der Politiker ist ein weiterer, nennenswerter Faktor bei diesem Verwirrspiel. Es schüchtert den einfachen Menschen ein, macht ihn klein und schwach. Das Gegenteil müsste gepflegt werden. Das Volk sollte gebildet werden und nicht nur in Technik, sondern auch in Herzensbildung und Selbstbewusstsein. Deutsches Grundgesetz sagt: *Alle Macht geht vom Volke aus.* Hier liegt der ‚Hase im Pfeffer‘. Damit der Braten den Herrschaften gut schmeckt, muss vorbereitet werden mit Verheimlichung, Verschleierung und Meinungsmache zur Verdummung. Wenn Sie nicht zustimmen, dann bitte ich Sie: Informieren Sie sich.

Alles was geschieht, betrachte ich im Hinblick auf die spirituellen Gesetze, denn der Beginn von allem, ob Dinge oder Ereignisse, liegt im Geistigen. Wir leben in der Zeit des Wandels, da aller Unrat an die Oberfläche kommt, um bereinigt zu werden. Es gibt reichliche Informationen für alle Bereiche des Lebens. Nur man muss es wissen wollen und die Berichte unterscheiden können.

Nun beginne ich nicht bei Adam und Eva, so doch mit dem deutschen Kaiserreich.

Aufzählung der Tatbestände

- **1871 – 1918 Deutsches Kaiserreich**

  Dieses war die durch Otto von Bismarck und Wilhelm II. geprägte Zeit. Der deutsche Kaiser soll geäußert haben, es wäre nicht so einfach, unter einem Otto von Bismarck deutscher Kaiser zu sein.

  Bismarck war bestrebt, den *Norddeutschen Bund* mit den süddeutschen Fürstenstaaten unter preußischer Führung zu vereinen. (Der *Norddeutsche Bund* war zuerst ein Militärbündnis, wurde 1866 ein föderativ organisierter Staatenbund. Das Gebiet reichte bis zum Main.) 1871 gelang Bismarck das Bündnis mit den süddeutschen Ländern. Damit war erstmals ein deutscher <u>Nationalstaat</u> entstanden.

  Bismarck galt als <u>Gründer des Reiches</u>. Die Verwendung des Wortes ‚*Reich*' knüpfte an das ‚Heilige Römische Reich Deutscher Nation' an (962 - 1806).

  Die Verfassung des Norddeutschen Bundes blieb erhalten. Bismarck war <u>Reichskanzler</u>, Ministerpräsident und Außenminister.

  Anfang November 1918 war der ‚Erste Weltkrieg' beendet. Kaiser Wilhelm II. gab am 29. Nov.1918 im Exil seine Abdankung bekannt. Das *Deutsche <u>Kaiserreich</u>* hatte aufgehört zu bestehen.

- **1919 - 1933 Deutsches Reich**

  1919 wurde nach politischen und kriegerischen Wirren das *<u>Deutsche Reich</u>* gegründet mit der *Weimarer Re-*

publik und der *Weimarer Reichsverfassung*. Es war die *erste deutsche Republik*. Deutschland hatte damit zum ersten Mal eine parlamentarische, demokratische Regierung und wurde erstmals ,*Deutsches Reich'* genannt.

Der Leitgedanke der Weimarer Verfassung war: Die Staatsgewalt liegt beim Volk. Das deutsche Volk sollte zu einer sich selbst bestimmenden Nation werden. In der Verfassung waren liberale und soziale Grundrechte verankert. Formal wurde die *Weimarer Verfassung* nie außer Kraft gesetzt.

Die Weimarer Republik stand unter außergewöhnlichen Belastungen, deren tiefster Grund sicherlich im Wandel von der Monarchie zur Demokratie zu finden ist. Es bedeutete einen Mutationssprung in Bewusstsein und Denken. Ein neues *Paradigma* kündete sich an, im Sinne einer evolutionären Denkweise, die für viele Menschen und lange Zeit verbindlich sein wird. Solches ist mit inneren Kämpfen und äußeren schicksalhaften Auswirkungen eines jeden verbunden und das über Generationen.

- **1933 – 1945 Fortbestand des Deutschen Reiches**

Formal gab es keine Änderung. Paul von Hindenburg blieb deutscher Reichspräsident, lediglich Hermann von Schleicher war nicht mehr Kanzler in der *Weimarer Republik* des *Deutschen Reiches,* sondern Adolf Hitler. Und doch begann damit das erschütternde Schicksal Deutschlands, das große Drama der Hitlerzeit und seine Folgen.

Zum neuen Weltbild gehört die Verwirklichung einer *weltweiten Einheit.* Dass die Menschheit diese Entwicklung eines Tages erkennt, ist ein Bestandteil der Evolution. Es führt zur *Internationalen Gemeinschaft* der gesamten Erdbevölkerung, allerdings nicht von unten, von der Arbeiterklasse hochgestemmt, sondern gefügt von einer Höchsten Instanz. Es gibt diese Option für die Menschheit als ‚göttlicher Plan'. Derzeit mag es noch unglaublich erscheinen und geradezu naiv klingen, dass alle Völker in gegenseitiger Anerkennung ihrer individuellen Eigenarten und Nationalitäten zusammen leben. Ich sehe noch mehr als dieses. Sie werden zusammen in Freude arbeiten, sich gegenseitig helfen und lieben. Keine Utopie, keine Illusion und sagen Sie nicht, ich sei ein Phantast. Es ist nichts anderes als Weitsicht aus einer Vogelperspektive. Bleiben Sie ruhig, warten Sie ab und beobachten Sie die Veränderungen. Wenn auch erst langsam, sie werden mehr und mehr sichtbar. Ich erinnere an die zahlreichen, ständig wachsenden, humanen, ehrlichen und sauberen Einrichtungen, entstanden aus privaten, persönlichen Initiativen.

Was hat das mit Deutschland und Hitler zu tun? Ich möchte Ihnen Hermann Graf Keyserlings Sichtweise unterbreiten. Sie stammt aus einer Zeit vor Hitler, zu Beginn des vergangenen Jahrhunderts. Keyserling war Balte und schon damals ein echter Europäer. Er erklärte den deutschen Menschen als von seiner Natur aus unpolitisch, ohne imperialistische Antriebe. (Zeigt es sich nicht auch darin, dass die Deutschen die letzten waren, die meinten, denn auch noch einige Kolonialländer sich aneignen zu müssen?) Wenn aber der Deutsche durch sein Wesen bedingt – wie

Keyserling glaubhaft ausführt – die Aufgabe hat, einen bedeutenden Teil zur ‚internationalen Weltgestaltung' beizutragen, „dann muss er *zuerst seine eigene Nationalität erfahren haben"*. Es ist interessant, dass Deutschland dazu einen Ausländer brauchte, einen nahe der deutschen Grenze geborenen Österreicher, Adolf Hitler.

Dass Deutschland – gegen sein Wesen – unter Hitler den Fehler beging, in imperialistische Bestrebungen zu verfallen, war möglicherweise im Sinne der Entwicklung des deutschen Volkes erforderlich! Vielleicht sollte Deutschland erkennen, dass Herrschafts- und Machtbestrebungen nicht seinem wirklichen Wesen entsprechen. Dem Anschein nach war Hitler zu jener Zeit der passende Mann am passenden Ort.

Für ein solch bedeutendes Ereignis klingt es banal, doch so funktioniert es: Aus Fehlern wird gelernt, durch Schaden wird man klug. Handelt der Einzelne gegen sein Wesen, so geht es niemals gut aus. Bei Völkern ist es nicht anders. Deutschland versuchte nach dem Zusammenschluss des Norddeutschen Bundes und der süddeutschen Fürstentümer im Kaiserreich ein Nationalbewusstsein zu finden. Diese Anfänge wurden durch die Niederlage im ersten Weltkrieg gründlich zunichte gemacht. Mühsam nur verstärkte sich das nationale Bewusstsein in der Weimarer Republik. Unter Hitler wurde der Bogen überspannt. Die Lehre für Deutschland war: *So geht es nicht.* Und wir Deutschen haben gelernt.

Es gibt auch eine andere Seite. Jedes Ereignis, ob groß oder klein, ob im Einzelleben oder von Volksgemeinschaften hat einen Sinn für alle Beteiligten. Die schrecklichen Ereignisse des zweiten Weltkrieges und der Judenverfolgung beinhalten die Chancen zum Verzeihen. Zu verzeihen ist die große Entschuldigung für alle Seiten und öffnet das Tor zu Wohlergehen und Glück. Es ist eine der höchsten und gleichzeitig tiefsten Lehren zur Entwicklung eines jeden und der gesamten Menschheit. Aus spiritueller Sicht brachte der Weltkrieg mit all seinem Leid die Menschheit in ihrer seelischen Entwicklung einen großen Sprung vorwärts. Noch gilt ein Ausspruch von Meister Eckhart: „Leid ist das schnellste Pferd zur Vollkommenheit."

Zum Ende des zweiten Weltkriegs lagen nicht nur unsere Häuser zerstört am Boden, sondern auch das übersteigerte Nationalgefühl. In der Hochblüte Roms galt als Macht allein das Wort: *Ich bin ein Römer.* So meinten viele Deutsche damals: *Ich bin ein Deutscher,* käme dem gleich. Und noch vor kurzem wurde den Amerikanern gelehrt: *Ich bin ein Amerikaner.* Rom und Deutschland brachen zusammen. Amerika beginnt gerade umzulernen, will es dem gleichen Schicksal entgehen. Zum ersten Mal in der Geschichte der USA ist ein Präsidentenpaar der Vereinigten Staaten von Amerika von schwarzer Hautfarbe. Wie der Präsident seine Legislaturperiode gestaltet, steht auf einem anderen Blatt. Dieses Ereignis ist jedenfalls wie ein erster sichtbarer Schritt auf dem Weg zum Bewusstsein des EINS-SEINS, den die Menschheit vollbracht hat. Denken sie an die Kriege gegen die Südstaaten. Es liegt gar nicht so lange zurück. Die amerikanischen Bürger haben eine beneidenswerte Eigenschaft. Sie sind flexibel und wendig. Dazu braucht die Welt sie heute, in der Zeit hin zu einer neuen Epoche.

Auch für Deutschland ist die Zeit gekommen, *seine innere nationale Balance zu finden,* um wirklich frei zu werden und seinen Beitrag zum Wandel geben zu können. Das heißt, *den Mut zu haben, zu sich selbst zu stehen.* Doch, um für das immer noch existierende *Deutsche Reich* einen Friedensvertrag zu erwirken, dazu brauchen auch wir wahrscheinlich andere oder veränderte, echte Volksvertreter im wahren Sinne des Wortes. – Die Evolution „wird's schon richten"! Von El Morya, einer geistigen Wesenheit, las ich die Aussage, die er in der ersten Hälfte des vergangenen Jahrhunderts gegeben hatte: „Neue, Neue braucht die Welt!"

- **1939 Kriegsbeginn**

  Wie in den Schulen gelehrt wird, begann der *Zweite Weltkrieg* mit dem deutschen Überfall auf Polen, ohne vorherige Kriegserklärung.

  Zwischenzeitlich waren nicht nur Italien, England, Japan, Russland und die USA in den sich ausweitenden Krieg verwickelt, sondern auch andere Völker.

  Die militärische Niederlage Frankreichs führte 1940 zu einem Waffenstillstand zwischen Deutschland und Frankreich.

- **1945 Bedingungslose Kapitulation**

  Am 8. Mai hatte die *deutsche Wehrmacht* in Berlin bedingungslos kapituliert. Auf der anschließenden Konferenz von Potsdam wurde *kein* Friedensvertrag geschlossen.

  Eine bedingungslose Kapitulation schließt einen Waffenstillstand aus, denn ein Waffenstillstand dient lediglich dazu, den kriegerischen Parteien die Möglichkeit zu geben, in einer gewissen kürzeren Zeit darüber zu verhandeln, ob sie ‚Ruhe geben wollen oder weiterhin auf einander einschlagen'. Die deutsche Wehrmacht hatte ja bereits kapituliert. „Bedingungslose Kapitulation bedeutet, dass die Verliererpartei der Siegerpartei das Recht einräumt, alle politischen und gesellschaftlichen Angelegenheiten im Verliererstaat zu regeln… Eine ältere Formulierung für diese Situation lautete: … *sich auf Gnade oder Ungnade ergeben.*" Eine grandiose Situation für Siegermächte. Doch, aufgepasst im Fall Deutschlands!

- **Das „Deutsche Reich" hat nie kapituliert.**

Nach der heute herrschenden Meinung in der Rechtswissenschaft hat eine Kapitulation des <u>*Deutschen Reiches von 1945*</u> nicht stattgefunden. Adolf Hitler hatte jede Art von Kapitulation strikt abgelehnt. Der damalige deutsche Kanzler nahm sich am 30. April 1945 das Leben und dabei blieb's.

Denn Karl Dönitz war von Hitler testamentarisch zum Reichspräsidenten und Oberbefehlshaber der Wehrmacht bestimmt, nicht zum Kanzler. Dönitz strebte zuerst einen Waffenstillstand an, der aber abgelehnt wurde. Über die Vorgänge zur bedingungslosen Kapitulation der deutschen Wehrmacht gibt es minutengenaue Berichte. Nichts dergleichen fand ich über eine Kapitulation des *Nationalstaates Deutsches Reich*. Die alliierten Siegermächte teilten Deutschland in *besetzte Zonen* unter sich auf.

Dazu ein Auszug eines späteren Urteils des Verfassungsgerichtes vom 31.07.1973 / unter III.1.

„ Das Grundgesetz geht davon aus, dass das Deutsche Reich den Zusammenbruch 1945 überdauert hat und weder mit der Kapitulation, noch durch Ausübung fremder Staatsgewalt in Deutschland durch die alliierten Okkupationsmächte, noch später untergegangen ist; das ergibt sich aus der Präambel, aus Art. 23, Art.116 und Art.146 GG. Das entspricht auch der ständigen Rechtsprechung des Bundesverfassungsgerichtes, an der der Senat festhält. Das Deutsche Reich existiert fort (BVerfGE . . .), besitzt nach wie vor Rechtsfähigkeit, ist allerdings als Gesamtstaat mangels Organisation, insbesondere mangels institutionalisierter Organe selbst nicht handlungsfähig." (Okkupation = 1. <militärische> Besetzung eines fremden Gebietes, 2. Aneignung herrenlosen Gutes)

- **1948 – 1949**
  Entwicklung des Deutschen Grundgesetzes, GG.

Das *Deutsche Grundgesetz* wurde *auf Anordnung* der westlichen Alliierten – USA, England, Frankreich – vom *Parlamentarischen Rat* erarbeitet. Erster Vorsitzender war der Jurist Konrad Adenauer und Vorsitzender des Hauptausschusses Prof. Dr. Carlo Schmid. *Dem Parlamentarischen Rat* gehörten 65 Mitglieder an, darunter 4 Frauen. Elisabeth Selbert hatte gegen heftigen Widerstand die Gleichberechtigung der Frau durchgesetzt. Man bedenke, in Deutschland kam dieses Gesetz erst 1949 zustande.

Das Grundgesetz war nicht als Verfassung geplant und wurde es nie. Es war einzig und allein die *Gesetzesvorlage für ein Ordnungssystem* zur Erfüllung der Aufgaben der „Verwaltungsinstitution für das Wirtschaftsgebiet Westdeutschland unter der Oberhoheit der westlichen, alliierten Siegermächte", genannt: **Bundesrepublik Deutschland, BRD.**

Es ging hier weder um eine Verfassung noch um einen Staat. Als Verfassung sollte erst eine für *ganz* Deutschland geltende Konstitution bezeichnet werden. Die für den Fall der Wiedervereinigung vorgesehene Abstimmung des gesamten deutschen Volkes über eine neue Verfassung wurde bisher, 2009, nicht durchgeführt. Was allgemein als Wiedervereinigung bezeichnet wird, war juristisch der *Beitritt* der *Deutschen Demokratischen Republik, DDR,* zum Geltungsbereich der BRD, wie es in den Dokumenten heißt.

Dazu GG (Auflage 2007) Artikel 146
<Geltung und Geltungsdauer des Grundgesetzes>

„Dieses Grundgesetz, das nach Vollendung der Einheit und Freiheit Deutschlands für das gesamte deutsche Volk gilt, verliert seine Gültigkeit an dem Tage an dem eine Verfassung in Kraft tritt, die von dem deutschen Volke in freier Entscheidung beschlossen worden ist."

Das ist der letzte Artikel des Grundgesetzes und damit *Punkt!*

(Es folgt ein kurzer Anhang zu den *Zwei-plus-Vier-Verträgen vom 12. September 1990.*)

Es wird also seit 1949 zwischen Grundgesetz und Verfassung deutlich unterschieden, obwohl dem deutschen Volk das GG als Verfassung ‚verkauft' wird.

- **1955 wurden die „Pariser Verträge" abgeschlossen und vom Bundestag ratifiziert.** Dieses Abkommen beendete das Besatzungsstatut und verlieh Westdeutschland eine gewisse Souveränität. Die Rolle der Alliierten wurde, wie von Kanzler Adenauer gefordert, neu definiert. Die Alliierten waren nicht länger *Besatzungs*- sondern „*Schutz*"mächte. Geschichte wiederholt sich: Deutschland und Namibia, USA und Irak, USA und weitere Vasallenstaaten [10].

Logischerweise werden die Voraussetzungen zur Schaffung einer Verfassung und zur Bestätigung von Staat und Nation *nur* von einer Regierung bewerkstelligt werden können, die sich nicht mehr dem Dienste gegenüber der Hauptsiegermacht USA verpflichtet fühlt, sondern dem eigenen Volk. Das deutsche Volk war der seit 16 Jahren währenden Kohl-Kanzlerschaft müde geworden. Es fiel auf, dass die aktuellen Schwierigkeiten für Bundeskanzler Gerhard Schröder bereits begonnen hatten, nachdem er 1998 die USA wissen ließ, dass er der internationalen Intervention im Kosovo *nicht* zustimmt. In diesem Sinne sollten folgende Tatsachen bedacht werden. Zu Beginn des Irakkrieges 2003, als Bundeskanzler Gerhard Schröder und Außenminister Joschka Fischer fest bei der Entscheidung blieben: Unsere Jungs *nicht* in den Irak! – flog Frau Dr. Angela Merkel, damals Vorsitzende der *Christdemokratischen Union*, in die Staaten und wurde dort von höchsten Politikern empfangen. Auch ist bekannt und durchaus verständlich, dass niemand ohne die Förderung und Bewilligung der Hauptsiegermacht (genau genommen der anonymen *Weltregierung*) in Deutschland Kanzler werden konnte, kann oder bleibt.

Im Brockhaus ist zu lesen:

„Verfassung, die geschriebenen oder ungeschriebenen Grundsätze über Aufbau und Tätigkeit, insbesondere über die Form und Willensbildung des Staates, die Rechtsstellung der Regierung und der Staatsbürger; auch die diese Grundsätze enthaltende Urkunde." Nun aber war die BRD genau genommen kein Staat und ein Grundgesetz ist keine Verfassung, höchstens ein vorbereitendes Gesetzbuch.

- Unter Punkt 2 heißt es weiterführend: Verfassung, „grundlegende Satzung einer Vereinigung oder Körperschaft." Ein Wirtschaftsgebiet, das aus mehreren Teilen besteht, ist als eine solche Vereinigung zu bezeichnen. Demnach ist das deutsche Grundgesetz ein Grenzgänger.

- Klarheit gibt das *geltende Völkerrecht* („Haager Landkriegsordnung" von 1907, Art. 43 RGBl.1910 12.) Danach ist ein **„Grundgesetz" ein „Provisorium zur Aufrechterhaltung von Ruhe und Ordnung in einem militärisch besetzten Gebiet für eine bestimmte Zeit".**

- Artikel 25 des GG lautet:

  „<Völkerrecht Bestandteil des Bundesrechts>

  1. Die allgemeinen Regeln des Völkerrechts sind Bestandteil des Bundesrechtes. 2. Sie gehen den Geset-

zen vor und erzeugen Rechte und Pflichten unmittelbar für die Bewohner des Bundesgebietes."

- Am 1. Sept. 1948 war der *Parlamentarische Rat* unter dem Vorsitz von Konrad Adenauer zum ersten Mal zusammen gekommen. Carlo Schmid hatte mit anderen Mitgliedern die Aufgabe, ein Grundgesetz für die *Bundesrepublik Deutschland* zu erstellen. Im Zusammenhang damit konnte erst die BRD eingerichtet werden.

Wer könnte die Situation damals, die rechtmäßig bis zum *Zwei-plus-Vier-Abkommen 1990* anhielt, juristisch präziser darlegen als einer der Gründerväter des Grundgesetzes der BRD, Carlo Schmid (1896 - 1979). Er war zeit seines Lebens als SPD-Politiker in den vordersten Reihen der politischen Gremien in verschiedenen Bereichen tätig, auch als Vizepräsident des Deutschen Bundestages. Als Jurist war er ein Kenner der Gesetze, nicht nur als Richter, sondern auch in seinen Lehrtätigkeiten als Professor an der Johann Wolfgang von Goethe Universität in Frankfurt/Main als Prof. für *Politische Wissenschaften* und in Tübingen für *Öffentliches Recht und Völkerrecht*. So weit nur ein Blitzlicht auf die vielen Tätigkeiten Carlo Schmids, wobei internationale Aufgaben nicht zu übersehen sind.

1959 war er in der Wahl für das Amt des Bundespräsidenten der Kandidat der SPD gegen Heinrich Lübke. Wird etwas tiefer in die Hintergründe von Politik hineingeschaut, dann ist es nicht zu verwundern, dass Carlo Schmid bei der Wahl dem CDU-Bundestagsabgeordneten Heinrich Lübke unterlag. Schmids Grundsatzrede vom 08.09.1948 zur Situation

Deutschlands und die Erarbeitung eines Grundgesetzes hatten Aufsehen erregt und seine Kompetenz, Intelligenz, sein Mut und seine Authentizität waren bekannt. Wenn auch nur als Bundespräsident und nicht mit der Entscheidungsbefugnis eines Bundeskanzlers, musste dieser intelligente, aufrechte Mann den Siegermächten für ihre Zwecke als nicht geeignet erscheinen.

Im Anhang finden Sie Ausschnitte aus dieser Grundsatzrede. Allein durch das aufmerksame Lesen werden Fakten klar, die den deutschen Schülern nie so aufschlussreich vermittelt wurden und den Erwachsenen ebenso nicht.

Zwei Zitate von Prof. Dr. Carlo Schmid:

„Die Bundesrepublik Deutschland ist die Organisationsform einer Modalität der Fremdherrschaft." (Duden: Modalität = Art und Weise der Aus- und Durchführung eines Vertrages, Beschlusses)

„Als ich jung war, glaubte ich, ein Politiker müsse intelligent sein. Jetzt weiß ich, dass Intelligenz wenigstens nicht schadet." – Oder doch?

- **1949 Gründung der Bundesrepublik Deutschland**

  Vorausgegangen waren:

  Das Zerwürfnis zwischen den westlichen Alliierten und der Sowjetunion

  Gründung einer Wirtschaftsverwaltung unter der Leitung von Ludwig Erhard

  Währungsreform

Bildung der ‚besetzten Zonen‘

Luftbrücke über die sowjetisch besetzte Zone nach Berlin

Am 1. Juli 1948 übergaben die Militärgouverneure den westdeutschen Länderchefs die *Frankfurter Dokumente*, in denen sie ihre Vorstellung zur Bildung eines ‚deutschen Staates‘ mitteilten.

Am 10. Juli 1948 dokumentierten die Länderchefs in den *Koblenzer Beschlüssen,* dass es keiner Staatsgründung bedarf, lediglich einer Neuorientierung Deutschlands. Das *Deutsche Reich* existierte nach wie vor, es hatte nicht kapituliert, war lediglich nicht geschäftsfähig.

Im August leistete ein ‚Verfassungskonvent‘ auf Herrenchiemsee die Vorbereitung

für die Aufgabe des *Parlamentarischen Rates* ein Grundgesetz zu erarbeiten.

Im April 1949 beschlossen die drei Westmächte, die drei Militärregierungen in den Westzonen durch die Alliierte Hohe Kommission abzulösen und das *Besatzungsstatut* festzuschreiben.

Am 8. Mai legte der *Parlamentarische Rat* das Grundgesetz vor.

Am 12. Mai *genehmigten* die westlichen Militärgouverneure das Grundgesetz, vorbehaltlich der Bestimmungen des Besatzungsstatutes.

Verkündigung des Grundgesetzes am 23. Mai 1949

Es trat am 24. Mai 1949 in Kraft.

Damit war die Bundesrepublik Deutschland entstanden.

Noch einmal:

Die BRD war eine besatzungsrechtliche Einrichtung der westalliierten Siegermächte zur Organisation des Wirtschaftsgebietes Westdeutschland.

- **1989 Mauerfall**

  Nach 28 Jahren wurde im November 1989 das Symbol der Trennung Deutschlands, die *Berliner Mauer*, niedergerissen. Offiziell endete der Abriss am 30. November.

  „Übrig blieben sechs Abschnitte, die als Mahnmal erhalten werden sollten. Der Rest der Mauer, insbesondere an der Berlin-Brandenburgischen Grenze, verschwand bis November 1991. Bemalte Mauersegmente mit künstlerisch wertvollen Motiven wurden in Auktionen in Berlin und Monte Carlo versteigert.

  Einige der Mauersegmente finden sich heute an verschiedenen Orten der Welt. So sicherte sich der US-Geheimdienst CIA für seinen Neubau in Langley, Virginia, einige künstlerisch verzierte Mauersegmente. In den Vatikanischen Gärten wurden im August 1994 einige Mauersegmente mit der aufgemalten Sankt-Michaels-Kirche (Berlin) aufgestellt. Ein weiteres Teilstück der Mauer kann im Haus der Geschichte in Bonn besichtigt werden. Ein Segment steht in der Königinstraße am Englischen Garten in München, weitere stellt das Friedensmuseum im französischen Ort Caen in der Normandie und das Imperial War Museum in London aus." (Wikipedia)

Man kann sagen: Das Geschäft lauert überall. Ist es nicht aber auch das Gespür von Menschen in weit entfernten Ländern, dass der Abriss „der Mauer" ein Symbol ist, Trennungen nieder zu brechen, um einander entgegen zu gehen? Demonstriert der Mauerbau von Israel zu Palästina, nicht ein veralterndes Denken und Fühlen?

- ● **1990 Zwei-plus-Vier-Vertrag**

  Die Gespräche zwischen den zwei deutschen Bereichen, DDR und BRD, und den vier Besatzungsmächten, USA, Russland, England, Frankreich, mündeten in den *Zwei-plus-Vier-Vertrag,* der am 12. September 1990 in Moskau unterzeichnet wurde und Monate später in Kraft trat.

  Er besagte, dass von Seiten der Siegermächte alle vierseitigen Vereinbarungen, Beschlüsse, Praktiken beendet und alle Einrichtungen aufgelöst werden und dass, alle Rechte und Verantwortlichkeiten in Bezug auf Berlin und ,*Deutschland im Ganzen'* ausgesetzt seien. *Deutschland im Ganzen* war eine Bezeichnung die schon bei den Verhandlungen zur Einrichtung der BRD mit Hilfe des GG geprägt worden war, obwohl es damals nur um den Bereich der drei westalliierten Siegermächte ging.

Mit diesem Vertrag wurde eine **„volle Souveränität über innere und äußere Angelegenheiten" gewährleistet.** Aber wem?

In den Formulierungen wurden die Begriffe „Staat", „Deutsches Reich" wie auch „Bundesrepublik Deutschland" nicht ausgesprochen. Es wurde das Wort: *Deutschland im Ganzen* verwendet. Gehören dazu auch die deutschen Ostgebiete von 1937, die heute unter fremder Verwaltung stehen? Die Bezeichnung *Staat* kann nur dem *Deutschen Reich* zugeordnet werden und das *Ordnungssystem unter der Oberhoheit der westalliierten Siegermächte, genannt BRD*, hatte mit der Rückgabe der vollständigen Souveränität aufgehört zu existieren. Im Internet suchte ich eine chronologische Auflistung der ‚Geschichte der BRD' und tatsächlich: Sie endet mit 1990!

„BRD ist eine nichtamtliche Abkürzung für die Bundesrepublik Deutschland, verwendet insbesondere während der Geschichte der Bundesrepublik Deutschland 1945-1990" (Wikipedia) und – wie wir erleben – darüber hinaus.

Wenn es aber eine *Bundesrepublik Deutschland* seit dem *Zwei-plus-Vier-Vertrag* noch nicht einmal mehr als Wirtschaftsgebiet gibt, wieso können wir noch mit einem solchen Pass der BRD in „alle Länder" reisen, wie es darin steht?

In Pässen werden Staatsangehörigkeiten folgendermaßen bezeichnet, Beispiele:

England   British Citizen of Great Britain

Frankreich	République Française
Österreich	Republik Österreich
Schweiz	Schweizerische Eidgenossenschaft
Südafrika	South African
USA	Citizen/National of the United States of America

Und Deutschland? *Deutsch*

Das Wort ‚deutsch' bezeichnet keine Staatsangehörigkeit. Es ist ein Adjektiv: ein *dicker* Mensch, ein *dünner* Mensch, ein *deutscher* Mensch. Um hierbei zu entscheiden, fand das Gremium keine vernünftige Lösung zu einer Formulierung für die deutsche Staatsangehörigkeit, die den Siegermächten genehm gewesen wäre? Dabei ist es doch ganz einfach. Wenn auch das deutsche Militär kapituliert hatte, das Deutsche Reich bestand weiterhin und besteht bis heute. Mir liegt die Frage nahe: Gebrauchen kann man die Deutschen schon, doch ‚Nullen' sollen sie sein? In Politik und Kultur werden schöne Reden gehalten. Aber der Sand, der uns in die Augen gestreut wurde, ist inzwischen zu Wüstenbergen angewachsen. Bitte, sagen Sie nicht, das mit der Nationalität sei ‚Erbsenzählerei'. Immerhin geht es hier um eine Staatsangehörigkeit, um die Anerkennung einer Nation. Es geht um die Freiheit und Würde eines ganzen Volkes, um die *Enteignung der Nationalen Identität*.

Was sind wir? Die *Bundesrepublik Deutschland* gibt es nicht mehr, Staatsbürger des *Deutschen Reiches* dürfen wir uns offiziell nicht nennen. Wem oder was wurde mit dem *Zwei-plus-Vier-Vertrag die vollkommene Souveränität* gegeben?

- In Deutschland wird von einem Ordnungssystem, der BRD, als von einem ‚Staat' gesprochen.

  Art. 116, GG

  „<Deutsche Staatsangehörigkeit>

  Deutscher im Sinne dieses Grundgesetzes ist vorbehaltlich anderweitiger gesetzlicher Regelung, wer die deutsche Staatsangehörigkeit besitzt oder als Flüchtling oder Vertriebener deutscher Volkszugehörigkeit oder als dessen Ehegatte oder Abkömmling *in dem Gebiet des Deutschen Reiches* nach dem Stande vom 31. Dezember 1937 Aufnahme gefunden hat." Dazu gehören Pommern, Schlesien und Ostpreußen.

- „Vorbehaltlich anderweitiger gesetzlicher Regelung" trifft auf den *Deutsch-Polnischen Grenzvertrag* zu. Er ist die <u>Vorabzusicherung</u> zur endgültigen Anerkennung der Oder-Neiße-Grenze, 1990 beschlossen und 1991 ratifiziert. Damit war das Abkommen rechtskräftig.

Bedenken wir den weltweiten Wandel in der Jetzt-Zeit hin zu Humanität, Verbundenheit und Liebe, so wäre eine erneute Vertreibung der Menschen, die in Pommern, Schlesien und Ostpreußen seit nahezu drei Generationen eine neue Heimat gefunden haben, nicht entsprechend der Menschheitswandlung. Es fragt sich: Auf welchem Niveau, mit welchem Bewusstsein der beteiligten Politiker werden die letzten Verhandlungen geführt?

- **Friedensvertrag**

Ein Friedensvertrag kann nur von Parteien geschlossen werden, die miteinander im Krieg sind oder waren. Weder die DDR noch die BRD haben jemals einen Krieg geführt.

Es ist zu vernehmen, dass der Zwei-plus-Vier-Vertrag einem Friedensvertrag gleich käme. Zwar wurden einige Themen eines Friedensvertrags geregelt. Deswegen *ist* es noch kein Friedensvertrag. Wiederum handelt es sich um eine vage Angelegenheit. Lebt Deutschland auch seit 60 Jahren in einem friedensähnlichen Zustand so sind für einen formellen, gültigen Friedensvertrag die Unterschriften <u>aller</u> Siegermächte erforderlich, auch der kleinen Staaten. Außerdem würden die Reparationszahlungen ein aktuelles Thema. 1953 wurde vereinbart, dass diese nach einem Friedensvertrag ausgehandelt werden sollen. Das meiste deutsche Gold liegt ohnehin in USA, wenn es noch dort lagert und ein beträchtlicher Teil in England.

Nach dem Krieg:

Die Nation lag zerschossen am Boden, der Krieg hatte die Kassen geleert

und doch leistete das Volk	- Wiederaufbau
das jüdische Volk erhielt	- Wiedergutmachung
Beitritt der DDR -	enorme finanzielle Last
Reparationsgelder -	Wer kann das bezahlen?

Die Regierung gibt keine genauen Zahlen bekannt. Für die Wiedergutmachung stehen nahezu 1 Billion € im Raum und die Wiedervereinigung kostete mehr als eine Billion €. Und seit der Finanzkrise ist alles in Frage gestellt, wenn das Volk sogar für die Banken ‚spenden' muss.

Deutschland ohne Ressourcen. Es hat kein Öl, kein Gold, keine Erze, kein Uran usw., lediglich eine nicht nennenswerte Menge an Kohle – in seinem winzigen Erdanteil. Die gezahlten Summen wurden aus der Arbeitskraft seines Volkes aufgebracht. Dazu hat es noch andere Völker rund um den Erdball unterstützt bzw. – durch Umleitung – die Geldsäcke der Korruption gefüllt. Was nun, wenn die Arbeitskraft durch Arbeitslosigkeit brach liegt?

- **1990 Einigungsvertrag**

Juristisch korrekt handelte es sich um die DDR-Staatsauflösung und den <u>Beitritt</u> der *Deutschen Demokratischen Republik zur Bundesrepublik Deutschland* als *Deutsche Einheit* mit der Hauptstadt Berlin. Es wurde vereinbart, dass die BRD das Vermögen der DDR übernimmt und für die Schulden haftet.

- **1990 Der Zwei-plus-Vier-Vertrag**

Dieser Vertrag als eine abschließende Regelung über Deutschland, worin die Besatzungsmächte auf ihr *Vorbehaltsrecht* verzichteten, war die Voraussetzung zur Wiedervereinigung.

Es herrschte die Annahme, zwei Möglichkeiten für die Vereinigung zu haben: Das Erarbeiten einer neuen Verfassung oder den Beitritt der DDR zum Geltungsbereich des Wirtschaftsgebietes BRD. Tatsachen aber sind, dass die *Verfassung des Deutschen Reiches nicht aufgehoben und das Grundgesetz keine ‚Verfassung'* ist. Es wurde für die zweite Möglichkeit entschieden, zumal das *Deutsche Reich* mit seiner Verfassung noch existiert und eine neue Verfassung zu erarbeiten, längere Zeit in Anspruch genommen hätte. Die Bewohner von Ostdeutschland strömten aber bereits in den Westen. Wäre eine ‚neue' Verfassung von Rechts wegen überhaupt rechtens gewesen?

Somit wurde der Artikel 23, GG unwirksam, da 5 weitere Gebiete und Ostberlin der BRD beitraten. Art. 23 bezog sich nur auf die Westdeutschen Bereiche. Originalwortlaut:

„Art. 23. <Geltungsbereich des Grundgesetzes> Dieses Grundgesetz gilt zunächst im Gebiete der Länder Baden, Bayern, Bremen, Groß-Berlin, Hamburg, Hessen, Niedersachsen, Nordrhein-Westfalen, Rheinland-Pfalz, Schleswig-Holstein, Württemberg-Baden und Württemberg-Hohenzollern. In anderen Teilen ist es nach deren Beitritt in Kraft zu setzen."

Der gesamte Artikel wurde nach dem Beitritt der DDR völlig außer Kraft gesetzt und im GG gestrichen, obwohl alles seine Ordnung hatte in Bezug auf das Grundgesetz. Tatsächlich wurde ein neuer Artikel 23 geschaffen: „<Mitwirkung bei der Entwicklung der

EU>". Die Sache mit der EU ist ebenfalls ein Verwirrspiel. Waren Sie, verehrte Leser, richtig, umfassend
und verständlich informiert, als von Ihren ‚Volksver-
tretern' für Sie über den Beitritt Deutschlands zur
Europäischen Union entschieden wurde? Doch stellen
wir dieses Thema etwas zurück.

Es stiftet einige Verwirrung in den Zeitdaten, da die
Verhandlungen zum Einigungsvertrag und zum *Zwei-
plus-Vier-Abkommen* sozusagen parallel verliefen. Oft
heißt es, die fünf ostdeutschen Länder und Ostberlin seien der BRD am 03. Oktober 1990 angegliedert
worden, obwohl die BRD durch die Übertragung der
vollkommenen Souveränität von Seiten der Alliierten laut Zwei-plus-Vier-Vertrag vom 12. September
nicht mehr existierte. Genau genommen stimmt auch
dieses Datum nicht, denn die Wirkungskraft des Ei-
nigungsvertrages erfolgte später, am 15. März 1991.
Doch in den vorausgegangenen Verhandlungen hatte
man den 03. Oktober 1990 als „Tag der Deutschen
Einheit" bestimmt. Es ist das Datum für den Fest-Tag
zum ‚Wunder in Deutschland'. *Völkerrechtlich genehmigt wurde der Beitritt im Rahmen des Zwei-plus-Vier-
Vertrages, unterschrieben am 12. September 1990.* Damit
öffnete sich der Weg zum Beitritt der DDR zur BRD,
die eigentlich nicht mehr existierte. Das Datum des
Gesetzes zum Einigungsvertrag war der 31. August
1990. Oder existierte die BRD doch noch, da der Vertrag noch nicht ratifiziert war? Am 29. September trat
der Einigungsvertrag in Kraft. Sei es wie es will, Ge-

rechtigkeit und Logik sind leichter zu verstehen als die Jurisprudenz, die Rechtswissenschaft.

Als 1990 die Verhandlungen zum *Einigungsvertrag* und zum *Zwei-plus-Vier-Vertrag* liefen, hörte das Volk zwar in den Nachrichten ein wenig darüber. Im Fernsehen fanden einige Diskussionsrunden statt. Normale Bürger konnten dem Gesagten gar nicht folgen und es in verständliche Aussagen umsetzen, um selbst zu verstehen, was es für sie praktisch bedeutet. Manchmal stieß man auf lange, vielwortige Artikel, die niemand lesen wollte. Klarheit, in Einfachheit formuliert ist wahrhaftig schwierig. Was aber wesentlich ist und wahrgenommen werden sollte, das ist die Tatsache, dass das Volk keineswegs, seiner Begriffsmöglichkeit und Sprache entsprechend, aufgeklärt wurde.

Im Grundgesetz steht, Artikel 20, 2

„<Verfassungsgrundsätze; Widerstandsrecht>

Alle Staatsgewalt geht vom Volke aus. Sie wird vom Volke in Wahlen, Abstimmungen und durch besondere Organe der Gesetzgebung, der vollziehenden Gewalt und der Rechtsprechung ausgeübt.“

„Alle Staatsgewalt geht vom Volke aus“. Kann von einem Staat und von Staatsgewalt gesprochen werden, wenn de facto kein Staat existiert? Die BRD war ein Verwaltungsgebiet unter der Oberhoheit der Alliierten, welche sie zurückgegeben hatten. Die DDR ist der BRD beigetreten, die aber seit dem *Zwei-plus-Vier-Vertrag* gar nicht mehr besteht. War die Streichung des ursprünglichen Artikels 23 aus dem Grundgesetz überhaupt nötig? Hätte vielleicht eine Änderung des letzten Satzes entsprechend des vollzogenen Beitritts der früheren DDR genügt oder wäre dies richtiger gewesen? Fakt ist: Die Aussage in Artikels 23 GG wurde ausgetauscht in <Mitwirkung bei der Entwicklung der EU>.

Und dennoch, das Volk hat Macht. Es gibt eine innere, emotionale und eine geistige Macht, die Berge versetzen und Grenzen auflösen kann. Denken wir daran, wie Deutschland mit Blumen und Kerzen und dem Ruf: „Wir sind das Volk!" stark daran beteiligt war, *die Mauer* zwischen Ost- und Westdeutschland nieder zu reißen. Sollte es auch in den geheimen Kreisen geplant gewesen sein, so war das die formale Auswirkung. Die zutiefst liegende, absolute Ursache war eine ganz bestimmte Energie. Wenn auch durch vieles überlagert, so war in dem gespaltenen Volk doch immerzu das Bewusstsein vorhanden, dass Ost- und Westdeutschland zusammengehören, dass es ein Deutschland und ein Volk mit einer Geschichte ist. Möglicherweise war es gut, dass wir uns alle wie ohnmächtig in diese Situation fügten. So blieb die Kraft der Gefühle und des Denkens einer wesenhaften Einheit des deutschen Volkes erhalten und konnte im Unsichtbaren wirken. Sie wurde nicht durch Opponieren gestört, blockiert oder in falsche Bahnen gedrückt. Ein Beispiel für die Macht mentaler und emotionaler Energien, die sogar politischen Ereignissen zugrunde liegen. Im Volksmund liegt in aller Schlichtheit so viel Weisheit. Zum Beispiel: Jeder ist seines Glückes Schmied. Geistiges erwachen lehrt, dass jeder sein Leben selbst macht, jedes Volk ebenso und auch die gesamte Menschheit. Sobald mehr über die Funktionsweise von Energien bekannt ist, werden diese Aussagen als Selbstverständlichkeit akzeptiert. Mit stark wachsender Tendenz breitet sich dieses Wissen aus, dazu noch in zunehmender Geschwindigkeit. Es sind dieselben Kräfte, die durch Katastrophen den globalen Wandel entzündet haben und ihn zu einem beglückenden Ende führen werden, denn die Bewegung in diese Richtung ist nicht mehr zu stoppen. Natürlich, wir wissen alle: ‚Rom wurde nicht an einem Tag erbaut‘.

Ein Punkt bleibt für einen durchgehenden roten Faden offen. Was ist Deutschland denn jetzt? Sind wir <u>nicht</u> das *Deutsche Reich* und auch <u>nicht</u> die *Bundesrepublik Deutschland, die man uns sogar als Staat präsentiert* und <u>nicht</u> mehr ein *von Siegermächten besetztes Land?* Sind wir Nichts und nichtig? Sind wir Null?

Dem deutschen Volk ist von seiner „Staatssouveränität" nicht viel geblieben und die Macht von Gesetzen ist oft nur Theorie. Außerdem werden die Völker von Regierungsseite durch Bildungseinrichtungen über ihre spirituelle Macht nicht aufgeklärt. Darin würde eine Gefahr für das veraltende System liegen. Zweitens kennen die Volksvertreter mit wenigen Ausnahmen diese Weisheiten selbst noch nicht. Doch das Rad rollt vorwärts. Mir ist es ein Anliegen, die Richtung in eine bessere Zukunft zum Wohle aller aufzuzeigen.

Wie die Auseinandersetzungen um Europa zeigen, ist die Taktik, Völker über Generationen ‚an der Nase herumzuführen‘, auch mit anderen Nationen geschehen. Sind die Deutschen gar nicht so angriffslustig und bösartig wie es, manches Mal offensichtlich und dann wieder unterschwellig, dargestellt wird? Kann man uns vielleicht über Generationen ein schlechtes Gewissen erhalten, weil wir eher harmlos und gutgläubig sind wie die Karikatur des Deutschen: Der kleine Michel mit der Schlafmütze auf dem Kopf?

Ein Beispiel sei noch angefügt. Kurz nach Beendigung des zweiten Weltkrieges hat die Besatzermacht USA einen „Psychologischen Strategie-Plan für Deutschland" fertig gestellt, der von der CIA ausgeführt wurde. Die Aktivitäten waren eine Kulturoffensive unter dem schönen Namen „Kongress für kulturelle Freiheit". Thomas Wardell Braden wurde mit dieser Aufgabe betraut. Bekannt als Tom Braden war er einer der einflussreichsten Agenten und Agentenführer der Nachkriegsgeschichte der USA und Spezialist für psychologische Kriegsführung.

Dabei wäre es ganz einfach, Klarheit zu schaffen.

Juristisch:

- Deutschland ist immer noch ein Staat, das *Deutsche Reich*. Es hat nicht aufgehört zu existieren, *es* war lediglich nach dem verlorenen Krieg und der bedingungslosen Kapitulation der Wehrmacht *nicht geschäftsfähig*.

- Somit besitzen wir noch immer die Staatsangehörigkeit *Deutsches Reich* und in deutschen Pässen bräuchte nicht diese beschämende Albernheit zu stehen: *Deutsch*. Es stünde dort: *Deutsches Reich*, eine echte Nationalität.

- Oder mit einem Friedensvertrag **und** einer zur Wahl gestellten Volksabstimmung wäre der Staatsname zu modernisieren in: *Bundesrepublik Deutschland*. Mein Metier ist weder die politische Wissenschaft noch die Rechtswissenschaft. Der normale Menschenverstand ist auch von Wert und der sagt mir: Warum nicht? Doch Klarheit muss her!

Es fragt sich, welche Interessen verhindern das? An dieser Stelle halte ich es für angebracht zu sagen, dass ich keiner Partei angehöre und keineswegs, nirgendwo und überhaupt nicht politisch tätig bin.

Auf der Erdkugel ist Deutschland allerdings nur so klein wie ein Floh. Doch es ist eine Nation, ein Volk mit wunderbaren, speziellen Potenzialen wie andere Völker auch. Mögen ‚Umerziehung' und ‚Gehirnwäsche' diese inneren Werte nicht ganz zerstört haben! Ein Volk mit der Kraft, großartige Persönlichkeiten hervorzubringen, wie die Vergangenheit beweist – was ebenso auf die Kraft und die Werte anderer Völker des ‚alten' Europas und der Welt zutrifft – war und ist für die Ziele der Eliten der Macht des sterbenden Paradigmas gefährlich. Und das erklärt vieles.

Was aber ist das Spezielle in der deutschen Mentalität, das zum Wandel in der Welt beitragen könnte? Erneut erinnere ich an Hermann Graf Keyserling und möchte mit Zitaten aus seinem Buch von 1922 „Politik – Wirtschaft – Weisheit" antworten.

„Deutschland sei prädestiniert, den **sozialen Zukunftsstaat** *als erster zu begründen. . ."* **S.151**

„Eines vor allem muss Deutschland gelingen: Es muss den Gedanken des *Sozialismus aus aller Parteiprogrammatik herauslösen und ihm den universellen Sinn verleihen, den er tatsächlich besitzt. Was will jener denn im tiefsten und letzten? Solidarität zwischen allen Völkern und Menschen an die Stelle des ursprünglichen Gegensatzes setzen,* den naturgegebenen Zustand somit durch Wiedergeburt im Geiste zu Höherem umschaffen; . . .“ S. 80

„Alle großen, entscheidenden Veränderungen gehen vom Geiste aus. Das Politische, das Wirtschaftliche folgt dann nach . . . *Auf geistigem Gebiet lag von jeher Deutschlands wahre Mission.*“ S. 105

„Deutschlands tiefstem Begriff entspricht nur e i n e Aufgabe: das dauernde Weltgewissen zu werden – das Wort Gewissen sowohl im Sinne geistiger Bewusstheit als in dem moralischen Verantwortungsgefühl verstanden.“ S. 78

Aus der Rede des Bundespräsidenten Horst Köhler vom 24. März 2009

„Die Glaubwürdigkeit der Freiheit“:

„... in Grundzügen *unserem Modell der* **Sozialen Marktwirtschaft**. *Das zeigt auch: Die Deutschen haben etwas anzubieten beim Aufarbeiten der Krise.*

Und noch etwas Überzeugendes: Nach der Bundestagswahl von 1949 wurde Ludwig Ehrhard, obwohl parteilos, der erste Bundesminister für Wirtschaft und später der zweite Bundeskanzler der damaligen BRD. Ludwig Erhard war Mitbegründer des Konzeptes der **Sozialen Marktwirtschaft.**

1957 erschien sein Buch mit dem Titel: **„Wohlstand für alle"**. Ein Kapitel darin:

„Kreditausweitung als Allheilmittel?"

2009 wäre zu fragen: Stützungen für Banken und Industrieunternehmen vom Staat - von welchem Geld und wie lange? Allheilmittel?

Ludwig Erhard gilt als „Vater der sozialen Marktwirtschaft" und „Vater des Wirtschaftswunders". Also, packen wir's an. Wir wissen doch, wie's geht. Ein Philosoph erklärte, warum Deutschland dazu befähigt ist und ein Pragmatiker motivierte und begleitete das Volk zur Beweisführung.

Quo vadis, Europa?

Wohin gehst du *Europäische Union?*

Wenn es stimmt, was uns die kosmische Ordnung lehrt, dass die gesamte Menschheit eine zusammengehörende Masse ist und eine Einheit darstellt, bestehend aus *allen* Menschen, dann ist die Zusammenfügung der Europäischen Gemeinschaft eine Entwicklung ganz in diesem Sinne. Ich bin davon überzeugt und sehe, dass es sich über alle Geburtswehen hinweg so vollziehen wird. Noch nicht lange ist es her, da Bismarck die deutschen Königs- und Fürstentümer zu einem Reich vereinigte. Wenn auch die Bayern und die Preußen über einander ihre Witze machen, schon nach wenigen Generationen fühlen wir alle uns als Deutsche. Warum soll das nicht in größerem Maße auch möglich sein, und in noch größerem bis wir uns des Eins-Seins einer Menschheit bewusst werden. Das allerdings ist ein Prozess, der Stufe für Stufe erklommen werden muss.

Grundsätzlich und auf welchem Wege es erreicht werden soll, müssten die Völker durch Volksabstimmungen selbst bestimmen dürfen, wie das deutsche demokratische Grundgesetz es eigentlich verlangt.

Wenn Volksabstimmungen erlaubt werden, ein Volk aber nicht weiß, was läuft, nicht aufgeklärt wird, worüber es abstimmen soll, wie soll es dann entscheiden?

Beides wurde den Deutschen verwehrt. Verehrte Leserin und verehrter Leser, waren Sie genau informiert, was der Beitritt der so genannten BRD zur *Europäischen Union* in der geplanten und vorgelegten Form tatsächlich für Sie in

Ihrem täglichen Leben bedeutet? Fachliche Diskussionen, nicht selten interessengesteuert, sind keine authentische, keine echte Volksaufklärung. Gab es beispielsweise eine kurze, wahre Erklärungsschrift, volksnah aufgemacht als Postwurfsendung an alle Haushalte? Wurden ‚Stammtische' mit Fachleuten eingerichtet? Wie stand es mit einem durchorganisierten Engagement in den Schulen und Universitäten? Das hätte zu vielen Gesprächen in den Familien, im ganzen Volk geführt. Wozu also unser Recht auf Abstimmung, Artikel 20, 2 GG, „Alle Staatsgewalt geht vom Volke aus . . . in Wahlen und Abstimmungen"? Dieses Recht wurde uns vorenthalten. Stattdessen wurde über uns bestimmt. Die Völker von Frankreich und den Niederlanden stimmten im ersten Durchgang mit NEIN und brachten die vorgefassten Pläne ins Schleudern, der Vertrag konnte nicht in Kraft treten. Außerdem wollten England und Dänemark den Euro nicht.

Wie wäre das „Wunder von Berlin" zu wiederholen? Beim Mauerfall kam die Energie aus einer naturgegebenen Quelle eines völkischen Zusammengehörigkeitsgefühls. Europa betreffend ist das Wesentliche etwas Anderes. Der Ursprung für wirkende Energien, die ein Wunder entstehen lassen, wäre hierbei die Erkenntnis, dass es noch zu früh ist, Europa zu einem Schmelztiegel in Form eines Bundesstaates zu machen. Zuerst ist die Anerkennung des anderen zu lernen, Diskriminierung aufzugeben. Dazu wäre Europa ein gutes Übungsfeld. Diese Stufe der Wertschätzung anderer auf allen Ebenen, in allen Bereichen, privat, gesellschaftlich, politisch usw. kann nicht übersprungen werden. Was geschehen ist, das ist durch die darin liegende Unreife ein naturwidriger Sprung, kein Mutationssprung. Eine gesunde Entwicklung für Europa würde bedeuten: Jedes Staatenmitglied bringt sich mit seiner Eigenart und Selbstständigkeit ein und wird akzeptiert. Erspüren Sie, verehrte Leser, den *Reichtum in der Verschiedenartigkeit und die Schönheit darin*? Im Gegensatz dazu stammen die Gestaltungsabsichten für Europa aus den noch übermächtigen Weltregierungsinteressen. Wo waren unsere Volksvertreter, die dieses erkannten und mit Mut und Zähigkeit vertraten? Nämlich, dass alle Mitglieder der Union in der Gemeinschaft ihre eigene Originalität und Interessen wahren und einbringen und sich gleichzeitig im eigenen Land, ohne Bevormundung von außen, verwalten können? Es heißt, wie das Volk so sei die Regierung. Von der ersten Garde nehme ich an, dass sie das böse Spiel kennt, und wie es scheint, mitspielt. . . Doch schon die zweite Ebene hat sich in die Tiefe gehend informiert, orientiert oder ist sie lediglich korrupt? Die Zukunft ruft nach geistiger Erkenntnis und Kraft fähiger, aufrichtiger Politiker. Durch sie können Bemühungen und Anstrengungen im Bewusstseinswandel erfolgreich umgesetzt werden.

Zur Klarstellung:

1957 – 2007 Entwicklung der Europäischen Union

Die 1957 gegründete *Europäische Gemeinschaft*, EG, ist eine ‚supranationale' Organisation, hervorgegangen aus der *Europäischen Wirtschaftsgemeinschaft*, EWG. Mit dem *Vertrag von Maastricht*, vom 7. Februar 1992, unterschrieben vom Europäischen Rat, wurde die EG zur *Europäischen Union*, der EU. Die neu gegründete EU ersetzt die EG nicht, sondern hat sie sozusagen einverleibt mit ihren Zuständigkeiten wie: Agrarpolitik, Handelspolitik, Wirtschafts- und Währungsunion, Gesundheitswesen, Sozialpolitik und anderen, den Bürger direkt betreffenden Bereichen. Heute wird nur noch von der EU gesprochen, obwohl es juristisch unterschiedliche Begriffe sind. Im Gegensatz zur EG verfügt die EU *nicht* über völkerrechtliche Handlungsfähigkeit, was sich gegenwärtig verändert.

Durch die Niederlande und Frankreich wurde das Abkommen von Maastricht zur Neugestaltung der EU vereitelt. Es konnte nicht ratifiziert werden. Jedenfalls musste nachverhandelt werden. Zwischenzeitliche Verhandlungen hinzugenommen (Amsterdam und Nizza) ging es beim *Vertrag von Lissabon* von 2007 um einen EU-<u>Verfassungsvertrag</u> und damit ‚zur Sache‘.

Um keine ‚schlafenden Hunde zu wecken‘, wurde das Wort ‚Verfassung‘ ausgeklammert und nur ganz harmlos vom *Reformvertrag* gesprochen. Ein äußerst bedeutender Faktor ist die Verwendung der Sprache. Alles kann in schöne und gute Worte gekleidet werden, so dass es dem schlichten Menschen als ehrenwert erscheint. Bis aber ungute Taten, die oft dahinter stehen, erkennbar werden, ist es für eine Abwendung oder Befreiung vom Unglück zu spät.

Mit einer Verfassung der vorliegenden Form sind die Mitgliedstaaten der EU den ‚Spielmachern‘ ausgeliefert. Ist eine anerkannte Originalität der einzelnen Staaten in der Einheit einer europäischen Interessengemeinschaft mit dem Recht der eigenen innerstaatlichen Gesetzesordnungen verschlafen worden? Oder waren die Europäer narkotisiert? Nochmals die Frage: Wo sind aufrichtige und echte Volksvertreter? Anders gefragt: Wo sind verantwortungsbewusste, mutige Männer und Frauen, die als wahre Volksvertreter in Spitzenpositionen kommen konnten? <u>Alle</u> Europäer brauchten diese Persönlichkeiten, denn genau genommen gibt es im Westen kaum noch selbstständige Regierungen. Dieses Schicksal teilt Deutschland, über seine eigenartige Existenz hinausgehend, mit anderen Völkern. Es ist kein Geheimnis, dass nahezu die gesamte Welt durch die monetären Dogmen der internationalen Hochfinanz und ihrem Weltregierungs-Bestreben regiert wird. Anscheinend ändert sich auch diese Struktur mit dem selbstbewussten Aufstehen von Staaten wie Indien, China, Brasilien. Genau betrachtet kommen diejenigen, die zur schattenhaften Weltregierung gehören, aus Ländern der aufgehenden wie der untergehenden Sonne. Deswegen sind sie über alles informiert und kennen die Mentalitäten der Völker. Sie können mit sämtlichen Problemen umgehen, denn die meisten Schwierigkeiten sind von dieser Interessengruppe veranlasst, abgesehen von Naturkatastrophen.

Natürlich werden hörige Regierungen von hörigen Menschen verkörpert, gleichgültig aus welchem Grund sie motiviert sein mögen und welchen souveränen Anschein sie sich geben. Legen nicht die Ereignisse in der EU die Annahme nahe, dass die Europäische Union von Beginn an durch Weltmachtinteressen gesteuert wurde? Es erinnert daran, dass schon 1941 bei einer Zusammenkunft des amerikanischen Präsidenten Franklin D. Roosevelt, dem Premierminister von England Winston Churchill und dem Generalsekretär der KPdSU (Kommunistische Partei der

Sowjetunion) Josef Stalin nicht nur über das Ende des zweiten Weltkriegs gesprochen wurde, sondern auch über eine neue *Europäische* Friedensordnung. Es sollen Vereinbarungen vorbereitender Art getroffen worden sein. 1943 wurden in Moskau Rechtsgrundlagen verhandelt für die zu errichtenden „Vereinigten Staaten von Europa" vom Atlantik bis zum Ural. Jedenfalls war der Gedanke geboren.

Mit diesem Wissen und den *Erklärungen von Experten* lässt ein Blick auf den *Reformvertrag von Lissabon* erkennen, dass dieser nichts anderes ist, als der verschärfte und noch verwirrender formulierte Vertrag von Maastricht. Wissen Sie, verehrte Leser, ganz genau, was dieser Vertrag für Deutschland bedeutet wie auch für die anderen Mitgliedsstaaten? Wie er sich in Ihrem persönlichen Leben auswirkt? Ich weiß nur wenig, aber dies Wenige lässt bereits die Feuerglocke läuten. Die Länder verlieren mehr und mehr von ihrer Eigenständigkeit. Ist nicht mehr Souveränität gegeben, wenn die einzelnen Staaten innerhalb einer Europäischen Union, erst ein Staatenbund werden, um möglicherweise hineinzuwachsen in einen Bundesstaat? Was wird sein, wenn Gesetzgebung, Gerichtsbarkeit, der Umgang mit sämtlichen aktuellen Gegebenheiten wie Bildung, Wissenschaft, Sozialwesen usw. von Europäern entschieden werden, die wissentlich und unwissentlich Erfüllungsgehilfen einer internationalen Machtelite sind. Sollte zum Beispiel eine Rechtsprechung gemäß den Traditionen und Mentalitäten der Völker nicht in der Zuständigkeit der jeweiligen selbstständigen, höchsten staatlichen Gerichte verbleiben?

Könnte womöglich in einem geplanten, von langer Hand vorbereiteten europäischen Staaten-Mix ein Grund liegen, warum Deutschland seit dem 2. Weltkrieg bis heute keine eindeutige Form zugestanden wurde? Man könnte sagen, dass Deutschland nach dem Krieg lediglich erlaubt wurde, ‚Staat' zu spielen. Ist so etwas eine verdeckte Usurpation (gesetzeswidrige Machtergreifung) zu nennen? Soll man überhaupt nachfragen? Wie mir entgegen gehalten wurde: „Na und, wir leben doch ganz gut." Deutschlands Leben, besonders nach dem zweiten Weltkrieg ist ein eigenartiges, geheimnisvolles Geschehen, bei dem es uns anscheinend gut ging. Die Einverleibung in einen *Bundesstaat Europäische Union* ist für Deutschland gefährlicher als für andere Staaten, da die Deutschen mit ihrem Gesetzesgehorsam nicht so locker damit umgehen werden wie viele andere Völker.

Es handelt sich bei der EU tatsächlich um ein heimlich-unheimliches Geschehen. Mehrere Regierungen ließen ihr Volk erst gar nicht abstimmen. Eine Vorsorge, damit der Zug nicht entgleist und womöglich sein Ziel nicht erreicht. Es gibt zu denken, dass ausgerechnet in den NEIN-Ländern eine Volksabstimmung durchgeführt wurde. In Irland war die Volksabstimmung zum *Reformvertrag* aus rechtlichen Gründen erforderlich. Die Iren stimmten am 12. Juni 2008 mit NEIN. Sie stimmten nicht gegen Europa. Sie forderten Rechenschaft gegenüber den Bürgern. Doch um sie noch ins Boot zu holen, soll Irlands Neutralität ausdrücklich respektiert werden. Ähnliches verlangt Polen. Warum hat Deutschland das nicht verlangt?

Die deutschen Volksvertreter hatten dem Vertrag zugestimmt. Aber! Da gab es noch den Peter Gauweiler, Bundestagsabgeordneter der CSU, ein Volksvertreter und seines Zeichens promovierter Jurist. Er hat das Letzte, was noch zu tun war, getan, nämlich beim Bundesverfassungsgericht in Karlsruhe eine Verfassungsklage gegen den *Vertrag von Lissabon* eingereicht. Als Jurist ist er in der Lage, derartige Texte zu lesen und auch zu verstehen, was die Worte in Wahrheit besagen. Experten müssen sich aus beruflichen Gründen mit derartigen Themen auseinandersetzen. Das Volk jedoch braucht eine Zusammenfassung des 400 Seiten langen Vertrages und vor allem eine ‚Übersetzung‘ der Beamtensprache, um zu wissen, was tatsächlich gemeint ist. Nehmen Sie bitte dieses Wort wörtlich. Es beinhaltet die ‚Tat‘ und die ‚Sache‘, was tatsächlich gemeint ist. Selbst wenn eine Volksabstimmung anberaumt worden wäre, so war das Volk nicht genügend aufgeklärt, worum es in Wahrheit und Wirklichkeit ging. Glauben Sie, dass unsere Abgeordneten den 400-Seiten-Vertrag gelesen und verstanden haben?

In der *Süddeutschen Zeitung* las ich Folgendes: „*Vorderhand wird das höchste Gericht darüber entscheiden müssen, ob sich die Bundesrepublik, ohne das Volk zu fragen, in einem <u>europäischen Bundesstaat</u> <u>auflösen</u> darf wie ein Stück Zucker im Kaffee. Das, so behauptet Gauweiler, sei nämlich die Folge des Lissaboner Vertrages. . . Es geht um Elementarfragen des Staats- und Verfassungsrechts, <u>es geht um den Fortbestand deutscher Souveränität</u>, es geht darum, ob die EU wirklich politische und juristische Omnipotenz haben darf.*"[18]

Einen inzwischen bekannten Begriff hat der Bundestagsabgeordnete Henry Nitzsche in einer Rede 2008 vor dem Bundestag ausgesprochen „Ermächtigungsgesetz". Wer dem EU-Vertrag von Lissabon zustimmt, ermächtigt die EU „allmächtig und ungehindert über deutsche Interessen zu entscheiden". Davon wären alle Bereiche betroffen: Wirtschafts-, Währungs-, Sozial-, Landwirtschafts-, Umwelt-, Arbeits-, Steuer-, Justiz-, Verkehrs- und Kulturpolitik.

Februar 2009 hatten die Verhandlungen in Karlsruhe begonnen. Die Entscheidung bestimmt zum Beispiel auch darüber, ob <u>innerdeutsche</u> Angelegenheiten, wofür unser Verfassungsgericht zuständig ist, an den *Europäischen Gerichtshof* mit einem internationalen Gremium übergeben werden. Das gilt natürlich nicht nur für Deutschland. Für alle Nationen der EU soll die höchste und finale Gerichtsbarkeit beim Europäischen Gerichtshof liegen, zusammengesetzt aus internationalen Personen. Was verstehen diese vom Wesen der verschiedenen Völker? Was sagen Sie, verehrte Leser, dazu? Unser Bundesverfassungsgericht wird überflüssig, da gleich in Brüssel die Entscheidungen in Ihrem persönlichen Anliegen getroffen werden, falls es bis zum höchsten Gericht gekommen ist. Und da spielen alle 27 europäischen Staaten mit, wenn auch nicht die Länder mit ihren Völkern, so doch ihre Regierungen? Mutet das nicht seltsam an?

Wir sind 500 Millionen Bürger im Bereich der EU. Uns allen wird mit dem Vollzug des Reformvertrages zu den Beschlüssen von Maastricht eine verbindliche Verfassung übergestülpt. Wer spricht da noch von Demokratie? Deutschland ist so stolz auf seine Demokratie. Wie wir es erleben, handelt es sich korrekt gesagt, lediglich um eine repräsentative Demokratie. Die Schau macht glauben, es wäre so. Das Gleiche gilt für die *Europäische Union.*

Am 30. Juni 2009 hatte das Deutsche Verfassungsgericht in Karlsruhe sein Urteil zum „Reformvertrag von Lissabon" bekannt gegeben.

In "WELT Online" fand ich dazu einen Artikel von Thorsten Jungholt:

„Das Urteil zum EU-Reformvertrag ist historisch. Die Richter kritisieren, dass sich der Bundestag selbst nicht wichtig genug genommen hat und fordern, dass der Wählerwille der Deutschen auch in Europa angemessen berücksichtigt werden muss. Tatsächlich prangern die Richter damit das Demokratiedefizit in der EU an usw.

Grundsätzlich hat der oberste Gerichtshof in Karlsruhe festgestellt, dass der Reformvertrag, als letzte Form zu den EU-Verträgen, mit dem deutschen Grundgesetz übereinstimmt. Dieses bezieht sich auf die schönen Formulierungen zur Humanität und Ähnlichem. **Praktisch aber geht es um uferlose Kompetenzverschiebungen.** Peter Gauweiler zählt auf: „Mit dem Vertrag von Lissabon ist die EU endgültig für die deutsche Industriepolitik, die Technologie- und Forschungspolitik, die Umwelt-, Energie- und Klimapolitik, die Grundversorgung mit öffentlichen Gütern, den Verbraucherschutz, die Gesundheitspolitik, die Regionalpolitik, die Bildungs- und Jugendpolitik, die Asyl- und Einwanderungspolitik, das Strafrecht, das Zivilprozessrecht, die Terrorismusbekämpfung und die innere Sicherheit zuständig." Kurz gesagt: Mit dem Vertrag von Lissabon ist die EU endgültig für das Leben in Deutschland zuständig.

Das entspricht einem **Bundesstaat** Europa mit **einer** Legislative (Gesetzgebung), einer Exekutive (die ausführende, vollziehende Macht im Staat), einer Judikative (richterliche Gewalt im Staat) im Geltungsbereich aller EU-Staaten. Glauben Sie, verehrte Leser, dass dieses die Völker wollen, nur noch Befehlsempfänger, Vasallen zu sein? Vasallen von wem?

1. Was ist daraus abzulesen, dass die amerikanische Regierung von der die EU forderte, ihnen die europäischen Bankdaten zur Verfügung zu stellen. Das Ergebnis ist mir noch nicht bekannt, 2009.

2. Was besagt, dass der deutsche Bundestag auf seiner letzten Sitzung vor der Sommerpause 2009 ein Gesetz über den Datenaustausch mit den USA beschlossen hat. Damit ist einem Datenexport in die USA der Weg bereitet. Es geht um Daten, die in Deutschland unter strenge Datenschutzbestimmungen fallen und deren Weitergabe weitestgehend untersagt ist. All dieses wird mit der professionell aufgebauten Angst und dem ebenfalls professionell aufgebauten Feindbild des Terrorismus begründet.

Wir kennen die Begriffe: Neue Weltordnung, Weltregierung, Schattenregierung. Wenn diese mit ihren „black operations" auch internationale und sogar galaktische Einrichtungen sind, so agieren sie doch stark von Nordamerika aus.

Wäre es nicht höchst angebracht, wenn die Völker ihre Souveränität behalten und nicht nach Brüssel abgeben, denn damit würden Bundestag und Bundesrat geradezu überflüssig. Dieses Recht wurde nicht vehement vertreten und durchgesetzt. So frage ich mich, ob wir die richtigen Volksvertreter im Kanzleramt haben.

In meisterhafter Neutralität haben die Karlsruher Verfassungsrichter grundsätzlich zur EU „JA" gesagt, doch nur unter Auflagen: Deutschland sollte das Begleitgesetz <u>deutlich</u> nachbessern, nur dann könnte dem Vertrag von Lissabon zugestimmt werden. So verlangt das Bundesverfassungsgericht zum Beispiel mehr Mitspracherecht für Bundestag und Bundesrat. Das bedeutet aktive deutsche Selbstständigkeit für die innerdeutschen Belange. Eine angemessene, sogar spirituelle Möglichkeit wäre, dass Europa vorerst ein **<u>Staatenbund</u>** in Form einer Subsidiarität würde, in dem alle Staaten ihre Angelegenheiten selbst regeln und sich zu übergeordneten Entscheidungen, ohne Einmischung außereuropäischer Regierungen oder Einrichtungen zusammenfinden. Es ist zu beobachten, dass – mit Ausnahmen – die allgemeine Presse hörig nur das JA zum Reformvertrag betont. Das wahrhaftig Wichtige, was unser aller Leben betrifft, das sind jedoch die Auflagen die <u>vor</u> der Ratifizierung erfüllt werden sollten. Mir erschien es aussagestark, dass diese für **Deutschland schicksalhaften Beschlüsse** innerhalb weniger Wochen durchgearbeitet wurden, noch bevor Irland abstimmte. Zum Vergleich: Über die Ladenschlussgesetze wurde mehr als ein Jahr lang im Bundestag diskutiert . . .

Und tatsächlich, klammheimlich wurde ganz geschwind angeblich den Forderungen des Verfassungsgerichtes entsprochen, die Änderungen (welche?) vom Bundestag abgesegnet.

Am 23. September 2009 unterschrieb Bundespräsident Horst Köhler die von Karlsruhe geforderten Änderungen, genannt „Begleitgesetze". Damit war der Reformvertrag von Deutsch-

land ratifiziert, die Urkunden wurden ausgestellt und in Rom hinterlegt. **Deutschland war der Europäischen Union beigetreten.**

Es geschah, trotz vieler Aktivitäten gegen den Beitritt und ohne eine Volksabstimmung. Was das für uns bedeutet, das werden wir erleben. Ich habe nichts von engagierten, wortgewaltigen Streitgesprächen im Bundestag gehört. Was für Zeiten waren das damals mit Helmut Schmidt und Herbert Wehner!

Kanzlerin Angela Merkel wertete die Ratifizierung als großen Erfolg. Zu jener Zeit wurde bereits insgeheim über die höchsten Positionen in der EU verhandelt.

Die Iren gaben am 03. Oktober 2009 ein klares JA zur Europäischen Union. In Irland ist die Volksbefragung in ihrer Verfassung verankert. In Deutschland, in Ermangelung einer Verfassung, steht es im Grundgesetz, ist aber nicht vollzogen worden. Es folgten die beiden noch verbliebenen Staaten Tschechien und Polen.

Da fragt es sich: Nach genau wessen Willen, innerhalb und außerhalb der EU, waren die Beitritte geschehen? Es darf mit Berechtigung angenommen werden, dass die so genannten „rechtlichen Maßnahmen" der EU schon seit den ersten Anfängen auf ganz bestimmte Gleise geschoben wurden, nicht nur von europäischen Interessengruppen, sondern übergeordnet von der internationalen Hochfinanz und noch tiefer reichend von denen, die Ihre Pferdchen, mit Namen internationaler Regierungen, an ihren Leinen laufen lassen. Oder waren diese Gleise sogar absichtlich gebaut und verlegt worden? Nach astronomischen Daten hat der Weltenwandel ja bereits begonnen. Möglicherweise gehörten diese Ereignisse dazu, die Dinge auf die Spitze zu treiben, damit sie kippen können. Keineswegs von dunklen Interessengruppen gemacht, sondern von Lichtwesen.

Folgender Tatbestand lässt fragen: Welcher Geist liegt den Beschlüssen der EU bis jetzt zugrunde?

Die *Weltgesundheitsorganisation* (WHO) und die *Landwirtschaftsorganisation* (FAO, Food and Agriculture Organization, eine Organisation der UNO) gründeten 1963 den **Codex Alimentarius.** Offiziell dient er dazu, Lebensmittel-Standards für alle Staaten der Erde festzulegen, um die Gesundheit der Menschen zu schützen. Schaut man sich diese Gesetze genauer an, so treten Zweifel auf. Es erscheint wie ein Puzzle-Teilchen im Gesamtbild der inzwischen allgemein bekannt gewordenen Interessen und Maßnahmen der Elite, welche die „Weltherrschaft" anstrebt, aber noch nicht ganz erreicht hat. Wie inzwischen deutlich wird, basiert die Motivation auf einer unsinnigen Gier nach Macht und Geld. Ihre Absichten dienen nicht dem Wohle der Völker. Dieses auszusprechen sei keine Anklage, sondern ein Hinweis auf Tatbestände, um Verantwortungsgefühl zu wecken. Es ist der augenblickliche Stand der Dinge, doch – nicht zu vergessen – wir sind im Wandel. Zeichen dieses Wandels ist, dass Tatsachen nicht mehr absolut verdeckt gehalten werden können. Hoffnung und Zuversicht erhebt sich aus dem Chaos.

Zurzeit sind die Dinge höchst unerfreulich, um nicht zu sagen gefährlich. Das beweist, wie der Codex Alimentarius gehandhabt wird. Ist es nicht geradezu ein Axiom, ein als absolut richtig erkannter Grundsatz, eine gültige Wahrheit, dass

Vitamine und Spurenelemente nicht nur Gesundheit aufrechterhalten, sondern wieder herstellen können? Heilung geschieht sogar in Krankheitsfällen, die schulmedizinisch austherapiert sind, in denen „nichts mehr zu machen" sei.

Müsste nicht im Volk das Bewusstsein für naturbelassene Kost geweckt werden? Eine kostenlose Verteilung von Nahrungsergänzungen wäre das nicht ein echter Dienst zur Volksgesundheit? Doch in fast allen Ländern wird bedeutend mehr für ‚Verteidigung' ausgegeben als im Gesundheitswesen. Allerdings liegt es auf der Hand, dass durch kranke Menschen monetärer Gewinn gemacht wird und nicht durch die Gesunden.

In *raum&zeit* 159/2009/Mai-Juni las ich in einem kurzen, doch prägnant und fundiert geschriebenen Artikel unter der Überschrift „Codex Alimentarius, Weltumspannender Lebensmittel-Imperialismus":

„Die EU ist 2003 offiziell per Vertrag dem Codex beigetreten. Damit können die einzelnen EU-Länder sich nicht mehr gegen die Richtlinien stemmen. Sie werden aufgrund des EU-Rechts gezwungen, im Sinne der Harmonisierung die Regeln umzusetzen." Wurden die Völker nach ihrem Willen befragt? Waren sie zuvor aufgeklärt worden? Ich hatte nichts davon und darüber erfahren, dabei betrifft es, zum Wohle anderer Leute Geldbeutel, meine Gesundheit.

Zur Information: Ab 1. Januar 2010 sollen Vitamine reglementiert und allgemeine Nahrungsergänzungsprodukte sowie alternative Heilmittel verboten werden. Die Mainstream-Presse arbeitet lügenhaft bereits in diesem Sinne.

raum&zeit: „Bei einer Unterversorgung mit Vitaminen und Spurenelementen (Wir sind nahezu alle unterversorgt. M. St.) die Ergänzungen zu minimieren, ist ein wahrhaft brutaler Plan, um die Zahl der chronisch Kranken in ungeahnte Höhen zu treiben". Den Fakten entsprechend wäre anzufügen: und Geschäft wie Gewinn der Pharmakonzerne ebenfalls.

Es gibt zu bedenken, dass allen Beschlüssen des *Codex Alimentarius* ein und dieselbe Motivation der Initiatoren zugrunde liegt. Außerdem müssen sie wie Gesetze gehandhabt werden. Zwar sind in den Zusammenkünften der 27 Codex-Kommittees, Mitglieder der NGOs vertreten (Nichtregierungsorganisationen, also nicht gebunden an die Abkommen von Regierungen). Sie sind jedoch an Zahl bedeutend weniger als die Vertreter der Wirtschaft und von Großkonzernen der Pharmaindustrie. Niemandem muss man heute noch sagen, dass deren Leitgedanke vor allem die Gewinnoptimierung ist. Außerdem sind die NGOs von Seiten der Finanzeliten zahlreich unterwandert. Das sind einfach die Tatsachen, entstanden aus den vergehenden alten Lebenssystemen.

Was bedeuten diese Regulierungen praktisch?

Leider ist es nicht allgemein bekannt, dass Früchte und Gemüse in den letzten 20 Jahren zwischen 30 bis 70 % an Vitaminen und Spurenelementen abgenommen haben, ausgelaugte Böden u. ä. Zusätzlich sind diese ‚Lebens-Mittel' mit Giften bespritzt, die Ungeziefer töten oder fernhalten und auch dem menschlichen Organismus schaden. In den Anbaugebieten gigantischer Agrarunternehmen werden sie, dem natürlichen Wachstum entsprechend, zu früh geerntet, dann künstlichen, chemischen Reifungsprozessen unterzogen und anschließend stunden- oder tagelang transportiert. Nicht an verbrauchernahen Orten produziert schadet:

1. dem Wertgehalt von Obst und Früchten, der mit dem Augenblick der Ernte abnimmt,

2. natürlich auch den Menschen, die diese entwerteten Lebensmittel essen,

3. der Volkswirtschaft des eigenen Landes und ist

4. gefährlich für die Völker, die sich in Notzeiten nicht mehr selbst ernähren können und auf fremde Produktionsstätten angewiesen sind.

Das ist ein einfaches, noch gesundes Denken, das auf Grundwerten und Urgesetzen beruht. Der Nutzen von diesem Codex liegt lediglich im Gewinn der Unternehmensgiganten der Globalisierung.

Haben *Lebens-Mittel*, Gemüse und Früchte, die Großmarkthallen erreicht, so liegen sie dort noch einige Zeit und ebenso beim Einzelhändler, anschließend in unseren Kühlschränken. Jeder weiß heutzutage, dass eine Frucht vom Augenblick der Ernte an ihre Vitalstoffe mehr und mehr verliert.

Ergebnis: Wertlos

Endstation: Der menschliche Verdauungstrakt.

Gewinn: Man spürt keinen Hunger.

Fazit: Ohne Nahrungsergänzungen ist es heutzutage kaum möglich, ein Leben lang gesund zu bleiben. Wer aus dem Volk kann dies bezahlen? Krankheiten allerdings sind noch teurer.

Der Beschluss über die Nahrungsergänzungen im Codex Alimentarius steht vor dem Abschluss. Es wird wissentlich von der Lüge ausgegangen, dass der Mensch mit der Nahrung 95 % des täglichen Bedarfs an Vitaminen, Mineralien, Spurenelementen, Enzymen, eben die für den Stoffwechsel gesundheitswichtigen Substanzen zu sich nehmen würde. Deswegen wird verfügt, dass Nahrungsmittel in einer Dosis von höchstens 15 % des täglichen Bedarfs angereichert werden dürfen. Die Bestimmungen reichen noch weiter, denn Naturheilmittel und Naturheilverfahren werden in den Anweisungen ebenfalls boykottiert. Sind wir wirklich ohnmächtig dagegen, uns von einer materialistisch kapitalistischen Weltenführung unser persönlichstes Leben bestimmen zu lassen?

Alle Beschlüsse des *Codex Alimentarius* werden wie Gesetze gehandhabt. Offensichtlich trägt dieser Codex auch die Handschrift einer dunklen Macht. Wahrhaftig die Vorgänge sind kaum zu glauben.

- Wird eine solche Bevormundung für sämtliche Lebensbereiche für alle Mitgliedstaaten gelten?

- Wird hier ein geplantes, seit Generationen vorbereitetes Machtspiel aufgeführt?

Man bedenke, die dunkle Elite braucht nur 750 Millionen Menschen um ihr Leben zu erhalten und ihren Luxus. Wozu dient die Schweinegrippe? Erinnern wir uns: Bei der ‚Vogelgrippe‘ haben wir, die Völker der Welt, die Pläne der dunklen Elite auflaufen lassen. Jetzt bei der ‚Schweinegrippe‘ werden größere Geschütze benutzt. Derzeit, Ende Oktober 2009, hört man aus Schweden von erschreckenden Erkrankungen umgehend nach der Impfung.

Während der irdischen Vergangenheit von ungefähr 12 bis 13 Tausend Jahren – so weit Weltgeschichte zurück verfolgt werden kann – hatten dunkle Energien die Vorherrschaft, entsprechend dem kosmischen Rhythmus. Diese Kräfte lebten durchaus während der gesamten Zeit auch als Menschen auf der Erde. Das ist wahrhaftig kein Märchen. In biblischen Hinweisen heißt es: Dem Teufel wurde alle Macht gegeben auf Erden. Diejenigen, die sich nicht von den Lügengeschichten offizieller Stellen und ihrer Presse irritieren lassen und sich weitergehend informieren, wissen, dass folgendes Bild zutreffend ist. Gegebene Macht kann wieder genommen werden. Die Macht des Bösen schwindet rapid. Der ‚Teufel‘ steht mit dem Rücken an der Wand und schlägt tollwütig um sich. Das ist gleichzusetzen damit, dass die dunklen Machtzentren ihre Pläne noch unbedingt mit aller Gewalt durchsetzen wollen, weil es bald nicht mehr möglich sein wird. Das rasant zunehmende Licht treibt das Ungute aus seinen Löchern. Deswegen sind wir Menschen aufgerufen, uns täglich Liebe und Licht zu wünschen, es zu denken. Gegen diese Masse kommt das Ungute nicht an. Es ist zu erkennen, dass Finanzkollaps und Wirtschaftskrise nichts als Instrumente des Wandels sind. Je mehr wir uns mit der geistigen Welt verbinden und damit leben, desto weniger Naturkatastrophen als Werkzeuge des Wandels müssen wir erwarten.

Zu diesen Problemen des Wandels gehört auch, die Mitgliedstaaten der EU ihrer nationalen Rechte zu enteignen. Klingt dramatisch und ist es auch.

Verehrte Leser, gewiss werden eine Anzahl von Entscheidungen und Veränderungen eingetreten sein, wenn Sie diese Ausführungen lesen. Doch, ich bin überzeugt, dass die Kenntnis von diesen außergewöhnlichen Entwicklungen immer von Interesse bleibt. Was wir auf Erden erleben, ist nichts anderes als die sichtbare Entsprechung einer alles überlagernden und gleichzeitig tragenden geistigen Wirklichkeit. Unser Glück ist, dass sich Bewusstseinswandel und Bewusstseinserweiterung rasant ausbreiten, in der Wissenschaft wie im Volk. **Eine europäische Union entspricht dem göttlichen Plan von der Einheit der gesamten Menschheit in Bewusstsein und Lebensweise. Dazu kann die *Europäische Union* ein Etappenziel sein.** Geburtswehen liegen ‚in der Natur der Sache'. Kennen Sie ein einziges Unterfangen, das von Beginn an perfekt war? Es muss gefeilt, verändert, verbessert werden.

VEREINIGUNG – grundsätzlich JA. Es ist kosmisches Gesetz und unsere Erde lebt in diesem Kosmos, wo über alle Dualität hinweg EINS-SEIN das Lebensprinzip, die gültige Ordnung und das Ziel ist. Doch in welcher Form? <u>Einheit der Originale</u> in Respekt vor der Andersartigkeit, in gegenseitiger Anerkennung und Zusammenwirken zum Wohle aller!

Die Menschheit wird garantiert neue Regierungen mit
‚neuen' Menschen bekommen, die

- Konsens (Meinungsübereinstimmung) finden,

- in Kooperation (Zusammenarbeit) entscheiden und
  handeln,

- um in Koexistenz (gleichzeitiges Vorhandensein von
  Unterschiedlichem) friedlich miteinander zu leben.

Das ist keine Utopie. Das *Kosmische Jahr* weist darauf hin.
Menschen, Entscheidungsträger mit dem notwendigen Bewusstsein werden sich gegenseitig erkennen, zusammenfinden und eine licht- und freudevolle Zukunft verwirklichen.

Das wird eines Tages das Leben in der Union zum Besseren
wenden. Voraussetzung ist, das begrenzte, das eingeengte
Denken auf unserem Planeten zu durchbrechen. Es geht
um die Anerkennung geistiger Dimensionen als ein Anteil
im Menschen. Dieser Anteil wird in allen Bereichen gelebt
werden in der Wirtschaft, in Finanzsystemen, Sozialwesen,
Forschung, Bildung usw. Sobald wir die Einschränkung in
unserem Denken auflösen, verschwindet die Erscheinung
einer Welt, die man als ein korruptes Irrenhaus bezeichnen
könnte.

Großartig wäre vorerst ein europäischer Staatenbund ähnlich den *Vereinigten Staaten von Amerika*. In späteren Zeiten,
wenn Ehrbarkeit und Verantwortung überwiegend gelebt
werden können, mag eine Entwicklung zu intensiverer Einheit in Freiheit und aus sich selbst heraus möglich werden.
Das wäre in spiritueller Sichtweise eine Entwicklung, die
über den Egoismus hinaus führt.

So stimme ich Peter Gauweiler zu, der in Bezug auf Europa sagte: „Wir müssen darauf achten, dass etwas Gutes nicht zu etwas Schlechtem wird.“

Diese europäische Nuss über den spirituellen Weg zu knacken, das ist schon ein erhöhter Schwierigkeitsgrad und doch ist es der einzige Weg. Das sage ich nicht, weil ich von einem ‚allein selig machenden‘ Pfad sprechen will, sondern weil allem Materiellen und allen Ereignissen eine geistige Energie zugrunde liegt.

Geistige Entwicklung zeigt sich in weltlicher Realität als Wohlergehen für alle.

Die Sache mit dem Geld

Schon seit Jahrtausenden erlebt die Menschheit, im steten Wandel aufgestiegener und untergegangener Kulturen, die Zeiten des „goldenen Kalbes". Heute ist es der schon lange nicht mehr mit Gold gedeckte Geldmarkt. Wir haben nichts, was derzeit weltweit von ein und demselben Werte wäre. 1944 betonierte das *Bretton Woods Abkommen* den Dollar an Stelle des Britischen Pfundes zur Weltreserve-Währung, „Sicherheits-Währung". Darin sollte als Sicherheit die Deckung des Wertes von dem in Umlauf befindlichen Geld liegen, wie es reines Gold ist. Doch der Dollar war nicht mehr durch einen echten Wert, nämlich Gold, gedeckt! (Anhang „Das Dollarsystem seit 1913") Es folgte der ‚Deal' mit dem Öl. Von da an kam das ‚Blinde-Kuh'-Spiel mit der Weltbevölkerung erst recht in Gang.

Eine kleine Geschichte möge in Einfachheit darstellen, was Gold im Geldgeschäft tatsächlich bedeutete und wieder bedeuten wird. Ich war mit einem Araber, einem Syrer, verheiratet. Übrigens ist Syrien ein Land fast ohne Öl und wenn nur in minderwertiger Qualität. Saids Mutter kam aus einer nicht reichen, aber vornehmen Familie. Außergewöhnlich war, dass ihr Vater nicht nur seine Söhne, sondern auch die Tochter, das *Mädchen*, von einem Privatlehrer unterrichten ließ, man bedenke: Damals! Als Said seiner Mutter sagte, er wolle eine Deutsche heiraten, war ihre Antwort: „Sie ist mir herzlich willkommen, denn ein gutes Mädchen *hat auf der ganzen Welt denselben Wert, so wie das Gold.*"

In aktueller Sprache fand ich die gleiche Aussage – man hält es kaum für möglich – von Alan Greenspan. Er war nahezu zwanzig Jahre lang der mächtigste Notenbanker der Welt, als Chef der *Fed*.

Hier ein Zitat aus den *Vertrauliche Mitteilungen* vom September **2003**:

„Der Wirtschaftspublizist Roland Baader ist der festen Überzeugung, dass die **gegenwärtigen Währungssysteme der westlichen Welt ihrem Niedergang entgegensehen**. Hauptgrund dafür ist die beinahe beliebige Möglichkeit der Notenbanken, die ihnen anvertrauten Geldmengen zu vermehren und damit eine „Blase" nach der anderen hervorzurufen und einstweilen zu finanzieren. Gäbe es noch einen Goldstandard, wären ihnen in dieser Hinsicht die Hände gebunden."

Nach Baaders Recherchen schrieb **Greenspan im Jahr 1966** in der US-Zeitschrift „The Objectivist" einen Artikel mit dem Titel „Gold and Economic Freedom" (Gold und wirtschaftliche Freiheit). Darin hieß es:

„Eine fast hysterische Feindseligkeit gegen den Goldstandard ist ein Thema, das Etatisten (für den Staatshaushalt Tätige) fast aller Schattierungen vereinigt. Sie scheinen zu fühlen, dass Gold und wirtschaftliche Freiheit untrennbar sind. . . . Die Abkehr vom Goldstandard ermöglichte es, das Bankensystem als Mittel zur unbegrenzten Kreditausweitung zu benutzen. . . . Ohne den Goldstandard gibt es keine Möglichkeit, die Ersparnisse vor der Konfiskation durch Inflation zu schützen. . . . Es gibt dann kein sicheres Wertaufbewahrungsmittel. . . . Das ist das schäbige Geheimnis der Tiraden gegen das Gold. Gold steht diesem heimtückischen Prozess im Wege."

Dreißig Jahre später, **in den 90er Jahren**, wurde Greenspan auf einer Konferenz gefragt, ob er noch zu seinen damaligen Worten stehe. „Es gibt keinen Grund, meine damaligen Ausführungen zu revidieren." Alan Greenspan begleitete der Ruf, undurchschaubar zu sein.

Erwähnenswert ist, dass die *Russische Föderation* seit Herbst 2003 zur Golddeckung ihrer Währung überging und inzwischen einen teilweise goldgedeckten Rubel hat. Außerdem begann Russland seine Devisenreserven zu 30 % in Euro anzulegen, sich steigernd auf 50 % Euro und 50% Dollar. Weitere Entwicklungen sind zu beobachten.

Im Jahr 2000 hatte Saddam Hussein angekündigt, das Öl des Irak mit den Europäern in Euro abzurechnen, was ab November 2000 tatsächlich geschah. Anfang 2003 war der Zeitpunkt gekommen, die seit Jahren gärenden Kriegspläne der USA gegen den Irak umzusetzen. Am 20. März 2003 begann die Invasion des Iraks durch die Streitkräfte der Vereinigten Staaten von Amerika mit ihren Verbündeten ohne offizielle Kriegserklärung. Sie endete im April desselben Jahres mit der Kapitulation der irakischen Streitkräfte. Im Irak wurden die Euro-Konten wieder auf Dollar umgestellt. Die weitere Geschichte ist bekannt.

Die **Bindung des Ölhandels an den Dollar** geht auf eine Abmachung zwischen den USA und Saudi-Arabien von 1972/73 zurück, der sich kurz danach die OPEC angeschlossen hatte. Mit der Dollarfakturierung im Ölhandel schaffte die *Fed* eine ständige Abhängigkeit der Weltwirtschaft und gab dem Dollar den Anschein von Stabilität und Sicherheit. Hier liegt der Grund aller Schwierigkeiten für eine Umstellung, wofür auch Chavez von Venezuela und andere südamerikanische Staaten stehen sowie der Iran mit einer angestrebten *asiatischen Ölbörse.*

Seit der zweiten Hälfte des 20. Jahrhunderts war sich die internationale Geldelite ihrer Vormacht immer sicherer geworden. Über Generationen hinweg funktionierten ihre Methoden. „Raubtierkapitalismus" wurde zu einem feststehenden Begriff. Der amerikanische Kongressabgeordnete, der Republikaner Ron Paul, sprach in den Zeiten von Präsident George W. Bush vom „wildcat capitalism", Wildkatzen-Kapitalismus. Die heutige, globale Art von Kapitalismus kann nur, will man ihn ohne Anklage und sachlich beschreiben, als gierig, betrügerisch, brutal und ohne Verantwortungsbewusstsein bezeichnet werden. Doch, jede gierige Fresssucht macht krank. Diese Krankheit war inzwischen so weit fortgeschritten, dass sie Ende 2007 mit der Immobilienkrise in USA den Übergang in ihr Endstadium erreichte. Das Finanzsystem, inzwischen dermaßen pervertiert, entsprach nur noch bunten, aufgeblasenen Luftballons, die den Erdball umkreisen. Luftnummern, die nach einander mit Geknall zerplatzen! Gleichermaßen ob Globalisierung, Plünderung fremder Länder, verführerischer Immobilienbetrug, Öl-, besser gesagt Energiethemen usw. Finanz-/Wirtschaftskrise ist die Pest im Westen, in Asien ist es die Armut.

Aus zutiefst liegenden kosmisch-spirituellen Gründen sind Erholungen der Finanzbereiche im alten Muster nicht möglich. Übrigens stimmt es mit Warnungen von Experten überein, sich nicht einer Täuschung hinzugeben.

Es kann nicht mehr übersehen werden, dass seit mehr als einem Jahrhundert jeder Widerstand gegen die Machenschaften der Hochfinanz schon im Aufkeimen niedergewalzt wurden. Dem normalen Bürger blieben die Vorgänge verborgen, da er früher gar nicht und später falsch informiert wurde und wird. Die Beteiligung der Medien bei diesem Lügenpoker ist von großer Bedeutung. Sie schöpfen alle aus einer Quelle die Initiatoren wie die Ausführenden. Entweder arbeiten sie mit Absicht in diesem Netzwerk oder aus Angst vor Nachteilen bis hin zu angedrohter Gewaltanwendung. Allerdings, das Internet macht vieles möglich. Das Aufbäumen, vor allem von jungen Menschen, gegen die Versklavung durch die Macht des Geldes hat eine Informationslawine des Widerstands losgetreten, die jetzt um die Erde rollt, von ernsthaften, seriösen Meldungen organisierter Institutionen bis zu Einzelinitiativen. Doch Achtung, man muss unterscheiden können.

Einige aus dem Geschehen herausgepickte Berichte sollen dazu dienen, die derzeitige Situation in einem kurzen Überblick anschaulich zu machen.

General Motors, GM, erhielt eine Finanzspritze von 20 Billionen US-Dollar. Wie zu erwarten war, reichte dieser Betrag nicht aus, das Unternehmen zu retten. Die US-Regierung wird nochmals 30 Billionen $ hineinpumpen und übernimmt dafür eine Beteiligung von 60 %.

Was ist von diesem „Beispiel GM" abzulesen? Oh Wunder, plötzlich brechen lang schwelende, geheim gehaltene Schwierigkeiten auf. Das Unternehmen erhält vom Staat eine Vitamin-Spritze in einer zweistelligen Billionen-US-

Dollar-Größe. Das bedeutet nicht nur privat gedruckte Geldscheine (Anhang: Das Federal Reserve System, Fed) dieser ohnehin schon seit 1913 existierenden Geldquelle, sondern zusätzlich vom Staat vereinnahmte Steuergelder der Bürger. Das Geld, wenn auch in Form von Schulden, fließt der Regierung zu, die dadurch Mehrheitsbeteiligungen gewinnt. Sie aber dient als Lakai der ‚Weltregierung', der absoluten Spitze der Finanzoligarchie mit bekannten und unbekannten Namen. Hier schließt sich die Beobachtung an, dass es in dieser Welt kaum noch freie, selbstständige Nationalstaaten gibt. Das bedeutet, dass es überall auf der Erde nach dem heimlichen Diktat der im Schatten agierenden ‚Weltregierung' geht.

Zu diesen Entwicklungen zählen auf den Finanzmärkten die Übernahmen durch andere Banken und Stützungen vom Staat, wodurch die Regierung ebenso wie in der Realwirtschaft auch auf dem Finanzgebiet zu wiederholten Malen Mehrheitsaktionär wird. Erwähnt seien die Abwicklungsbanken, *Bad Banks*. In der Bezeichnung ‚Schlechte Bank' liegt etwas Banales, als würde es der Dummheit entspringen und nicht der Sprache eines seriösen Bankensystems. Diese Geldinstitute übernehmen „notleidende Kredite" von sanierungsbedürftigen Banken. Dafür übernimmt weiterführend der Staat oder ein Bankenkonsortium die Sicherheitsgarantie. Diese Papiere werden offiziell als ‚Müll' bezeichnet. Es sollte mich wundern, würde hierbei nicht eines Tages ein Recycling einsetzen. Und wem gehören dann die Receycling-Unternehmen?

An Spaniens Ostküste von Andalusien, in der Nähe von Marbella, sah ich zahlreiche, riesige, leer stehende Wohnanlagen mit dazu gehörenden Golfplätzen aber ohne umgebende Infrastruktur. Schon jetzt sind es Bauruinen, in die internationale Gelder geleitet wurden, durch Prospekte an irgendwo in der Welt lebende Interessenten einfach und schnell verkauft und von diesen gekauft – oder auch nicht! Immobilienblasen in größtem Ausmaß. Die kleinen, spanischen Mitspieler sind lediglich als Zulieferer zu betrachten.

Mit den üblichen Methoden ist selbst von Experten nicht zu ergründen, wie diese Geschäfte im Gesamten laufen. Andernfalls wären sie schon längst explodiert. Ein Sumpf ist so dunkel, dass er nicht durchschaut werden kann, schon gar nicht, wenn er nicht durchschaut werden soll. Wie könnte denn ein Schuldgeldsystem ewig funktionieren?

Es sind die einfachen, klaren Linien, die vieles verraten. Die geschickte Vernetzung von zu vielen Einzelteilen verwirrt. Betrachten wir den Vorgang vereinfacht, aber in seiner großlinig geplanten Form. Eine allgemeine Erfahrung besagt, je einfacher dargestellt, umso mehr Wahrheit offenbart sich. Fakt ist, dass die Welt unter einer schattenhaften Weltregierung lebt. Regierende Macht wird seit langen Zeiten, wie das Kosmische Jahr erkennen lässt, nicht als Verantwortung ausgeübt, sondern weit überwiegend mit den Mitteln von Gewalt und Geld. Die kleine, höchste Spitze der Finanzelite, die *Spitze* von Hochfinanz, von den „Beutetieren, den Leoparden und Hyänen", haben exorbitante, also absolut außergewöhnliche Finanz-Systeme entwickelt. Es geht nicht um Geld an sich. Es geht darum, mit dem Geld eine Umverteilung vorzunehmen, in folgendem Sinne: Dem Armen von seiner Armut noch Geld zu entwenden, umverteilt auf die Seite der Reichen, letzten Endes der Superreichen. Dem Armen wird auch heute „die letzte Kuh aus dem Stall getrieben" und er soll trotzdem noch Steuern zahlen, ebenso wie früher die Abgaben an den Fürsten. Es ist das alte Spiel: Kapital/Arbeit. Wer kein Geld hat, muss arbeiten.

Aus Kreativität und Arbeit Werte zu schaffen, das ist der echte **Schöpfung***smechanismus der Wirtschaft, die „Wertschöpfung".* Alles andere ist ‚Geldmacherei' durch Spekulation, also Grauzone und überwiegend mehr schwarz als grau. Ohne produktive Arbeit gäbe es keine Werte, um sie zu verschieben, keine ‚Schiebung'. Doch, Geld selbst war ja zu einem Produkt geworden! Das wurde von den ‚Cleverchen' genutzt und zwar dermaßen, dass das Finanzsystem entartete. Wie zu beobachten ist, wurden und werden in einem unvorstellbaren Umfang die Illusionen – als Geldzahlen getarnt – gewinnbringend verschoben. Die Armen aber bleiben wichtig, weil sie für das Kapital nützlich sind.

Übertragen auf die Jetztzeit stellt sich die Frage: **Könnte die westliche Finanzkrise,** welche die gesamte Wirtschaft in Schwierigkeiten zieht, da sie an Hypotheken und Darlehen gekoppelt ist, nicht **ein beabsichtigter Teil aus den ‚Systemen' der allerhöchsten Geld-Elite sein?**

Als Geld in historischer Zeit zu einem Produkt an sich gemacht wurde, damals begann der Irrweg. Denn Geld an sich hat keinen wirtschaftlichen Eigenwert, keinen Realwert, schon gar nicht seit die Gold-Deckung ‚herausgetrickst' wurde. Geld ist ein Stück Papier mit einer aufgedruckten Zahl als ein vereinbarter Wert. **Noch undurchschaubarer sind die ‚Zahlen', die elektronisch um die Erde gejagt wer-**

**den. In dieser totalen Undurchschaubarkeit könnte das Ziel-
denken der Weltregierung liegen.** Dermaßen vage eignet
sich das elektronische Geld ausgezeichnet für *unbestimmte,
ungewisse, dunkle, verschwommene* (nach Duden = vage) Geschäfte.

Derzeit (2009) wird noch um das vergehende System ge-
rungen. Auf der Intensivstation versucht man mit öffentlichen Konferenzen und geheimen Beratungen, mit sämtlichen Mitteln, den alten Patienten am Leben zu erhalten.
Denn mit ihm ist das gesamte System der Machthaber von
heute dem Tod geweiht. Etwas vorgegriffen ist zu sagen,
dass es so sein wird. Das ist keine menschliche Vermutung.
Es ist die Aussage des Kosmos über die augenblickliche
Zeitqualität im jetzigen Weltenjahr. Gewiss ist die Weisheit des Universums größer als der Wille und das Denken
einiger Menschen.

Die Sache ist zurzeit derart ungut, dass man es nicht zu
glauben vermag. Nur wenige sind es, die diese klaren Linien erkennen. Der amerikanische Kongressabgeordnete
Ron Paul besitzt zusätzlich den Mut, seine Erkenntnisse
auszusprechen (Anhang). Er lebt noch immer. Gehen sie
auf seine Webseite: *Congressman Ron Paul.* Sie werden dort
in Echtheitsqualität informiert, wahrscheinlich. Selbst mit-
denken!

Am 26. Februar 2009 stellte er ein Modell zur Transparenz
der *Federal Reserve Bank* (Fed) vor. Dieser Gesetzesentwurf
„Federal Reserve Transparency Act" HR Nr. 1207 verlangt
eine Rechnungsüberprüfung von der Fed, die seit ihrer
Gründung 1913 noch keinen Rechenschaftsbericht ablegen

musste. Dieser Antrag bewirkte großes Aufsehen. Anfang Juni 2009 sollen schon über 60 Abgeordnete die Forderung unterstützen. Wie wird es enden?

Durch den republikanischen Kongress-Abgeordneten Alan Grayson erfolgte inzwischen eine offizielle Anhörung der Generalinspektorin Elizabeth Coleman. Grayson verlangte Auskunft über die vielen Billionen Dollar, die als Kredit gewährt oder sofort ausgegeben wurden. Wie ein kurzes Video zeigt, war Frau Coleman bei der Anhörung äußerst angespannt, unsicher und wusste keine Frage klar und eindeutig zu beantworten.

Ihr Aufgabengebiet ist folgendermaßen beschrieben:

„Das Büro des Generalsekretärs (*Office of Inspector*, OIG) ist dafür verantwortlich, Verschwendungen, Betrügereien und Missbräuche bei *Federal Reserve* zu verhüten und derartige Verstöße aufzudecken. Seinen gesetzlichen Auftrag erfüllt das OIG durch Revisionen, Auswertungen, Untersuchungen und gesetzgeberische Gutachten sowie dadurch, dass es den Vorstandsvorsitzenden der Fed sowie den US-Kongress umfassend und vollständig auf dem Laufenden hält."

In Bezug auf die Fed hatten ‚Lügen lange Beine' fast ein Jahrhundert lang.

Eine weitere Frage tut sich auf. Wohin sind die jahrelangen Milliardengewinne der Banken *versickert* und *gesichert?* Wo sind sie geblieben? Umverteilung? Die Euro-Geld-Sache war ein geglückter Coup, ein Euro für zwei DM. Inzwischen aber ist die Kaufkraft eines Euros auf dem Niveau einer früheren DM. Der Kaufkraft-Schwund konnte nicht durch höhere Löhne aufgefangen werden. Das war schon eine verwegene für die Initiatoren ‚erfolgreiche' Maßnahme, zumindest vorläufig. Ein Kinderspiel ist es im Vergleich zum derzeitigen globalen Szenario.

Es könnte so gesehen werden, dass mit Hilfe oder anders gesagt in Anbetracht von gefährdeten Arbeitsplätzen den Staaten mehr Einfluss in der Wirtschaft ermöglicht wird. Doch, wie bereits erwähnt, stehen die meisten Staaten der Erde wiederum unter erstaunlich starker Lenkung und Bestimmungen seitens der Weltregierung, die schattenhaft existiert. Demnach geht die Einflussnahme in letzter Instanz auf sie zurück. – Machtstärkung durch Umverteilung von Geld.

Unmenschlich war die Geldordnung schon lange vor der Gründung der *Fed*. Das beschreibt ein Ausspruch von Thomas Jefferson (1743 - 1826). Er war von 1801 - 1809 der dritte Präsident der USA.

„Ich denke, dass Bank-Institute gefährlicher als stehende Armeen sind. . . . Wenn die amerikanische Bevölkerung es zulässt, dass private Banken ihre Währung herausgeben... Dann werden die Banken und Konzerne, die so entstehen werden, das Volk seines gesamten Besitzes berauben."

Später wurde folgende Aussage von Henry Ford (1863 - 1947) bekannt:

„Es ist gut, dass die Leute unser Bank- und Geldsystem nicht verstehen, wenn sie es täten, ich glaube, es gäbe noch vor morgen früh eine Revolution."

In dieses Gesamtbild von damals bis heute passt es, dass derzeit die privaten Großbanken der Hochfinanz gestützt werden und den Großunternehmen der Global-Player, angeblich wegen der zu erhaltenden Arbeitsplätze, finanzieller Beistand geleistet wird, nicht nur aus Gelddruckpressen sondern auch aus dem mühsam erarbeiteten Steuergeldern der Bürger. Das gehört zum Gewinnspiel. Der Zeitpunkt war reif geworden, um die Jahrzehnte langen Vorbereitungen zu nutzen. Es war 2007, die US-Investmentbank *Bear Sterns Companies* geriet ins Wanken. Es folgten *Morgan Stanley*, *Goldman Sachs*, *Lehman Brothers* und die entsprechende weltweite Ausweitung. Übrigens, *Lehman Brothers* soll die meisten Gelder in Europa haben. Ein Spruch sagt: Wenn Amerika die Grippe hat, bekommen auch wir Schnupfen. Die *Citygroup*, *Bank of America*, *Freddie Mac* und *Fannie Mae* forderten Staatshilfen. Wie sollte denn ein Schuldgeldsystem ewig funktionieren können? Womöglich ist dieser System-Happen doch zu groß, um nicht daran zu ersticken, für diejenigen, die das System erdacht und aufgebaut haben. Es würde dem derzeitigen Halbzeitwechsel im *Kosmischen Jahr* entsprechen vom Unguten der Dunkelheit zum Licht der Liebe. Weiße und schwarze Streifen auf einem Zebrafell.

Abrundend möchte ich Ihnen erzählen, dass ich aus einer Zeit, da mich Politik und Weltgeschehen nur am Rande interessierten, tatsächlich eine Information aufbewahrt hatte, die ich jetzt an Sie weitergebe. Aus „Vertrauliche Mitteilungen aus Politik und Wirtschaft", gegründet von einem Freund des ersten Bundeskanzlers Konrad Adenauer, stammt folgendes Zitat:

>Am 17. Februar 1950 erklärte der **Bankier** James War-
burg vor dem *US-Senatsausschuss für Auswärtige Angelegenheiten*: **„Wir werden zu einer *Weltregierung* kommen, ob
sie es wollen oder nicht,** durch Unterwerfung oder durch
Übereinkunft."<

Nach kosmisch-göttlichem ‚Plan' werden wir zu einer *anderen, verantwortungsbewussten, von Liebe getragenen* Weltregierung kommen, ob die Warburgs, die Rothschilds, die Rockefellers und diese Elite mitsamt ihren geheim gehaltenen
Familien es wollen oder nicht. Heute ist das kaum zu glauben, doch wenn Sie, verehrte Leser, sich das aufrichtig, von
ganzem Herzen wünschen und diese Gedanken in den Kosmos schicken, geben Sie Ihren Beitrag zu einer schnelleren
Verwirklichung. Kalkulieren Sie allerdings fundamentale
Veränderungen mit ein. „Aus den Ruinen blüht das neue
Leben."

Präsident George Bush sen. benutzte, nicht nur das Wort
„Weltregierung", was damals kaum jemand wagte, sondern
auch *„Neue Weltordnung"*. Das ist die Vision der Spitze der
Wenigen, der „crème de la crème". 5 % der Weltbevölkerung, die das meiste Kapital der Welt besitzen, die überzeugt sind, die Welt gehöre ihnen. Initiatoren und allerhöchste Entscheidungsträger sind nur noch einzelne von
den Wenigen. Die Arbeit bleibt für die vielen anderen, die
95 %.

Geld wie Gold können nicht diese Lustgefühle auslösen,
wie es das Gefühl von Macht kann, besonders von *mystisch
begründeter Macht*. Ich spreche in diesem Buch vom Westen.
Doch Weltordnung, Weltregierung wie der Weltenwandel

betreffen das Leben auf dem ganzen Planeten. Unter diesem 12 000 bis 13 000 Jahre währenden Weltherrschaftsstreben wurden immer wieder Weltreiche erkämpft, aufgebaut und sind zerfallen. *The English Empire*, das englische Weltreich dehnte sich auch über Amerika aus, als 13. Kolonie, Neu-England genannt. Erst mit dem Konföderationsartikel gewann Amerika seine vollständige Souveränität. 1787 trat ihre Verfassung in Kraft. Und doch besitzt England bis heute seine herrschende Macht als **Anglo**-*amerikanische Hochfinanz*.

Und wer regiert den US-Präsidenten? Es ist kein Geheimnis, dass bisher niemand Präsident der Vereinigten Staaten von Amerika wurde, auch nicht Kanzler der Bundesrepublik Deutschland, ohne den Willen jener Schattenregierung. Politiker könnte man fragen: „Sag mir, wer deine *Berater* sind und ich sage dir, wer du bist." Zbigniew Brzezinski ist in der ersten Reihe der Berater von Präsident Obama. Wie er in seinen Büchern bekennt, ist „Macht, Ideologie und soziale Kontrolle zusammenzubinden sein spezielles Interesse". Er gilt sogar als enger Gefährte von David Rockefeller. Diese beiden Herren sind die Initiatoren der *Trilateralen Kommission*, TK, dem Steuerungssystem der Welt. Der Historiker Webster Griffin Tarpley und der umstrittene Journalist und Filmemacher Alexander Jones beobachten den Präsidenten mit Adleraugen aber auch mit Argusaugen. Ist es nicht gut, bedeutende Ereignisse von verschiedenen Seiten beleuchtet zu bekommen?

Wandert man den Geldspendenfluss der letzten US-Wahl hinauf, so erreicht man die Quellen aus denen das meiste Geld für die Wahlkämpfe fließt. Bei Barack Obama, der bis zu seinem Wahlkampf 2008 in USA wenig bekannt und im Ausland weitgehend unbekannt war, kam die Mehrheit der Wahlspenden durch die Minimalbeträge zusammen, die Obama von seinen Anhängern erhielt, einer ‚Graswurzelbewegung'. Diese Menschen wünschen und sehnen sich danach, dass seine Worte zur Wirklichkeit werden. Sie wollen in Taten einen Wandel zum Guten. Sein großzügigster Finanzier war die Investmentbank Goldman Sachs mit 627 730 Dollar. Es folgten mit absteigenden Beträgen JPMorgan Chase, Citygroup, UBS, Google und Microsoft mit 276 925 Dollar. Natürlich ist das nicht die gesamte Liste. Diese Zahlen waren am 08.08.2008 im deutschen *Handelsblatt* herausgegeben worden.

- Der amerikanische Kongress gewährte dem Präsidenten Obama Billionen US-Dollar für das Militär.

- Das Konjunkturprogramm wurde mit Billionen Dollar abgesegnet.

- Woher kommen die Billionen zur Stützung von Großunternehmen und Privatbanken?

- Das gesamte Haushaltsbudget der USA wurde für das Jahr 2010 mit 3,55 Billionen Dollar bewilligt.

Der US-Präsident Barack Hussein Obama verspricht:

- Das Gesundheitssystem zu erneuern, so dass alle Amerikaner sich eine Krankenkasse leisten können.

- Er will alternative Energien fördern.

- Amerika soll vom Ölimport unabhängig werden.

- Die Schulen sollen verbessert werden.

- 95 % der Bevölkerung soll eine Steuersenkung zugute kommen.

- Und anderes mehr.

Wie und wo ist Wahrheit zu finden in einer Zeit vielseitiger Konspiration? Gute Recherchen sind gekoppelt mit geschickten Gegendarstellungen. Es herrscht ein Wirrwarr von Aussagen. Auf dem Boden von kluger Neutralität, nicht verändert durch Schwarzseherei oder Wunschträume, doch mit Wachsamkeit müsste Wahrheit zu finden sein.

Gibt es nicht zu denken, dass religiöse Einrichtungen, vom Christentum uns wohl bekannt, Geld als ‚des Teufels' erklärten und ‚Geld stinkt' u. ä. mehr. Nonnen und Mönche mussten Armut geloben. Im Gegensatz dazu gab es gleichzeitig nicht wenige Päpste, vor allem in der Renaissance, die in ungezügelter Geldgier für ihre dekadenten Bedürfnisse lebten. Auch das hoch gelobte Mäzenatentum, was uns wundervolle Kunstwerke hinterlassen hat, gehörte zu den Lustgefühlen der heiligen Herren. Ist das nicht ein Zeichen von ‚Verfall' wenn die Gier so groß war, dass sie sich bis zu den bezahlten Ablässen steigerte? Papst Leo X., ein geborener Medici, war mehr fürstlicher Politiker als Kirchenvater. <Als Motto seines Papsttums soll er angeblich den Spruch geprägt haben: „Da Gott Uns das Pontifikat verliehen hat, so lasst es Uns denn genießen." (Wikipedia) > Im 16. Jahrhundert hieß es beim Ablasskauf, dem Sündenerlass für sich selbst und alle jemals verstorbenen Vorfahren: „Wenn das Geld im Beutel klingt, die Seele in den Himmel springt."

Es ist eine Tatsache, dass der Vatikan zu den ‚Leoparden‘ zählt. Wäre unseren Vorfahren Geld als ein wunderbarer Diener in unserem Alltagsleben gelehrt worden, wir brauchten uns heute nicht mühsam zu befreien von den falschen Mustern, die unser Leben einschränken und bedrücken. Die wenigen, die keine Skrupel haben, bereiten den Boden der Ausbeutung. Mit Unterscheidungsfähigkeit die Anerkennung des Geldes zu lernen, um ihm in unserem Inneren einen ausbalancierten Platz zu geben, was sich danach im Äußeren zeigt, ist für die meisten Menschen ein langer Entwicklungsprozess. Vermutlich waren wir in früheren Leben Nonnen und Mönche als uns gelehrt wurde, Armut sei der direkte weg in den Himmel. Eine innere Arbeit als persönlicher Entwicklungsweg liegt jeder finanziellen Enge und allen Geldproblemen zugrunde. Gesetze wie Menschen sind dabei lediglich Instrumente für unsere Seelenarbeit.

Die bisher angesprochenen Themen waren vernetzt mit der Manipulation und Knechtschaft durch **Macht aus dem Geld**. In diesem Buch ist der ungeheuerliche militärisch-industrielle Komplex nicht erwähnt, auch nicht die Bedeutung und die Aktivitäten der Logen, nicht die bekannten und unbekannten Familien, die den Finanzmarkt kontrollieren und *über Generationen* hinweg der gleichen Motivation folgen, nämlich der Verknechtung von Völkern zum Zweck der eigenen Herrschaftsgewalt. Dieses Buch dient nicht dazu, die Aktivitäten im Pharmabereich aufzudecken, weder die in religiösen Einrichtungen, noch die Institute, deren ‚Produkte‘ (Terrorismus, Pandemien, Krankheiten, Kriegs- und Atomgefahren) weltweite ‚Angstmache‘ sind. Dazu gibt es hervorragende Finanz- und Konspirationsexperten, die Abläufe und Details bestens recherchieren.[18] Herausgehoben habe ich lediglich ein wenig das Finanzsystem, denn hier laufen die Fäden zusammen. Meine Domäne liegt in den Gebieten dahinter. Sie betrifft die Ursachen, die kosmischen Ordnungen in denen der letztendliche und damit ursächliche Sinn von allem Weltgeschehen zu finden ist. Es ist das Wissens- und Weisheitsgebiet wo gefragt wird:

Warum und wozu?
Warum ist es, wie es ist und wozu dient es?

Wollen wir stabile Lösungen, so sind sie in den Antworten auf diese Fragen zu finden. Wirkliche Heilung beginnt an den Wurzeln. Was verbirgt sich hinter den ‚Leoparden' und ‚Hyänen'? Dabei handelt es sich um eine ungeheuer große, geradezu übermenschliche Dimension. Ein Durchschnitts-mensch kann diesen Machtbereich nicht denken. Deswe-gen vermutet er, dass von *Bilderbergern und der Trilateralen Kommission* weltbestimmende Entscheidungen getroffen würden. Ja, aber: Betrachten wir die Namen der Teilnehmer so finden wir sie zwar in außergewöhnlich hohen Positio-nen und doch zählen schon sie zu den Pferdchen, die an der langen Leine laufen, Erfüllungsgehilfen, die informiert und gleichzeitig kontrolliert werden. Beobachter aus den aller-höchsten Etagen sind immer dabei. Bedenken Sie die Zahl von 385 Trilateralisten (115 aus Nordamerika, 110 aus Asi-en, 160 aus Europa). Zu den Treffen der Bilderberger ist es mit Hunderten von geladenen Gästen ähnlich. *Die wahren, Richtung bestimmenden Entscheidungsträger sind ausschließlich die absoluten Spitzenleute dahinter.* Es sind so wenige, dass sie sich in einem Raum der Größe eines exklusiven privaten Salons gut unterhalten können. *Grundsätzliche Entscheidun-*

gen werden geheim, nur in den innersten Zirkeln getroffen und dann mit allen Mitteln in geradezu akribisch anmutenden Strategien umgesetzt.

Was kann es sein, das die Kraft einer über Jahrtausende anhaltenden Motivation besitzt und die Gewalt einer unbeirrbaren Durchführung?

Weder Geld, nicht einmal ausführende Macht sind für einen solchen Anreiz stark genug. Beweggründe, die über Generationen in bestimmten Familien, also über Blutlinien lebendig blieben, müssen aus zutiefst liegendem Ursprung kommen.

Eine derartig überdimensionale Motivation kann nur etwas sein, das aus der ersten Ursache aller Ursachen entspringt – der Kraft des Geistes.

Nun aber, solange für die Menschheit das Gesetz der Gegenpoligkeit, das Dualgesetz gilt, lebt sich der Geist, der Ursprung allen Lebens, in Licht *und* Schatten.

Wie zuvor gesagt, existieren Licht und Schatten gleichzeitig. Unterscheiden zu lernen ist der erste Schritt in des Menschen Entwicklung zum Licht, zur Liebe, zur Seligkeit. Damit diese Evolution überhaupt möglich werde, hat *Luzifer*, der Lichtbringer, den Part des so genannten Bösen für die dunkle Halbzeit dieses Weltenjahres übernommen. Alle, die willentlich zerstörerisch Leid und Schmerzen verursachend handeln, stehen in Diensten dunkler Mächte. Früher sprach man von den *Vier apokalyptischen Reitern:* Armut, Krieg, Unrecht und Pestilenz (Epidemien). Genau mit diesen Machenschaften wird die Menschheit in Angst gehalten, denn Angst macht schwach und hält klein. Alle Angst kommt aus dem Unguten. Sobald der Mensch die Wahrheit von seiner eigentlichen Größe erkennt, bricht das bisherige System zusammen. Konfrontiert mit Licht und Schatten sind wir Menschen frei zu entscheiden, welches Leben wir wählen.

Dass dieses Urgesetz der Dualität (Tag/Nacht, Krieg/Frieden, dick/dünn) gelebt werden kann, muss es Wesen geben, die sich dem Unguten zur Verfügung stellen. Das Dunkle ist im wahrsten Sinne des Wortes ‚verkörpert‘. Ich zähle die Menschen der ‚Schattenregierung‘ mit ihrer ‚Neuen Weltordnung‘ dazu. Natürlich sind es ganz bestimmte, geeignete Wesenheiten aus dem Lager der ‚Brüder des Schattens‘, die in diesen Familien geboren werden oder bis zu diesen Clans aufsteigen. Die Annahme liegt nahe, dass die engsten Vertrauten der innersten Zirkel ebenfalls aus den Verzweigungen der Blutlinie stammen. Es ist auffallend, dass sie gleichzeitig Berater verschiedener, nach einander folgender Regierungschefs sein können. Im Gegensatz dazu werden sogar die eigenen Kinder dieser Familien ‚aus dem Verkehr gezogen‘, zeigt sich eine mögliche Gefahr, dass sie nicht linientreu bleiben könnten. Doch warum sollten sich nicht in der Zeit des Wandels besonders starke Lichtwesen in göttlicher Macht gerade dort inkarnieren, um die Änderungen wirkungsvoll voran zu bringen? Aus kosmischer Dimension ist der Wendepunkt erreicht – natürlich als ein Prozess. Wie sich das auswirkt, wie es sich zeigt? Eine der materiellen Entsprechungen: Das alte Finanzsystem passt nicht in die Neue Zeit und löst sich auf. Verehrte Leser, Sie sehen, *das Weltgeschehen ist nicht vom Geistigen zu lösen. Es ist nichts anderes als die, für den Menschen sichtbare und erlebbare Form des Geistigen.*

Die Dunklen erfüllen ihre Aufgabe, in ihrer seit ungefähr 12 000 – 13 000 Erdenjahren ständig wachsenden Gewaltherrschaft. Möglicherweise ist derzeitiges Geschehen sogar als ein Coup von ihnen inszeniert, nochmals einen Bluff zu setzen für eine Superausbeutung. Entsprechend den Verhältnissen „hinter den Vorhängen" wäre anzunehmen, dass Finanz- und Wirtschaftskrise wieder einmal – ganz ‚tricky' – zur Ausbeutung benutzt würden. Bei der Tatsache, dass sich die bedeutendsten Kreditinstitute im Privatbesitz befinden, ist durchaus zu bedenken, ob die Krise nicht vor langer Zeit geplant und betrieben wurde. Jetzt hören wir, dass eine Bank nach der anderen „pleite" ist. Vor Jahren erfuhr ich, dass geplant ist, nur ungefähr 10 Banken am Leben zu erhalten. Die Gewinnchancen in diesem Coup sind so überaus großartig. Raus aus den Taschen der Armen, rein in die Safes der Superreichen.

Können diese Ausführungen als Erkenntnis akzeptiert werden, so zeigt sich eine Verbindung zu all den finanziell Reichen, die von diesem System profitieren. Das ist an sich nicht ungut. Es ist einfach die vorgegebene Lebensform. Eine weitere Verknüpfung führt zu den Ausführenden, die gebraucht werden, um Strategien umzusetzen. Wahrscheinlich können die Erfüllungsgehilfen – mit wenigen Ausnahmen – die wirklichen Motive für Pläne und Entscheidungen ihrer ursprünglichen Auftraggeber nicht erkennen. Es ist anzunehmen, dass viele von ihnen, in höchst angesiedelten Positionen von Staat und Wirtschaft, sich nicht einspannen lassen würden, könnten sie die geheimen, beabsichtigten Ziele in ihrer wahren Tiefe erkennen und begreifen. Auf den Wegen der Ausführungen liegen allerdings Attraktionen zur Befriedigung eigener Wünsche und Triebe. Selbst hohe Gelder, eine kleine Macht und die Schmeichelei in der B-Liga mitspielen zu dürfen, wären bei voller Kenntnis der mystischen Grundlagen für viele dann doch kein ausreichender Anreiz, dafür tätig zu sein. Außerdem gibt es die unendliche Zahl der Ausführenden bis hinab in das alltägliche Berufsleben. Nahezu alle Völker wissen nicht, aus welcher Quelle ihre Berufe und Tätigkeiten gelenkt werden.

Unsere Brüder des Schattens schöpfen ihre zutiefst liegende Motivation aus den <u>dunklen</u> Ebenen des Geistes. Sie sind, ebenso wie die <u>Licht</u>bereiche, über Mystik und Metaphysik zu erreichen. Es gehört in den kosmischen Rhythmus, dass über Jahrtausende hinweg versucht wird, die Völker vom Geisteslicht fern zu halten. Das aber kann nicht vollkommen gelingen, weil das Wissen von Schönheit, Liebe und Fülle des göttlichen Lichtes im Wurzelbereich der Menschheit eingebettet ist. Diese Ahnungen und tiefen Erinnerungen sind nicht auszurotten.

Es gibt zwei Gründe von der dunklen Seite, warum die Menschen ihre eigene Größe und Macht als Lichtwesen nicht erkennen sollen. Zum einen würde damit die Zeit des Lichtes zum Wohle aller beginnen. Zum anderen würde die so benannte böse Seite im gesamtgöttlichen Geschehen entlarvt werden und die Vorherrschaft des Bösen wäre gebrochen. Beides ist eines. Bis jetzt aber leben wir noch in der Dualität. Wie uns die Außerirdischen lehren, kommt eine Zeit der „unipolaren Welt".

Als Beweis für die noch herrschende Dualität und das ständige Anwachsen der Kräfte des Lichtes sei nur ein Beispiel angeführt.

Prof. Goetz Werner, wie ich ihn erleben durfte, ein bescheidener, liebenswürdiger Milliardär propagiert wie inzwischen auch andere das System des „Bedingungslosen Grundeinkommens". Er persönlich wendet dafür ein anstrengendes ‚Rundum-Engagement' auf mit Vorlesungen, Vorträgen, Literatur, Dokumentar-Filmen u. ä.[20] Einwände wie, dann würden sich viele ‚auf die faule Haut legen', sind nicht haltbar. Im Gegenteil! Potenziale von Kreativität und Arbeitsfreude bleiben brach liegen, wenn Geldsorgen die Menschen niederdrücken und lähmen. Die Ohnmacht gegenüber Behörden, durch geradezu inhumane Gesetze legitimiert, frisst mit der Zeit jedes Bemühen der Abhängigen auf. Ich weiß von 100 und mehr geschriebenen Bewerbungen einzelner Personen. Geldsorgen sind Qualen, sind Ängste. Sie töten die Schaffenskraft und Schaffensfreude, trüben die Stimmung, machen oft aggressiv, rauben die Lebenskraft, führen zu Depressionen. Sie machen krank. Nur sehr wenige können sich trotz Geldmangels mit Zuversicht und Humor hoch halten. Dann kommt die Frage: Wie lange können sie diese Situation durchstehen? Wo bleibt da die Produktivität? Werden Menschen jedoch von den Sorgen um die Grundbedürfnisse befreit, dann blühen sie auf, gewinnen wieder Selbstsicherheit in Ausstrahlung und Auftreten. Sie werden bei erneuten Bewerbungen garantiert anders wahrgenommen. Sie wirken attraktiver. Wenn durch die Grundsicherung der zerstörende Druck von ihnen genommen ist, sind die Chancen größer, eine Arbeit zu finden, die möglichst Freude macht. Diese Stimmung erzeugt bedeutend mehr Produktivität im Vergleich zu einem „Job' der nur Erwerbsarbeit ist. Außerdem kenne ich Menschen mit einem großen Potenzial von Begabung und Persönlichkeit, das in diesem alten System brach liegt.

**Das Geistige ist die größere,
allem zugrunde liegende Realität.
Auf der materiellen Ebene wird sie für uns sichtbar.
Ein geistiges Bewusstsein ist durch Mystik und
Metaphysik zu erreichen.**

Aus der dunklen Seite des Geistes schöpfen die Brüder des Schattens ihre Motivation, ihre Impulse. Daher kommt ihre ungeheure Stärke als ursächliche Antriebskraft. Es ist die Seite, welche die Liebe nicht hat, wohl aber weiß, dass ihr etwas fehlt und in Wahrheit auch geliebt werden will. Schwer zu verstehen? Ja, diese Wahrheit ist nur mit der Weisheit des Herzens zu erfassen.

Die Lichtseite ist die Liebe. Normalen Menschen ist Liebesfähigkeit angeboren. Wenn sich die Menschen mit dem Spirituellen beschäftigen, finden sie die *eine göttliche Wahrheit*, ein jeder auf seine Art. Das Neue Testament hat seine Weisheiten! Konkordantes Neues Testament (wissenschaftlich möglichst genau übersetzt) Joh. 8 Vers 31-32 „Jesus sagte zu den Juden, *die Ihm glaubten* (zu allen Menschen die ihm glaubten): Ihr werdet die Wahrheit erkennen und die Wahrheit wird euch frei machen." Durch Jesus sprach Christus, die kosmische Energie der Liebe. Alle menschlichen Wesen, die sich ans Licht halten, werden frei von ihrem gesamten Fehlverhalten in all ihren Inkarnationen <u>und</u>

von der Versklavung durch die Macht des so genannten Bösen. Sie entdecken, dass sie ein Teil der Gottheit sind, Teil einer Energie ohne Anfang und ohne Ende. Sie erkennen, dass sie die Erben göttlicher Qualitäten sind von:

Allmächtiger Kraft

Allwissender Weisheit

Allverbindender Liebe.

Mit dieser Erkenntnis des eigenen göttlichen Status verliert die dunkle Seite ihre unterdrückende, Angst machende Herrschaftsgewalt. Genau das ist von der Weltelite, den Machtzentren natürlich <u>nicht</u> gewünscht. Deswegen läuft seit eh und je eine Bewusstwerdung verhindernde und verdummende Kampagne weltweit und in der Art und Weise, wie sie einer jeden Gesellschaftsschicht und den völkischen Eigenarten entspricht. In der katholischen Kirche waren Inquisition und Hexenverfolgung mit -Verbrennungen eine ihrer bösartigsten Formen. Da sich das Denken in der Allgemeinheit entwickelt hat, braucht es eine subtilere Form der Zerstörung des wahren Menschen. Es ist ein Fernhalten von den befreienden Weisheiten, von Mysterien und von Metaphysik, der weiterführenden Physik. Durch die in gegenwärtiger Art gelenkten Märkte vollzieht sich Verderben und Vernichtung des Menschen, seiner verschiedenen Energien in seiner physischen und psychischen Existenz, hinzielend auf die Trennung von seinem Geist. Mystik, Metaphysik, spirituelle Lehren verschiedener Völker, alternatives Gesundungswissen, jedes geistige Suchen, das über Religionen hinausführt, wird aus diesem Grunde lächerlich gemacht und bekämpft, obwohl viele Physiker ihre wissenschaftlichen Erkenntnisse bekannt geben[19]. Realist zu sein, ist noch immer hoch angesehen, so meinen besonders diejenigen, die ihr Denken auf materielle Bereiche beschränken und die neueste Wissenschaft ignorieren. Was ist wahrhaftige Realität? Mit dem erweiterten Bewusstsein wird sich garantiert der Begriff von Realität verändern und erweitern, denn unsere materielle, sichtbare Welt ist nur die Reflexion, der von uns erschaffenen geistigen Welt. Werner Heisenbergs Erkenntnis: Das Objekt existiert nicht ohne den ‚Beobachter', ohne den, der es wahrnimmt. Das ist die größere Realität. Um die Völker über all dieses Wissen unwissend zu halten, werden Mystik und Metaphysik immer noch in den Bereich von Märchen und Fabeln geschoben und als Kindergeschichten belächelt. In Wirklichkeit beinhalten sie für das Volk, in den Kleidern von Erzählungen hohe Weisheiten. *Die Manipulatoren unseres Lebens, sie selbst aber benutzen Metaphysik und Mystik um Kontakt mit der dunklen Seite des Geistes zu halten.*

Nichts bleibt, wie es ist

Wir leben in den letzten Tagen einer Zeit, in der, wie es heißt, dem ‚Bösen' alle Macht auf Erden gegeben ist. Wie im Märchen konnte der Teufel sein Versprechen halten und seinen Verbündeten die Welt zu Füßen legen. Wir wissen: Nichts bleibt, wie es ist. In unserer Welt der fortwährenden Veränderungen nähert sich die diabolische Abmachung ihrem Ende. Im Alltagsgeschehen deutet es sich offensichtlich an – es ist bereits offen sichtbar, dass die Macht den „Dunklen" genommen wird. Aus starken Wurzeln von Verzweiflung einerseits und Nächstenliebe andererseits wächst der Widerstand.

Niemand wird bestreiten, dass Märchen bedeutende Lebensweisheiten beinhalten. Auch die Geschichten davon, dass Menschen dem ‚Teufel' für sein Versprechen ihnen Reichtum und Macht zu geben ihre Seelen verkaufen, sind Gleichnisse. Nach ihrem Sinngehalt sind sie keine kindischen Albernheiten. Erzählungen solcher Art enden niemals zum Glück der Betroffenen. Die reale Weltmacht ist noch in den Händen von Wenigen. Zurzeit haben sie Geld und Macht, doch man hört schon, wie ihr Vertragspartner an ihre Türen klopft. Er verlangt ihre Seelen, wie es ihm versprochen wurde, denn seinen Teil des Versprechens hat er eingehalten. Sind sie die ‚Verlorenen'?

Wer sind die Dunklen? In allen Bereichen des Lebens haben sie sich eingenistet. Es sind Menschen, die in großen Dimensionen wie Wirtschaft und Politik Schaden und Leid über andere bringen. Doch auch einzelne und kleinere Bösartigkeiten zählen dazu. Das Ungute hat eine große Familie. Bitte denken Sie dabei nicht an Teufel und Teufelchen mit Pferdefüßen. Auch hierbei handelt es sich um Energien, die in verschiedensten Formen Schaden und Leid anrichten. Sind diese Personen von unguten, wesenhaften Energien besetzt, also manipulierte Menschen oder sogar das inkarnierte Böse selbst, leibhaftig?

Mit einem erweiterten Gottesbegriff verändert sich auch das Verständnis vom so genannten Bösen. Luzifer, der *Lichtbringer*, hat inzwischen seinen Dienst für die menschliche Evolution geleistet. Wie Tamim sagte: „Na klar gibt es das Böse, damit wir unterscheiden lernen und dann entscheiden." Das ‚Dunkle' stellt sich zur Verfügung, damit wir Menschen durch unsere Entscheidung zum ‚Guten' unser Seelen<u>heil</u> finden und unsere Seelen <u>heilen</u> können. Genau dadurch wird das ‚Licht' auf Erden entflammt, was dunkle Machenschaften durchleuchtet, „ans Licht bringt" und auflöst. Davon hören wir täglich. Diese Zeit ist jetzt.

Der nächste Schritt sollte die Vergebung, das Verzeihen sein. Das ist die große Befreiung. Es ist eine ausgezeichnete Methode, sein eigenes Leben zu beruhigen, zu harmonisieren, zu verbessern. Erfahrungen zeigen, dass fast immer der um Verzeihung Gebetene die veränderte Schwingung spürt und darauf eingeht, auch wenn es nur mental, mit Gedanken geschah und er davon in seinem Tag-Bewusstsein nichts weiß. Es ändert sich sein Verhalten. Die Herzensbitte findet ihren Weg. Manches Mal bedarf es der Wiederholung oder auch Wiederholungen über eine gewisse Weile. Grundsätzlich wirkt es für beide Seiten befreiend. Das bestätigen alle, die gelernt haben, damit umzugehen.

Zu diesen Verzeihenstechniken wird gelehrt:

- Dem zu verzeihen, der mir etwas Ungutes zugefügt hat,

- Ihn zu bitten, auch mir zu verzeihen. Oft ist es uns nicht aufgefallen, dem anderen Leid zugefügt oder ihn gekränkt zu haben. Wie sollen wir es wissen, wenn es eine Altlast aus einem früheren Leben ist? Wurde sie nicht aufgelöst, so wirkt sie noch immer. Wenn auch unsere Seelen sich dessen bewusst sind, unser Tagbewusstsein weiß es fast nie, bis man beginnt, die Ursachen von Problemen zu suchen und an der Auflösung der Ursachen zu arbeiten. Durch Ihre Vergebung reinigen Sie Ihr Umfeld. Das sind Ihre Familie, Ihr Freundeskreis, Bekannte, Geschäftspartner, Unternehmen, Regierungen usw.

- Dann gehört unbedingt dazu, sich selbst zu verzeihen, etwas Ungutes getan zu haben.

- Zusätzlich empfehle ich: Verzeihen Sie dem Bösen, weil es Sie verführt hat. Sie hatten ihm zuvor die Türe geöffnet und Einlass gewährt.

(Anleitung zur Übung im Anhang)

Was ist nun mit diesen „Verlorenen", die sich tatsächlich als Werkzeuge für das Diabolische zur Verfügung gestellt haben? Liebe Leserin, lieber Leser, damit die hier ausgebreitete Sichtweise leichter zu verstehen ist, berichte ich etwas Persönliches. In einem christlichen Kulturkreis aufgewachsen, bin ich aus der Kirche ausgetreten. Durch meine Studien hinduistischer Lehren in Indien erkannte ich blitzartig den tiefen Sinn der anscheinend vergessenen Sprüche, die ich im Konfirmations-Unterricht hatte auswendig lernen müssen. Seitdem übt die Liebeslehre des kosmischen Christus, dessen Energie durch den Juden Jesus, den Nazarener, sprach, eine nicht nachlassende Faszination auf mich aus. Vielleicht erinnern Sie sich an die Geschichte vom „verlorenen Sohn".

Ein Vater hatte zwei Söhne. Eines Tages kam einer von ihnen zum Vater, bat um sein Erbe, denn er möchte hinausgehen, die Welt zu erkunden. Der Vater erfüllte den Wunsch und der Sohn verließ die Familie. Er fand in den Städten ein amüsantes, lockeres Leben und. verprasste in wenigen Jahren sein gesamtes Erbteil. Eines Tages erging es ihm so schlecht, dass er zu einem Bauernhof gekommen, dort bei den Schweinen aus ihrem Trog seinen Hunger stillte. Da wachte er auf: Nichts ist wert, dass ich ihm nachlaufe. Nur zurück nach Hause. Und er machte sich auf den Weg. Der Vater sah ihn kommen – eilte ihm entgegen! Seine Freude über den verloren gewesenen Sohn der heimkehrte, war übergroß. Er ließ Lämmer schlachten und ein großes Fest mit Gesang und Tanz wurde gefeiert. Da wunderte sich der Bruder und beklagte sich, dass der Vater für diesen Nichtsnutz ein solches Fest bereiten ließ. Er war daheim geblieben, hatte dem Vater fleißig und treu beigestanden. Weise sagte ihm der Vater: „Ja, du warst bei mir, warst mir ein guter Sohn und hast ein gutes Leben bei mir gehabt. Dein Bruder aber *war verloren, ist umgekehrt und zurückgekommen,* ist das nicht ein Grund zum Feiern, zum Jubeln?"

- Die Leidenden schaffen für andere die Gelegenheiten zu Entscheidungen und Handlungen in der Auswahl vom Guten bis zum Bösen, wie wir es nennen, mit allen Abstufungen dazwischen.

- Die im Widerstand stehen, sie zeigen den Weg zur Erneuerung.

- Diejenigen die das Böse akzeptieren (nicht gut heißen) und verzeihen, sie erlösen.

- Die „Verlorenen", die sich ihres guten Licht-Liebekerns erinnern, werden erlöst. Sie erleben ihre ‚Rückkehr ins Vaterhaus'.

- Es herrscht große Freude über die verloren gewesenen und zurück gekehrten Söhne und Töchter.

Wer will urteilen, beurteilen, verurteilen?

Mit seiner Gedankenkraft kann jeder der will, seinen Beitrag zum Wohle aller geben, um das Licht dermaßen zu steigern, dass die Schatten ausgeleuchtet werden. Glauben Sie mir, Ihr Beitrag dazu ist wesentlich, den kleinen Bösewichten wie auch den Statthaltern des Bösen auf unserer Erde liebevolle, verzeihende Gedanken zu senden – wenn Sie es aus der Wahrheit Ihres Herzens können.

Wie Sie diesen Beitrag zur Veränderung der Welt geben können? Sie konzentrieren sich und schauen mit geschlossenen Augen auf den Punkt über ihrer Nasenwurzel, zwischen Ihren Augenbrauen. Von dort senden Sie Ihre Gedanken aus. Zum Beispiel: Ich sende Verzeihung, Liebe und Licht zu XY oder dem Regierungskabinett in Berlin oder zu meiner Tochter oder . . . Das Licht kennt den richtigen Weg zum Adressaten. Die Liebe hilft, zu seinem eigenen und anderer Wohlergehen. Zum Abschluss bilden Sie sich ein – bilden ein Bild vor Ihrem inneren Auge – wie ein

Lichtstrahl aus dem Punkt zwischen Ihren Augenbrauen ausströmt in Richtung zum Ziel. Bitte sagen Sie nicht, das seien Phantastereien. Ausprobieren! Diese mentalen guten Kräfte wirken auch in Ihrem direkten Umfeld und sind sogar automatisch ein Beitrag, Ihre ganz persönlichen Probleme zu lösen. Wie Sie es nennen wollen, beten oder meditieren Sie für den Frieden der Welt und Ihr innerer Friede wird sich vertiefen.

Ein kosmisches Lebensgesetz besagt, dass das Ungute zur Kenntnis genommen werden soll. Als zweites gilt es, mit Jammern und Wehklagen über schlechte Zustände aufzuhören! Damit wird nämlich den üblen Verhältnissen jedes Mal eine Portion „Energie-Futter" zugeschoben und sie werden fetter, frecher und fürchterlicher. Das Ungute zur Kenntnis nehmen – ja – und sich dann abwenden. Wenn Sie nicht direkt im organisierten Widerstand arbeiten, brauchen Sie nicht immerzu darüber nachzudenken oder zu sprechen und wenn Sie es tun, dann möglichst ohne Emotionen! Im Gegenteil, erträumen Sie mit innigen, humanen Gefühlen eine wundervolle Zukunft. Sie persönlich gehören zu den Energieträgern von ernst zu nehmenden, unterstützenden Kräften! Machen Sie Pläne mit Ihren Freunden, bilden Sie *Initiativen zum Glücklichsein* und zum Feiern. Es braucht kein so großes Fest zu sein wie die Fußballweltmeisterschaft 2006 in Deutschland, an der sozusagen die Welt in lebensfroher Stimmung teilnahm. Tatsächlich, die geglückten Spiele waren ein Völker verbindendes Fest. Zweifellos ereignete es sich in der Energie-Qualität auf einer Stufe der Treppe, die in eine freundschaftliche Zeit für die Weltbevölkerung führt. Es war ein Volksfestival und gleichzeitig ein gutes Schwingungsereignis.

Nehmen Sie sich einige Minuten Zeit, machen Sie es sich gemütlich und lassen Sie vor Ihrem inneren Auge eine Welt entstehen mit glücklichen Familien, einer Menschheit in Gerechtigkeit und Toleranz, mit richtig genutzter Technik zum Wohle aller. Dann werfen Sie Ihre erschaffenden Gedankenkräfte auf einen Transporter, der Liebe heißt und lenken ihn in eine wunderbare Zukunft.

Die Streifen des Zebras

Es wird wohl niemand bestreiten, dass sich viel Bösartiges auf der Erde herumtreibt. Täglich hören Sie davon aus allen Bereichen des Lebens – doch es gibt nichts ohne sein Gegenteil.

Lassen Sie mich etwas ausholen, um den Weg zu finden, der den **Sinn** *des so genannten ‚Bösen'* erklärt. Es lohnt sich, den Mythologien vergangener Völker nachzuspüren. Für alle, die bereit und willens sind über das konkrete Denken, über ihren Intellekt höher hinauf zu steigen, beinhalten diese Geschichten eine faszinierende Logik.

Hier ist eine solche Weisheitsperle aus der „Hohen Schule des Geistes". Es handelt sich um ein bedeutungsvolles und wahrhaft wesentliches Thema. Um Ihr und mein Denken, verehrte Leser, in ein gegenseitiges Verständnis zu bringen, erzähle ich Ihnen von einem meiner Schlüsselerlebnisse, das ich zuvor schon kurz erwähnt hatte. Die Bhagavad Gita ist eines der heiligen Bücher Indiens. Darin fragt Ardjuna, der Mensch, den Gott Krishna, wie er ihn verehren soll. Gott antwortet: **„So, wie du mich in deinem Herzen findest, in einer Form, die du erfassen kannst.** *Dann halte ich dich heilig und hab' dich lieb."* Faszinierend, diese totale, göttliche Toleranz im Gegensatz zu religiösen Dogmen. Als ich es zum ersten Mal las, dachte ich: Wo etwas so Vernünftiges geschrieben steht, da finde ich noch mehr und so war es. Später erfuhr ich wie Max Planck, der Begründer der Quantentheorie, seine Definition von ‚Gott', wahrnahm und bezeichnete: *Eine wesenhafte Energie.*

Der Entwicklungsweg unserer Evolution, in einem unvorstellbar umfangreichen Ausmaß liegt vorerst in der Entscheidung zwischen Gut und Böse mit dem entsprechenden Handeln aus Erkenntnis und Liebe.

Die intellektuelle Menschheit möchte alles von einer *begrenzten* Wissenschaft bewiesen haben, sonst kann der ‚ungläubige Thomas' es nicht annehmen. **Die Funktionen spiritueller Art sind physikalische Abläufe.** Geistigkeit und Physik sind die zwei Seiten einer Medaille. Sie sind von *denjenigen* Wissenschaftlern zu entdecken, die über die Schwingungsebene der Materie hinaus bewusst werden und in ein „Höheres Denken" eintauchen. Das gilt besonders für Weltraumexperimente. Es gibt im Kosmos zweifelsfrei sehr viel Leben, was wir nicht sehen können, weil diese Wesen eine andere Schwingung als die unsere besitzen. Ausschließlich mit Instrumenten und Methoden der rein materiellen Ebene können keine brauchbaren Ergebnisse erzielt werden für etwas, das aus dem Geiste gründet, doch aktiv und wirkungsvoll ist. So gibt es unserem gering entwickelten Bewusstsein entsprechend anscheinend keine „sichtbaren Beweise". Doch gemach, auch auf diesem Gebiet sind sie schon tätig, obwohl sie unterdrückt werden, die anderen Wissenschaftler, die *Neuen*.

Ob Wissenschaftler oder nicht, wir alle tragen das totale „bewusste Sein" in uns. Der Mensch besitzt einen Teil, der als „Bewusstsein" bezeichnet wird, ebenso wie andere Teile, beispielsweise Körper, Gedanken, Gefühle.

Wie schon gesagt, mit jeder Erfahrung wandert ein Teil aus dem vorhandenen, aber unbewussten Bereich unseres gesamten Bewusstseins hinüber in den tagbewussten Bereich – Bewusstseinsentwicklung. Eingewickeltes, Weggelegtes wird durch unsere Erfahrungen Stück für Stück wieder hervorgeholt und ausgewickelt. Wir haben alles Wissen, alle Weisheit, alle Liebe, alle Kraft in uns. Es ist lediglich wie Brachland, ein fruchtbarer Boden ist bei jedem Menschen vorhanden.

– Und der Preis für all die großen, dramatischen wie auch für die kleinen Lebensmühen?

Der lohnende Preis ist, selbst eine **schöpferische** *Gottheit zu werden.* Einstmals werden wir mitarbeiten an der Erschaffung neuer Universen. Das ist keine Blasphemie, keine Gotteslästerung, es ist die mögliche Evolution des Menschen.

Diese Chance für unsere Spezies soll im gesamten Kosmos einzigartig sein. Sogar die Engelwesen wurden nicht dazu befähigt.[22] Außergewöhnlich ist jedes Wesen, das als Mensch auf dem kleinen Planeten Erde lebt. Das ist der Sinn der Aufforderung in religiösen Liebeslehren: *Erkenne Gott in jedem Menschen, in dem Ärmlichsten, Unfähigsten, Schwächsten, in dem Bösen und dem Größten. Erkenne in jedem seine Göttlichkeit!*

Als kosmische Wesen mit dieser Begabung sind alle Menschen etwas Besonderes, ob sie es wissen oder nicht, ob sie ihren Part im Licht oder im Schatten spielen. Menschsein bedeutet, mit diesem grandiosen, diesem höchsten Potenzial unterwegs zu sein.

Wer ein Mensch ist, ist eine werdende, schöpferische Gottheit.

Vielleicht sagen Sie: Was soll ich mit diesen großen Worten anfangen, auch wenn es so wäre? Was bringt es mir? Wozu nutzen mir diese Weisheiten? Nehmen Sie es aufrichtig und ernsthaft an, Sie sind schon kräftig dabei, göttliche Kreativität zu entwickeln. Die täglichen Entscheidungen, um die eigenen Aufgaben zu lösen im Existenzkampf, in der Partnerschaft, wie auch Ihren Mitmenschen das Leben zu erleichtern, zu verschönen, das ist Ihr derzeitiges schöpferisches Training. Den Mitmenschen das Leben zu *erschweren*, ist das nicht ebenfalls ein *kreatives* Training? Doch es geschieht in einer anderen Qualität, in entgegen gesetzter Richtung.

Drei Wegweiser zeige ich an

- Nietzsche formuliert in seinem Zarathustra, der von ihm als *Über*mensch gedacht war, folgendermaßen: Mann und Frau sollten sich gegenseitig als „verhüllte Götter" sehen.

- Übersetzung von Martin Luther, *Neues Testament* Math. 24, 12-13: „Und dieweil die Ungerechtigkeit wird überhand nehmen, wird die Liebe in vielen erkalten. Wer aber beharret bis ans Ende, wird selig werden."

- Wolfgang von Goethe, von dem es heißt, er gehöre nicht Deutschland, sondern der ganzen Welt: „Das Göttliche in uns zu verwirklichen, ist unsere höchste Pflicht."

Dieses ist das einzigartige Ziel eines jeden Menschenlebens. Es heißt, das sei in unserem Universum einzig und allein auf der Erde möglich. Nahezu unvorstellbar großartig. Was sollte es sonst bedeuten, was die Kirche ständig sagt, wir seien „Kinder Gottes"? Dem übergeordneten Schema entsprechend ist es kirchengefällig, dass sich die Menschen kindlich klein, armselig, abhängig und angstvoll bittend einem großen, allmächtigen Gott gegenüber fühlen. In der Geschichte der Völker lebte die Angst vor den Gewalten der Natur und wurde verschiedenen Göttern zugeschrieben. Tief wurzelten Angst und Ohnmacht im Menschen. Für religiöse Institutionen war es ein Leichtes, diese Gefühle weiterhin zu nutzen. So konnte sich die Institution Kirche als mächtige und gnädig-hilfreiche Einrichtung zwischen Gott und die Menschen stellen. Ich erinnere: Allein selig machende Kirche – Unfehlbarkeit des Papstes. Deswegen sollen wir, Kinder Gottes, nicht erwachsen werden. Schwierig wird es, wenn wir es wörtlich nehmen und unser göttliches Erbteil einfordern: *Allwissende Weisheit, allverbindende Liebe, allmächtige Kraft* und das alles in unbedrückter Freiheit. Haben doch seit Jahrtausenden Angst machende Drohungen und abscheuliche Taten der verschiedenen religiösen Einrichtungen die Menschen klein und in Abhängigkeit gehalten. Kinder durften wir sein, aber nicht erwachsen werden. Sogar bei humanen, helfenden Aktionen steht oft die drohende, zwingende Gebärde der Religionsführer im Hintergrund. Noch sind Menschenmassen in lähmenden Dogmen geradezu einbetoniert. Eine Befreiung daraus verlangt Mut zum eigenen Denken! Früher erforderte es sogar den Mut, für seine Erkenntnis zu sterben.

- Sich zu entscheiden und für seine Evolution die Wahl zu treffen, wurde dem Menschen selbst überlassen. Engel beispielsweise tun nur das, was ihnen aufgetragen wird.

- Zur Bewältigung dieser äußerst großen Aufgabe ihrer Evolution wurde der Menschheit ein Werkzeug gegeben, die Gegenpoligkeit, die Dualität.

- Der Mensch hat für seine Entscheidungen den freien Willen. Es gilt auch für das, was er bei seiner Geburt mitbringt. In früheren Erdenleben hatte er dem jetzigen Schicksal entsprechende Entscheidungen getroffen, auch damals aus freiem Willen. Goethe nennt es: Das, was uns in die Wiege gelegt wurde.

- Zum Zwecke der freien Wahl gibt es **das Band aller Möglichkeiten zwischen den Gegensätzen von Gut bis Böse**. Wir sind frei, uns für jeden Punkt auf dieser Spannbreite zu entscheiden.

- Die beiden Faktoren:

  einerseits die Dualität und andererseits die freie Entscheidung, sind des Menschen Chance zu seinem Glück: Zwischen den Gegensätzen die das Ganze bilden, liegen sämtliche Möglichkeiten um zu wählen, vom denkbar Schlechtesten bis zum Besten.

Wie Gegensätze ein Ganzes bilden, veranschaulicht das stärkste Symbol dafür, das chinesische *TAO*. Was bedeutet es, dass durch eine geschwungene Linie der Kreis in zwei gleiche Hälften geteilt ist? Die eine ist rot, die andere schwarz. Im roten Teil ist ein schwarzer Punkt und im schwarzen

Teil ein roter Punkt. Wir wissen: In allem ist der Ansatz zu seinem Gegenteil enthalten. Lernen die Kinder nicht bereits in der Schule, dass jede Frau psychisch wie physisch männliche Anteile besitzt und der Mann weibliche? Es ist gut für uns, wenn wir uns bewusst sind: In jedem Anfang keimt das Ende und in jedem Ende liegt ein neuer Anfang.

Ich sitze hier im namibischen Winter, alleine in einem abgelegenen Farmhaus zwischen Busch und Wüste. Ein Glück, dass ich neben meinem Schreibtisch einen Eisenofen aus viktorianischer Zeit habe. Die Nächte sind sehr kalt, ab zehn Uhr vormittags wird es warm und mittags ist es wie der Sommer in Deutschland. Falla, der nicht nur die Ziegen, Kühe und Pferde betreut, sondern auch diesen Ofen, benutzt zum Anzünden ein total trockenes Gras, das rund ums Haus wächst. Vor Jahren hatte ich in einem Seminar das Gesetz der Dualität besprochen. Zum Folgeseminar brachte mir ein Herr, ein Hobbybergsteiger, genau dieses Gras als eine Besonderheit mit. Hier wächst es in Mengen. Er erklärte mir, dass es außergewöhnlich selten sei (in Deutschland) und *Felsen-Feder* genannt wird. Heute steht ein ganzer Strauß solcher Felsenfedern auf meinem Schreibtisch. Die Stiele haben Ähnlichkeit mit unserem Hafer, sind aber kürzer. Hauchdünne, zarte federartige Gebilde kommen aus den ‚Haferähren‘. Diese zartesten ‚Federn‘ – ein Hauch im Wind – wachsen aus felsigem Gestein. Mir wurde die Felsenfeder zum Symbol für das *Einssein der Gegensätze*. Und so ist das Dunkle ein Teil des Ganzen. Wenn Gott alles ist, was ist, dann ist das Böse auch in Gott enthalten.

Die Finsternis ist ein Mitarbeiter des Lichtes.
Sie leistet wahrhaftig eine schwere Arbeit
als Werkzeug Gottes,
damit das „Band zwischen den Gegensätzen"
für unsere Entscheidungen überhaupt möglich ist.

Goethe lässt Mephistopheles auf die Frage von Faust: „Nun gut, wer bist du denn?" antworten: *„Ein Teil von jener Kraft, die stets das Böse will und stets das Gute schafft."*

Die schwarzen Streifen des Zebras sind ebenso wie
die weißen in allen Bereichen des Lebens zu finden.

Zur Verdeutlichung sei etwas davon aufgefächert. Das Ungute wird vom Göttlichen – aus Liebe – genutzt, um der Menschheit durch ihre freie Entscheidung den Weg ins Licht zu ermöglichen. Das Ungute findet sich in allen Lebensformen, von höchster politischer Instanz, das unser aller Leben bestimmt, bis hin zu den Ereignissen im Einzelschicksal. 2003 wurde die zweite Wahl von George. W. Bush jun. zum Präsidenten der USA wiederum manipuliert, damit er seine Amtszeit weiterführen konnte, um die Vorgaben der dunklen Marionettenspieler zu erfüllen. So ganz locker hieß es damals, „der Teufel spiele bei diesem Poker mit". Einiges von dem, was sich unter dieser Regierung ereignet hat, ist offensichtlich. Ständig kam mehr Unrat ans Tageslicht. Präsident George W. Bush war als Statthalter des alten Systems wichtig, um die Verhältnisse auf die Spitze zu treiben, damit sich die westliche Menschheit bequemt, aufzuwachen.

Durchleuchten wir das Weltenspiel aus der Vogelperspektive, so gewinnt das Geschehen eine andere Dimension. *In römischer Mythologie hat Luzifer vorrangig die Aufgabe, den neuen Tag heraufzuführen.* Wenn wir wach sind, können wir im Manipulations-Chaos den Schein einer aufsteigenden Morgenröte wahrnehmen. Es würde dem entsprechen, *dass Luzifer in diesem Präsidentenpoker, als Handlanger des Göttlichen, sehr aktiv war.* Die Zeit für den Wandel auf Erden ist reif geworden, die Menschheit aber ist träge. Sie braucht einen kräftigen Push, einen Vorwärtsstoß. Damit sie in größerem Umfang aufwacht, mussten und konnten die Geschehnisse unter einer Regierung Bush umkippen und in der Eskalation enden. Als Statthalter der zusammenbrechenden dunklen Zeitspanne mag George W. Bush die geeignete Persönlichkeit gewesen sein. Während ich diese Gedanken zu Papier bringe, nimmt der Wandel an Geschwindigkeit täglich zu. Bis jetzt hatten die inkarnierten Vertreter der 12 000 bis 13 000 Jahre währenden dunklen Vormacht auf Erden die Fäden noch zu fest in der Hand. Sie werden ihren Griff lockern müssen und eines Tages die Leinen loslassen. Wir werden es erleben.

Im unsichtbaren Bereich ist vieles schon existent, was sich noch nicht in irdischer Realität zeigt. Wenn auch noch unterschwellig, das Feuer brennt. Freiwillige Rücktritte und Entlassungen in der Administration des Weißen Hauses waren schon in der zu Ende gehenden Zeit der Bush-Präsidentschaft auffällig. Der Eigensinn derjenigen, die die Regierungen der Welt als ihre Marionetten hüpfen lassen, die meinen, die Welt zu bewegen, denn die Welt gehöre ihnen, ist von einer außerordentlichen Verblendung. Beratende Spezialisten, die Kenner von Historie und Mentalität der Völker, werden von ihnen ignoriert. Die wirklichen, lieblosen, internationalen Machthaber hinter den Kulissen verfolgen einzig ihr Ziel, ihre Vormacht nicht aufzugeben. Wäre dem nicht so, wir hätten bereits eine andere Weltgeschichte. Es wäre damals einkalkuliert worden, dass jeder amerikanische Soldat in Bagdad wie ein Dolch in der Brust eines islamischen Irakers ist. Das nimmt ein Araber nicht hin. – Wäre ihre Hybris nicht so dick und fett, dann wäre damit in ihrer Strategie gerechnet worden, dass Jahrtausende altes Denken sich nicht aus den Gehirnen der Afghanen herausschießen lässt. Und, was ist ein junger amerikanischer Soldat im Vergleich zu einem älteren, erfahrenen, fanatisierten, an Entbehrungen gewohnten Bergafghanen? Und vieles mehr. Noch heute müssen amerikanische Soldaten des Vietnamkrieges (1965 - 1975) psychisch betreut werden. Unter ihnen gab es viele Selbstmorde, bekannt als ‚Veteranen-Selbstmord'. Nicht anders ist es mit den jungen Männern aus dem Irakkrieg. Doch die Zeit derer, die nach einer ‚Staatenlosen Weltregierung' geifern, nähert sich nach kosmischer Ordnung dem Ende. Ich frage nach dem Verantwortungsbewusstsein der international Verantwortlichen. Was wird Präsident Obama entsprechend seiner Berater *letztendlich* für Afghanistan entscheiden?

Unbestritten, wir stehen am Wendepunkt zur Neuen Zeit. Zugegeben, es klingt erschreckend, hört man es zum ersten Mal. Das neue Leben kann sich erst etablieren, wenn das Alte mitsamt seiner Erbmasse verwandelt oder abgeräumt und der verseuchte Boden entgiftet sein wird. *Mit Erziehung und Bildung allein ist das nicht zu schaffen, wohl*

aber mit der sich ständig erhöhenden, kosmischen Einstrahlung
auf die Erde und ihre Menschen. ‚Erhöhend' bedeutet in der
geistigen Strahlungsqualität eine liebevollere Energie. Alles ist möglich. Wer sich mit Astrologie beschäftigt, hat
diesbezüglich so viele Erfahrungen und Beobachtungen in
Einzelschicksalen, dass er an dieser Möglichkeit für alles
Leben auf der Erde und für die Erde selbst nicht zweifelt.

Zusammengefasst:

Die ‚Tiere der Finsternis' haben ihre Berechtigung zu sein.
Sie werden gebraucht für die Veränderung von Erde und
Welt! Ihre Handlanger, die Regierungen und institutionalisierten Religionen in ihren derzeitigen Formen werden
nicht von Dauer sein. Ihre Geld- und Wirtschaftssysteme
brechen bereits zusammen. Auf ihren langen Lügenbeinen können sie nicht mehr sicher stehen. Der Einsturz des
World Trade Centre bis auf „ground zero" ein Symbol? All
dies behaupte nicht ich, sondern das ‚Kosmische Jahr' erklärt, warum es jetzt an der Zeit dazu ist. Es gibt so viele
Dinge im Leben des Einzelnen wie der Völker, die im Augenblick des Debakels katastrophal sind. Am Ende des Geschehens wird erkannt, dass es in einer höchsten Ordnung
und letzten Endes zum Besten aller Überlebenden und der
Verstorbenen war.

Mit diesem Gedanken berühren wir das zentrale Urwissen.
Damit stehen wir an der Schwelle zur Weisheit. Die heiligen
Ordnungsgesetze der Weisheit sind die herrlichen, kostbaren Teppiche im ‚Paradies'. Auf ihnen zu stehen, zu sitzen,
zu liegen kommt der Seligkeit nahe. Genau das ist es, was

Herrscher- und Religionssysteme verwehren. Zu wissen, warum und wozu es das Beste für Überlebende wie Verstorbene ist, gehört zu den spirituellen Geheimnissen. Von den Dienern der dunklen Halbzeit im Weltenjahr wurde es aber 12 000 Erdenjahre mit allen Mitteln und aller Gewalt in den unbewussten Teil des menschlichen Bewusstseins zurückgedrückt und dort gehalten.

Immer gab es Weise, die die Mauern durchbrachen. Sie wurden gekreuzigt, zerquält, verspottet. Sie lebten in Armut, weil der Zeitgeist ihre Weisheitsperlen nicht kaufte und die Massen konnten ihre Geistesschätze nicht erkennen, somit auch nicht ihren Wert. Noch heute müssen die Erwachenden bei Außenseitern suchen. In den Unterrichtsplänen der Schulen, von Regierungen vorgegeben, fehlen Weisheitslehren, die den Erfordernissen des gegenwärtigen Wandels entsprechen würden. Andernfalls gäbe es die tödlichen Amokläufe von Schülern nicht. Die Jugend einer aufwachenden Generation steht in der Diskrepanz zwischen dem, was sie in sich fühlt und dem, was sie um sich herum erlebt. Das Problem dabei ist, dass Eltern und Lehrer in der gleichen Falle gehalten werden und es selbst nicht besser wissen. Ein Beispiel sind Hunderte von Morden, die täglich über die Fernsehschirme flimmern und in wie vielen Haushalten werden von der ganzen Familie die Morde beobachtet? Wo ist die Weisheit der Verantwortlichen? Meine Frage ist keine Anklage an einzelne, denn ich kenne die große, dazugehörende, überragende Ordnung. Doch ich rufe es aus: Jetzt sind wir in der Zeit, da das Übel erlöst und verwandelt werden kann. Wer kann und will Verantwortung tragen?

Etwas, was mich immer wieder in erschütterndes Erstaunen versetzt, das sind die Brutalität, perfiden Schikanen und Quälereien bis aufs Blut, die an wehrlosen Menschen verübt werden. Auf allen Kontinenten, in allen Ländern ist entsetzliche Gefühlskälte und Lust am Quälen eines Unterlegenen an der Tagesordnung, heute wie in historischen Zeiten.

‚Die schwarzen Streifen des Zebras'
ziehen sich durch alle Völker und
alle Gesellschaftsschichten.

Neben den offensichtlichen Kriegschauplätzen und dem ‚Schächten' in globalen Wirtschaftsszenarien sind die verschleierten Vernichtungsmaßnahmen ebenfalls erfolgreich, zum Beispiel die weltweite Manipulation der Jugend. Für die Zukunft ist sie von ausschlaggebender Bedeutung, im Guten wie im Unguten. Um sie für dunkle Interessen und Ziele nutzbar zu machen, sind größere Mächte im Spiel. Sie wirken auf die Qualität der charakterlichen Grundsubstanz der jungen Menschen und erreichen, was übliche Erziehung selbst über Generationen nicht zu erreichen vermag. Dunkle Mächte manipulieren. Sie scheinen mit ihren Methoden erfolgreicher zu sein als die Lichtenergien. Das Wesen von Licht und Liebe ist nicht Druck, Zwang, Brutalität und Lüge. Lichtwesen geben Hinweise, lehren, informieren, begleiten und beschützen. Sie respektieren die Eigenart und freie Entscheidung eines jeden. Man könnte sagen, dies sei ein Nachteil für den Sieg des Lichtes. Und doch soll auf den unsichtbaren Ebenen schon entschieden sein: Das Licht siegt.

Eine Geschichte erklärt die Macht von Licht und Schatten eindrucksvoll. Stellen sie sich zwei Zimmer vor. Sie sind mit einer Türe verbunden. Das eine Zimmer ist dunkel, das andere ist lichtvoll. Sie öffnen die Türe. Das dunkle Zimmer wird heller, das helle Zimmer wird *nicht* dunkler.

Es gibt eine verführerische, diabolische Schönheit. So manches Mal ist Bösartiges in Schönheit versteckt. Ein Beispiel: Im Sommer 2003 war ich in München unter den mehr als 70 000 Zuschauern der Schau von Robby Williams. Zusätzlich war der umgebende Olympia-Park voller Zuhörer. Das Bühnenbild, absolute Weltklasse! Der Höhepunkt – grandios und schön! Nach einer kurzen totalen Dunkelheit leuchtete plötzlich die Leinwand in Signalrot und es erschien mit seinem langsamen Katzenschritt ein schwarzer Jaguar – bewegte sich hin und her, schaute ins Publikum, wandte sich ab und kehrte zurück. Ein zweiter Jaguar kam. Nach einem Augenblick der totalen Stille schrieen die Zuschauer vor Begeisterung dermaßen, dass der Beton des Olympia-Stadions unter meinen Füßen vibrierte. Die emotionale Wirkung war phänomenal.

Ich erkannte, dass der Körper des Jaguars auffallend lang war. Für einen Augenblick störte mich die lang gestreckte Proportion. Da erinnerte ich mich, dass der schwarze Jaguar Mittelamerikas länger ist als andere Raubkatzen. Ich habe nachgelesen und fand, dass er bei den Indianern als eine chthonische Wesenheit, gilt, also eine der Dunkelheit zugehörende Kraft. Das Hereinbrechen der abendlichen Dämmerung wird bildhaft dargestellt als das Verschlungenwerden der Sonne durch das Maul eines riesigen Jaguars. In einigen indianischen Kulturen gibt es die Vorstellung von der schwarzen Sonne. Sie ist das Symbol des Todes und des Unheils und erscheint auf Darstellungen ebenfalls in Gestalt des schwarzen Jaguars.

Noch andere Zeichen in der Schau wirkten auf mich diabolisch. Die roten T-Shirts, die verkauft wurden, trugen in Schwarz das Abbild von Robby mit Teufelshörnern. Ob der Sänger weiß, wozu er benutzt wird? Bekannt ist, dass er, trotz Dementis, drogenkaputt ist oder zumindest war. Derzeit soll er sich für ein Comeback fit machen. Sicherlich sind es höchst wenige Zuschauer, Zuhörer, die derartige subtile Machenschaften erkennen und durchschauen. Wer von den Kräften energetischer Schwingungen weiß, dem ist klar, dass hier unterschwellig destruktiv gearbeitet wird, dem ‚Dunklen' die Türen zu öffnen. Beurteilen Sie selbst, ob eine dermaßen professionelle Weltklasse-Schau Zufall oder absichtvolle Planung ist. Robby ist nur eines der Opfer in dieser Geschichte, die Jugend der Welt seelisch zu deformieren.

Es ist wissenschaftliche Erkenntnis, dass der Mensch alles, was er hört, sieht, fühlt in seinem Gehirn verarbeitet. Es wurde festgestellt, dass verändertes Denken und Bewusstsein sogar die physische Gehirnstruktur verändert. Im äußeren Geschehen können Verhältnisse umgeformt werden, je nach der Qualität unserer Gedanken, verbessert oder verschlechtert. Wir haben in unserem Kopf sozusagen einen Radio*sender*, aber auch einen *Empfänger*. Gedanken verursachen Wirkungen. Dies ist nicht nur eine uralt bekannte spirituelle Behauptung – heute kennen wir das Zauberwort von der positiven Gedankenkraft – es ist auch ein modernes Wissen, das den Status einer empirischen Tatsache durchlaufen und hinter sich gelassen hat. Mit Hilfe von EEG und Kernspintomografie ist die Ebene wissenschaftlicher Beweisführung erreicht. Forschungen auf diesem Gebiet sind so weit vorangeschritten, dass der Bewusstseinsforscher Dieter Vaitl es ausspricht: *„Der Mensch kann in seiner Vorstellung eine Welt erschaffen, um sie zu realisieren.“* Das betrifft die Energie des Sendens. Zur Aufnahme im Empfangsgerät sagt Vaitl: „Veränderte Bewusstseinszustände verändern die Strukturen im Gehirn. Das ist zu erreichen durch Training.“

Training heißt Übung, heißt Wiederholung. Schon lange ist es kein Geheimnis, dass Musik, speziell für die Jugend produziert, das Mittel der Wiederholung benutzt, um bestimmte Ergebnisse im Verhalten der jungen Generation zu erreichen. Aufforderungen zum Einnehmen von Drogen, zum Inzest oder Suizid werden in „back masque“ (gesungene Texte rückwärts eingespielt) versteckt oder tönen so leise, dass es das Ohr nicht hört, die Seele aber wahrnimmt. Ebenso haben die verzweifelt unglücklichen Texte von „heavy metal“ ihre Wiederholungswirkung. Diese Methoden haben ihren zerstörenden Einfluss auf das Wesen der Menschen und besonders der jungen Leute.[23] Sie wirken in ihrer herabziehenden Qualität. Die *Rolling Stones* waren in ihrer Anfangszeit in London inhaftiert und standen schon vor Gericht, Rauschgift. Nicht wegen des Konsums, jeder hat die Freiheit sich zu zerstören, es war Rauschgifthandel. Wem ist damals aufgefallen, dass die Gruppe wenige Tage nachdem der Prozess begonnen hatte, wieder auf freiem Fuß war und dann ging's erst richtig los mit der Karriere. Hinter den sichtbaren Ereignissen findet man das Wesentliche.

Genauso verhält es sich mit vielen Filmen. Brutalität, Totschlag, Betrug, Gier nach Sex und Geld werden immer wieder dargeboten und haben ihre Auswirkung. Die Kids müssen denken: So ist die Welt! Und warum werden fast ausschließlich Angst machende Science-Fiction-Filme von Krieg und Vernichtung gezeigt? *Starwar.* Warum nicht aufbauende Informationen von den unzähligen Außerirdischen, die der Menschheit helfen, die mit den wichtigsten weltlichen Regierungen nach dem zweiten Weltkrieg Kontakt aufnahmen und unseretwegen sich bis heute darum bemühen, aber von den Regierungen und ihren Hintermännern abgewiesen werden? Was steckt hinter der Angstmache von Seiten unserer Medien? Alles, was Angst macht, raubt Energie, schwächt, beschränkt, lähmt, tötet. Die Jugend hat es nicht leicht, in einem Umfeld der unterschiedlichsten Angebote, das Wertvolle zu finden und auszuwählen, um damit zu leben.

Als deutsche Europäerin bin ich mit der Beobachtung emotional verbunden, dass viele aus unserer jungen Denk-Elite von Deutschland wegziehen, genauer gesagt, weg gezogen werden. Sie erhalten vor allem aus USA finanziell verlockende Angebote, verbunden mit großartigen Forschungsmöglichkeiten. Heute wird es nicht mit Druck wie nach dem Krieg, sondern mit Verlockung betrieben. Die Universitäten *werben* um hervorragende, internationale Studienanwärter. Was setzt Deutschland dagegen? Es ist nicht so dramatisch, wie ich es in der Autobiographie von Hanna Reitsch gelesen habe. Sie war der beste Testpilot der Welt. Gleich nach dem 2. Weltkrieg wurde sie von Amerika gedrängt, nach USA zu gehen, um dort zu arbeiten. Sie lehnte ab, wurde gefangen gesetzt, psychisch terrorisiert und gepeinigt. Wernher von Braun, mit dem sie in ihrer Jugend im selben Segelfliegerclub war, wurde extra zu ihr geschickt, um sie zu überreden. Sie aber blieb in Deutschland, trotzdem ihr Leben von der Besatzungsmacht vielen Schikanen ausgesetzt war und ihre Arbeit boykottiert wurde. Erfolge und Anerkennung fand sie im Ausland.[24]

Mit Mühe wird Kultur und Verhaltensbildung durch Einzelinitiativen lebendig gehalten, geehrt und gepflegt. Ein Zeichen, dass die Wurzeln nicht ganz abgehackt werden konnten und nicht alle abgestorben sind. Jedes Volk zieht seine Kraft aus seiner Kultur, seinen Traditionen und Zeremonien, aus der Verehrung seiner Geistesgrößen. Wo das nicht mehr gepflegt wird, sind destruktive Interessen am Werk.

Es gibt zu denken, dass es so weit gelungen ist, traditionelle Feste wie Weihnachten, Ostern u. ä. zu merkantilen Unterhaltungs- und Reisevergnügen herabzuwürdigen. Oft wissen Kinder nicht mehr, was diese Feste überhaupt bedeuten. Damit beziehe ich mich nicht nur auf religiöse Feste. Wer kennt noch die Bedeutung des Maibaumes? (Anhang) Da in unserer Zeit die meisten Lebensformen fern- und fremdgesteuert sind, darf man annehmen, dass auch diesbezüglich Interessengruppen seit langer Zeit am Werk sind, nicht nur Völker auszusaugen, um sich an Profiten zu überfressen, sondern auch die Kraft der Völker zu schwächen und die Wurzeln zu vergiften oder auszureißen. Es klingt wüst und dramatisch. Leider sind es Tatsachen.

Die Menschheit zu einem erweiterten Bewusstsein zu führen, dazu gehört der Wandel im weltweiten Bildungswesen. Das ist das Zaubermittel: Ein Bildungssystem in dem neben Wissen auch Herzensbildung und Weisheit gelehrt und vorgelebt werden. Das ist es, was die Menschheit aus Denkschablonen und Verhaltensmustern, zum Beispiel das ‚goldene Kalb‘ zu umtanzen, herauslösen könnte. In dieser Beziehung sind eigentlich die sich religiös nennenden Institutionen, aus ihrer Einflussposition heraus, von gigantischer Bedeutung. Bisher führten sie die Menschen weniger zu Gott – dem heilig-göttlichen Lebenskern im Menschen selbst – als in eine hörige Abhängigkeit von ihren Vorgaben. „Die allein selig machende katholische Kirche“, welche Hybris! Ob sich die Leitfiguren hinter dieser religiösen ‚Fata Morgana‘ durch die gesamte Religionsgeschichte hindurch allzu leicht in Größen- und Machtwahn verstiegen haben? Es ist auch anders auszudrücken: Möglicherweise sind aus Größen- und Machtwahn derartige Systeme entstanden.

Natürlich gibt es in der kirchlichen Geistlichkeit wie in allen Religionen wundervolle einfältige Seelen, die den Schwindel nicht wahrnehmen oder sogar im Gegenteil ganz bewusst die wahre Liebeslehre vorleben und verbreiten.

Ein Weltbild ergibt sich erst durch unendlich viele einzelne Puzzle-Teile. Ohne in fachspezifische Details einzusteigen, gehört zum geschichtlichen Rückblick auf das Gestern – der erforderlich ist, um das Heute mit seinem Zeitgeschehen verstehen zu können – ganz wesentlich der spirituelle Hintergrund. Ohne ihn ist keine Folgerichtigkeit zu finden und Menschheitsgeschichte bleibt ein unerklärliches Chaos. Der Mensch _ist_ Geist. Das ist das Wesentliche. Er hat seinen Körper, um in der materiellen Welt zu existieren.

Jetzt gilt es, eine weitere Denkstufe hinaufzusteigen. Nur, weil die Halbzeit des Lichtes beginnt, sind die „Brüder des Schattens" nicht bereit, ihre Vormachtstellung einfach aufzugeben. Man kann es folgendermaßen sehen: Die ‚Dunklen' wollen in ihrer Bedeutung anerkannt werden. Sie haben die Kenntnis davon, dass ihnen etwas fehlt – die Liebe. Anerkennung ist ein Ersatz für fehlende Liebe. Wenn schon keine Liebe, dann wenigstens Gold und Macht!

Die Frage lautet: Will ich im Licht leben oder im Schatten? Gewiss ist mit einem ‚Leben im Licht' nicht der Scheinwerfer gemeint, wodurch Nächte in trügerischem Schimmer der Illusionen von Erfolg, Glück und Sex künstlich erhellt werden. Die Ehrlichkeit des nächsten Morgens zeigt erschöpfte und zerstörte Seelen und Gesichter ohne Schminke, ohne Glanz. Für jeden aber, der sich zum wahren Licht wendet, mit der Akzeptanz der dunklen Seite als ein Werkzeug der Evolution, für den verlieren Schatten und Tod ihre Schrecken, ihr Grauen und die Angst.

Zwei Aussagen in Mythen des Nordens sollen aus prähistorischer Zeit erhalten sein. Sie sagen:

**„Folge den Raben in die Schatten
und du wirst das Licht finden."**

**„Wenn jemand den Mut hat,
mit den Schatten zu arbeiten,
wird der Welt das Licht gegeben."**

Es mag für viele schwierig sein, das Folgende nachzuvollziehen, es zu akzeptieren, wurden wir doch in vielen Inkarnationen in verschiedenen Religionen und unterschiedlichen

Kulturen immer mit der fraglosen, *totalen* Ablehnung des Bösen erzogen. Entsprechende Denkschablonen und Verhaltensmuster waren ausschließlich geeignet, den abhängigen Menschen Angst zu machen und oft genug Gutes als Böses zu verdammen – Freibriefe für viel Leid und Schmerz. In die Neue Zeit passt all dies nicht mehr hinein. Die weißen Streifen des Zebras werden deutlich stärker und stärker.

Erschrecken Sie nicht, ärgern Sie sich nicht, sondern betrachten Sie folgenden Gedanken. Greifen Sie ihn auf oder lassen Sie ihn liegen.

Was wir Gott nennen, ist alles was ist.
Somit ist auch das, was wir das Böse nennen,
in Gott enthalten.

Deswegen sind das Absolute, das Göttliche und
die eigene innere Gottheit
nur über die Akzeptanz des Bösen
mit der Entscheidung zum Guten zu erreichen.

Damit sage ich keineswegs, dass das Böse erstrebenswert ist. Ich sage nicht, dass es gut wäre, böse zu denken und zu handeln. Das Ungute zu akzeptieren, bedeutet nicht, es zu wählen. Geht es doch im Menschenleben darum, sich freiwillig für das Licht und damit für das Schöne, Gute, Wohlergehen, Freude usw. zu entscheiden. Eine sehr einfache Definition: Als ‚gut' bezeichnen wir das, was zum Wohle des Menschen und aller Wesen dient. Erkennungszeichen des Bösen ist jedes Wirken gegen das Wohlergehen anderer.

Eine erfahrbare Realität auch für das Dualgesetz. Wie sollte ich den Wert des Lichtvollen erkennen, wenn ich keinen

Vergleich habe, wenn es das „Fehlen von Licht" nicht gäbe? Hinter diesem so genannten „Bösen" steht sogar die göttliche Liebe zu uns. Erst dadurch können wir uns für das Gute entscheiden. Sonst gäbe es keine Entscheidungsmöglichkeit. Schwer zu verstehen, denn wir stecken doch noch fest in dem alten Denken und Fühlen. Wir akzeptieren Gott nicht vollständig, wenn wir Mephistopheles nicht anerkennen. Alles was lebt, was existiert, möchte zumindest anerkannt, möglichst geliebt werden. Im Bösen ist der Kern des Guten enthalten – der Punkt im TAO. Und ist es nicht die Liebe, die sogar das Böse erlöst? In den Märchen, den Weisheitsgeschichten der Völker wird immer wieder davon berichtet, wie die Liebe nicht nur den verzauberten Prinzen erlöst, ein guter Beweggrund verleiht dem Helden sogar die Kraft, das Ungeheuer zu besiegen. Woher soll das Ungute die ersehnte Liebe bekommen, wenn nicht von uns? Doch Vorsicht damit! Es ist eine hohe Liebeskunst, dass damit nicht die Türen geöffnet werden, die Verbindungen schaffen. Wahrhafte, aggressive und besetzende dunkle Wesenheiten gibt es. Sie können aktiv und uns gefährlich werden.

Wenn wir das Ungute lediglich als existent akzeptieren, es ‚wahr haben' können, und uns nicht weiter damit beschäftigen, dann lässt es uns in Ruhe. Luzifer stört nicht mehr unsere Bemühungen, quält uns nicht mehr durch Erschwernisse im Alltagsleben und blockiert nicht unseren Weg ins Licht. Es ist eine wesenhafte Energie, die Berechtigung hat zu sein und anerkannt zu werden. Wir sind es selbst, die den Dunklen mehr oder weniger Macht über uns verleihen. Es mögen winzige Anlässe sein: Streit, Beschimpfungen, Verspottung weiterführend Verleumdung usw. aber auch Schwäche. Mit dem Verhalten eines edlen Charakters haben wir einen ‚Distanzmantel' um uns. Es sei denn, die Dunklen erkennen in uns eine Gefahr für ihre Pläne. Gegen solcherart Attacken gibt es nur einen Rat: Unbeirrbar und unerschütterlich auf dem Lichtweg zu bleiben. Wer all dieses realisiert macht sich frei, selbst im Licht zu leben.

Kurzfassung:

1. Existenz des Dunklen, des so genannten Bösen, akzeptieren!

2. Das Dunkle als Teil des Göttlichen erkennen!

3. Die *Illusion* von Licht und Dunkel (Schatten) als einzelne Teile aufgeben! Alles ist Licht, das Dunkle ist lediglich ein ‚Fehlen' von Licht.

4. Damit wird das *Gesetz der Dualität als eine Täuschung* entlarvt. Uns erwartet die Unipolarität. Es gilt, diese Erkenntnis mit ihrer tiefen Bedeutung für die menschliche Entwicklung, als wertvoll anzunehmen.

5. Sobald sich die ‚kritische Masse' der Menschheit für das Licht entschieden hat, dann hat die *Dualität*, die Gegenpoligkeit ihren Dienst getan. Sie wird nicht mehr gebraucht. Leid und Schmerz der Menschheit lösen sich in einer *unipolaren Welt* auf.

6. Der Mensch wird *Luzifer* als den Lichtbringer erkennen und kann sich selbst als Teil des ‚Großen Ganzen' wahrnehmen. Dann weiß und fühlt die Menschheit: **Alles und jeder ist mit allem und jedem zum *Eins-Sein* verbunden.** Damit ist jedem Krieg, seine Grundlage entzogen, auch jeder Schuldzuweisung, jeder Beur-

teilung mit folgender Verurteilung, jeder Ablehnung, auch die unserer eigenen Schattenseiten. Wir werden sie anschauen, akzeptieren können und sie lösen sich dadurch auf.

7. Die Menschen können den Frieden mit sich selbst gewinnen, als Basis für den Frieden mit allen und allem. Utopie? Es gibt bereits viele, die voller Zuversicht so denken. Verehrte Leser, kommen sie hinzu oder wenn Sie schon dabei sind, verstärken sie Ihre Kraft mitzuhelfen, durch die Energie unserer Träume, die Welt in eine bessere Zukunft zu tragen. **Das sind die weißen Streifen des Zebras.**

Zu meiner Wohnstatt auf der Farm Tsawichas kommen nachts Zebraherden zu den Tränken, die für Kühe und Pferde bestimmt sind. An der Wand im Esszimmer hängt eine Jagdtrophäe: Die Haut eines Bergzebras. Die schwarzen Streifen münden in das ganzflächige Weiß des Bauchfells, zu dem sich die weißen Streifen verbreitern. Wenn ich es symbolhaft deuten möchte, sagt mir das Zebra, dass die dunklen, *schwarzen Streifen* nur aufgesetzt sind. Das Wesentliche ist die *Grundlage* in *lichtweiß*.

Und nun etwas zu den weißen Streifen des Zebras. Alle Länder der Erde sind überzogen mit Organisationen und Gruppen, die einstehen für Frieden, Brot, Befreiung, Bildung, Menschenwürde, Schutz der Kinder, Anerkennung der Frau, Gerechtigkeit, Eigentum der Ressourcen, Gesundung von Natur und Mutter Erde und vieles mehr. Ich erinnere mich an die Anfänge der Friedensbewegung in Deutschland. Da waren diese Menschen, die sich an den

Händen hielten und eine Demonstrationskette bildeten, von Stuttgart bis Ulm. Glauben Sie diese emotionalen Energien seien verloren gegangen? Sie wirkten weiter und eines Nachts standen wir in sämtlichen Straßen Münchens mit Kerzen in den Händen. Die Verkehrsbetriebe konnten den Ansturm aus dem Umland nicht bewältigen und die nächtlichen Luftaufnahmen zeigen wundervolle Bilder einer Fläche mit unzählbaren sternfunkelnden Lichtern.

Jahre später hatte Präsident Bush – aus einer höheren Sicht betrachtet – den Auftrag, den Krieg gegen den Irak zu beginnen. Aus dem zuvor erwähnten Sinne musste dieser Schock für die träge und lahme Menschheit sein. Dadurch war in grandioser Menge eine Anti-Kriegs-Energie aufgekommen und aktiviert worden. Milliarden Menschen rund um den Globus gingen auf die Straßen. In Großstädten kamen allein Fünfhunderttausende sogar Millionen Menschen zusammen, um gegen den Irakkrieg zu demonstrieren. Und wie viele Millionen Zuhausgebliebene gaben ihre Gedanken- und Gefühlskräfte gegen jede Art von Krieg hinzu. Doch es war beschlossene Sache, der Krieg brach aus.

Gewiss wirken die damals aktivierten Friedensschwingungen noch heute für unsere Zukunft. So etwas geht nicht verloren. Wissen wir, wann und wie die physikalischen Gesetze von Energie reagieren? Wann diese mental entstandenen Friedenskräfte zum Schutze der Menschheit eingesetzt werden? Wissen wir, worauf es in der ursächlichen, subtilen, unsichtbaren Welt zurück zu führen ist, dass der Libanonkrieg 2006 kein Flächenbrand wurde? Im Anhang finden Sie eine Beschreibung wie sich durch Gemeinschaft Gedankenkräfte *potenzieren*. Wie zuvor erwähnt, verehrte

Leser, Ihre Gedanken für das Wohl der Menschheit und des Planeten sind eine wirkungsvolle Hilfe. Um wie viel wirkungsvoller ist ein solch geballtes Wunschdenken für den Frieden!

Ich habe die Apokalypse, die Vision von Johannes auf Patmos, mehr als ein Mal gelesen. Abgesehen davon, dass sie sehr verschlüsselt ist, ist sie erschreckend. Nun sind wir nahezu am Ende der beschriebenen Zeit und sie ist bei weitem nicht so grausam und dramatisch ausgefallen, wie es Johannes gesehen hatte, wie es hätte werden können. Warum, wieso fragen Sie? Weil in der Menschheit bereits so viel Liebesenergie aufgekommen ist, dass die Wirkung gelegter Ursachen sich inzwischen verändert hat. Nichts liegt absolut fest. Diese Vorhersage wurde vor 2 000 Jahren gegeben. Im einzelnen Menschenleben ist es gleich dem Geschehen im Großen. Alle Prophezeiungen sind eine ungewisse Angelegenheit. Sie können eintreffen oder auch nicht. In der Zwischenzeit von Ursache bis zur Wirkung verändert der Mensch die Wirkungen der einmal gelegten Ursachen durch die energetischen Kräfte seiner Gedanken, Gefühle und Taten. Diese verbessern oder verschlechtern die künftige Wirkung der früher gelegten Ursachen. Wir sind es, die die Richtung bestimmen. Sri Yukteswar, einer der bedeutendsten Philosophen und Yogis Indiens, formulierte es folgendermaßen: Was in der Wirkung entsprechend der Ursache ein Schwerthieb hätte sein müssen, kann nur noch als ein Nadelstich spürbar werden. Heute wissen wir, dass die Wirkung sich sogar vollkommen auflösen kann. Es heißt, es gab noch niemals eine Zeit in der sich Karma (Schicksal aus vergangenen Leben) in so starkem Maße auflösen kann wie in der Gegenwart. Ich stelle fest, die Menschheit hat eine bedeutende Verbesserung, im Vergleich zur „Apokalypse" des Johannes für die Endzeit eines veralternden Paradigmas geschaffen. Trotzdem müssen wir noch mit gewaltigen Turbulenzen rechnen. Sie haben soeben erst begonnen und treiben auf die Spitze zu, damit die ungute Weltanschauung und das Verhalten stürzen und Raum geben für beglückende Zeiten. In jedem Fall ist es besser, davon zu wissen als überrascht zu werden.

Die Annahme ist durchaus berechtigt, dass die Glückslawine nicht mehr gestoppt werden kann. Deswegen sollten wir mit Mut und Zuversicht durch den Wandel gehen. Die Wende schaffen wir mit Anerkennung der Andersartigkeiten, den unterschiedlichen Kräften aus den Wurzeln der Völker und organisierten Aktionen von hervorragenden Spezialisten, Experten mit größter Fachkenntnis und menschlichem Einsatz ohne Angst. Einige von den wichtigen Entscheidungsträgern sind von der dunklen Seite schon umgestiegen. Noch viele in allerhöchsten Positionen werden die Seiten wechseln. Wer nicht Verantwortungsgefühl als Volksvertreter entwickeln kann, wird eliminiert werden, kann sich nicht im Führungsstab halten. Diese verwandelten Neuen sind von großer Bedeutung, denn sie wissen, wie ‚der Hase im Dunklen läuft'. So manche humane Bewegung wird bereits von Ihnen geführt. Es bewegt sich vieles. Diese Gruppen koordinieren, beraten und unterstützen sich gegenseitig – und sind nicht mehr zu überhören, nicht mehr zu übersehen. Sie sind auch in kleineren Gruppen tätig, zum Beispiel bei Gegenmaßnahme zu jedem G8-Gipfel, inzwischen G20, wie zu anderen Veranstaltungen des globalisierten Kapitalismus. Die Medien rechnen mit ihnen und es gibt die sehr kompetenten Widerstandsgruppen. Leider klinken sich auch hierbei Chaoten und Spione ein.

Über diese Initiativen und ihren Einsatz kann man sich leicht informieren, denn sie arbeiten offen im Licht und nicht geheim und verdeckt. Sie haben einsehbare Webseiten und veröffentlichen ihre Magazine. Wohl bekannt sind:

- *Amnesty International* setzt sich nicht nur für die Rechte politischer Gefangener ein, sondern jetzt auch für die wirtschaftlichen, sozialen und kulturellen Rechte der Völker.

- *Green Peace* ist bekannt für seinen Einsatz zur Erhaltung unseres Lebensraumes.

- *Attac Deutschland* ist, von Frankreich ausgehend, eine internationale Bewegung. Es ist eine sehr aktive Informationsquelle. „Jeden Tag werden 40 000 Dokumente von Internetnutzern aus 130 verschiedenen Ländern herunter geladen. Über 600 Übersetzer aus 15 Sprachen arbeiten unentgeltlich für Attac. (www.attac.de)

- *Avaaz, Die Welt in Aktion,* greift aus allen Ländern der Welt brennende Themen auf. Es ist Information ohne Zensur. Allen, die informiert sein wollen, sehr zu empfehlen. (www.Avaaz.org)

- *Campact, Demokratie in Aktion,* ist eine Gruppe von jungen Leuten, die sehr aktiv mit intelligenten und sogar witzigen Demonstrationen die Politiker mit ihren ‚Mosquito-Stichen belästigen'. (www.campact.de)

Die Milliarden von Menschen will ich nicht vergessen, die unauffällig in ihren Familien, ihrem Bekanntenkreis und in den Gemeinden ihre Dienste leisten und soziale Aufgaben übernehmen. All diese Energien kommen zusammen und wirken. So ist es für mich nicht verwunderlich, dass es von der geistigen Seite heißt, in diesem großen Zeitenwandel sei es auf den geistigen Ebenen bereits entschieden, dass die Menschheit zur Weltenreinigung nicht ganz beseitigt werden müsste. Größte Turbulenzen in Wirtschaft, Politik, Gesellschaft und von Seiten der Natur sind zu erwarten. Auch Mutter Erde wird sich erneuern und ganz gewiss ist alle Sorge um eine Überbevölkerung gegenstandslos. Das Magnetgitter hat sich verändert und die Erdfrequenzen auch (Schumann-Resonanz-Frequenz, Anhang), was nicht nur Erdbeben bedeutet, sondern auch psychische Erschütterungen.

Und was ist mit denen, die unter psychischer und physischer Gewalt leben, in seelischer und körperlicher Vergewaltigung und Armut? Die Lehre von der Wiedergeburt zu bemühen und zu sagen: Ah, das ist der Ausgleich für ihre schlechten Taten in vergangenen Leben, das reicht als Erklärung bei weitem nicht. Viele der Leidenden – natürlich darf das nicht verallgemeinert werden – sind alte, weit entwickelte Seelen, vor allem die jungen Menschen, die Kinder. Schon vor ihrer Geburt haben sie sich entschlossen, ein schwieriges Leben auf sich zu nehmen. Sie wollen selbst daran wachsen, bestimmten Menschen, zum Beispiel ihren Eltern zu helfen, um einen Beitrag zu leisten, die Menschheit aufzuwecken – sei es durch ihren von Hunger aufgeblähten Bauch. Ihre Seelen haben sich vor ihrer Wiedergeburt ganz bewusst dazu entschlossen. Es gibt kein Erdenleben wozu die Seele nicht JA gesagt hatte. Viele Seelen haben zu Leid und Schmerzen JA gesagt, auch um den Leoparden, Hyänen und ähnlichen Menschen zu helfen. Wie das?

**In welcher Form können die Ärmsten
den Reichen helfen?
Sie schaffen Gelegenheiten!
Gelegenheiten, sich zu entscheiden
für Missachtung und Quälerei oder für
Verantwortung und Wohltaten,
für Weiß oder Schwarz, Licht oder Schatten.**

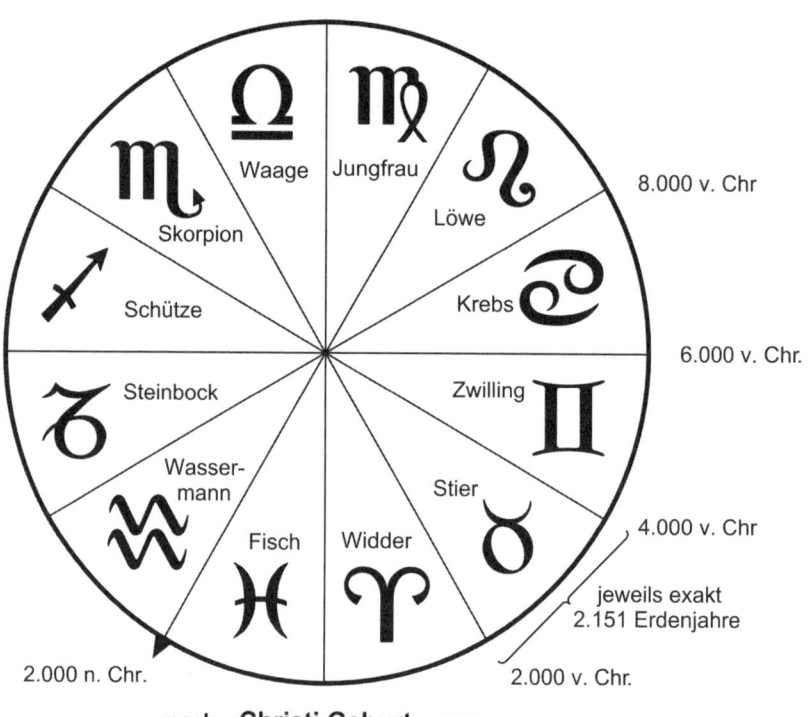

Das Kosmische Jahr 25.816 Erdenjahre

Waage

Jungfrau

Skorpion

Löwe

Schütze

Krebs

Steinbock

Zwilling

Wasser-
mann

Stier

Fisch

Widder

8.000 v. Chr

6.000 v. Chr.

4.000 v. Chr

jeweils exakt
2.151 Erdenjahre

2.000 n. Chr.

2.000 v. Chr.

nach **Christi Geburt** vor

Das Kosmische Jahr im Auf- und Abstieg

Höhepunkt der bewussten hellen Halbzeit

Aufstieg

Abstieg

bewusste, lichte Halbzeit

unbewusste, dunkle Halbzeit

Aufstieg

Abstieg

Tiefpunkt der unbewussten dunklen Halbzeit

Das ‚Kosmische Jahr' oder das ‚Große Jahr' oder das ‚Platonische Jahr'

Ebenso wie wir Menschen ist unsere Erde ein lebendes Wesen und hat ihr Dasein in einer astronomisch-astrologischen Ordnung. Zeitabschnitte allerdings sind, dem Kosmos entsprechend, sehr viel länger. Mit den Namen ‚Kosmisches Jahr', ‚Großes Jahr', ‚Platonisches Jahr' wird ein Lebensjahr unseres Planeten bezeichnet, astronomisch genau 25 816 Erdenjahre. So wie wir durch die Sonnenstrahlung innerhalb von 12 Monaten den Wechsel von Frühjahr, Sommer, Herbst und Winter kennen, erlebt Mutter Erde durch Strahlung aus dem galaktischen Zentrum 12 unterschiedliche Schwingungsqualitäten jede in der Dauer von 2 151 Erdenjahren (2 151 x 12 exakt = 25 812).

Um es leicht verständlich zu machen, wurde das System in grobe 24 000 Jahre interpretiert mit jeweils 2 000 Jahre für eine bestimmte Einstrahlungsqualität, die das Bewusstseinsniveau der Menschheit prägt. Dieses verändert sich im Einklang mit den kosmischen Zeitlinien. Eine Halbzeit des Kosmischen Jahres beträgt ungefähr 12 000 Erdenjahre, jeweils im Wechsel einer Zeitqualität von Licht zu Dunkelheit, dann folgt eine Halbzeit zu mehr und mehr Licht. *Zurzeit steht die Erde mit ihrer Menschheit erneut am Beginn eines Wandels von Schatten zu Licht.*

Um ein Menschenhoroskop zu deuten, wird die Grafik von den Planetenständen zurzeit der Geburt des Kindes in einem Kreis dargestellt. Die Betrachtung beginnt auf der linken

Seite der Horoskopgrafik nach dem Grundprinzip mit dem Zeichen Widder. Bei der Einzeldeutung kommt es jedoch auf das Zeichen an, welches bei der Geburt am Osthimmel auftaucht. Tierkreiszeichen veranschaulichen angenommene Strahlungsqualitäten. Sie sind *nicht* die Sternbilder. Um das Horoskop für die Erde und ihre Menschheit zu erklären, wobei es um die Bedeutung von Zeiten des Wohlergehens und der Missstände auf dem Planeten geht, starten wir mit dem Beginn des Abstiegs. Es ist die Zeit, welche wir zwar weniger und weniger, aber doch noch wissenschaftlich erkennen können, bevor sie im Dunkel der Vergangenheit versinkt. Der Beginn der Betrachtung liegt bei dem Wechsel von Licht zu Dunkelheit in der Krebsqualität, hinabsteigend in größeres und größeres Dunkel, verbunden mit mehr und mehr Ungutem und Leid durch auftauchende Gier und verlorene Liebe, der Macht des Bösen. Aus der Krebszeit gibt die Erde kaum noch archäologische Funde frei, 10 000 – 12 000 Erdenjahre zurück. Was davor war, ist Geheimnis, doch darüber ist spirituelles Wissen vorhanden. Wir wissen also gar nicht, wie herrlich für die Menschheit das Leben im Licht ist. Urwissen berichtet davon, dass es diese Lichtzeit von Frieden und Liebe gab, entsprechend dem Dualgesetz des Lebens, das sich in den Gegensätzen äußert. Unsere Betrachtung beginnt in diesem Dämmerlicht der Geschichte im Weltenmonat Krebs, in der ersten Grafik auf der rechten Seite und weiterlaufend im Abstieg entsprechend der Uhrzeigerbewegung.

Das Wissen vom *Großen Jahr* und seiner Bedeutung erweitert das Weltbild. Es öffnet das Tor zu Erkenntnis und Weisheit, zum Sinn des Lebens. Das macht lebensstärker, denn es verdeutlicht uns die tiefe geistige Grundlage. Die Ereignisse im äußeren, sichtbaren Leben sind Erscheinungen gemäß einer kosmischen Ordnung. Das muss erkannt und dann ,verdaut' werden. Ein verinnerlichtes Wissen über diese kosmische Ordnung lässt im anscheinend wahnsinnigen Geschehen der Gegenwart einen wertvollen und wahrhaftigen Sinn erkennen und ermöglicht es zu verstehen. Weltgeschichte, entsprechend der geistigen Wahrheit aufzuzeichnen, ist nur auf geistigen Grundlagen möglich. Geist ist nicht als Verstand zu verstehen. Da liegt gegenwärtig ein bedeutender Irrtum. *Verstand ist ein Geschehen in unserer Gehirnmaschine. Geist aber ist die Ursubstanz des Lebens.*

Noch herrscht heute, wie der Araber sagt „der Vater der Lüge". Obwohl es nicht den Anschein hat, schwindet seine Vormacht unaufhaltsam. Das Licht als Erkenntnis wechselt aus der für fast alle Menschen unsichtbaren Welt, in die sichtbare Welt von Materie und Ereignissen. Es ist auch umgekehrt zu formulieren: Immer mehr Menschen können die sich ändernde kosmische Einstrahlung aufnehmen und automatisch erweitert sich deren Bewusstsein. Dazu gehört, dass sie unsichtbare Welten mehr und mehr verstehen, akzeptieren und auch sehen.

Die vielen humanen und informierenden Initiativen gehören zu den Auswirkungen von veränderten Strahlungsqualitäten, die aus dem Universum auf unseren Planeten und die Menschen einströmen und rückwirkend ebenso. Unsere Gedanken wirken zurück in den Kosmos („morphogenetische Felder" nach Sheldrake[9] sowie Anhang). Diese kosmischen Strahlungen machen uns frei zu einem „höheren"

Denken und Empfinden, transzendental und metaphysisch. Ein ausschließlich konkretes Denken reicht für unsere Gegenwart nicht mehr aus. Es reicht nicht für die Jetztzeit, geschweige denn um eine veränderte Zukunft zu gestalten. Den begonnenen Wandel zum Wohle aller zu vollziehen, ist nur möglich auf einer höheren Bewusstseinsebene, höher als die, auf der die jetzigen bedauernswerten Zustände entstanden sind. Ehrlich ausgesprochen: „Ein Hoch auf die Krise" (Anhang). Der Mensch muss wieder einmal einen erneuten Mutationssprung wagen. Es ist unerlässlich geworden, eine vollständige Dimension höher in geistiges Bewusstsein von Weisheit, Liebe und Kraft aufzusteigen, um die ‚not-wendenden' Lösungen zu finden und danach zu handeln. Spiritualität ist eine sehr pragmatische Angelegenheit. Taten zählen. Ohne sie sind die schönsten Worte in den Wind gesprochen.

In vergangenen Epochen war das jetzt allgemein wieder erwachende, erlösende Wissen unter wenigen, geistig hoch Gebildeten vorhanden. Es wurde geheim gehalten, es war *esoterisch.* Die Allgemeinheit war einfach nicht fähig dementsprechend zu denken. Inzwischen ist die Zeit dazu herangereift, dass heilige Weisheiten *exoterisch* werden, allgemein verständlich. Wo und wie die wahren Ursachen der Menschheitsgeschichte zu finden sind, wird dann in den Schulen gelehrt werden. Die Weisheiten alter Völker, die Zeit der Aufklärung in Europa als ein Erkenntnisübergang, der erstaunenswerte Stand spiritueller Forschung heutiger Tage sind nur winzige Lichtblicke im Vergleich zu den Ausmaßen von psychischen, physikalischen und technischen Erkenntnissen die auf uns warten. Für diese Auswirkungen prägt sich zurzeit ein neuer Begriff: *Freie planetare Zivil-gesellschaft*, doch das ist ein Prozess und jede Entwicklung braucht ihre Zeit. Die Nebel von Unwissenheit wandeln sich nur langsam zu den Frühnebeln der Morgendämmerung eines völlig neuen, lichten Weltentages.

Entsprechend der geistigen Sichtweise erhöhen sich unentwegt in Wechselwirkung Strahlungen zwischen Erde und Kosmos, die sogar Astrophysiker nicht umfassend zu deuten vermögen. Vor allem wundern sich unsere Forscher über das, was sie von unserer Sonne beobachten. Forschungen von Wissenschaftlern mit einer spirituellen Lebenseinstellung werden nicht immer ernst genommen. Derzeit werden sie noch willentlich überhört oder ins Lächerliche gezogen. Doch diese Zeit klingt aus, da Wissenschaftler, die das Weltbild durch Beweis führende Forschung verändern könnten, mitsamt ihren Familien bedroht, ruiniert, entführt, tot geschwiegen oder getötet wurden. Aus Angst und Vorsicht hielten und halten viele ihre Erkenntnisse zurück. – Und das Volk interessiert sich doch!

Das erinnert an das Schicksal von Galileo Galilei (1564 – 1642). Seit seiner Jugend und Studienzeit war er mit Papst Urban VIII. befreundet. Er musste gewusst haben, dass Galileis Erkenntnis richtig war: Die Erde dreht sich um die Sonne. Dieses damals neue Wissen hätte das von der Kirche gepflegte Weltbild ihrer ‚Schäfchen' ins Wanken bringen können, deswegen durfte es nicht sein. Wahrscheinlich hatte die alte Freundschaft mit Urban XIII. Galilei vor dem Scheiterhaufen bewahrt. Jedenfalls wurde er bis zu seinem Lebensende in Gewahrsam gehalten, zwar in seinem eigenen Haus, doch mit mancherlei Schikanen seitens der Kirche. Galilei soll es genau so nicht gesagt haben, aber bekannt sind die Worte: „Und sie dreht sich doch." Gedacht hat er es sicherlich. Tatsächlich wurde er **1992** von der Kirche rehabilitiert, nach 3 Jahrhunderten, da seine Knochen Staub geworden waren. Auch das neue erweiterte Wissen wird sich durchsetzen, denn die Gesetze des Universums sind, wie sie sind.

Astronomie ist als Wissenschaft anerkannt. Astrologie wird sich in Dimensionen weiter entwickeln, zu denen menschliche Gehirnmaschinen erst funktionsfähig werden müssen. Nach alten Kenntnissen und neuen Anzeichen wird Astrologie zu einer hoch geschätzten Wissenschaft werden. Sie wird zu den Systemen zählen, den Einklang von Mensch, Weltgeschehen und Universum wahrzunehmen. Möglich wird es dadurch, dass unser Gehirn Leistungen entwickelt, die über Intellekt und Intelligenz hinausreichen. (Prof. Vaitl: „Veränderte Bewusstseinszustände verändern die Strukturen im Gehirn".) Zusätzlich werden Inspiration, Intuition und Weisheit durch dieses Maschinchen in erstaunlichem Maße tagbewusst gemacht werden. Natürlich wirkt sich dieses Wahrnehmen und Bewusstwerden in allen Bereichen des Lebens aus.

Hermes Trismegistos, der „Dreimal Große" Weise aus Ägyptens ältester Zeit, lehrte: „Wie oben so unten." Das Universum mit seinem Planetensystem gleicht dem Atom mit seinen Elementarteilchen. Bei der Deutung von Horoskopen erstaunt und fasziniert immer wieder, wie die Qualitäten der Einstrahlungen aus dem Kosmos auf den irdischen Geburtsort zurzeit der Geburt mit den tatsächlichen Veranlagungen und Möglichkeiten für das jeweils betreffende Menschenleben übereinstimmen. Ganz genau so verhält es sich mit dem Welthoroskop. Es zeigt die absolute kosmische Ordnungsmäßigkeit mit ihren Möglichkeiten für den Planeten und seine Menschheit. Wie und ob wir sie verwirklichen, das liegt an unseren Entscheidungen. Der Einzelne entscheidet für sich selbst und gestaltet dadurch sein Leben. Wir alle zusammen als eine Einheit entscheiden für die gesamte Menschheit. Wir Menschen sind es, die letztendlich das Weltgeschehen entstehen lassen und somit die Zukunft erschaffen.

Entsprechend der Veränderung der kosmischen Einstrahlung auf den Planeten verändert sich auch die Qualität der Zeit. Darin und in unseren Entscheidungen liegen das Geheimnis und die gegenwärtige Chance zur Änderung im Weltgeschehen. Es ist doch grandios, dass, entsprechend dem *Kosmischen Jahr, die Wendezeit zu Wohlergehen und Glück der Menschheit ausgerechnet in unserer Jetzt-Zeit liegt!* Nehmen wir die täglichen Nachrichten zur Kenntnis, so vermag man diese Aussicht kaum für möglich halten. Um die Wahrscheinlichkeit für das aufzuzeigen, was sein sollte und den Zeichen der Zeit entsprechend sein wird, muss die Gegenwart in ihrer unguten, nackten Wirklichkeit erkannt werden. Dazu dienen die vorhergegangenen Kapitel. Sie verdeutlichen, welcher Art die sichtbaren gegenwärtigen Missstände an der Oberfläche und ihre versteckten Quellen sind. Die Wahrheit muss zuerst erkannt und dann angenommen werden, auch diese. Ohne diese Akzeptanz können die Zustände nicht geändert werden. Es ist, wie es ist – doch nichts bleibt, wie es ist! Im seelischen Urgrund arbeitet die Erneuerung.

Auf den ersten Blick mag es banal erscheinen und doch ist es ein aussagestarkes Beispiel: Werbespezialisten müssen, wollen sie erfolgreich sein, die neuesten Trends erspüren. 2007 hat in Deutschland ein Hersteller von Milchprodukten seinen Milchreis mit folgendem Text angeboten. Jemand sagt zu einem anderen: „Ich weiß nicht, wie es ihnen geht. *Ich brauch' jetzt mal was Ehrliches!*"

Die Erde als lebende Wesenheit vollzieht ihre eigene Evolution. In Übereinstimmung geschieht das Gleiche mit ihrer Menschheit. Menschen und alle anderen Lebewesen müssen, um hier existieren zu können, die gleiche Schwingung ihrer Zellen und ihres Bewusstseins haben wie der Planet selbst. In diesem Sinne ist es durchaus in der Ordnung, dass bestimmte Tierarten aussterben. Das geschah immer entsprechend den Veränderungen. Bestimmte Menschen verlassen die Erde, sogar in Gruppen wie bei dem großen Tsunami 2004 mit 230 000 Toten. Wie zuvor beschrieben sind es nicht nur große Seelen, die sich vor ihrer Geburt für diese Aufgabe im Wandel zur Verfügung gestellt haben. Es sind auch Menschen, die nicht in der Lage sind, sich dem erhöhten charakterlichen Anspruch der Neuen Zeit anzupassen. Ihre Erbmasse ist nicht mehr brauchbar. Den Naturkatastrophen liegt nicht nur die Reinigung der Erde, sondern auch der menschlichen Erbmasse zugrunde. Wer die Schwingungserhöhung nicht mitmachen kann, wird in Zukunft nicht auf Erden leben können. Er muss zum Beispiel auf einen anderen Planeten, dessen Lebensenergie noch unwissend und dunkel ist, wie sie bisher auf unserer Erde war. Dort erhält die Wesenheit erneut das Angebot, sich zu verfeinern, zu verbessern, um dem Ziel seiner eigenen Göttlichkeit in der nächsten Zeitenrunde, dem nächsten *Großen Jahr*, näher zu kommen oder es zu erreichen.

Das Wissen um eine höhere Ordnung lässt erschreckende Ereignisse besser verstehen und vieles leichter ertragen. Betrachten wir dazu das *Große Jahr*, in Europa als das ‚Platonische Jahr' bekannt. Platon (427 v. Chr. bis 347 v. Chr.) hatte es erwähnt. Er soll dazu eine ausdrückliche Erlaubnis der Mysterienschulen erhalten haben. Unter Androhung der Todesstrafe war es den Studierenden verboten, das damals geheime, spirituelle Wissen weiterzugeben. Es wäre für die Menschen der damaligen Zeit zu früh gewesen. Für viele ist es heute noch schwierig, ein solches Weltbild anzunehmen. Jedenfalls ist es inzwischen jedem zugänglich. Lässt das nicht erkennen, dass die Menschheit tatsächlich auf dem Weg der Erkenntnis und Erleuchtung vorwärts schreitet?

Das *Platonische Jahr, das Kosmische Jahr oder das Große Jahr* genannt, ist eine *astronomische* Tatsache. Entsprechend der Einstrahlung aus dem Universum auf die Erde haben die Zeitepochen verschiedene Qualitäten. Für den Menschen entspricht die Sonneneinstrahlung von jeweils einem Monat in ihrer Qualität den zwölf verschiedenen, angenommenen Tierkreiszeichen auf der Ekliptik, was ein angenommenes Schwingungsfeld um die Erde ist. So verändert sich die Zeitqualität 12 Mal in einem Erdenjahr.

Zusätzlich erlebt die Erde die Einstrahlung des *Kosmischen Jahres*. Der Durchgang in einer Tierkreisqualität dauert natürlich länger als 1 Erdenmonat, nämlich 2 151 Erdenjahre, einen Weltenmonat. Dieses Kosmische System hat drastische Auswirkungen auf das Bewusstsein des Planeten mitsamt seiner Menschheit, nämlich die Veränderungen von Abstieg und Aufstieg, von totaler Unwissenheit bis zur vollkommenen Weisheit. In den heiligen Schriften Indiens ist die Zeit höchster Weisheit beschrieben: „Das Bewusstsein der Menschen wird so klar wie Kristall, so dass sie selbst Gott begreifen können." [25]

Auf der Ekliptik liegen die Erdraumfelder, mit bestimmten Tierkreiszeichen symbolhaft belegt. Die Einstrahlung aus dem Kosmos besitzt in jedem Tierkreiszeichen eine spezielle, qualitativ unterschiedliche Schwingung. Das wirkt auf des Menschen Wertebewusstsein, seine Erkenntnisfähigkeit, seinen Charakter, wie auch auf Dispositionen von Fähigkeiten und zu Ereignissen. Das gleiche gilt in größerem Maßstab für die Menschheit als eine Ganzheit.

Die Qualität der Abschnitte, die dem Tierkreis entsprechen, ist über ihre archetypischen Symbole zu deuten. Zusätzlich ist dieser gesamte Ablauf für den einzelnen Menschen in übereinstimmender Vernetzung mit den Erbgesetzen, der genetischen Struktur und dem karmischen (schicksalhaften) Potenzial. Grandios, wunderbar! Alles, was wir nicht verstehen nennen wir ein Wunder. Dabei ist alles was ist nur ein Spiel von Energie. Es ist Physik, Naturwissenschaft und die gesamte Natur mitsamt Mensch – es ist nichts anderes, als sichtbar gewordener GOTT.

Das Gleiche spielt sich also in größerem Maßstab im Kosmischen Jahr für die Erde ab. Es ist sozusagen das *Horoskop unseres Planeten.*

Nahe der Geburt von Jesus, dem Christus, lebten mehrere der bedeutendsten Weisheitslehrer. Unsere geltende Zeitrechnung beginnt mit der Geburt Jesus von Nazareth. Ob auf einige Jahre historisch genau, das ist bei einer solchen Tatsache ohne Bedeutung, genauso wie auch, dass ein kirchliches Interesse dahinter lag, als Ende des 16. Jahrhunderts Papst Gregor der XII. den *Gregorianischen Kalender* einrichtete. Heute gilt er praktisch weltweit, auch in islamischen Ländern. Und tatsächlich, es war der absolute Beginn der Wende, da sich das *Kosmische Jahr* unmerklich wieder einmal zur Halbzeit des Aufstiegs wendete.

In der Bhagavad Gita, dem heiligen Buch der Inder, ist Krishna der Liebesaspekt Gottes. Er sagt zu Ardshuna, dem Menschen, über die im Rhythmus enthaltene Zeit von Dunkelheit und Unwissenheit: **„Immer, wenn die Welt in Unwissenheit zu versinken droht, gebe ich mich auf die Erde."**[26] Zu jener dunkelsten Zeit der Menschheitsgeschichte lebten diese hervorragendsten Weisheitslehrer.

Zarathustra	630 – 550 v. Chr.	Genaue Daten sind nicht bekannt
		Einige Wissenschaftler datieren um 1800 v. Chr.
Buddha	560 – 480 v. Chr.	Gautama, Siddharta
Konfuzius	551 - 479 v. Chr.	K'ung Ch'iu
Sokrates	470 – 347 v. Chr.	
Platon	427 – 347 v. Chr.	

| Jesus | Beginn der heutigen Zeitrechnung |
| Mohammed | 570 – 632 n. Chr. |

Vor ungefähr 12 000 bis 13 000 Erdenjahren fand der letzte extrem einschneidende Wandel auf Erden statt. Aufstieg und Untergang von Kulturen und Völkern während dieser zwischenzeitlichen Jahrtausenden waren nur kleine, begrenzte Veränderungen. Jetzt aber geht es, wie damals vor 13 000 Jahren wieder um eine globale Wende. Der letzte Welten- und Erdenwandel war die Wende vom Licht zur Dunkelheit mit der ‚Sintflut‘, dem Untergang des sagenhaften Atlantis, Untergang durch Wasser. Was sich vor 4,5 Jahrtausenden in Nordanatolien ereignete und wovon Forscher annehmen, noch Holzteile von der Arche Noahs auf dem Ararat zu finden, mag wohl eine außerordentliche Naturkatastrophe gewesen sein, aber nicht *diese* große, die Erde verändernde „Sintflut“.

Mythologien berichten, dass der Wandel zum Licht durch Feuer geschehe, wozu die Geschichte von Sodom und Gomorrha ein Gleichnis ist. Verschiedene eingeborene Volksstämme spüren die heutigen Veränderungen in ihrem Bewusstsein und sprechen von der jetzigen Zeit als „der Zeit des Feuers“.

Als sich vor 13 000 Jahren das Bewusstsein zu verdunkeln begann, sank das Kosmische Jahr in seine charakterlose Halbzeit hinab. In diesem Zusammenhang ist die oft gehörte Behauptung interessant: „Kriege hat es immer gegeben. Kriege wird es immer geben.“ Ja, das stimmt, aber *nur in der Vergangenheit, die wir zurückblickend überschauen können*, archäologisch 10 000 - 12 000 Jahre. Bekannt ist der Begriff, der Krieg sei der Vater aller Dinge. In der Archäologie galt lange die Überzeugung, dass Kriege immer die Veranlassung zur Entwicklung von Zivilisationen gewesen wären. Letzte Ausgrabungen aus ältester Zeit der Weltgeschichte auf einem Hochplateau der südamerikanischen Anden und im vorderen Orient haben Zivilisationen freigelegt, wo keinerlei Kriegsgeräte gefunden wurden, wohl aber Musikinstrumente.

Die alte begrenzte Meinung über den Krieg widerspricht der Logik. Wenn es Weltkriege in der Zeit des Abstiegs gab, so gibt es nach dem Dualgesetz auch den Weltfrieden in der Zeit des Aufstiegs. Stupides Denken ist die stärkste Blockade auf dem Weg zum Weltfrieden, weil Denken als eine neutrale Energie wirkt, also auch im unguten Sinne. Wir müssen es endlich für möglich halten, dass wir in die Zeit von Frieden kommen. Darin liegt die Verwirklichungskraft. Im kosmischen Gesetz der Gegenpoligkeit sollte Krieg real sein und ‚Frieden‘ nur ein leeres Wort? Nein! Wir sind jetzt am Ende einer dunklen, patriarchalischen, kriegerischen, auf den Mann bezogenen Halbzeit. Alle Zuversicht auf die beginnende Halbzeit des Friedens mit der Anerkennung der Frau, des weiblichen Prinzips ist berechtigt.

In indischen Schriften über frühere Wendezeiten heißt es: Es bleibt nur der Same für eine neue Menschheit. ‚Der Himmel‘ gab uns von verschiedenen Seiten die Information, dass dieses Mal die Menschheit nicht völlig vernichtet würde. Dieses Mal wird die Menschheit die Veränderungen durchstehen. Alle, die sich ans Licht halten, also der ‚Aufstiegsschwingung‘ von Mutter Erde entsprechen, werden es erleben.

Die meisten Menschen sind verwirrt und verunsichert durch die Ereignisse im privaten Leben, in der Natur, in Wirtschaft und Politik. Ist es da nicht gut zu wissen, dass diese Turbulenzen zur Entwicklung hinein in eine bessere Welt gehören? Jeder geht garantiert unbeschadet hindurch, der es als die Geburtswehen des Neuen erkennt und in seinen Taten licht- und liebevoll handelt. Die Schatten werden stärker, wenn das Licht zunimmt. Wir müssen so viel Licht aufbringen, wie gebraucht wird, um die Schatten auszuleuchten. Schiller sagte:

„Das Alte stürzt, es ändert sich die Zeit,
und neues Leben blüht aus den Ruinen."

Das ist kosmisches Gesetz, die Ur-Ordnung unseres Sonnensystems, das Große Jahr.

Der kosmische Monat Krebs
8000 – 6000 v. Chr.

Natürlich ist die Zerstörung der Natur, ebenso wie ein Missbrauch menschlicher Würde nicht total ‚flächendeckend'. Doch auf *den* Flecken der Erde, wo es sich noch gut leben lässt, gibt es auch viele Sorgen und wenige glückliche Menschen. Die Absichten und Maßnahmen der ‚Spielmacher', diese Welt zu dominieren, wachsen wie die Wüsten der Erde. Allein die Sahara wächst um 100 000 Quadratkilometer in einem Jahr. Es ist wie in Fieberträumen der Nacht, wenn das Fehlen von Licht klares Denken und reine Gefühle verdunkelt und die Traumbilder zum Wahnsinn wachsen. Sogar unter strahlender Sonne waten diese Bilder durch den Morast verlorener Liebe. Es ist die Lieblosigkeit, aus der jedes Leid entsteht. Und das schon seit Jahrtausenden. Doch nichts ist so beständig wie der Wandel! Das Kosmische Jahr dreht sich in Kreisen mit rhythmisch wiederkehrenden Themen. Lassen Sie uns die dunkle Vergangenheit zur Beweisführung für den Beginn einer lichtvollen Zukunft betrachten.

Es wird angenommen, dass vor ungefähr 12 000 Erdenjahren, die Wende vom Licht zur Dunkelheit im Kosmischen Jahr, mit einer großen Flut, der Sintflut, eintrat. Dies vollzog sich zum *Ende der Löwe*zeit, einer vergangenen Hochblüte in China. Dagegen ist das, was wir heute als Hochblüte chinesischer Weisheit, Kunst und Kultur benennen, nur der Abglanz einer damals schon versunkenen Schönheit und Größe. Die schützenden ‚Fu Hunde' mit ihren Löwenmähnen, sind sie ein Rest und Beweis für das hohe Bewusstsein und die Kenntnisse der chinesischen Weisen in der Zeit der absoluten chinesischen Hochblüte? Sie müssen gewusst haben, chinesische Künstler ebenso, wahrscheinlich sogar das Volk: Wir leben in der *Löwezeit!*

Die Halbzeit des Lichts im Weltenjahr wendete sich im darauf folgenden **Weltenmonat *Krebs*** zur Halbzeit von Dunkelheit, gleichzusetzen der Unwissenheit. Darin versank die Menschheit während der folgenden Jahrtausende. In der sich anbahnenden erneuten Hinwendung zum Licht belebt Erkenntnis den Verstand und Liebe das Herz. Der große Wendepunkt zum geistigen Abstieg war jeweils verbunden mit Ereignissen wie die ‚Sinflut' (Geschichten von Atlantis und der Arche Noah). Ein ‚Sintbrand', Feuer, (Geschichte von Sodom und Gomorrah) entspricht der Wende zum geistigen Aufstieg. Sprachen wir Menschen nicht von „Feuerwaffen", von Atombomben und vor einiger Zeit von brennenden Ölfeldern im Irak, dann von „Streubomben", die Israel im letzten Libanonkrieg einsetzte? Das abgereicherte Uranium sind Partikel, die sich unter sehr hohen Temperaturen entwickeln. Sie verbrennen den Menschen von innen wie ein unlöschbarer Brand, selbst bei Amputationen wandert der brennende Tod im Körper weiter. Die grässlichen Wirkungen werden verheimlicht, weil sie zu grauenvoll sind. Sie werden keineswegs verheimlicht, um die Menschen zu schonen, sondern um nicht noch mehr Menschen gegen die von der Geldmacht gewollten Kriege aufzubringen. Sie könnten sagen: Jetzt reicht's! – Doch Feuer ist und bleibt das große Symbol für Reinigung.

Astronomisch-astrologische Tatsachen mögen die Glaubwürdigkeit des gegenwärtigen weltweiten Wandels veranschaulichen. Es bedeutet wahrhaft mehr als den Abstieg einer Kultur und den Aufstieg einer neuen. Der derzeitige Wandel ist global und verbunden mit einem neuen Paradigma, der neuen Weltanschauung, einer neuen Art zu denken, wie es für viele Menschen und lange Zeiten verbindlich sein wird.

Indien wird zugestanden, aus einer der ältesten Kulturen der Welt zu kommen. Es ist das Volk, das für die Einstrahlung der *Krebsqualität* auf diese Erde prädestiniert war. Die Krebsqualität ist gemütvoll, fürsorglich. Sie ist zu vergleichen mit einem lichtvollen, schützenden Haus, um darin zu wohnen. Von heute zurück gerechnet sind es 8 000 bis 10 000 Jahre. 10 000 vor unserer Zeit, 8 000 v. Chr. war der Beginn des kosmischen **Krebsmonats**. Wissenschaftlich anerkannte Funde sind größte Seltenheit. Es wurden zu wenige Artefakte gefunden, um ein einwandfreies Bild dieser Vergangenheit zeichnen zu können.

Doch die kosmische Weisheit vom Großen Jahr hat aus der Vorzeit ihre Zeichen hinterlassen. Aus indischer Vergangenheit, von der uns die Erde kaum Beweise frei gegeben hat oder keine mehr besitzt, sind aber Mythen und Geschichten erhalten geblieben. Von den Alten den Jungen erzählt und diese, selbst alt geworden, gaben sie wiederum an die Jungend weiter.

Es heißt: Die größten Weisen, die Manus Indiens, lehrten, dass es eine Zeit gab, da die Könige, deren Häupter ein Strahlen von Weisheit umgab, die Herrschaft ihren Söhnen übertrugen und sich zurückzogen in die Einsamkeit der Wälder. Der Grund dazu war: Sie erkannten, dass Geistesadel, Liebe und Weisheit begannen, sich von der Welt zurück zu ziehen. Damals waren die Könige eines Volkes ebenso Könige des Geistes. Sie kannten den Rhythmus des kosmisch-göttlichen Geschehens als himmlische Ordnung, als Ordnungsgesetz und akzeptierten es. So wussten sie, die kommende Zeit war nicht mehr die ihre, die Zeit in der Einstrahlung in Krebsqualität.

Der Krebs läuft schräg-rückwärts,
um vorwärts zu seinem Ziel zu kommen.
Die Zeit ging vorwärts, das Bewusstsein aber zurück.

Die damaligen Könige waren Weisheitsträger. Das war die Ordnung – und so wird es wieder werden, nicht als Monarchen, doch als Regierende. Wie sonst kann jemand ein Volk führen, leiten, schützen, ihm zu seinem Wohlergehen dienen als wäre das gesamte Volk seine Familie? Mit dem Verlust von Weisheit und Liebe aus einem vollkommenen Bewusstsein, verblasste auch die helle Ausstrahlung der nachfolgenden Generationen. Als dieser lichte Schein um die fürstlichen Häupter der Nachkommen nicht mehr vorhanden war, sollten funkelnde Edelsteine in Turban und Krone das Strahlen der Weisheit ersetzen.

Die königlichen Kenner kosmischer Wahrheit zogen sich zurück. Die Maharadjas übergaben die Regentschaft ihren Söhnen und lehrten fortan in abgeschiedenen Wäldern. Allerdings nahmen sie nur jene als Schüler an, die den Wert von Liebe und Weisheit erahnten und mehr wissen wollten. Oft waren es junge Menschen welche die Mühen auf sich nahmen, in der Einsamkeit bei einem Guru, einem Lehrer zu leben, um zu lernen und ihm zu dienen. Vereinzelt ist diese Tradition noch lebendig. Mein Lehrer Dhirendra Brahmachari ging aus diesen Gründen zu Kartekeya, von dem es heißt, dass er ungefähr 300 Jahre lebte. Dhirendra wurde später der Lehrer des indischen Ministerpräsidenten Nehru und seiner Tochter, der Ministerpräsidentin Indhira Gandhi. Die Frage bleibt offen, wer kann die großen Lehren leben?

Der Charakter der Grehastras (Schülerjünglinge) war ausschlaggebend dafür, ob ihnen die Tore zur großen Gesetzmäßigkeit geöffnet wurden. Um Kenntnis von Kräften zu gewinnen, die wir heute Energie nennen – und lernen mit ihnen umzugehen, in besonderem Maße mit schöpferischer Gedankenkraft. Viele Kenntnisse wurden vermittelt, über das, was sich im menschlichen BEWUSST-SEIN befindet. Dort lagert alles Wissen und alle Weisheit, ob es sich um das Leben der Planeten handelt, das Gewicht der Atome, unvorstellbare logarithmisch-fraktele Intelligenz der Protonen und vieles mehr, um Sinn und Bedeutung Ihrer persönlichen Ehescheidung, liebe Leserin und Leser, um die absolut ursprüngliche Ursache Ihrer Krankheit, die Lösung der Schulaufgaben, die richtige Idee im Beruf, alles ist im noch unbewussten Teil des menschlichen Bewusstseins vorhanden. Es geht darum, was und wie viel davon in das Tagbewusstsein hinüber gewandert ist. Wir werden fähig werden, mehr und mehr ins Tagbewusstsein zu überführen. Das ist die Bewusstseinsentwicklung. Wenn es abgefragt wird, sind in *Ihrem* Bewusstsein, sogar die Lösungen für *meine* Probleme und umgekehrt. Auf höherer Ebene ist alles Eines. Wie kann das, was in meinem unbewussten Bereich lagert, aktiviert werden? Was habe ich bereits entwickelt, aus der Unbewusstheit ‚ausgewickelt', so dass ich es mit meiner Gehirnmaschine denken kann? Solcher Art waren die Lehren der Weisen, die sich von der Allgemeinheit zurückzogen und für diejenigen lehrten, die die Mühen auf sich nahmen, sie in der Einsamkeit aufzusuchen.

Meine Erfahrung ist die, dass ein theoretisches Wissen nicht lebendig wird, nicht gelebt werden kann, bevor die subtile geistig-göttliche Essenz durch Gnade berührt wurde. Das ist nicht zu erklären, nicht zu beschreiben, nur zu erleben, denn es ist für jeden Menschen anders. Um im alten Indien von einem Weisheitslehrer angenommen zu werden, dafür waren nicht nur ein edler Charakter sondern auch die aufrichtige Sehnsucht nach der Wahrheit entscheidend. Das ist bedeutend, denn Gedankenkraft wirkt entsprechend ihrer naturwissenschaftlichen Ordnung und fragt nicht zu welchem Zweck sie eingesetzt wird, zum Guten oder zum Unguten. Deswegen liegt hier eine Gefahr. Voraussetzung für einen Meister, um seine Kenntnisse weiter zu geben, ist der verantwortungsbewusste Umgang des Schülers mit den Kräften seines Denkens. Es wurden auch Techniken unterrichtet, um an Leib und Seele gesund zu bleiben. Das Wesentliche war und ist noch heute, dem Schüler zu helfen, das Göttliche in sich selbst zu finden und zu entwickeln. Nicht der Lehrer, sondern einzig und allein das eigene göttliche SELBST ist für den Schüler das Zentrum seiner Welt.

Die Weisen wussten genau, wann sie die Jünglinge zurück schickten in die Praxis, ins bunte, verführerische Leben. Einige kehrten zurück, wenn ihre Kinder erwachsen waren und sie ihre bisherigen Verantwortungen der nächsten Generation übertragen hatten. Manches Mal ging ihre Frau mit in die Wälder, wenn es ihr ausdrücklicher Wunsch war. Sie wurden Weisheitslehrer für Suchende.

Die Rishis, die großen Weisen, vermittelten die uralten Weisheiten über Jahrtausende nur mündlich. Auch kam neues Wissen hinzu, denn die Verbindung mit der geistigen Welt war lebendig. So gibt es einen Teil, die *Shrutis*, "gehörte" Texte. Wenn eine hohe geistige Wesenheit sich entschloss zu inkarnieren, dann wurde sie wieder geboren und lebte unter den Menschen. Ihre hohen Weisheitslehren gab sie auf physische Art weiter wie mit Hilfe der Sprache oder in einem vorbildhaften Leben. Erst seit 1 500 bis 800 v. Chr. wurde das mündlich überlieferte Wissen niedergeschrieben, in Palmblätter oder Steintafeln geritzt. So wurde es allgemein bekannter. Das sind die „Waldbücher", die Upanishaden, ein Teil der heiligen Schriften der Veden. Veda bedeutet ‚Wissen'. Sie sind als das älteste Schrifttum der Welt bekannt. In der Bibliothek der *Theosophischen Gesellschaft* in Madras konnte ich die Kostbarkeiten in einem temperatur-regulierten Raum bewundern. Sie waren in Dyzan und in Sanskrit geschrieben. Letztere ist die älteste Sprache der Welt. Im Gegensatz zu Dyzan ist sie bis heute lebendig, wenn auch nicht mehr im Volk gesprochen, wird sie von der Priesterkaste in den Tempeln verwendet. An der Universität München gibt es einen Lehrstuhl für Sanskrit (das Polierte, das Geschliffene, das Vollkommene). Man sagt, es sei die Aufgabe Indiens, über die Zeit der Dunkelheit hinweg dieses heilige Wissensgut zu erhalten. Die UNESCO hat die Veden in die „Meisterwerke des mündlichen und immateriellen Erbes der Menschheit" aufgenommen.

Es war nicht die Kaste der Brahmanen, auf die all die hehren Weisheiten zurück zu führen sind. Die Priester waren lediglich die Bewahrer. Religion war ein Vorrecht des Adels. Schon immer war Religion ein Mittel zur Machtausübung, doch sollte es mit Adel des Herzens geschehen. Die Weisen, das waren die Kshatriyas, die Krieger und das wiederum waren, wie überall, die Könige und Fürsten. Sie, die Führungspersonen der Tat, die ihr Volk vor Überfällen beschützten, wenn nötig kriegerisch verteidigten, Straßen bauten, Geldmünzen prägten und ‚Recht sprachen', sie sprachen in jener fernen Zeit das Richtige. Denn sie waren es, die die Stimme des Geistes vernehmen konnten, die Stimme des Logos, des Absoluten oder auch Gott genannt.

„Die Upanishaden (Waldbücher) beschäftigen sich mit dem Wesen von *Brahman (das absolut Göttliche),* der universellen Weltenseele, von der *Atman (das Göttliche im Menschen und in allen Lebenwesen)* eine Reflexion in jedem Wesen ist. Es ist die innerste Existenz eines jeden Individuums. Brahman – damit auch Atman – ist unvergänglich, unendlich, ewig, rein, unberührt von äußeren Veränderungen, ohne Anfang, ohne Ende, unbegrenzt durch Zeit und Raum und Kausalität, ist reines Sat – Chit – Ananda, reines Sein. *Existenz* an sich „Sat", *Bewusstsein* „Chit" und „Ananda" *Freude*, Wonne, reines Glück." (Quelle unbekannt, doch beachten Sie [26])

Dieses hohe Bewusstsein, das selbst Gott begreift
– wie es in vedischen Schriften heißt –
begann im Kosmischen Monat des KREBS
zurück zu gehen, als die Zeit vorwärts schritt.

Die astrologische *Krebsqualität ist* dem Wasser zugeordnet, also verbunden mit dem Gefühl. Es ist nicht das sensitive aber seichte Wasser einer Fischezeit und nicht das stürmische des Skorpions sondern ein wohltuendes und wärmendes Wasser. Das Wesen des astrologischen *Krebssymbols* ist das Bedürfnis, sich für die Familie bis hin zur Menschheitsfamilie liebevoll einzusetzen, um ein angenehmes, warmes Nest für sich selbst und für andere zu bereiten. Auch, um sich selbst in Zärtlichkeit und Wohlgefühl einzukuscheln. Entspricht das nicht dem beschriebenen Mythos? Als sich die Zeit ankündigte, dieses ihren Völkern *nicht mehr geben zu sollen*, zogen sich die edlen Könige zurück. Für die Menschheit bedeutete es den Verlust der geistigen Heimat, in der sie Sicherheit, Wohlergehen und Liebe fanden.

♊ Der Kosmische Monat Zwillinge
6000 – 4000 v. Chr.

Nomadenstämme, die in der Epoche von 8 000 bis 6 000 vor unserer Zeitrechnung in das Gebiet, das wir Persien nennen, einströmten, kamen größtenteils aus den Steppen westlich des Urals. In den zentralasiatischen Steppen breiteten sie sich aus, im Osten bis Indien und im Westen über das Gebiet des heutigen Europas und spalteten sich dann in einen indischen (Indo-Arier) und einen iranischen Zweig (Irano-Arier). Diese Historie gilt als bewiesen, nicht zuletzt durch die beiden heiligen Bücher der Inder und Parsen, *Veden* und *Avesta*. Es gibt sehr wenige historische Beweisstücke. Nicht nur, dass es sich um eine prähistorische Zeit handelt, sondern dazu noch um nomadisierende Reitervölker.

Auch die Anhänger der religiösen Lehre vom „doppelgesichtigen Gott" nannten sich „Arier". Ein Begriff, der aus ihrem ethnischen Herkommen stammte, sie sind Indo-Iraner. Arier hat im indischen wie im iranischen Wortschatz dieselbe Bedeutung von „edel".

Es wurden verschiedene Gottheiten verehrt, von denen sich der **„doppelgesichtige Gott"** besonders heraus kristallisierte. Die Wahrnehmung des Dunklen neben dem Licht ist in allen Religionen in irgendeiner Form zu finden. Doch wurde der Energiestrahl des kosmischen Zwillingemonats nirgendwo so eindeutig aufgenommen wie in dem Gebiet des heutigen Iran.

Schon in dieser Frühzeit besagte die religiöse Lehre,
dass der Mensch das einzige Wesen ist,

das die Möglichkeit zur Entscheidung bekommen hat und dazu fähig ist.

Dasselbe betonen gegenwärtig die Channelings und andere Informationen aus höheren Dimensionen. Channelings sind kanalisierte Botschaften von höher entwickelten geistigen Wesenheiten – möglich auch von weniger bewussten oder möglich auch von dunklen Wesen. Ein Channel (Kanal) ist ein Mensch, der sich für diese Durchsagen zur Verfügung stellt. Es ist eine Kontaktaufnahme mit nicht inkarnierten Wesen und erinnert an das Wirken früherer Propheten. Allerdings ist hierzu eine gewisse Skepsis geboten. Dass die geistige Welt Realität ist, steht außer Zweifel. Es obliegt jedem, es annehmen zu wollen, zu können oder auch nicht. Jedenfalls ist jedes Channeling stark vom Niveau des Vermittelnden geprägt und es ist nicht so leicht zu erkennen, aus welcher mehr oder weniger bewussten, lichten oder dunkleren Ebene die Durchsagen kommen. Erfahren habe ich sogar, dass der CIA Channelings konstruieren würde.

Die Bedeutung von *Entscheidung*, wie in voran gegangenen Kapiteln ausgeführt, gehört zu den Ur-Themen der Menschheit und war in religiösen Lehren vor Jahrtausenden bereits enthalten.

Als der kosmische *Zwillinge*monat begann, sich seinem Ende zuzuneigen, entfernten sich die Anhänger von dieser Doppel-Energie. Das Volk wollte einen guten Gott, ohne sich mit den Schwierigkeiten des Bösen auseinander setzen zu müssen. Interessanter Weise geschah Ahriman das Gleiche wie Luzifer, er „stürzte aus dem Himmel" und wurde von da an ‚verteufelt'. Luzifer als der Lichtbringer gilt als ‚der erste Sohn Gottes', Christus als ‚der zweite Sohn Gottes'.

Die luziferische Energie übernahm die Aufgabe der ‚bösen‘ Hälfte zum Zweck der Evolution für die Menschheit. Die Dualität birgt die Notwendigkeit von Entscheidungen in sich. Entsprechend seiner Entscheidungen entwickelt sich nämlich des Menschen Reifung. Betrachten wir es ohne Voreingenommenheit, so müssen wir sagen Luzifer nahm diese schwere Arbeit, böse zu sein, auf sich aus Liebe . . .

Im fließenden Text kann der Dualismus nicht so klar, kurz gefasst und eindeutig dargestellt werden. Deswegen wähle ich Gegenüberstellungen, die für sich sprechen.

Der doppelgesichtige Gott

Ormuz / Ahura Mazda	Ahriman
Mazda = weiser Herr	Angura Mainyu = böser Geist
galt als oberste Gottheit Schöpfer und Erhalter der Welt und der Menschen	der Zerstörer der Welt und der Menschen
Macht des Lichtes	Macht der Finsternis

Die Lehre erklärt:

Spenta-Mainyu / Angura Mainyu
sind die Namen der „Zwillinge“ durch deren *Zusammen-wirken* die Welt besteht.

Diese Kräfte wurden tatsächlich in damaligen religiösen Lehren als *„Zwillinge“* bezeichnet und doch ist es:
Ein Gott mit zwei Gesichtern?
Nein, noch klarer besagt diese alte Lehre:

„Das Gute und das Böse ist das Gesicht Gottes.“

Im Bewusstsein der göttlichen Einheit traten die Menschen jeweils für *die* Seite der Gottheit ein, die ihnen mehr entsprach.

Es wurde empfohlen:	Es wurde verlangt:
Der Mensch *möge* sich entscheiden, im Kampf gegen das Böse, Ahura Mazda zu unterstützen.	Jeder Mensch *muss* sich entscheiden, im Kampf gegen das Gute, Ahriman zu unterstützen.

In dieser Gegenüberstellung kommt ein Problem aller Zeiten zutage. Die dunkle Macht verlangt und manipuliert. Die Lichtseite empfiehlt und bittet um Unterstützung. Das Verhalten offenbart, mit welchen Kräften der Mensch es noch immer zu tun hat. Es gilt wachsam zu sein, denn zu schnell stellt Ahriman den Fuß zwischen die Tür.

1800 v. Chr. - 1000 v. Chr. soll sich der Kult erneuert haben. Bekannt ist der Name eines altpersischen Priester-Propheten, Zarathuschtra oder Zartoscht oder Zoroaster. In unserem Kulturkreis kennen wir den Erneuerer dieser Lehre aus dem kosmischen Zwillingemonat des doppelgesichtigen Gottes, als Zarathustra. Seine Lebenszeit ist nicht eindeutig bekannt. Jahreszahlen zwischen 630 v. Chr. bis 550 n. Chr. werden erwähnt.

Diese Lehren und Weisheiten gingen nie völlig verloren. Durch Zarathustra erfuhren sie eine etwas verändernde Erneuerung in einem totalen Dualismus, der *Trennung* von Gut und Böse. Die Essener, eine besondere Gruppe unter den jüdischen Gemeinden, sollen von den Anhängern Zarathustras beeinflusst gewesen sein. Aus dem iranischen

Raum, mit der Tradition von dem Lichtgott und dem Herrn der Dunkelheit, übernahmen die Essener die Lehre, einen endzeitlichen Kampf zwischen den Mächten des Guten und denen der Finsternis zu erwarten. Ruth Lapide und ihr verstorbener Ehemann Pinchas Lapide waren als jüdische Religionswissenschaftler bedeutend und bekannt. Er hatte an der Lesbarkeit der Schriftrollen von Qumran mitgearbeitet und beide setzten sich sehr für die Verständigung zwischen Juden und Christen ein. Ruth Lapide sagte mir, dass Jesus mit Essenern Kontakt gehabt habe und von ihnen unter anderem das Heilen lernte. Um die ‚Lebensformen aus geistigem Wissen' zu lernen, soll Jesus aus Nazareth viel gereist sein: nach Griechenland, Ägypten, Indien und wegen der Lehren von Zarathustra auch nach Persien.

Um die Jahrhundertwende vom 19. zum 20. Jahrhundert erfuhr die Verehrung der Lichtseite von Ahura Mazda in Europa und USA eine neue Blüte unter Otto Hanish, der die Mazdasnan-Bewegung gründete. Er selbst nannte sich Otoman Zar-Adusht Ha'nish. Seine Lehre zur körperlichen und seelischen Reinigung und Gesunderhaltung hatte er von verschiedenen Religionen entliehen, doch basierend auf der Weisheit Zarathustras. Aus heutiger Sicht war seine Lehre weniger Scharlatanerie, was man ihm vorwarf, als fortschrittlich. Es ist verständlich, dass sie seinen damaligen Mitmenschen suspekt erscheinen musste, zumal sie von einer so schillernden Persönlichkeit vertreten wurde.

Noch heute ist dieser Kult eine lebende Religion: Zoroastrismus, Mazdaismus, Parsismus. *Avesta* ist das „heilige Buch" in der Religionsgemeinschaft der *Parsen* nach Lehren Zarathustras. Ich kannte einen indischen Parsen in

Madras, einen wunderbaren Menschen, der seine Religion ausübte und gleichzeitig auf dem Fundament der Veden lebte. Die Gemeinschaft der Parsen zählt man derzeit auf 120 000 Mitglieder. Der zentrale Faktor sind drei Grundsätze, drei Qualitäten der Lichtseite Ahura Mazdas:

- gute Gedanken
- gute Worte
- gute Taten.

Es ist eine monotheistische Religion mit dem Wissen vom Kampf zwischen Gut und Böse im Eins-Sein. Das ist die Entsprechung zum Kosmischen Monat ZWILLINGE.

Die hervorstechende astrologische *Zwillingequalität* ist ihr veränderliches, wechselhaftes Prinzip. Sie hat die Fähigkeit, gleichzeitig an mehreren Dingen interessiert und mit Verschiedenem beschäftigt zu sein, Sport und schöne Künste, Mathematik und Fotografie, Mode und Politik und vieles mehr. So entspricht das Thema ‚Licht und Schatten' dieser Zwillingequalität.

 # Der Kosmische Monat Stier
4000 – 2000 v. Chr.

Die Erkenntnis der Zwillingszeit war, dass neben dem Lichten das Dunkle existiert, besser gesagt: Es ist im Hellen enthalten – die schwarzen Streifen des Zebras *auf* seinem weißen Fell. Zusammen bilden sie die „Ganzheit Gottes". Noch lebt Erde und Mensch in der Dualität, der Gegenpoligkeit. Keine Religion kommt ohne die Tatsache von Gut und Böse aus. Es ist nur die Frage, wie sie damit umgeht. Auch in Ägypten wurde das Ungute als eine Realität im Leben anerkannt. Die geflügelte, mehrköpfige „Chaosschlange" ist die Darstellung des Unordnung Stiftenden, des Gefährlichen, des Bösen. Sie ist in einer „geheim gehaltenen Höhle" eingeschlossen und wird von den Göttern bewacht. Dekadenz, Verfall, Zerstörung im Inneren des Menschen und in seinem Umfeld waren schon immer mit der dunklen Seite verbunden.

Um die Schöpfung zu erhalten, muss unter dem Gesetz ewigen Wandels teilweise sogar zerstört werden. Ein Hymnus an den ägyptischen Gott Amun-Re sagt: „Gott ist ein Baumeister. Er zerstört und erbaut täglich, wenn er in seiner Stunde des Lebensschaffens ist." Auch hier klingt das Gesetz von Ordnung und Rhythmus an. ‚Seine *Stunde . . .*' Alles hat **S**eine bestimmte Zeit.

In einer Lehre für den König Merikare hören wir: „ER (Gott) hat seine eigenen Kinder verringert, als sie planten sich zu empören." Das bedeutet, sie wollten die göttlich-kosmische Ordnung *nicht* mehr einhalten.

In der zu Ende gehenden Krebsqualität lag die Schicksalsstunde zum Abstieg. Es begann die *unwissende Halbzeit* des Kosmischen Sonnenjahres. Ebenso wie in Indien in der Einstrahlung der Krebsqualität waren sich in Ägypten Pharaonen und Hohe Priester dessen bewusst, dass sie im kosmischen Monat des Stieres lebten, einem weiteren, alles überlagernden Absinken von Weisheit und Würde. Auch hier wurde der Lauf der Dinge akzeptiert. Im Verhalten des Volkes spiegelte sich die Qualität jener Zeit. Weisheitslehren wurden zwar in praktischen Anweisungen für das tägliche Leben an das Volk noch immer weitergegeben. Das aber wandte sich ständig mehr vom Geistigen ab und somit von einer ethisch-moralischen Lebensweise entsprechend göttlicher Empfehlungen.

Wie wollen wir das nachempfinden und womöglich beweisen? Vielleicht mit unserer Gegenwart? Denn der Werteverfall nahm auch in der Stierzeit zu so wie das geistige Leben abnahm und materielle Werte in der Ansicht der Menschen stiegen. Die Einstellung wandte sich mehr und mehr der Materie zu, ebenso wie der Stier seinen Kopf der Erde, nicht dem Himmel zugewandt hält. Ein Symbol für die Wertschätzung der Materie, gleichzusetzen mit Geld, Gut, Reichtum.

Die Wissenden erkannten, dass sie in der Einstrahlung der *Stierqualität* lebten. Dem gaben sie Ausdruck in der Verehrung und Anbetung des heiligen Stieres, dem „Apis". Als ich in der Schule von der Anbetung des Apis hörte, wusste ich nichts von Symbolwerten und es wurde auch nicht in diesem Sinne gelehrt. Ich dachte mir, wie dumm die Menschen damals doch gewesen waren, sie beteten ein Vieh an.

Heute weiß ich, wie aussagestark und bedeutungsvoll dieses Bild war, ist und bleiben wird. In der Vergangenheit wurde das, was dem Volk verborgen bleiben sollte in Sinnbildern ausgedrückt, verständlich nur den in Mythen und Geheimnisse Eingeweihten. In unserer Neuen Zeit werden wir uns daran gewöhnen, dass es ein unbegrenztes Wissen im Kosmos gibt, und dass der Mensch damit in Verbindung ist. So sickern auch die bisher geheim gehaltenen Weisheiten ins Volk und werden in ihm selbst lebendig. Dieses geschieht bereits, nicht nur für Wenige, sondern für viele Menschen eine Selbstverständlichkeit zu werden und das Leben völlig zu verändern. Aus archäologischen Funden, den bruchstückhaften Schriftstücken ist nicht alles über das Leben unserer Frühvorderen zu erfahren. Das Leben im Geiste und das Seelenleben sind unsichtbar. Wissen wir, ob es in prähistorischen, von uns nicht mehr nachweisbaren Zeiten auf und innerhalb unseres Planeten nicht schon unvorstellbar großartige Kulturen und Zivilisationen gab? Über die Mittel zur Erstellung der grandiosen Bauten im alten Ägypten wird bis heute spekuliert. Wie, wenn mit geistigen Mitteln, dem Wissen der Immigranten von Atlantis damals gebaut wurde? Immerhin nennt man Ägyptens Kunstschätze „eine Kultur ohne Jugend". Es wird angenommen, dass, bevor der Kontinent Atlantis unterging viele Eingeweihte das Land verließen und natürlich ihr hohes technisches Wissen und spirituelle Weisheit mitnahmen. Auch ist bekannt, dass Ägypten immer wieder ein Einwanderungsland war.

Möglicherweise existierten und existieren vergangene Kulturen noch heute in einer höheren Schwingung als wir sie jetzt haben, und sind deswegen für uns nicht sichtbar und nicht auffindbar. Bedenken wir, dass die Zeitqualität noch weiter absank. Möglich auch, dass sie durch unsere Schwingungsanhebung für uns Menschen eines Tages sichtbar werden. Klugheit, nein Weisheit ist es, alles offen zu betrachten und alles für möglich zu halten. Mit Gewissheit ist zu sagen: Die Menschheit wird sich noch wundern ob ihrer eigenen wissenschaftlichen Erkenntnisse! Es liegt nicht allzu lange zurück, als wir Menschen annahmen, die Erde sei eine Scheibe! Könnte nicht Größenwahn eine der menschlichen Schwächen sein, die uns eingrenzt? Vielleicht ist es Verblendung.

Was wir wissen ist, dass lange Zeit in ganz Ägypten die Stiergottheit „Apis" auch Serapis und Sarapis benannt, als bedeutendste Gottheit verehrt wurde, vor allem in der Pharaonenstadt Memphis. Nicht weit entfernt, innerhalb der Tempelanlage, die zur Totenstadt Sakkara gehörte, lebte der *heilige Stier* im „Serapeum". Apis galt als Träger der göttlichen Seele von Ptah, dem Hauptschöpfergott, Schicksals- und Totengott. Ptah trug den Namen *„der Uralte,* **der sich aus sich selbst erschaffen hat"**. Apis wurde als Gott der Fruchtbarkeit im Sinne der Erneuerung verehrt, als **„Sinnbild des sich Erhaltens aus sich selbst"**. Zum Feste der Erneuerung wurde der heilige Stier durch die Straßen von Memphis geführt. Der Pharao schritt neben dem göttlichen Stier.

Eine weitere Bezeichnung für Ptah war: **„Vater der Götter, von dem alles Leben ausgeht"**. Seine Schöpferorgane waren Herz, Gehirn und Zunge.

Die Bedeutung ist:

„Die in seinem Herzen gebildete Erkenntnis wurde zu Gedanken, die er über seine Zunge aussprach und erschuf so das Universum."

In genau gleicher Weise wird heutzutage erneut das schöpferische Denken gelehrt, um erst einmal unser eigenes Leben in Wohlergehen und Freude zu gestalten, Herz – Gehirn – Zunge. In späterer Zeit wurde der Apis mit einer Sonnenscheibe zwischen den Hörnern dargestellt. Das Zeichen, dass ihm auch die Verehrung des Sonnengottes zustand.

Für das, was nicht in Worte zu fassen ist
das SEIN an sich
was die gesamte Menschheit GOTT nennt,
wählte ein Volk genau im Kosmischen Monat STIER,
symbolhaft als sichtbare Form, den Stier.

Pharaonen und Hohe Priester Ägyptens besaßen Weisheit und Wissen. So erkannten sie, dass die *gesamte* Menschheit unter der kosmischen Einstrahlung der *Stierqualität* lebte. Sie gaben dem Ausdruck, indem sie dem Volk einen Stier in die Tempel stellten. Bei einer solch außergewöhnlichen Bedeutung entstanden natürlich verschiedene Zeremonien. Die ‚Inthronisation' des heiligen Tieres galt als sein Geburtstag. Er durfte nicht länger als 25 Jahre leben. Für den Fall, dass er länger leben würde, gab es festgesetzte Todesdaten. Der Apis musste eines natürlichen Todes sterben, dazu wurde er während eines Festaktes in den Nil geführt. Wie ein Pharao wurde der heilige Stier einbalsamiert und es folgte die mit Prunk durchgeführte zeremonielle Bestattung in einem zum Tempel gehörenden Tierfriedhof. In

Sakkara wurde 1850 die unterirdische Grabanlage zur Beisetzung heiliger Stiere freigelegt. Unter dem Wüstenboden wurden die in Fels gehauenen Grabkammern gefunden mit 25 Sarkophagen. Einer war 60 - 70 Tonnen schwer, aus einem Stück in der Größe eines Stieres ausgehöhlt, 2 - 3 Meter lang und spiegelglatt poliert. Wie war das bewerkstelligt worden?

Das Kunsthistorische Museum Wien besitzt die Mumienmaske eines Stieres vom Serapeum Sakkara. Es wurde aber nie eine Stiermumie gefunden, obwohl auch andere Städte einen heiligen Stier in ihren Tempelanlagen hielten. Es heißt, dass Mumien nach Kairo gebracht wurden und auch, dass in der Nähe von Sakkara angesiedelte koptische Mönche einen Großteil der Stiermumien vernichtet hätten.

War ein Apis gestorben, wurde im ganzen Land nach einem jungen Stier gesucht, der die bestimmten Merkmale trug, entsprechend den Schöpfungssymbolen des Ptah. Auf seinem schwarze Fell musste an der linken Körperseite ein weißer Mond (Herz), und auf der Stirn ein weißes Dreieck (Gehirn) sichtbar sein. Der Stier musste unter seiner Zunge das Zeichen des Skarabäus (Sprache) besitzen.

**Aussprechend (Skarabäus unter der Zunge),
erschafft Ptah aus seinem Herzen (Mond = Gefühl),
mit dem aufsteigenden Gedanken (weißes Dreieck auf der
Stirn) das Universum. Die Lehre darin ist:
Wir Menschen erschaffen,
als Kinder (Anteile) des Göttlichen,
in gleicher Weise unser Schicksal.**

Interessant ist auch, dass lange davor in der Prädynastischen Zeit vor den Pharonen bis ca. 3150 v. Chr. und in der Frühdynastischen Zeit bis ca. 2700 v. Chr. die Göttin Hathor verehrt wurde, deren Kult von Dendera ausging. Sie wurde auch als Kuh dargestellt, meistens aber als schöne Frau, die auf dem Haupt ein Kuhgehörn mit der Sonnenscheibe trug.

Die astrologische *Stierqualität* ist als standfest zu bezeichnen, wie die historischen Bauten Ägyptens. Sie ist der materiellen Seite zugewandt und sieht darin eine bedeutende Werteskala. Die astrologische Stierqualität verbindet irdische Realität mit himmlischer Weisheit. Heute deuten wir sie in der Astrologie als eine der Materie zugewandte Energie mit einem wunderbaren geistigen Kern. Dargestellt ist diese Aussage durch den erdverbundenen Apis, der zwischen den Hörnern die Sonnenscheibe trägt.

♈ Der Kosmische Monat Widder 2000 v. Chr.

In vorchristlicher Zeit wurde der Widder als Göttersymbol der Fruchtbarkeit im gesamten vorderen Orient von Nubien bis Babylon verehrt. In der Religion des alten Babylons war der Widder von besonderer Bedeutung. Welche Verbindung liegt hierin zur Verflechtung mit dem Widdersymbol im Judentum bis heute?

Ursprünglich waren die Vorfahren der Juden als Semiten von der arabischen Halbinsel über Ägypten nach Palästina eingewandert. Damals war Palästina überwiegend von dem semitischen Stamm, der Kanaaniter bewohnt. In einigen Teilen dominierten Hebräer. Im *Alten Testament* heißt es zu wiederholten Malen: „Sie waren Fremde im Land."

Um das Jahr 580 v. Chr. soll Nebukadnezar II. den Tempel Salomons zerstört und die jüdische Gemeinschaft von Palästina hinaus in die ‚babylonische Gefangenschaft' getrieben haben. Wissenschaftlich ist die damalige Existenz dieses Tempels nicht bewiesen. Es existieren keine historischen Zeugnisse. Die bekannten Aussagen stützen sich allein auf mehrere Stellen der Bibel. Gehen wir also davon aus. Als die jüdische Gemeinschaft nach Jahrzehnten aus dem Exil zurückkehrte, erbaute sie einen zweiten Tempel auf dem Berg Moria.

Zurzeit von Nebukadnezar lebte ein Vielvölkergemisch mit einem sagenhaften Sprachengewirr in Babylon, das nahe dem heutigen Bagdad lag. Nebukadnezar II. war es, der den „Turmbau von Babel" vollendete. In jener Epoche erlebte die Stadt ihre Hochblüte. Ein reger Handel war immer und überall die Grundlage für eine Hoch-Zeit von Kultur, bezahlt durch Reichtum. Die Juden im Exil – nicht in Gefangenschaft – hatten sich assimiliert, zumal der König sie in seinem Land frei leben ließ. Er fragte sogar ihre Weisen um Rat und Zukunftsschau. Das Phänomen Geld entstand an vielen Orten auf der Erde. Babylon aber, eine Metropole der damaligen Zeit, war es, wo der Handel mit *Geld als selbständiges Handelsobjekt* üblich war. **Geld an sich war zu einem Produkt geworden.** Eigentlich kann man das Wort ‚Produkt' nicht verwenden, denn mit zahlenbedrucktem Papier Handel zu treiben, mit Zins und Zinseszins ist nicht dem Wert von Papier entsprechend. Man könnte sagen es ist sehr schlitzohrig, wenn nicht ganz einfach Betrug (Anhang „Fed"). Das hat sich bis zur heutigen Zeit zum großen Übel für Viele und zum „Glück" für Wenige ausgewachsen. ‚Babylon' wurde zum Synonym für leicht gewonnenes Geld, leichtfertig ausgegeben für unsinnige Lebensgewohnheiten. In jener Zeit saßen die Exiljuden an den Ufern von Euphrat und Tigris, weinten aus Heimweh und lernten das Geldgeschäft. Aus dieser Zeit soll es Berichte über damalige jüdische Bankdynastien in Babylon geben.

Geld wurde vom *Werterhaltungsobjekt* zum selbstständigen *Handelsprodukt, gekoppelt* mit dem Zinssystem. Aus sozialer Sicht war das eine gefährliche Entgleisung, deren Auswirkung derzeit, nach Jahrtausenden, dramatisch aktuell wurde. Ursprünglich war Geld ausschließlich zur *Werterhaltung auf Zeit* eine Zwischenstation im Handel, zu Beginn im Tauschhandel. Wenn es auch noch lange kein leicht transportables Papiergeld war, so waren Münzen mit einem eingestanzten Nennwert für die Kaufleute doch eine praktische Erleichterung bei ihren Geschäften über große Distanzen mit Verbindungen zwischen den Handelskontoren. Allerdings hatten Edelmetalle ein hohes Gewicht. Diese bei sich zu tragen, war praktisch unmöglich, außerdem waren Gold und Silber eine leichte Beute: Gleich ‚cash‘ in die ‚Täsch‘!

Als die Zeit des Exils aufgehoben wurde, gingen nicht alle Juden zurück nach Palästina, sondern viele wanderten hinaus in die Welt. Noch heute liegt der globale Geldhandel überwiegend in jüdischen Händen. Etwas, das erneut Bedeutung zu gewinnen scheint, ist die Prophezeiung des Johannes auf Patmos. Darin heißt es: Alle Kaufleute der Welt – nicht nur jüdische – die mit der „großen Hure Babylons" (Symbol für die Geldwirtschaft) gehurt haben, werden traurig sein wenn *sie* nicht mehr ist.

Es war aber auch in Babylon, wo diese Exil-Gemeinschaft, ursprünglich von Hirten und wenigen Bauern, ihre Inspirationen in ‚eine Form‘ schrieb. Ein politischer Wille war erwacht und wurde zum Ansporn. Diese Volksgemeinschaft hatte keinen König mehr, kein Land, keine Regierung, aber sie schrieben die „Thora". Später baute ihr Staatswesen die gesamte Lebensform entsprechend dem damals geschriebenen Wort auf. Die in Babylon herrschende Verehrung von Marduk, dem Gott, der alle Eigenschaften des gesamten Pantheons des Vielvölkerstaates in sich vereinigte, kam einem Monotheismus gleich und soll nicht ohne Wirkung auf das jüdische Volk gewesen sein. Das Wissen über den *einen* Gott und die Gottverbundenheit von Abraham wurden bestärkt. Dieses geschriebene Wort, die Thora, wurde der Anfang zu der **religiösen Lehre von dem „einen Gott".** Daraus erwuchs das Christentum durch den jüdischen Rabbiner Jesus aus Nazareth, der die Lehre bis zur Christusliebe erhöhte.

Dem Monotheismus folgte der Koran, das heilige Buch des Islam. Sollte die Lehre von dem *einen Gott* sich verbreiten, dann war eine passende Form für die arabische Mentalität notwendig. Die Inspirationen dazu, die der Gottesbote, Erzengel Gabriel, Mohammed (570 - 632) gegeben haben soll, wurden zum Koran. Ich habe ihn gelesen und war von den vielen Übereinstimmungen beeindruckt. Mohammed wollte, ebenso wie Martin Luther, keineswegs eine ‚neue‘ Religion schaffen.

3. Sure, 3-4:

„Gott ist Gott! Es gibt keinen Gott außer ihm. Er ist der aus sich selbst Lebendige, der Ewige. Er offenbarte die Schrift mit der Wahrheit und ich (Mohammed) **bestätige** hiermit sein schon früher gesandtes Wort. Er offenbarte schon vorher die Thora und das Evangelium.“

Wir hören im Zusammenhang mit dem Islam immer das Wort ‚A l l a h‘. Es ist nichts anderes, als die arabische Übersetzung von: G o t t. Das Wort ‚Bibel‘ war noch nicht geprägt, deswegen ‚Evangelium‘. Die Entwicklungsgeschichte des Wortes Bibel führt nach Griechenland. Griechen kauften den ägyptischen, verarbeiteten Papyrusbast in der phönizischen Hafenstadt *Byblos* (heute Dschubail im Libanon). Daher stammt das Wort ‚biblos‘. Es erfuhr mehrere Veränderungen durch die Übertragung in Kirchenlatein und wurde mit dem femininen Artikel und mit Plural belegt. Heute sind es die *Heiligen Bücher* des ‚Alten und des Neuen Testamentes‘ – die Bibel. Die drei monotheistischen

Weltreligionen – Judentum, Christentum, Islam – stammen aus einer Wurzel und die ist jüdisch, oder gar babylonisch? Ein und dieselben Aussagen sind in der Thora, der Bibel und dem Koran zu finden, genau genommen in dem innersten Kern aller Religionen. Das Judentum war **auserwählt,** diesen Begriff des **einen** *Gottes* in der Menschheit zu verankern als die „Quelle von allem was ist". Was dieses wahrhaftig bedeutet, werden erst künftige Generationen richtig und voll erfassen können, wenn Physik die Wahrheit Gottes offen legt. Die Wissenschaft hat damit begonnen ihren höchst wesentlichen Beitrag dafür zu leisten. Es sind Erkenntnisse, nicht im Sinne der Mächtigen, aber sie werden das Weltbild grundsätzlich verändern. Es wird eine Erkenntnis-Explosion stattfinden, sobald unseren internationalen Forschern Freiheit, Sicherheit und finanzielle Mittel gegeben werden. Bedenken Sie, verehrte Leserin und verehrter Leser, alles was wir als ‚Wunder' bezeichnen, sind lediglich physikalisch-chemische Ordnungsmäßigkeiten, die wir noch nicht kennen. Es sind Funktionsmechanismen, von denen nahezu die gesamte Menschheit noch nichts weiß.

Zurück zur Vergangenheit Israels die berichtet, dass die Familie von Josef durch die Gunst des Pharao in Ägypten gesiedelt hatte. Er war ein Sohn von Jakob der sich später Israel nannte, ein ihm von Gott verliehener Name. Nach Generationen hatten sich die Verhältnisse geändert und das Leben in Ägypten war für die Juden schwierig geworden. Moses soll diesen Volksstamm auf einem Weg von 40 Jahren, mehr als eine Generation, zurück nach Palästina geführt haben. Bis ins 18. Jahrhundert wurde Moses als historische Person angesehen, was aber nach heutigen wissenschaftlichen Ansprüchen nicht bewiesen ist. Nehmen wir das vorhandene Wissen als ein Gemisch aus Tatsachen und in Bilder gekleidete symbolhafte Aussagen. Wie es heißt, erhielt Moses auf dem Berg Sinai die göttlichen Empfehlungen für ein rechtschaffenes Verhalten, das den Menschen Wohlergehen und Glück sichert – die zehn Gebote. Diese hatte er in Steintafeln gehauen. Damit stieg er den Berg hinab und sah sein Volk allerdings anders als in der Apis-Verehrung um *‚das goldene Kalb'* tanzen, Verehrung des Mammon. Wohl bekannt ist der Zorn von Moses über diesen Fehltritt oder Rückfall. Er warf die Tafeln zu Boden, dass sie zerbrachen. Was schert sich die Welt heute um die ‚zehn Gebote'? Sie tanzt noch immer um das goldene Kalb.

Den Faden der Entwicklung rollen wir zurück. Opfer waren in den Gesellschaften des Altertums bedeutungsvolle Formen zur Verbindung mit den Gottheiten. Immer schon wollten die Menschen ihre Götter gnädig stimmen. So ist es durchaus verständlich, dass mit einer besonderen Opfergeschichte verdeutlicht wurde, wie bedingungslos und inbrünstig die Gottesverbindung sein sollte. Gott forderte Abraham auf, seinen geliebten Sohn Isaak als Opfergabe zu töten. Abraham ist gehorsam. In letzter Minute gebietet Gott Einhalt und zeigt ihm zur Opfergabe einen **Widder**, der sich im Gestrüpp verfangen hatte.

In dieser mythologischen Geschichte ist eine tief liegende Weisheit verborgen. *Es ist das größte spirituelle und grundlegende Geheimnis überhaupt:*

So lange Abraham G o t t als von sich getrennt erfühlte und wusste, erlitt er als Vater die Angst und

den Kampf der Entscheidung sein geliebtes Kind
zu opfern, es selbst zu morden.

Wie kann ein liebender Gott Solches verlangen?

In der Sekunde, als er sich mit G o t t als EINS begriff,
wusste er: ICH BIN der Schöpfer meines Schicksals.
In diesem Augenblick sah er den Widder und erkannte:
ICH/SELBST, das Göttliche in mir,
gestaltet mein Leben.
Ich entscheide, meinen Sohn nicht zu opfern,
und das war richtig, denn in jenem Moment erblickte er
den Widder als Opfergabe.

Eine solch überdimensionale Erkenntnis kann der Mensch nicht
durch theoretische Tempel-Lehren erfassen. Wer diese Weisheit
heute begreift, kann es fast immer nur durch ein Erlebnis.

Sobald der Mensch seine wahrhafte Göttlichkeit erkennt
und verinnerlicht, wird er Gott nicht mehr als etwas außerhalb von sich anbetteln und sich davor ängstigen. Er weiß,
die göttliche Schöpferkraft ist in mir. Ob und in wie weit
im Judentum diese allerhöchste spirituelle Erkenntnis bekannt ist und der einzelne die Bedeutung der Geschichte
erfasst, vermag ich nicht zu sagen. Sie gehört zu der geistigen Weisheit, die in allen Religionen liegt. Sie kann erst
begriffen werden, wenn alle religiösen Begrenzungen weg-
fallen. Noch heute erinnert das **Widderhornblasen** am Neu-
jahrstag an dieses Symbol.

Nachdem Kain seinen Bruder Abel erschlagen und seine
Heimat verlassen hatte, gebar Eva einen dritten Sohn und
gab ihm den Namen Set. Sein Enkel war Enoch (Henoch).

Er führte ein ‚Gott gefälliges Leben' und wurde wie Elia von der Erde hinweg genommen. Ein Ereignis, das wir heute als ‚Aufstieg' bezeichnen. Das ‚Buch Enoch' beinhaltet viele Verse mit menschlichen Problemen. Jede Strophe endet mit dem Satz:

Sei stille und wisse: ICH BIN GOTT.

Das bedeutet: ICH/SELBST BIN GOTT.

Darf ich Ihnen, verehrte Leser, empfehlen, darüber zu meditieren, nachzudenken? Nur Ihre eigene Erkenntnis wird sie mit Perlen der Weisheit überschütten, macht sie glücklich und gesund. Meine Worte sind bestenfalls wie das Rauschen in den Baumwipfeln am Rand ihres Weges.

Aus geistiger Sicht ist die menschliche Existenz von ihrem Beginn an mit dem Opfer verbunden. Wie zuvor beschrieben geht menschliches Dasein auf den Sonnenlogos und auf diejenigen zurück, „die den Tod wählten". So beschreiben es die alten heiligen Schriften Indiens. Es sind nicht nur die hoch entwickelten Wesenheiten die aus einem bestimmen Grund, eine irdische Inkarnation annehmen wozu der Tod gehört. Es sind <u>alle</u> sterblichen Menschen, alle Lebensfunken die in mystischem Urbeginn auf den Lebensstrahl des Sonnenlogos reagierten und bereit waren, das große Menschheits-Experiment, wovon schon gesprochen wurde, mitzumachen. Sie verließen die Seligkeit. Sie nahmen ein sterbliches Erdenleben an. Da treffen wir wieder auf den Faktor: Entscheidungen. Es geht darum, durch Entscheidungen freiwillig das Licht zu wählen, um Gottheiten werden zu können und damit das Leben des Universums zu stärken. Urbeginn und Grundlage des Lebens – ein Opfer.

Sind Leben und Sterben vieler Tiere nicht Opfer, um andere Lebewesen zu ernähren? Die Kette reicht hinab bis zur Mücke und hinauf zum Menschen der meint, ohne Steak oder Schweinebraten nicht leben zu können. Kleine und große Opfer begleiten jeden Menschen in seinem Leben. Opfer werden unbewusst oder bewusst, freiwillig und unfreiwillig gegeben. Untrennbar sind sie oft mit der Liebe verbunden. Bewusst, aus Liebe gegeben, verlieren sie ihre Bitterkeit und ihren Schmerz. Vieles von dem was aus Liebe getan wird, erscheint Außenstehenden als ein Opfer. Der Liebende selbst empfindet es nicht so.

Spirituell betrachtet ist ‚*Christus' die Bezeichnung für die wesenhafte Liebesenergie im Universum.* Als die Zeit herangereift war, brauchte die kosmische Christusenergie, *der* **Gottes-Sohn** einen Menschen, um auf der Erde zu wirken. Anders ausgedrückt: Die wesenhafte Energie *Christus* brauchte einen Menschen der fähig war, den göttlichen Geist der Liebe in sich aufzunehmen, um ihn erneut der Menschheit nahe zu bringen. Die Wahl fiel auf einen Juden, Jesus aus Nazareth. Er war dazu geeignet, denn er hatte sich auf seinen vielen Reisen zu den Weisen der damaligen Welt nicht nur in Weisheit geschult und gebildet, sondern in ihm war die notwendige Liebesfähigkeit und Opferbereitschaft vorhanden. *Jesus,* auf Aramäisch Jeschua, war der **Menschen-Sohn.** Wie Ruth Lapide mir sagte, war es zu der damaligen Zeit ein Modename. *Christus* ist griechisch und ein *Ehrentitel* ‚der Gesalbte' auf hebräisch ‚Messias'. Dieser Mann aus Galiläa war Jesus, durch den Christus wirkte.

Es gibt im spirituellen Sprachgebrauch den Begriff ‚gechristet'. So werden die Wesenheiten bezeichnet, die die

Christus-Liebes-Energie in sich vollkommen entwickelt haben. Von Mohammed heißt es, dass seine Wesenheit seit seiner Inkarnation als Begründer des Islams inzwischen ein ‚Gechristeter' geworden sei.

In der Geschichte von Abraham wurde der Widder geopfert. **Aus astrologischer Sichtweise bedeutet das Widdersymbol die Ich-Betonung**: *Dieses starke ICH, das sich in eindeutigen Ego-Interessen ausdrückt, soll – sobald es voll entwickelt ist – aus seinem Ego-Zentrum heraustreten und sich dem DU zuwenden, sich für das DU einsetzen.* Das bedeutet keineswegs, sein ICH aufzugeben! Ohne sein ICH kann kein Mensch auf der Erde existieren. Das *sterbliche ICH*, die Person mit Körper, Denken und Fühlen ist sozusagen der Diener von uns SELBST, von *unserem unsterblichen SELBST.* Die meisten Menschen aber identifizieren sich ausschließlich mit ihrer sterblichen Person, was direkt mit den Ängsten zusammenhängt, besonders mit der Angst vor dem Sterben. Es ist die animale Angst des Körpers. Unser geistiger Teil weiß, dass unsere Wirklichkeit unser unsterbliches, göttliches SELBST ist, das ICH BIN.

Der Weg zu sich SELBST besagt, den Ich-Willen zu Gunsten des DU zurückzunehmen, auszubalancieren.
Es bedeutet, andere Menschen – das DU –
wahrzunehmen, zu respektieren, den anderen in all seiner Andersartigkeit sogar lieben zu lernen und dementsprechend zu behandeln.

Dieser geistige Aufruf des damaligen **Kosmischen Monats WIDDER** ist inzwischen, zu einer brennenden Fackel geworden. Niemand wird ausgenommen, sich dafür oder dagegen zu entscheiden, es zu realisieren und zwar in allen Bereichen des Lebens. Wozu scheint ausgerechnet das Judentum für diese schwierige Aufgabe, vom ICH zum DU, ausgewählt zu sein? Liegt hierin für seine Menschen die große Chance ihrer Entwicklung, die gleichzeitig der gesamten Menschheit zum Wohle gereichen würde? Ob Familien ohne Herzensbildung, ob global agierende Finanz- und Wirtschaftsgiganten mit ihrem „Brutalkapitalismus" oder die Menschen in korrumpierten Regierungen, *sie alle werden lernen müssen, den Anderen zu lieben,* wollen sie auf diesem Planeten weiter leben. Auf der Erde kann nur existieren, was mit der planetaren Schwingung harmonisiert. Mutter Erde erhöht ihre Schwingung und zwar sehr schnell, wie die Messungen ergeben. Die Grundfrequenz, die bis in jüngster Zeit mit 7,8 Hertz gemessen wurde, hat den Wert von 12 Hertz erreicht. Wenn sie dieses lesen, wird er noch höher liegen. Hier ist etwas von der Ursache zu finden, warum das jetzige Weltensystem zusammenbrechen wird. *Wir erleben den Wendepunkt eines Kosmischen Jahres.* Es gibt höhere Ordnungen für den Planeten Erde als die Entscheidungen von rennenden, verwirrten und verführten menschlichen Wichtigtuern. Im Vergleich mit den *Gesetzen des Universums* sind die gängigen, zwingenden, knebelnden Manipulationen höchster Entscheidungsträger auf Erden weniger als – wegen der Eindeutigkeit bitte ich, dieses Wort gelten zu lassen – ein ‚*Fliegenschiss*'. Allerdings werden diese Fliegen mit dunkler Macht gefüttert.

Die Qualität des Weltenmonats *Widder* hat das Judentum am stärksten von allen Völkern der Erde aufgenommen. Der jüdische Jesus von Nazareth, mit dessen Leben eine neue Zeitrechnung begann – noch bedeutender – der Jesus, mit dem ein Weltenmonat beendet und mit dem ein neuer begonnen wurde, wird als das *Lamm Gottes* bezeichnet, Agnus Dei.

Das Lamm, das aus dem Widder kam,
der Jude Jesus, opferte sein Ego für das DU.
Seine Botschaft war: Liebet einander!

Weisheit und Lehre eines jeden Weltenmonats, kommen jeweils in einem bestimmten Volke besonders stark zum Ausdruck, doch sie gelten ebenso für die gesamte Menschheit.

Ohne in eine Diskussion mit Religionswissenschaftlern zu treten, liegt meines Erachtens hier eine wesentliche Bedeutung, warum das jüdische Volk das **„auserwählte Volk"** ist.

Das Judentum war es, das im Kosmischen Monat WIDDER
als religiöses Symbol bis in die heutige Zeit,
den Widder wählte.
Das Widder-Symbol stellt die stärkste Form der ICH-Kraft,
des Ego-Willens dar. Im Sinne von Evolution muss jede
Überbewertung des ICHs in tätiger Liebe
zum DU aufgegeben werden.
Dieser Wandel wird das „Neue Jerusalem" erbauen,
spirituell und in irdischer Realität.

Werfen wir einen Blick in die Gegenwart. Palästinenser sind Einheimische in Palästina und ebenso wie die Israelis Söhne Abrahams. Allerdings sind sie dem Staat und dem Volk Israel in allen Bereichen total unterlegen. Herausfinden zu wollen, worauf das in Wahrheit zurückzuführen ist, wäre ein heikles Unterfangen. Lediglich der Tatbestand sei erwähnt. Kann es womöglich die Forderung des Schicksals sein, dass der Frieden im nahen Osten *von Seiten Israels*, als seine Hinwendung zum DU, eingeleitet werden soll? Könnte diese Leistung das ersehnte Signal zum Weltfrieden werden? Sind sie *dazu* das ‚auserwählte Volk'?

In „Lieder und Gesänge der Mönche und Nonnen Gautama Buddhas" ist dieser Satz zu lesen: „Der selig Sichre, fraglos Freie, der selber sich hat besiegt." Das gilt nicht nur für Buddhisten, es ist ein Menschheitsgesetz. Wenn die jüdische Gemeinschaft sich dazu befähigt, wäre es für die gesamte Menschheit *das* Vorbild für die Überwindung eines übersteigerten ICHs.

Die Überwindung des eigenen persönlichen Egos ist die größte Leistung für das eigene Glück im Leben.

Die Überwindung des gemeinschaftlichen ICHs ist die höchste Leistung, welche ein Volk für die Evolution der Menschheit überhaupt erbringen kann.

Praktisch bedeutet es FRIEDEN.

Könnten die Söhne und Töchter Abrahams dazu das „auserwählte Volk" sein?

Ist es ihre Aufgabe, dem schwächeren Bruder den Frieden anzubieten?

„Ihr müsst einfach umdenken.
Lebt in Frieden! Wir sind alle Palästinenser.
Ich zum Beispiel betrachte mich als *jüdische Palästinenserin*."

Das sagte Ruth Dajan, die Witwe von General Mosche Dajan, dem Verteidigungsminister und Armeechef mit der Augenklappe. 1967 erlangte Mosche Dajan durch den ‚Sechs-Tage-Krieg' Berühmtheit. 2008 wurde Ruth Dajan 91 Jahre alt. Sie schläft nur 5 Stunden, Mittagsschlaf ist für sie Zeitvergeudung, denn sie knüpft rastlos Fäden, die Juden und Araber verbinden sollen und tatsächlich verbinden. (Interview für die Süddeutsche Zeitung 09.04.2008) Ein Zwei-Völker-Staat ist nicht die endgültige Lösung. Stellen sie, verehrte Leser, sich folgende Vision als Ihren Beitrag zur weltweiten Evolution vor: Jüdische Palästinenser, islamische Palästinenser und christliche Palästinenser leben friedlich miteinander in einem Staat verbunden, bis in die Spitzen der Regierung als Volksvertreter. Wahrhaftig, das ist die *Neue Zeit*, das ist das *Neue Jerusalem*. Mein Verstand fragt: Mit der jetzigen Politik? Unmöglich! Doch die Weisheit ruft: Glaube es!

Araber und arabische Palästinenser sind ebenso Söhne und Töchter Abrahams wie die Israelis. Sie sind Halbbrüder, die Kinder eines Vaters doch von verschiedenen Müttern, von Sara und ihrer Magd. Sara war bis ins hohe Alter unfruchtbar geblieben. Deswegen hatte sie ihrem Mann, ihre ägyptische Sklavin Hagar, zur Mutter seiner Kinder angeboten. Hagar gebar Ismael. Wider alle Erwartungen wurde Sara danach trotz ihres Alters schwanger und gebar Isaak. Daraus erwuchsen die beiden Stämme der feindlichen Halbbrüder.

Bruderkrieg, man könnte es wiederum als eine symbolhafte Tatsache sehen, denn jeder Krieg ist ein Bruderkrieg. Letztendlich ist die gesamte Menschheit *Eines*. Aus dem Kosmos betrachtet sind wir *eine* Spezies Mensch, *eine* Menschheit. Wir alle sind Kinder einer Vater-Mutter-Gott-Energie. Das mittelalterliche Bild eines personifizierten Gottes ist unsinnig geworden, hat seinen Sinn verloren. Für unsere Zeit ist es passender von dem *‚Absoluten'* zu sprechen, von dem einzigen Absoluten, denn alles andere ist subjektiv. Das zu erkennen ist derzeit die Aufgabe in der Evolution. Wir nähern uns der Zeit des Weltfriedens von Geschwistern, der von den Halbbrüdern eingeleitet werden sollte.

Das ist die Botschaft für die Gegenwart aus dem Kosmischen *Widder*monat des diesmaligen Großen Jahres. *Im vorderen Orient entscheidet sich das Schicksal der Welt.* Es war ein Jude der in Vollkommenheit die Nächstenliebe, den Frieden vorgelebt hat, er war es, in dem Christus wirkte. Das ist Tatsache, ob die jüdische Gemeinschaft ihn als den Messias anerkennt oder nicht. Es ist an der Zeit, diese Botschaft auf breiter Basis zu praktizieren. Trotz aller Gelehrsamkeit und Dogmen der Kirchen ist die spirituelle Sichtweise in Toleranz höher angesiedelt als sämtliche religiösen Institutionen, die von Menschen in all ihrer Begrenztheit gemacht wurden. So lange sich jemand in den Denkvorgaben einer Religion wohl fühlt, so ist es für ihn angebracht und richtig. Doch viele Wege führen wieder aus Rom hinaus.

Wie stark die Akzeptanz des Widders im Judentum verankert ist und wie hoch angesehen, beschreibt die Zeremonie, das Widderhorn auch heute noch zu besonderen Anlässen zu blasen. Ein Ereignis vor nicht allzu langer Zeit veranschaulicht dieses. Heinz Pfeifer schreibt in seinem Buch „Die Brüder des Schattens":

„Am 18. Juni 1976 stand in der ‚Jewish Press' von New York eine großformatige Anzeige. Durch sie wurde der amtierende und ranghöchste Minister der USA, Henry Kissinger, genannt Abraham Ben Elazar, vom Obersten Rabbiner Gerichtshof Amerikas am 20. Juni **1976** zur Entgegennahme und Verlesung einer Exkommunikationsschrift in das New Yorker Hilton Hotel geladen. Hinter den verschlossenen Türen des ‚Regentenzimmers' fand die feierliche Handlung statt durch den Rabbiner Gerald Meister. Zugegen waren die Rabbiner Gilner, Blitz, Friedmann, Kranz, Brown, Kasten und als Gerichtsvorsitzender Rabbiner Antelmann. Kissinger alias Abraham Ben Elazar wurde angeklagt, seinen Amtseid 1972 auf die Bibel abgelegt zu haben, an jüdischen Feiertagen gearbeitet, ebenfalls seine Angestellten dazu angehalten zu haben und nicht koscher bei internationalen Banketten gegessen zu haben. *Zum Zeichen des Ausstoßungsvollzuges blies Gilner das* **Widderhorn** *und es wurden vier Kerzen ausgelöscht.* Damit ist Kissinger nicht nur aus der jüdischen Gemeinde und dem Staate Israel ausgeschlossen, sondern auch aus der Loge B'nai Brith („Söhne des Bundes" oder „Order Free Sons of Israel"). Der eigentliche Anlass für eine derartige ‚Verurteilung' dürfte Kissingers Rat zu bestimmten Verzichtsleistungen des Staates Israel zugunsten der Araber gewesen sein."

Betrachtet man die militärischen Einsätze Israels beispielsweise den Libanonkrieg 2006 mit der Anwendung von *Streubomben*, ihre höchst entwickelte Waffentechnik, den Besitz von Atombomben usw., dann wirken meine philosophisch-spirituellen, teilweise auf Mythen beruhenden Ausführungen naiv. Jedoch aus der Vogelperspektive mit dem spirituell erweiterten Überblick wird dieses Weltenspiel über- und durchschaubar. Dank mutiger Menschen, die mit reichlichen Hinweisen und Beweisen von Verschwörungen und Verheimlichungen den Vorhang wegziehen, ist die Übereinstimmung von weltlichem und geistigem Geschehen zu erkennen. Es ist umfassend, total vernetzt, unheimlich und – logisch.

Die astrologische *Widderqualität* ist eine Anfangsenergie. Sie beinhaltet die Kraft, zu leben sowie die Dynamik in einem jeden Beginn. Diese Energie erhebt Anspruch auf ihr ICH, denn ihre Qualität ist, ihren Willen durchzusetzen. Sie will leben und dominieren. Die Juden, in besonderem Maße Träger dieser Qualität, brauchten diese Ego-Kraft. Andernfalls hätten sie die Schwierigkeiten ihrer Geschichte nicht durchgestanden. Sie haben eine Aufgabe: Den Schritt vom ICH zum DU. Deswegen durften sie nicht untergehen. Möglicherweise wird die Geschichte Israels in späterer Zeit im guten Sinne vervollständigt werden.

Sobald sich das Judentum dieser hohen Aufgabe bewusst wird, kann es diese zum Wohle der gesamten Menschheit erfüllen. Alles ist im Wandel, in Bewegung. Dazu gehört, zu verzeihen und den anderen nicht nur leben zu lassen, sondern ihn zu unterstützen. Durch die Erfüllung dieses kosmischen Gesetzes entsteht die „Neue Zeit", eine Welt im Licht und die Formulierung „Das Neue Jerusalem" gewinnt seine Bedeutung.

♓ Der Kosmische Monat Fische
Beginn unserer Zeitrechnung
2000 n. Chr.

Die Tierkreiszeichen sind symbolhafte Aussagen zum Zeitgeist einer Epoche. Was der Weltenmonat *Fische* noch als Erbe des *Widder*monats in sich trägt verdeutlicht das Tierkreiszeichen. Dieses astrologische Symbol sind zwei auseinander strebende, gebogene Linien, mit einem Querstrich an einander gebunden.

Das Auseinanderstreben der beiden Bögen ist deutlich und ebenso deutlich hält der Querstrich sie zusammen. Wir können es symbolhaft als ein ICH und ein DU deuten. Der Bindestrich beinhaltet eine weitere Aussage, nämlich ein ‚sich ergeben', ein Annehmen, sogar ein sich Hingeben in die Bindung.

Trotz Auflehnung und Ablehnung, die sich bis zum gegenseitigen Bekämpfen steigern können, bleiben die beiden Seiten gebunden. Einerseits besteht ein extremer Anspruch, den Anderen in die eigene Richtung zwingen zu wollen, andererseits zeigt sich eine aus Gefühlen aufsteigende Anhänglichkeit, Anhängerschaft, möglich bis zur Abhängigkeit, wie zum Beispiel bei einer Religionshörigkeit. Beides kann sich in derart starkem Maße äußern, dass der Realitätssinn verloren geht. Typische Fische-Qualität. Auch heute fehlt er oft in praktizierenden religiösen Einrichtungen oder wird wissentlich verfälscht. Die Ereignisse der letzten 2000 Jahre bestätigen dieses in geradezu unglaublichem Geschehen, ob es die Anfang des 13. Jahrhunderts begonnene Inquisition war oder religiös motivierte Massenselbstmorde aus letzter Zeit. Die Inquisition währte bis zum Ende des 18. Jahrhunderts, nahezu 6 Jahrhunderte.

Ein großer Teil der Menschheit, vor allem die Jugend bejaht die Einheit aller Religionen in dem einen Göttlichen. Erscheinen da die Kreuzritterzüge nach Jerusalem nicht wie ein fanatisierter Wahnsinn? Warum wohl steht „Nathan der Weise" von Gotthold Ephraim Lessing (1729 - 1781) immer wieder auf dem Spielplan eines Theaters? Es geht darin um die Gleichberechtigung der drei monotheistischen Religionen und schicksalhafte Verknüpfungen zwischen einem Juden, einem adoptierten Christenmädchen und seinem muslimischen Araberfreund. Beachten Sie, dass Lessing im 18. Jahrhundert lebte.

Zweierlei also kennzeichnet den kosmischen Monat Fische. Zum einen: Fürstenkriege, Religionskriege, Wirtschaftskriege bis hin zu Weltkriegen und zu vernunftlosen, emotionalen Reaktionen einzelner, von Gruppen und der Volksmasse. Neben der Selbstherrlichkeit eines Anspruchdenkens gibt es gleichzeitig diese, sich selbst verlierende Hingabe an Rattenfänger jeder ‚couleur'. Im deutschen Nationalsozialismus der Hitlerzeit haben sich diese gegensätzlichen Neigungen perfekt verbunden wie in allen Diktaturen. Für wahnwitzige Ideen gab und gibt es immer begeisterte Anhänger, die beispielsweise eine Diktatur ermöglichten. Die Fischezeit war prädestiniert für Visionen und noch mehr für Illusionen.

Nehmen wir an, dass alles zur Entwicklung dient – wozu sollte *das* nutzen? Die Herausforderung dieses kosmischen

Monats bietet ein weites Spektrum an Erfahrungen, hinfüh-
rend zu der Erkenntnis, dass *wir einander nicht entkommen
können*, symbolisiert durch den zusammenhaltenden Querstrich im Fische-Symbol. Wir sind *eine* Menschheit, dieses
ist unendlich zu wiederholen bis es in jeder Zelle unseres
Körpers und in jeder Bewegung unseres Gemütes lebendig
ist. Die Erkenntnis, Bedeutung und Akzeptanz dieser Tatsache verändert die Welt. Sie wird im Aufstieg zu höheren
Dimensionen zum bleibenden Wert. Es ist eine unumgäng-
liche Etappe auf dem Weg der Evolution, ob wir es wissen, wollen, glauben oder nicht. Es ist etwas Großes in der
Menschheitsgeschichte, dass jeder für seine eigene Sicht
der Dinge frei ist und für seine eigene Entscheidung. Doch
eine Frage: Ist es nicht besser, sich in Toleranz einander
verbunden zu fühlen, als an andere in Kampf oder Hörigkeit
gebunden zu sein?

Wir sind eine Menschheit.
Die Erkenntnis führt über Toleranz zur Nächstenliebe.Das
ist die Botschaft des Kosmischen Monats FISCHE.

Zur Fischequalität gehört noch etwas anderes:
In die Transzendenz hinein tauchen zu können.

Im Jenseitigen, im Unsichtbaren liegt das Geheimnis,
das dem Leben in der sichtbaren Welt zugrunde liegt.
Es ist die Bedeutung der Liebe.

Für diejenigen Leser, die sich als Realisten verstehen, ist
hier eine sachliche Formulierung. Es ist dieser ‚Kommuni-
kationsfaktor im Universum‘, der es möglich macht, dass
wir uns ohne große Ich-Überwindung, ohne Stress und
Mühe mit anderen verbunden fühlen. Durch Liebe können

wir Respekt und Akzeptanz aufbringen, auch wenn die Art des anderen uns keineswegs entspricht. Mit Nächstenliebe wird alles einfacher. Warum nur gehen wir Menschen immer den schwierigen Weg, erst durch Schaden klug zu werden?

Wahrhaftig, es ist eine grandiose Sache, das Leben des Rabbiners Jesus. Er hat den Auftrag seines Volkes angenommen, praktisch umgesetzt und in die nächste Epoche getragen. Seine Lehre, die Christus aus den geistigen Bereichen durch Jesus für uns herüberführte in den täglichen Alltag, das ist die Weisheit von der Liebe. Andere Religionen haben andere Namen ihrer Persönlichkeiten für den Übermittler kosmischer Liebe. Offenbarungen, das sind Einweihungen für jeden von uns, wenn wir sie annehmen wollen. Wir Menschen reden und schreiben viel über die Liebe. Was sie in Wirklichkeit ist, haben wir davon überhaupt eine Ahnung? Was stellen wir uns darunter vor, wenn es heißt: *Liebe ist in Wahrheit die stärkste Macht im Universum – nicht nur emotiona,l sondern ebenso physikalisch?* Wir wissen noch nicht, was das bedeutet, sonst wären wir eifrig auf dem Weg, Liebe leben zu lernen.

Schon im vorherigen Kapitel war die Rede von Jesus und von Christus.

Zusammengefasst:

Es gibt eine wesenhafte Liebesenergie im Universum. Sie ist als die Kraft und Qualität des Christus bekannt, ein Aspekt Gottes. Jesus, der Nazarener, war ein Mensch auf dem Weg seiner Entwicklung wie wir alle. Doch er war schon vor 2 000 Jahren spirituell so hoch entwickelt, dass die

Christusenergie ihn auswählte, um durch ihn zur Menschheit, zum Volk zu sprechen. Christus legte dem Jesus sozusagen die Botschaften ins Herz und auf die Zunge. Dieser lehrte im Namen von Christus. Man könnte sagen, er channelte die Liebesenergie im Universum, den zweiten Sohn Gottes, Christus. Durch die Erfüllung seiner Aufgaben, in der uns bekannten Inkarnation wurde Jesus, zu einem der bedeutendsten geistigen Meister. Er lehrte das Eintauchen in Liebe, Weisheit und Kraft, damit jeder Mensch die Größe, Schönheit und Freiheit seiner wahrhaftigen Existenz erkenne, um sich selbst bilden, sich selbst erschaffen zu können. Mit dieser Sichtweise war es mir eine Freude, bei George Bernhard Shaw diesen wundervollen und viel sagenden Satz zu finden: „Im Leben geht es nicht darum, sich zu finden, sondern darum, sich zu erschaffen."

Erst Jahrzehnte nach Jesus Tod haben einige Nachfolger die Lehre niedergeschrieben. Doch der Glanz göttlicher Weisheit leuchtet bis in unsere Tage. Jesus ist zweifellos noch immer ein ‚Superstar'. Über keinen Menschen, keinen Religionsstifter wurde auch nur annähernd so viel geschrieben wie über ihn, nicht nur als historische Forschungen und Spekulationen, sondern speziell über seine Lehre.

- Die Faszination, die von Jesus, dem Christus noch heute ausgeht, ist überwältigend.

- Dabei ist es *nicht der Mensch Jesus* der bis heute die Menschen anzieht.

- Es ist *die Liebeskraft des Christus*, aus der heraus Jesus sprach oder die durch ihn sprach und wirkte und die, ohne seine physische Gegenwart, noch heute wirkt. Jeder, der sich dafür öffnet, wird es erleben.

- Wir sprechen von der *Christenheit* und nicht von der ‚Jesusheit'.

- Der kosmische Monat Fische war die Epoche des Christentums.

Durchaus verschiedene Dinge sind Liebe und Sexualität. Letztere gehört zum tierischen Anteil im Menschen, mit Sinn und Zweck für den Erhalt der Menschheit. Wenn auch der Mann in seiner Sexualität drängender veranlagt ist als die Frau, so erleben Liebende und Verliebte ein Hineinschwingen in den seelisch-geistigen Bereich. Wenn es nicht nur um die körperliche Notdurft geht, ist Sex geheiligt durch Liebe. Umgekehrt durch Liebe entfaltet Sex einen Zauber, dem sich niemand entziehen kann. Die Sehnsucht nach der Geliebten, nach dem Geliebten ist in Wahrheit die ewige Ursehnsucht nach der Liebe Gottes, nach dem Eins-Sein. Dies ist der tiefste Grund für die Liebessehnsucht die jeder Mensch – ohne Ausnahme – in sich trägt, auch die ‚Dunklen'. Jeder will geliebt werden, er sucht die Liebe und sei es über tausend Irrwege.

Liebe ist das zentrale Thema des Lebens. Gelebte Nächstenliebe macht keine Kriege, handelt nicht mit Munition und segnet nicht die Waffen beider Seiten. Wahre Liebe lügt nicht, betrügt nicht, mordet nicht, weder in der Gesellschaft noch in Wirtschaft oder Politik. Gerne drehe ich die Beschreibung um 180 Grad. Durch Liebe entsteht Frieden in den Familien und in der Weltfamilie. Mit Liebe würde die Völkergemeinschaft in gegenseitiger Unterstützung und Hilfe arbeiten, singen und tanzen. Das mögliche Paradies, entstanden aus menschlichen liebevollen Gedanken, ist mit seinem Wohlergehen, seiner Schönheit und Freude kaum zu beschreiben! Es mag gesagt werden, das sei Utopie und Liebe gehöre nicht in Wirtschaft und Politik. Dann stelle ich die Behauptung auf, dass genau dieses Fehlen die Ursache aller Misswirtschaft, Finanzdebakel und aller Kriege ist. Gelebte Nächstenliebe macht Unternehmen profitabler. Sollte Wirtschaft und Politik nicht von Menschen für Menschen gemacht werden? Wenn Sie noch nicht derart bewusst mit der Liebe umgehen, dann beginnen Sie mit diesem Experiment. Die Ergebnisse werden Sie in Erstaunen versetzen und begeistern, denn dann kommt der Wunder wirkende göttliche Geist in Ihre Aktivitäten. Dazu gehört zu allererst, dass die eigenen, emotional erlittenen Wunden geheilt werden. Weltweit ist die Menschheit in diesem Bemühen. Beweise sind die alternativen, mental-emotionalen, psychischen Heilweisen, die sich beständig erweitern und vermehren und die in Anspruchnahme dieser Methoden, die lawinenhaft ansteigt, immer schneller, in ständig größerem Ausmaß.

Einige Tatsachen zeichne ich auf, um den Unterschied zwischen der Institution Kirche und der Christuslehre auszuleuchten. Auf spirituellem Gebiet gehört Unterscheidungsvermögen zum Ersten, das zu lernen ist. Zum Aufbau eines Machtimperiums haben sich die Führer der frühen Christenheit, damit ist nicht das Urchristentum gemeint, den ‚Vater' Gott und den ‚Sohn' Jesus Christus angeeignet. Bedenken wir nur dieses eine, dass Jahrhunderte lang Angehörige der reichsten und mächtigsten italienischen Adelshäuser auf dem „Heiligen Stuhl" saßen, eine rein politische Angelegenheit. Die dazu abgeordneten Söhne des Adels hatten die machtgierigen Gene in sich und änderten auch als ‚Nachkommen Petris' ihre extrem luxuriösen Gewohnheiten keineswegs. Die echten Anhänger der Lehre Jesu wurden getäuscht, irregeleitet und von dem wahren Inhalt und der praktischen Anwendung seiner Lehre weggeführt. All dieses entsprach der dunklen Halbzeit eines Kosmischen Jahres in Erdenwirklichkeit. Kaum zu glauben, es war in der Ordnung. Ich möchte annehmen, dass die meisten der Kirchenherren die Höhe und Tiefe der Liebeslehre selbst nicht verstanden haben und die meisten interessierte es gar nicht. Jesus Christus war eine Stimme, die in die Unbewusstheit hinein sprach, die damals noch bedeutend größer war, als sie heute ist. In diesem Zusammenhang erwähnte Jesus sein zweites Kommen. Ein Ausspruch von ihm: „Noch vieles hätte ich euch zu sagen, doch ihr könnt es noch nicht erfassen." (Joh. 16, 12 - 15 ‚Konkordantes Neues Testament'). Die Menschheit wird eines Tages die Weisheit von Jesus gefühlsmäßig und gleichzeitig als eine exakte Wissenschaft erkennen. Sie ist keineswegs eine Gefühlsduselei, was durchaus zur Fischezeit gepasst hätte, was sich als Verfälschung durchaus zeigte und oft genug in Fanatismus eskalierte. Die Christuslehre ist die Lehre von den Naturgesetzen der Energie, also Physik und Metaphysik, nämlich Wasser in Wein zu verwandeln.

Jesus, der Christus, kannte die kosmischen Gesetzmäßigkeiten zumindest ebenso gut wie die Hohen Priester Ägyptens und die Manus Indiens. So war ihm bewusst, dass er zu Beginn des **kosmischen Monats der FISCHE** lebte. Es war nicht seine Art, theoretische Reden zu halten. Er redete zum Volk in Gleichnissen und benutzte Symbole, ein Meister der bildhaften Sprache! So sollten wir es nicht als Zufall betrachten, dass er seine ersten Schüler aus dem Berufsstand der Fischer wählte und davon sprach, dass seine Jünger „Menschen-Fischer" werden sollten.

Im Urchristentum spielte ein Akronym eine herausragende Rolle. *Akronym* ist ein Kunstwort, welches aus den Anfangsbuchstaben mehrerer Wörter zusammengesetzt, ein bestehendes Wort bildet. Das griechische Wort für ‚Fische' ist: *ichtys*. Es ergibt ein kurz gefasstes Glaubensbekenntnis.

Iesus   „Jesus"

Christos   „der Gesalbte"

Theu   „Gottes"

h**Y**ios   „Sohn"

Soter   „Retter" / „Erlöser"

Das (I-CH-TH-Y-S)-Symbol sind zwei gebogene Linien, in denen je ein Fisch zu erkennen ist. Es soll von den ersten Christen als geheimes Erkennungszeichen benutzt worden sein.

Die Insignien der Kirche sind bis heute auf den Fisch bezogen. Für den Papst ist der „Stuhl Petri", des Fischers, bestimmt. Bei der Amtseinführung wird dem neuen Papst, der von nun an „den Stuhl Petri" einnimmt, der „Fischerring" überreicht. Jeder Ring ist einmalig. Nach dem Tod eines Papstes wird bei der nächsten Vollversammlung der Kirche dieser Ring mit einem Hammer zerschlagen. Dem verstorbenen Papst müssen zur Aufbahrung die roten „Schuhe des Fischers" angezogen werden und die Bischöfe tragen die „Fischmaulmütze". In jeder Kirche begegnet den Gläubigen immer wieder als Schmuck und Verzierung das Symbol der Fische.

Im Islam des vorderen Orients wird Jesus als Prophet verehrt. Das orthodoxe Judentum anerkennt ihn nicht als den erlösenden Messias. Doch, vor 2 000 Jahren gekreuzigt, wird er in Europa und von dort ausgehend nach Amerika als der Heilsbringer, der Heiland, der Erlöser vergöttert. Gleichgesinnte auf der Erde erlebten und erstarben ähnlich unmenschliche Greueltaten, auch wenn deren Kultur ihnen nichts von einem Jesus oder Christus erzählt hatte. Die Bedeutung der Liebe wurde nicht erkannt, ganz und gar nicht begriffen. Ob sie bald ergriffen, erfasst, festgehalten und gelebt wird? Es ist zum zentralen Thema geworden, doch den meisten Menschen ist es nicht klar, dass Lieblosigkeit der wahre Ursprung von Finanz- und Wirtschaftsproblemen ist, die Ursache der Jobkündigung, welche Sie hoffentlich nicht erleben müssen.

In Europa wurde die Einstrahlung der Fischequalität in ihrer Zwiespältigkeit aufgenommen und umgesetzt. Die Kirche erklärte viele Menschen, die bis in den Tod ihrem Lebensprinzip, der Liebe treu blieben, zu „Heiligen". In Bibliotheken knarrt aus alten Büchern der Kirchengeschichte noch immer das Stöhnen und schleicht das Winseln der Qualen, entstanden durch eine wahnsinnige ‚religiöse' Peinigung. *Religionshörigkeit* eskalierte in *Religionskriege*, Inquisition, Hexenverfolgungen.

Erlösung und Glück sind ein ,bekanntes' Geheimnis.
Wenn wir die Forderung des
Widder-Monats praktisch erfüllen,
den ICH-Willen zu Gunsten des DU zurücknehmen,
dann erleben wir: Das Geheimnis ist die Liebe.

Möglicherweise sagen Sie jetzt: Na und, ist doch klar, das weiß man doch! Dann frage ich Sie: Wissen Sie wirklich, was Liebe ist? Leben Sie liebevoll vom Aufwachen bis zum Einschlafen? Wir hören seit Jahrtausenden von der Liebe. Wenn wir sie leben könnten, wäre die Welt ein Paradies. Sie wird es werden, sobald die Menschheit diese Qualität in allen Lebensäußerungen erreicht, in Gesellschaft, Wirtschaft und Politik. Es ist anzunehmen, dass bis dahin Erde und Mensch noch Erschütterungen erleben werden, auch im wahrsten Sinne des Wortes.

Wenn ein junger Mann einer alten Frau hilft die Straße zu überqueren, wenn Liebende zuerst den anderen glücklich machen wollen und als Zweites wünschen, selbst glücklich zu sein, wenn Verhandlungen mit Respekt und Ehrlichkeit geführt werden, in der Produktion eines Unternehmens die Mitarbeiter eine gute Kommunikation pflegen, dann gehen all diese heraus gepflückten Beispiele letzten Endes auf vorhandene Liebe zurück. In allen Konfessionen ist die Liebe die Rückführung zu Gott. Es ist eine wunderbare Sache, wenn wir spüren, dass sie glücklich macht. Warum ist sie dann nicht die allgemein übliche Lebensart? Die Bedeutung der Liebe ist offenbar. Doch gleichzeitig ist ihr Wesen, ihr Wert den meisten noch verborgen. Suchen sie nicht wirklich, nicht ernsthaft genug?

Astrologisch betrachtet ist die *Fischequalität* mystisch-religiös, hilfsbereit, einfühlsam, mit sozialem Engagement. Sie ist friedliebend mit dem Ideal der universellen Menschenliebe, fantasievoll, was aber bis in wahnwitzige Träume ausufern kann. Die Fischequalität ist nicht die Ego-Liebe, wie wir geliebt werden wollen, sondern **Agape, die grundsätzliche Liebe zu allem was ist.**

Der Kosmische Monat Wassermann 2000 – 4000 n. Chr.

Trocken und staubig waren in der Vergangenheit die Straßen in heißen Ländern. Im Gewühl der Menge dem „Wassermann" zu begegnen, welche Freude und Erleichterung! Mit Trinkwasser gefüllt war der Lederbeutel, über seine Schulter gehängt, um den Durstigen einen erquickenden Trunk zu reichen. Nach erschöpfenden Fußwegen, ein Labsal.

Ebenso werden im kosmischen Monat Wassermann „der dürstenden Menschheit die Wasser des reinen Geistes ausgeschüttet."

Die meisten Menschen vermögen es kaum zu glauben, oft ist es ihnen gänzlich unbegreiflich, dass im Geiste alles enthalten ist, was existiert. Noch ferner liegt ihnen die Erkenntnis, dass sie selbst der geistigen Qualitäten teilhaftig sind und ihrer sogar mächtig, sobald sie sich der göttlichen Weisheit, Liebe und Kraft bewusst werden. Anders ausgedrückt, jeder Mensch ist schöpferisch, auch Sie verehrte Leser! Erwarten Sie die Wunscherfüllung nicht von außen. Erkenntnis und Wandel müssen im Inneren entstehen. Dann erst verbessert sich das Außen. Dieses gilt es wahrzunehmen und anzuwenden. Sein eigenes Leben und das Weltgeschehen bewusst zu erschaffen, das beginnt mit der *Wassermannzeit* – jetzt.

Möglicherweise werden einige der Leser manches Mal denken, meine Ausführungen wären gotteslästerlich. Wenn ich einige Fakten des Vatikans erwähne, dann geht es nicht um

Gott, sondern um eine menschliche Einrichtung. Wenn ich Ihnen sage, wir erschaffen unser Leben und das Weltgeschehen selbst, dann ist das kein Größenwahn, denn habe ich nicht immer betont: Wir sind schöpferisch durch das Göttliche in uns? [22] Ich wünsche, durch meine Darlegungen könnte Ihre liebevolle Verbindung mit dem göttlichen Vater-Mutter-Prinzip sich verstärken. Den Physikern rufe ich zu: Beeilt euch! Ihr seid nicht nur die Pioniere der Neuen Zeit, sondern ihr zählt zu den Wassermännern des reinen Geistes!

Dass die Menschheit in einem gigantischen Wandel lebt, realisieren auch diejenigen, bei denen spirituelles Wissen in ihrem Denken noch keinen Raum fand. In der heutigen Zeit ist es leider berechtigt anzunehmen, dass Persönlichkeiten der Macht über das Schicksal der Menschheit entscheiden, welche das Wasser des reinen Geistes noch *nicht* getrunken haben. Ihre Macht kommt aus ihrem sterblichen ICH. Zweifellos besitzen sie ein Wissen von den mystisch-physikalischen Gesetzen und wenden sie an, so weit es funktioniert, jedoch ohne die Macht der Liebe aus dem göttlichen SELBST. Auch den Dunklen gebührt Anerkennung, denn alles was ist, hat Sinn. Doch gemach, wir heben gerade erst den Fuß zum ersten Schritt in eine sich erneuernde, viel versprechende Zukunft. Das weckt große Zuversicht. Der dürstenden Menschheit werden die erquickenden Wasser angeboten, nicht von irgendjemandem, sondern aus der kosmischen Grundordnung. Das Große Jahr offenbart, dass es nicht die Bestimmung der Menschheit ist, für immer in den niederen Bereichen bleiben zu müssen. Diese dienen der Erfahrung als ein Teil unserer spirituellen Evolution. *Das Licht ist des Menschen wirkliche Heimat.*

Was besagen der Mut und die Bedeutung von Frau Pelosi als Präsidentin des amerikanischen Repräsentantenhauses, immerhin die zweithöchste Position in den Vereinigten Staaten? Wie wird die Obama-Präsidentschaft später von der Geschichtsschreibung gesehen? Hugo Chavez in Venezuela, Evo Morales in Bolivien, Oscar Arias Sanchez in Costa Rica – wir werden es erleben, was sich entwickelt. Werden ihre Charaktere dem Druck standhalten? Es gärt und brodelt in den Regierungen. Wie bei den Wirtschafts-Dinosauriern sind die Knie weich geworden. In ihren globalen Ausdehnungen sind die Unternehmen nicht mehr zu überschauen und nicht mehr zu leiten, nicht mehr zu organisieren, nicht mehr zu managen. Es sind Dschungelgebilde entstanden. In den 1980iger Jahren war der Aufruf des deutschen, in England lebenden Wirtschaftswissenschaftlers Ernst Friedrich Schumacher: „Small is beautiful." Eine frühe Erkenntnis: Klein ist schön. Klein ist wunderbar. Weltweit agierende Unternehmen, wanken jetzt auf ihren Riesenbeinen und knicken ein. Regierungen eilen mit Milliardenbeträgen herbei, um sie zu stützen. Woher kommen plötzlich die Milliarden, die nicht da waren, als es um Bildung und Ausbildung ging und um soziale Maßnahmen? Bei zahlreichen Unternehmen brechen aus ihrem Inneren Vulkane auf und schleudern den Unrat hinaus. Drastisch beschrieben? Der Wandel hat zwangsläufig mit dem großen ‚Reinemachen' begonnen.

Wirkt es noch imponierend, wenn die Ersten in Wirtschaft und Politik nach ihren Zusammenkünften mit bedeutenden

Mienen, leicht lächelnd vor die Presse treten? Ihre verkündeten Beschlüsse waren schon vor den Treffen schriftlich ausgefertigt und ihre Statements sind lapidar. Weitgehend laufen auch sie an der ‚Leine'. Nach außen dürfen sie die Großen sein. Genau betrachtet geben sie lediglich Angaben zur Profiterhöhung weiter, ohne Rücksicht auf irgendjemanden oder irgendetwas und machen Beschlüsse bekannt, die über Schicksale ganzer Völker entscheiden. Sie haben den gleichen Charakter wie die Spielmacher und spielen das Endspiel mit, sonst wären sie nicht in ihren Positionen. Doch, sobald sie nicht mehr von Nutzen sind oder selbstständig und neu zu denken wagen, gilt auch für sie: „Der Mohr hat seine Schuldigkeit getan, der Mohr kann geh'n. " Worauf gründet ihre Intelligenz, Ausbildung, Erfahrung? Was war es, was sie in diese hervorragenden Positionen brachte? Sollte jemand mit Würde so weit nach „oben" kommen, Weisheit und Herzensbildung seine Wahrheit sein, so ist das äußerst selten und derjenige wird nahezu wie ein Heiliger verehrt, wenn er nicht aus bestimmten Gründen zuvor umgebracht wurde. Was eigentlich eine menschliche Normalität sein sollte, ist höchst selten. Von „ganz oben" wird natürlich darauf geachtet, dass diese Persönlichkeiten nicht zu viel Macht erhalten – nur so viel, dass das schöne, täuschende Bild fürs Volk nicht zerstört wird. Diese Völker kann man wahrhaftig eine „dürstende Menschheit" nennen.

Noch ist *das* der ‚Ist-Zustand' in der „Jetzt-Zeit". Doch wir dürfen den Wandel auch in den Regierungen erwarten. Regierende mit Weisheit und Mut, etwas das nicht zu erkaufen und nicht zu erschleichen ist, werden entsprechend der kosmischen Zeitordnung die Zukunft bestimmen und regeln. „Die Wasser des reinen Geistes" sind das absolute Heilmittel für die Menschheit und ihre Mutter Erde. Durch die Innovation der Bewusstseinserweiterung werden die Schleusen geöffnet. Jetzt, zu Beginn des 3. Jahrtausends wandert die kosmische Einstrahlung *in den Bereich des geistigen Erwachens. Das ist ebenso eine Tatsache wie es die Verwirklichung der früheren Tierkreisqualitäten war.* Wir dürfen Persönlichkeiten erwarten, die mit entwickeltem Bewusstsein, mit dem Denken in kosmischer Dimension von Weisheit, geprägt durch Nächstenliebe, zum Wohle aller wirken werden. Grundsätzlich ist diese Entwicklung zum Besseren aus dem Weltenmonat heraus folgerichtig. Sie fragen: Wann wird das sein? *Wir* entscheiden es durch unsere Entwicklung. Es liegt an der Menschheit, wie schnell sich diese kosmische Gesetzmäßigkeit verwirklicht. Ich setze darauf, dass wir es demnächst erleben. Dazu aber sind Ihre persönlichen Visionen einer glücklichen Menschheit in Wohlstand und Freude dringend erforderlich.

Natürlich ist die gesamte Veränderung nicht mit einem Gongschlag vollzogen. Es handelt sich um eine Epoche, ebenso wie bei den zuvor beschriebenen *Tierkreiszeiten.* Wenn wir den astronomischen Betrachtungspunkt über die *Sternbilder* Fische und Wassermann einnehmen, so überschneiden sich die Sternbilder. (Sternbilder am Himmel, sind von den angenommenen Trierkreiszeichen zu unterscheiden.) Folglich ist mit einer Übergangszeit zu rechnen, in der die Wassermann-Qualität täglich zunimmt.

Seit den berühmten 1960er Jahren begann die Charakteristika des *Wassermanns* sich bemerkbar zu machen. Der Anfang war damals, als die „Blumenkinder" und „Hippies" an der Westküste Amerikas ein Gegengewicht zum Ostküsten-establishment inszenierten. Es war die Zeit von „Woodstock", die Zeit der jungen Leute, die mit ihren Eltern, mit den Denkmustern einer im Sterben liegenden Epoche nicht mehr zurecht kamen und es demonstrierten. Es war der chaotische Aufschrei einer Jugend, die notwendige Veränderungen spürte, aber nicht wusste, wie damit umzugehen sei. Wer realisierte die dahinter liegende gigantische Bedeutung und die Brisanz in diesen Vorgängen? Wenige waren es und sie konnten gegen die etablierten Systeme damals noch nichts ausrichten oder doch? Die Anfänge lagen dort. Ohne sie wäre es heute nicht so, wie es ist. Sicherlich machten auch die ‚Leoparden' ihre Beobachtungen. Denn in den 1960er Jahren begannen sie äußerst aktiv, ihre Pläne unter Dampf zu setzen. Wie die Hyänen in freier Wildbahn in den Kadaver, haben sich die Geld-Hyänen gierig in die Möglichkeiten hinein gebissen, ihre Interessen noch stärker als bisher zu festigen und auszubreiten. ‚Der Teufel stellte sich auf die Hinterbeine.' An der Ostküste der USA war das Motto: „Mach Geld!" An der Westküste entstanden die Lieder: „Mach Liebe!"

Die Energie der wassermannischen Einstrahlung ist die Kenntnis vom Wert der Liebe, doch befreit von der Fische-Qualität der Übertreibung und Gefühlsduselei, gewandelt zur Pragmatik. Heute können wir von Gott als der ‚Urenergie' sprechen, die große ewige Wirksamkeit (energeia). Hätte der Rabbiner Jesus dieses Wort benutzt, er wäre noch weniger verstanden worden. So verwendete er Wörter aus dem familiären Bereich, denn jeder kannte, Gott-„Vater" zum Beispiel.

Thomas Ring, wie ich im Kapitel über Europa erwähnte, benannte das Wassermannfeld im Horoskop als „die Einheit der Originale". Exakt das zu verwirklichen, ist die Aufgabe der kommenden Zeit. Es ist eine Herkulesarbeit, die eigene Individualität aufrechtzuerhalten und sich gleichzeitig bewusst zur Einheit mit anderen zusammenzuschließen.

Das Unterfangen ‚Europa' hat die Chance zu gelingen, weil es zeitgemäß ist. Die Auseinandersetzungen, Mühen, Schwierigkeiten mit Um- und Irrwegen sind genau das richtige Übungsfeldfeld für eine solch bedeutende Entwicklung. Sie entfalten – langsam allerdings – das allgemeine Bewusstsein von der Zusammengehörigkeit.

Wird es spirituell richtig gehandhabt, dann ist es eine Angelegenheit der Europäer und dürfte nicht, wie zuvor dargelegt, unter dem Dirigat von Weltmacht-Interessen stehen.

Auch Folgendes ist eine Erscheinung des neuen Zeitalters. Im Geschäftsleben ist die Ära von Führungskräften als ‚einsame Wölfe' vorbei. Die Aufgaben sind in höchstem Maße umfassend und gleichzeitig äußerst speziell geworden, dass die Notwendigkeit von Teamarbeit auf allen Ebenen der Unternehmen eine natürliche Notwendigkeit und Entwicklung darstellt. Gute, kollegiale Zusammenarbeit ist nicht nur Umsatz steigernd, sie ist ein ausgezeichnetes Training zur „Bruderschaft". Ein hervorragendes Fundament diese anstehenden Aufgaben zu bewältigen.

 Wie bezeichnend ist doch das Wassermann-Symbol: Zwei neben einander liegende, gleiche Wellenlinien.

In einer von Wassermann-Energie geprägten Zeit fühlen sich die Menschen von Idealen angezogen und ihnen verpflichtet. Dieses und die Bruderschaft sind der Boden für soziales Engagement. Es geht um Ideale. Es geht darum, die gegenwärtigen Zustände zum Wohle aller zu verändern. Möglich, dass sich Gruppen in ihre Vorstellungen derart verbeißen und es bis zur Revolution treiben. Ich denke an ein lesenswertes Buch von John Hormann „(R)evolution". Was geschah in Deutschland 1989? Es war ein Evolutionssprung für die gesamte Menschheit. Wenn auch nur ein Volk es zustande brachte, aus der Revolution heraus in eine Evolution zu wachsen, dann ist diese Fähigkeit innerhalb der gesamten Menschheit vorhanden, sie ist in ihr verankert. Es ereignete sich sogar in kurzem Zeitabstand in zwei Völkern, Deutschland (BRD/DDR) und Russland (UdSSR). In Deutschland standen die Menschen, die die Vereinigung wollten, nicht mit geschulterten Gewehren, sondern mit Blumen und Kerzen in ihren Händen auf den Straßen, bis „die Mauer" gefallen war. Entsprechend dem Grundgesetz (§ 20), <Alle Staatsgewalt geht vom Volke aus> riefen sie: „Wir sind das Volk!"

Sollten diese Ereignisse von den Machthabern zuvor geplant worden sein, so ist es völlig unwichtig, wie die Wege verliefen, es führte zu einem Gefühlsaufkommen der Wassermann-Qualität. Und erst in Russland! Ein, den Staat total verändernder Putsch, um nicht Revolution zu sagen, endete ohne Blutvergießen! Wie der Nachruf auf ein untergegangenes Gewaltmuster wirkt der Tod von nur drei jungen Männern. *Nur* im Vergleich zu den Heeren von Toten bei bisherigen Revolutionen. Ein Jude wurde zusammen mit zwei Christen auf einem Friedhof beerdigt. – Das war wahrhaftig Evolution.

In der Vergangenheit waren Revolutionen eine wassermannische Energie, um Dinge aus bestimmter Sichtweise zum Besseren zu wenden, auch wenn das Ideal mit Menschenleben bezahlt werden musste. Nun aber, da speziell diese Energie auf den ganzen Planeten einstrahlt, kann sie sich voll als Evolution in Bruderschaft auswirken. Beide Begriffe, Revolution und Evolution gehören zum Wassermann.

Wissenschaft, Forschung, Technik sind Begriffe, die ebenso der Wassermannqualität entsprechen. Können Sie sich vorstellen, dass grandiose technische Fortschritte durch erweitertes spirituelles Bewusstsein die Schäden und Wunden unserer Erde zu heilen vermögen und Naturkatastrophen zu mildern oder abzuwenden? Wie schnell das geschieht, liegt an der Bereitschaft und den unterstützenden, schöpferischen Gedanken der Menschheit. Es kann eine gigantische Dimension annehmen, zumal hilfreiche Außerirdische bereit sind, ihre, für uns unvorstellbar weit entwickelten, Technologien zur Verfügung zu stellen. Das wird umgehend geschehen, wenn jetzige Regierungen nicht mehr ihre verheimlichende Weltraumpolitik ausüben können. (Im Anhang finden Sie Notizen zum Fall Roswell.)

Seien wir realistisch: Oft muss für einen Neubau der Boden zuvor saniert werden. Zu langsam geschehen die Vorwärtsbewegungen. Es ist noch zu wenig an Erkenntnis und Begeisterung vorhanden. Deswegen sind aller Wahrscheinlichkeit nach Katastrophen not-wendig, um die Menschen aufzuwecken.

Ein Beispiel:

Als in den Machtzirkeln befürchtet werden musste, dass ein Mann, der die dazu erforderliche Persönlichkeit besaß, die Deutsche Bank zum Instrument seiner Ideen zu machen und Regierungen und Banken aufforderte, der Dritten Welt die Schuldenzahlungen zu erleichtern und zwar konkret durch Teilkreditverzicht und Zinssenkungen und dann auch noch offen Schuldenrückzahlungs-Verzicht verlangte, wusste einer wie Alfred Herrhausen, der das Spiel hinter den Kulissen kannte, dass er damit einen Mordanschlag auf sich selbst programmiert hatte. Im November 1989 geschah der Mord, natürlich nicht von der RAF (Rote Armeefraktion), die zu jener Zeit schon „Schnee von gestern" war. Zwischenzeitlich ist von derartigem Schuldenerlass in Verhandlungen und Beschlüssen viel zu lesen, aber wenig über erfolgte Maßnahmen. Und doch:

Illusionen von Liebe aus der Fischezeit, verwandeln sich im Kosmischen Monat WASSERMANN in soziale Visionen und werden zur praktischen Evolution.

Die globale Veränderung für möglich zu halten, ist der Türöffner zur Verwirklichung. Es ist von einer nicht zu beschreibenden Bedeutung, an das Gute zu glauben, davon überzeugt zu sein. Darin liegt des Menschen Potenzial seiner Schöpferkraft. Alle Zeichen stehen auf: Start!

Die astrologische *Wassermannqualität* symbolisiert hohe Ideale und möchte die Welt zum Besseren für alle wandeln. Dieses Bestreben ist in vollem Gang. Es ist zeitgerecht, erfinderisch, originell, freundschaftlich, idealistisch und im Denken sachlich, methodisch. So wirkt sich diese Schwingungsqualität aus. Die Schöpferische Intelligenz des Wassermanns, sucht Neuland in allen Bereichen und das mit Absicherungen durch technische wie auch spirituelle Systeme. Ein neues Element ist jetzt wesentlich und unentbehrlich geworden: Bewusstseinserweiterung.

Für den *Wassermann*monat ist es höchst *zeitgemäß*, dass alles zusammenbricht, um neu, anders, besser zu werden. Ob durch stetige, *schnelle Wandlung* oder durch ‚*Ground Zero*‘, das entscheiden wir Menschen.

Auf zu neuen Ufern!

Ebenso, wie die vergangenen 12 000 Erdenjahre
einer kosmischen Gesetzmäßigkeit entsprachen,
so werden es auch die zukünftigen.
Mit der Wassermannqualität haben wir
aus einer Dimension, die unserer
planetaren übergeordnet ist –
die Garantie für eine wundervolle Zukunft.

Garantie für eine gute Zukunft

Überblick:

Wir dürfen getrost annehmen, dass die sich ändernde Einstrahlung aus dem Universum auf die Erde eine, jede Vorstellung übersteigende, Kraft ist. Sie wirkt als eine erhöhende Schwingungsänderung, worin die berechtigte Wahrscheinlichkeit liegt, daß wundervolle Entwicklungen möglich werden. Ich wage zu sagen, es scheint nicht nur Wahrheit zu werden, es wird sich als Wirklichkeit erweisen.

In der planetaren Krebszeit begann das Bewusstsein von einem wahren, sinnvollen Leben in dem Maße zurück zu gehen, wie die Zeit vorwärts lief. Das öffnete dunklen Kräften die Türen. Die geistige Welt in Licht und Schatten ist Realität. Dunkle wesenhafte Energien strömten in diese unsere Welt, inkarniert in vielen verschiedenen Formen. Ihre Macht in Rücksichtslosigkeit und Brutalität und allem, was damit zusammenhängt, wuchs über die Jahrtausende an. Allerdings was wir jetzt erleben, ist die Zeit da diese Macht der Dunkelheit und ihrer Geschöpfe zu Ende geht. Jeder kann sich vorstellen, dass dieser Rückzug nicht freiwillig geschieht. Zusammenbruch des maroden Finanzsystems mit seiner ausbeuterischen Weltwirtschaft ist das letzte, röchelnde Aufbäumen der Mächte einer finsteren Erden-Halbzeit. Das maßlos Ungute ebenso wie das kleine Ungute werden hochgespült. Und das ist in der Ordnung!

Nach astronomisch-astrologisch-spirituellem Wissen steht die Zukunft der Menschheit „auf der Kippe" damit das Leben im Licht weitergehen kann. Es fragt sich, ob und wie all die auftauchenden Notstände und Gefahren, auch mögliche

Naturkatastrophen bewältigt werden. Nicht nur eine Welt ist im Wandel, sondern auch der Planet Erde. Warum sollte eine derart große Umwälzung, wie die Erde sie in ihrem Alter von Milliarden an Jahren schon mehrmals erlebte, nicht auch in unserer Zeit passieren? Ob und in welcher Größe und Zahl sich Umweltkatastrophen ereignen, das liegt ursächlich an des Menschen Bewusstseinserweiterung.

Darunter versteht man, dass sich zum Beispiel auch das Wissen vom *Kosmischen Jahr* fest verankert. Diese logische Erklärung für das Zeitgeschehen kann den Menschen innere Ruhe geben und sie veranlassen, mit Stabilität in einer neuen Art und Weise tätig zu werden. Alte, wertlos gewordene Denkschablonen und Verhaltensmuster wahrzunehmen und diese zu ändern, ist ein Teil vom Beginn der Neuen Zeit. Oft hört man die Aufforderung: Zurück zu inneren Werten! Das Außen entspricht dem Inneren.

Höher gegriffen gehört zur Bewusstseinsentwicklung die Akzeptanz des Menschen als einem Wesen, begabt, schöpferische Göttlichkeit zu entwickeln und die Chance des Wassermannzeitalters zu nutzen, um sich und die Welt zu entwickeln. Nochmals: Eine, sich potenzierende Menge von menschlicher Gedankenkraft kann Katastrophen abwenden, das Denken in Gehirnen von Regierenden und ihren ‚Weichenstellern' verändern und vieles mehr. Schon Platon soll gesagt haben: „Nicht eher werden Übel in den Staaten, ja beim Menschengeschlecht aufhören, ehe nicht die Philosophen zur Regierung kommen oder die Regierenden philosophieren." Ich möchte Ihnen sagen, dass Philosophie nicht mehr ausreicht. Wir brauchen Spiritualität in den Bereichen höchster Entscheidungsträger. Es klingt entsprechend gegenwärtiger Ereignisse unwahrscheinlich. Anderseits wächst deutlich die Anzahl derer, denen Humanität und Spiritualität ständig wichtiger werden. Ihre Taten sind es, die unseren Erdball in ein Paradies verwandeln können.

Dabei ist zu bedenken, dass wir Menschen wie auch die Erde multidimensional sind. Das bedeutet, wir existieren in verschiedenen Energieformen gleichzeitig. Es ist unsere Wahl, wo und wie wir leben wollen. Der Volksmund kennt das einfache Wort: Jeder ist seines Glückes Schmied. Es ist eine physikalische Angelegenheit, denn die Energien menschlicher Gedanken und Gefühle sind schöpferisch. In unserer Gegenwart werden der Menschheit die Tore zu einer höheren Dimension geöffnet. Es ist die fünfte Ebene menschlicher Existenz, wo die menschlich-göttliche Schöpferkraft aktiviert wird. Die vierte ist der Umgang mit der Zeit, der wir spürbar ausgeliefert sind. Wir haben die Wahl und können durchaus in der dreidimensionalen dritten, der materiellen Welt verbleiben. Sie allerdings ist beschränkt auf das, was wir physisch sehen und mit unserem ICH (Körper, Gedanken, Gefühle) erleben. Wer dieses wählt, wird in irgendeinem späteren Zeitalter auf irgendeinem Planeten für seine Entwicklung zum geistig bewussten Leben bereit geworden sein.

Diejenigen, die höhere Dimensionen erreichen, kennen natürlich die tiefer liegenden, die schon durchlebt wurden. Umgekehrt ist es nicht möglich, es sei denn in Gnaden-Augenblicken. Indische Weisheit sagt: „Das Höhere erkennt das Niedere. Das Niedere erkennt das Höhere nicht." Die Weiten unseres SELBSTES leuchten in den Egobereichen höchst selten auf, es sei denn, die Wesenheit nimmt die Gnade des reinen Geistes an und lebt damit.

Jedem menschlichen Wesen wird jetzt die Gelegenheit zu seinem „Aufstieg" geboten, ob er auf der Erde lebt oder zurzeit nicht inkarniert ist. Wer diesen Fortschritt mitmachen möchte, wird grandiose Veränderungen erleben – körperlich, seelisch, geistig. Diese Worte dienen nicht dazu, Angst zu machen. Das sei fern von mir. Angstmache ist Lieblosigkeit. Es geht darum, groß und offen zu denken, neu zu denken, alles für möglich zu halten. Die Änderungen dienen dem Wohlergehen aller. Wassermannzeit, die Wende zu Licht und geistigem Erwachen. Dazu gehört, dass für alle, die zum erweiterten Bewusstsein bereit sind, die Lebensschule der Dualität, die das Leid beinhaltet, beendet wird. Wir gewinnen die Unipolarität. Diese kosmischen Ordnungsgrößen weiter auszuführen, ist nicht Aufgabe dieses Buches. Es möge erst die Türen öffnen für die Erkenntnis, dass die Zeit zur globalen Wende zum Guten gekommen ist. Deswegen: Mutig und voller Zuversicht durch die Turbulenzen hindurch! Sie, verehrte Leser, kennen mehr, als die verängstigte Allgemeinheit. Sie dürfen wissen, dass der Weg garantiert in eine wundervolle Zukunft führt. Halten Sie Ereignisse für möglich, die anderen als unmöglich erscheinen!

Es gibt kein Thema von Leid oder Glück im Leben irgendeines Menschen, das nicht mit dem Entwicklungsstand seines Bewusstseins zusammenhängt. Die Menschheit im Ganzen hat im Zusammenspiel mit der kosmischen Ordnung die Vergangenheit der Welt gemacht und entscheidet jetzt über die Zukunft. Empfinden Sie, wie bedeutungsvoll und wichtig jeder Einzelne dabei ist? Die Menschheit selbst hat mit ihren Gedanken und ihrem Verhalten jetztige Missstände und Katastrophen ursprünglich verursacht. Es war übereinstimmend mit der dunklen Halbzeit und dadurch möglich. Doch so, wie wir die gegenwärtigen Zustände bewirkt haben, können wir ungute Ereignisse verhindern, eventuell in eine abgemilderte Form verwandeln oder sogar auflösen. Menschliches Denken erzeugt einen Hurrikan. Unglaublich und doch Tatsache!

Viele Menschen haben davon gehört, dass der Flügelschlag eines Schmetterlings irgendwo, irgendwann, irgendwie eine entsprechende Wirkung verursacht. Wie das bekannte Beispiel besagt: Der Hauch vom Flügelschlag eines Schmetterlings kann die Ursache eines Sturmes werden, was unsere Wissenschaft zu erklären weiß. Beurteilen Sie selbst, in einer Welt, da dieses möglich ist, sollte das Verhalten der Menschen keine weit reichenden Folgen haben? Ein brutaler Schlag, ein zärtliches Streicheln, ein Kuss auf eine Wange gehaucht, haben ihre Wirkung wie der Flügelschlag eines Schmetterlings.

Masaru Emoto, ein japanischer Wissenschaftler, Experte für Wasserqualität erstellt mit seiner Beweistechnik enorm aussagestarke Fotos von jeder Art von Wasserqualität. Tatsache, auf Wasserkaraffen geschriebene Worte wie: Gesundheit, Frieden, Danke u. ä. verbessern und reinigen messbar die Trinkqualität in ,wunderbarer' Weise. Die sich potenzierte Gedankenkraft von Gruppen reinigt sogar Seen, Flüsse und die Wasserversorgung von Städten. Lesen Sie Emotos Bücher mit großartigen Aufnahmen der Wassermoleküle vor und nach der Behandlung.[27] Der Wissenschaftler mit hohem spirituellem Bewusstsein nimmt die Mühen ständiger Reisen um den Erdball auf sich, um der Menschheit seine aufweckende Botschaft zu bringen, die Menschen zu motivieren.

Zur Neuen Zeit gehört die Erkenntnis, dass menschliche Gedankenkraft physikalische Abläufe beeinflusst. Ist dieses Wissen zu Bewusstsein gereift, so bleibt es nicht nackte Theorie. Unwiderstehlich entsteht ein innerer Impuls, sich selbst charakterlich zu verbessern. Damit nicht genug. Wir Menschen können nicht nur uns selbst gesund oder gesünder machen, sondern auch den Körper von Mutter Erde. Von solcher Macht sind schöpferische Gedanken und Gefühle! Erstaunt? Wir haben bereits Naturwissenschaftler, die mit derartigen Wirksamkeiten, die vom Menschen ausgehen, forschen. Unglaublich erscheinen viele Forschungsergebnisse nur, weil sie bisher nicht offiziell und an Schulen erklärt und gelehrt werden. Dass dieses Wissen der Bevölkerung bisher nicht in durchschlagender, aufweckender Weise bekannt gemacht wurde, ist in der alten Ordnung. Es war noch nicht „an der Zeit" es begreifen und annehmen zu können. Ohne Zweifel wird solches Wissen im beginnenden Zeitalter in den Grundschulen der Welt unterrichtet werden. Das ist die Neue Zeit. Ein Beispiel:

Am 16.11.2003 wurde auf 3sat eine Sendung ausgestrahlt über die Tatsache, dass Gliedmaße erneut wachsen. Die Forschung begann damit, dass Frau Prof. Dr. Ellen Heber-Kratz, Genforscherin in Philadelphia, USA, durch Zufall beobachtete, dass sich bei Mäusen Löcher in den Ohren (von den Markierungen) nicht nur geschlossen haben, sondern sich Gewebe wie auch Haare neu gebildet haben. Man konnte das dafür zuständige Gen finden. Da mir diese Fähigkeit des Körpers ganz natürlich erschien, machte ich mir die vorangestellte Notiz. Im September 2009 stellte Max News folgende Information ins Netz:

„Russen lassen Organe und Zähne nachwachsen"

Dank der Forschungsarbeit der russischen Wissenschaftler Arcady Petrov und Igor Arepjev, die in den Anfängen des Forschungszentrums in „Noosfera/Russland", nachfolgend im Forschungsprojekt „SIGOR" arbeiteten, sowie basierend auf den Arbeiten und Erkenntnissen des Akademiemitgliedes Grigorij Petrowitsch Grabovoj gelang es, eine einzigartige Methodologie zu entwickeln, welche es erlaubt, die Gesundheit sogar bei vollkommen hoffnungslosen Diagnosen wiederherzustellen und die Organe und Zellen der Menschen zu regenerieren.

Die Ausbildung zu diesem Wissen findet in der „Forschungsakademie Arcady Petrov" statt und bietet zunächst die erste Stufe auf der unendlichen Leiter des ‚Neuen Wissens' zur harmonischen, glücklichen, blühenden und ewigen Existenz der Menschheit – dem ewigen Jungbrunnen. So steht es in den Unterlagen.

In dem Buch „Ein medizinischer Insider packt aus" von Prof. Dr. Peter Yoda werden derartige Heilungen aus Russland erwähnt.

Wir sitzen auf der Schaukel da sich das Schwergewicht des Lebens zur Seite von Weisheit, Licht, Wohlergehen und Freude verlagert. Allerdings zuerst der Absturz, dann ein neuer Aufstieg! Aus dem Alten ist das Neue nicht zu erschaffen, es sei denn, die Menschen des alten Paradigmas erschaffen zuerst sich selbst *neu* aus ihrem geistigen Potenzial von innen heraus und erkennen sich als „verhüllte Götter" (Friedrich Nietzsche).

Im kosmischen Plan ist die Wendemarke zum Guten erreicht. Informationen von der geistigen Seite bestätigen, dass im unsichtbaren Bereich die Entscheidung bereits gefallen sei. Die Menschheit wird ihren Mutationssprung schaffen. Anders als in früheren Zeitenwenden im Großen Jahr, vom Dunkel zum Licht werden wir dieses Mal *keine* „Götterdämmerung" (germanische Mythologie) erfahren müssen, keine Vernichtung der Menschheit, so dass „nur der Same für eine neue Menschheit erhalten bleibt" (indische Weisheitslehre). Die Menschheit überlebt, wenn es notwendig sein wird, mit einem gewaltigen Ausleseprozess. Im Zusammenhang mit der schöpferischen Gesetzmäßigkeit, dass alles was sichtbar wird, zuvor auf geistiger Ebene existiert, soll es entschieden sein, dass kein Atomkrieg mehr stattfinden wird. Es ist aber gut zu wissen, dass außergewöhnliche Turbulenzen möglich sein werden. Auch Mutter Erde wird sich erneuern. Die ‚erhöhenden' kosmischen Einstrahlungen und die von der Menschheit erzeugten, verändernden Schwingungen wirken körperlich und seelisch. Der Wandel, den wir vor uns haben ist so außerordentlich, dass sein Ergebnis allgemein nicht vorstellbar ist. Das planetare, auf den Planeten begrenzte Denken ist schon jetzt nicht mehr ausreichend, um die Ereignisse verstehen zu können. *Wir müssen unser Denken in kosmisches Ausmaß erweitern.*

Jedes Ende gibt dem nächsten Anfang die Hand. Unumgänglich vollziehen sich der Zeitenwechsel zum Wohlergehen und der Paradigmenwandel zur Bewusstseinserweiterung. Deswegen sind wir zu einer unausweichlichen Beweglichkeit und Änderung von Denken, Fühlen und Handeln gefordert. Sämtliche festgefahrenen Denkschablonen und Verhaltensmuster, einstmals sogar ehrenwert, heute jedoch veraltete Traditionen, müssen aufgegeben werden. Es sind überlebte Anschauungen. Loslassen, neu denken, groß handeln!

Nochmals: In welchen Ausmaßen die Umwälzungen, Turbulenzen in Natur, Gesellschaft, Wirtschaft und Politik sich ereignen werden, liegt an dem Bewusstseinsstand, den die Menschen vom Sinn des Lebens und einem entsprechenden, mehr oder weniger liebevollen Handeln haben. Profit- und Machtgier im Kleinen wie im Großen werden durch Verantwortungsbewusstsein und Hilfsbereitschaft ersetzt und das mit praktischem Realsinn. Schöne Worte hört man überall, und dass Verbesserung nun sein „muss". Aber wie soll es möglich werden? Diejenigen, die sich unerschütterlich engagieren, sind noch zu wenige, dabei genügt schon ein gewisser Prozentsatz der Menschheit. Eine sehr liebe Freundin sagt immer wieder: „Wie stellst du dir das Wunder des Wandels vor? Unmöglich! Alles geht bergab. Und schau dir doch mal unser Bildungssystem an. Fachwissen, nun ja, aber humane Kompetenz? Wie soll die Veränderung geschafft werden?" Was sie sagt ist aus planetarer Sichtweise objektiv. Die allgegenwärtigen Probleme scheinen unlösbar. Und die vielen, wertvollen Maßnahmen versickern noch wie Wasser auf ausgetrocknetem Boden.

Zusammenfassung:

I. *Das Kosmische Jahr mit dem beginnenden Zeitalter des Wassermanns ist die Garantie für eine brillante Zukunft der Menschheit.* Für den Wandel sind größere Mächte im Spiel als es Erziehung, sogar über Generationen hinweg, vermag. Die Erde ist eine lebende Wesenheit. Sie vollzieht gegenwärtig ihre eigene Evolution in eine höhere, lichtvolle Dimension. Das Gleiche geschieht mit ihrer Menschheit. Denn alle Lebewesen auf der Erde müssen die gleiche Schwingung ihrer Zellen und ihres Bewusstseins aufweisen, um auf der Erde existieren zu können. Wer das nicht mitmachen kann oder will, muss auf einen anderen Planeten, dessen Lebensenergie noch unwissend und dunkel ist wie bisher unsere Erde. Dort erhält die Wesenheit erneut das Angebot, sich zu verfeinern, zu verbessern, um sich dem Ziel ihrer eigenen Vollkommenheit anzunähern oder sie zu erreichen.

II. *So viel steht fest, wie schnell und in welchem Maße großartig die Wandlung verwirklicht wird, liegt an der Menschheit.* Sie wird der sich aufbauenden Energie von Liebe und Herzensbildung entsprechen. Diese Qualitäten liegen allem zugrunde, den grandiosesten Erfindungen in Physik und Technik, wie auch Transaktionen in Wirtschaft und Politik oder der Harmonie in den Familien. Wie sachlich offizielle Absprachen auch erscheinen mögen, sie werden von Menschen gemacht und fallen entsprechend deren Charakter aus. Was äußerlich geschieht, ist von den inneren Wertmaßstäben nicht nur abhängig, es ist mit ihnen deckungsgleich.

III.

Das Weltgeschehen von der kosmischen Dimension aus wahrzunehmen, die Erde von den Sternen aus zu betrachten, bietet die grandiose Chance, Logik im aktuellen Geschehen zu finden.

Etwas völlig Neues! Bisher wurde das nicht gelehrt. Verständlich, einerseits wird dieses Gebiet von vielen Menschen als metaphysisch, jedenfalls als unbrauchbar angesehen. Die Avantgarde der Naturwissenschaftler ist auf dem Weg zu erkennen, dass die Metaphysik die Physik übersteigt. Die Wurzeln der Erscheinungswelt liegen in unsichtbaren Bereichen. Aus Machtstreben der Wenigen wurde das Volk dumm gehalten. Doch der Zeitpunkt ist gekommen, da Geist von der Allgemeinheit als Realität zwar langsam doch immer mehr erkannt und anerkannt wird. Die Wassermannqualität verlangt einen erweiterten Realsinn als er bisher ausreichend war. Zwar ist Geist nicht sichtbar, aber nicht minder real wie das Materielle. Mit der Akzeptanz der Wirklichkeit einer geistigen Welt sind die Aufgaben der Gegenwart zu lösen. *Probleme brauchen zu ihrer Lösung eine höhere Dimension als die, auf der sie entstanden sind.*

In realistischer Spiritualität gibt es die spirituelle Realität. Geist ist real.

Liebe Leser, gehen Sie in Gedanken in eine wunderbare Zukunft und unterlegen Sie Ihre Visionen mit der Liebeskraft Ihres Herzens.

Das JA zur eigenen Macht

Nelson Mandela – Antritts-Rede 1994
(Aus dem Englischen übersetzt von Verena Vetter Nufer)

Unsere tiefste Furcht ist nicht, dass wir nicht genügen.

Unsere tiefste Furcht ist,
dass wir über alle Maßen machtvoll sind.

Es ist unser Licht, nicht unsere Dunkelheit,
das uns am meisten ängstigt.

Wir fragen uns selbst, wer bin ich denn, um brillant zu sein,
wundervoll, talentiert oder grossartig?

Im Grunde – ja, wirklich, wer bist du, um es *nicht* zu sein?
Du bist ein Kind Gottes.
Dein Dich Klein-Machen hilft der Welt nichts.

Dein Zusammenschrumpfen, um andere nicht
zu verunsichern, zeugt nicht von Weisheit.

Wir sind geboren worden, um die Grösse Gottes,
der in uns ist, zu manifestieren.

Er ist nicht nur in einigen von uns; er ist in jedem!
Und indem wir unser eigenes Licht scheinen lassen,
geben wir unbewusst anderen Menschen das Recht,
dasselbe zu tun.

Indem wir frei werden von unseren Ängsten,
befreit unser Dasein (Gegenwart) automatisch andere!

Ein Strom aus vielen Flüssen

Menschheit und Welt durchlaufen ihren Erneuerungsprozess. Nicht nur das Große Jahr lehrt uns Zeit und Rhythmus irdischer Epochen. Uraltes Wissen verschiedener Völker weist darauf hin mit übereinstimmenden Zeiten. Die Mythen vieler Länder erzählen in geheimnisvoller Sprache von den gleichen Vernichtungen und Erneuerungen im Weltgeschehen. Darüber hinaus gibt es eine Urweisheit kosmischer Zeitordnungen, älter als die Geschichte der Menschen. Die hier aufgezeigten Hinweise berichten von genauen Zeitabschnitten, die bekannt sind und sich gegenseitig bestätigen.

- Das *Kosmische Jahr*, als galaktische Weisheit

- Die *Yugas* in indischer Philosophie

- Der *Mayakalender* der Indianer

- Die *Atmung Parabrahmans* im Hinduismus

Außerordentlich, faszinierend, dass Rhythmen solch immenser Zeitläufe, in ihrer Kraft der Veränderung von Schatten zum Licht, ausgerechnet in unserer Zeit zusammentreffen und somit Bedeutung und Wirkung um ein Vielfaches verstärken! Sie, verehrte Leser, und ich, wir dürfen eine einzigartige Zeit miterleben.

- Wie besprochen, bringt das *Kosmische Jahr* seine rhythmische Wiederholung einer gleichen Zeit wie wir sie jetzt haben, abgerundet für das Erklärungs-System, erst wieder in ungefähr 24 000 Jahren, genau in 25 816.

- Die *Yugas* haben den gleichen Zeitrhythmus im Aufstieg und Abstieg.

- Der *Mayakalender* spricht vom Ende einer Epoche.

- Der Wechsel von *Ausatmung zur Einatmung Parabrahmans* wird erst in irdischen Jahrmilliarden wiederum stattfinden, für unser Sonnensystem wahrscheinlich nie wieder.

- Das Außergewöhnliche ist dieses übereinstimmende Zusammentreffen der verschiedenen kleineren Rhythmen mit dem göttlichen Aus- und Einatmen. Wir leben genau jetzt in dieser überdimensional bedeutenden Wendezeit! Diese überwältigend großartige Veränderung unser aller Leben, werden wir Menschen erst richtig begreifen, wenn unser Bewusstsein sich um ein Vielfaches erweitert hat.

- Es handelt sich nicht um einen Mutationssprung, sondern um einen einzigartigen Umkehrprozess.

Die Yugas

Eine Bestätigung zum Großen Jahr finden wir in dem System der *Yugas* indischer Zeitenlehre. Der Durchgang eines Zeitalters von Dunkelheit und Licht beträgt wie im Kosmischen Jahr, vereinfacht ins System gebracht, ungefähr 24 000 Erdenjahre. Ein Durchgang ist aufgeteilt in vier unterschiedliche Abschnitte, jeweils im Abstieg und im Aufstieg. Das Yugasystem verdeutlicht, dass auch während der Übergänge, das Licht im Dunkel noch immer wirkt. Nur

im Kali-Yuga erreicht das Dunkel die vollkommene Herrschaft. Diese Zeit fällt zusammen mit der größten Dunkelheit des Großen Jahres.

Das **Kali-Yuga** in einer Dauer von 1 200 Jahren, jeweils
im Abstieg wie im Aufstieg, ist das Dunkelste. Wie bereits
erwähnt, ist diese Zeit um die Lebenszeit von Jesus, dem
Christus, zu datieren. Buddha, der Inder, war Hindu. Er lebte 500 Jahre früher. Erinnern Sie sich, Krishna sagt in der
Bhagavad Gita: „Immer, wenn die Menschheit in Unwissenheit zu versinken droht, gebe ich mich auf die Erde."
Die geistigen Fähigkeiten und der Verstand wurden im
Kali-Yuga nur bis zu einem Viertel entwickelt. Der Durch-
schnittsmensch kann nichts erfassen, was jenseits der grob-
stofflichen Materie liegt.

Das **Dwapara-Yuga** von ungefähr 2 400 Jahren tritt zur
selben Zeit in Wirkung wie das Zeitalter des Wassermanns.
Welch eine Bestätigung! Die geistigen Fähigkeiten entwickeln sich bis zur Hälfte. Der Mensch wird fähig, seine feinstofflichen Kräfte und deren Eigenschaften wie Elektrizität,
Magnetismus und später auch Gravitation zu begreifen.

Das **Treta-Yuga** in einer Dauer von ungefähr 3 600 Jahren,
es gilt jeweils im Auf- und Abstieg, führt den Menschen dahin, die *Quelle* aller energetischen Kräfte zu verstehen, von
der die Schöpfung ausgeht.

Das **Satya-Yuga** beträgt ungefähr 4 800 Jahre. Der Mensch
kann, auf dem Höhepunkt des Äons, dann selbst Gott, das
Geistige jenseits der sichtbaren Welt, begreifen.

Wie erfreulich, dass dem absolut finstersten, dem Kali-Yuga, nur eine kurze Zeit von der göttlich-kosmischen Ordnung gewährt wird.

Ebenso wie im Großen Jahr, haben die Yugas jeweils eine Halbzeit, ungefähr 12 000 Jahre, in *aufsteigender* und 12 000 Jahre in *absteigender* Qualität.

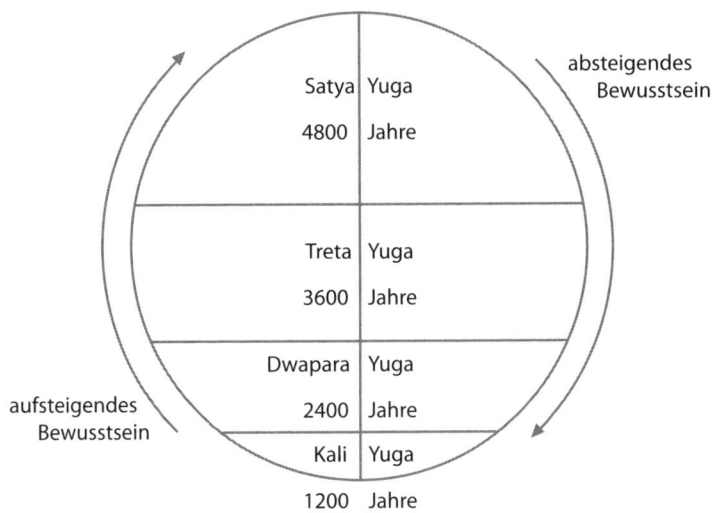

Mayakalender

Der „Mayakalender" gibt sogar eine Zeitmarkierung an. Der Kalender endet mit dem Jahr 2012. Lassen Sie sich nicht verwirren, durch Schreibereien von Journalisten, die sich mit der Thematik nicht ausreichend befasst haben und dieses uralte Wissen mit der Behauptung verspotten, der Kalender würde auf den Untergang der Erde, dem Ende aller Zeit hinweisen. Zum Verständnis muss man wissen, dass Erde und Welt als Zweierlei zu verstehen sind. Wenn der Mayakalender 2012 endet, so bedeutet es nicht das Ende des Planeten! Die Erde ist als Planet die materielle Form einer Wesenheit die ihre Vollendung ebenfalls noch nicht erreicht hat, also noch zu existieren hat. Sie wird ihren Körper weiterhin brauchen. Die Welt dagegen, das sind die Lebensformen der Menschheit auf dieser Erde mit dem daraus entstehenden Weltgeschehen. Nicht nur unsere Erde ist ausgebeutet und krank, diese Welt ist diabolisch infiziert. Ich benutze dieses starke Wort, um die Eindeutigkeit herauszustellen. Sie wird der Zeitqualität entsprechend zu Grunde gehen, alle Bereiche des Lebens werden bis auf den Grund abgebaut, auf einen Nullpunkt zurückgeführt, um erneut erbaut zu werden.

„Eine Welt im Wandel" diesen Ausspruch hört man häufig, auch von keineswegs spirituell eingestellten Menschen. Die Entwicklung ist in Bewegung. Verlautbarungen weisen darauf hin, dass die Schwingungserhöhung durch Einstrahlung aus dem Kosmos um 2012 ein Maximum erreicht und sich die Veränderung des Magnetgitters stabilisiert, womöglich wird die Erdachse eine neue Position erreicht habe. Das wäre das Niveau, von wo an der Umgang mit höher schwingenden Energien praktisch allgemein möglich sein wird. Die jetzige, dem Menschen unwürdige Lebensform wird beendet. Es bedeutet, die kranke Welt ist am Ende und die neue kann sichtbar und gelebt werden.

In den Pyramiden von Yukatan wurden Angaben zum Kalender der Mayas gefunden. Drei Artefakte sind noch erhalten, in Stein gemeißelte Inschriften. Das Kosmische Jahr kennen wir astronomisch genau. Woher wussten die Mayaindianer von diesem bedeutenden Zeitpunkt, der demnächst Gegenwart sein wird? Astronomisch erkannt, wurde eine weltverändernde Qualität benannt. Die Maya wussten, dass am 21.12.2012 eine Weltepoche beendet ist und am 22.12.2012 eine neue beginnt. Interessant, dass zu diesem Zeitpunkt die Erde auf ihrer Bahn um das galaktische Zentrum mit der Erdachse genau in das Zentrum der Milchstraße zeigt. (Zu empfehlen: Erich von Däniken zum Maya Kalender 2012; http://www.youtube.com/watch?v=04Oil EWckAU&feature=related)

Wie so vieles, weist diese Wahrscheinlichkeit auf Informationen hin, die aus höheren Bereichen stammen, mit Intellekt und Intelligenz bestenfalls zu entdecken, nicht aber zu ‚erdenken' sind. Die „Siebenfache Konstitution" des Menschen kennt zwei Denkebenen, das ‚niedere', das konkrete Denken und das ‚höhere', das inspirativ-intuitive Denken, das im Seelenbereich des Menschen ankert und von dort ins konkrete Denken des ICHs wandert.[22]. In den Schulen wird gelehrt, dass die Sonne für das biologische Leben auf der Erde entscheidend ist. Werden die Kinder auch darin geschult, dass die Sonnenstrahlung die Seelen beeinflusst? Entgegen aller Erwartung nimmt die Sonnenaktivität in einer ungewöhnlichen Art zu, was Wissenschaftler verwundert und ratlos macht. Eine Meldung der Agentur Reuter vom 06.03.2006 zitiert Wissenschaftler der NASA mit der Aussage, dass die Sonne momentan so explosiv sei wie seit 1000 Jahren nicht und der Sonnenwind ständig zunehme. Eine weitere Zunahme der Aktivität sei um 2012 zu erwarten und habe weit reichende Folgen für klimatische und andere Veränderungen auf der Erde.

Unterschwellig werden neue Fundamente gelegt. Könnte es nicht sein, dass die Zukunft in derart grandiose Dimensionen geht, wozu unsere Vorstellung nicht ausreicht? Eventuell von unseren außerirdischen Freunden und Geschwistern von Etappe zu Etappe bestens geführt? Gesundung der Erde, Frieden für die Welt, fantastische Erfindungen, Wohlergehen für alle. Verehrte Leser, wehren Sie nicht ab, begrenzen Sie nicht. Sagen Sie einfach: Warum eigentlich nicht? Ich lasse mich überraschen. Es ist an der Zeit, menschliches Denken über die planetaren Grenzen auszuweiten!

Die Atmung Parabrahmans

Hermes Trismegistos, der sagenhafte ‚dreimal große' Weise aus Ägypten lehrte: *Wie Oben so Unten.* Wie im Großen so im Kleinen. Durch Forschung in der Quantenphysik wird viel metaphysisches Wissen bewiesen, zum Beispiel die von dem amerikanischen Physiker David Bohm entdeckte „Bohmsche Führungswelle". Sie leitet, also führt die kleinsten Teilchen durch Übertragung von Informationen, die in den Teilchen bestimmte Kräfte aktivieren. Diese Welle speist sich aus einer noch *unbekannten Kraft.* Urweisheit, in Indiens Weisheitslehren erhalten geblieben, benennt PRANA, eine Kraft, eine Energie, die sich in vielen Formen verwirklichen, materialisieren kann. Erinnern wir uns: Energie bedeutet Wirksamkeit. Macht das Sinn, dass David Bohm ein Freund von Krishna Murti war, dem weltbekannten indischen Philosophen und Lehrer geistigen Wissens und Weisheit?

Menschen für die eine geistige Welt mit lebenden geistigen Wesen wie Engel, Lichtwesen, aufgestiegene Meister u. ä. Realität ist, verstehen dieses physikalische Geschehen mit ihrer Seele. Aus dem metaphysischen Bereich kennen Sie nämlich dieses, *sich geführt fühlen*. Oder eines Tages, setzt sich ihre eigene Kraft ein und etwas verwirklicht sich. Es war vorbereitet auf metaphysischer und verwirklicht sich auf physikalischer Ebene, denn das Eine schließt das Andere nicht aus. In beiden Bereichen, die anscheinend nichts miteinander zu tun haben, verdichten sich die Informationen bis eine sichtbare Struktur entsteht. Das entspricht dem Ausatmen. Bohm formuliert es so: Das Universum atmet.

Ronna Hermann ist ein Channel von der Energie, die wir Erzengel Michael nennen. Ronna und Lee Carroll der für die wesenhafte Energie von Kryon spricht, sind die einzigen ‚Sprechkanäle' die einige Male von der UNO eingeladen waren, dort zu channeln.

Erzengel Michael/Ronna Hermann:

„Das *Christuslicht* ist Information von der höchsten Quelle und die Christusliebe ist das Werkzeug der *Manifestation* in seiner höchsten Form. Sie wird vom ‚Thron' von *„allem was ist"* hinunter gesandt.

Auf der anderen (physischen) Seite ist die elektromagnetische Energie der „Stoff" der Manifestation, der gebraucht wird, um Welten zu erschaffen, formbar und veränderbar, gemäß der Schwingungsrate und dem freien Willen des Benutzers.

Lasst die Furcht los. Fühlt die Vollkommenheit des Plans: die Reise in die entferntesten Teile des entferntesten Universums. Dann verwandeln sich die Gefühle von Verzweiflung und Sinnlosigkeit in ein Gefühl der Hoffnung und in eine neue Vision, während ihr unerbittlich mit eurer Galaxie und eurem Universum in die Harmonie zurückgezogen werdet, um letzten Endes mit „allem was ist" wieder vereint zu werden. (*Einatmung Parabrahmans*, Anm. M. St.)

Dieses große Einatmen hat begonnen, meine Geliebten. Ihr könnt die Reise tretend und schreiend machen und den ganzen Weg Widerstand leisten, oder ihr könnt auf die Welle des Aufstiegs aufspringen und auf dem Wellenkamm reiten." [29]

Zu Beginn eines Schöpfungszyklus steht eine Ausatmung, ausgehend von dem, was wir eigentlich mit Worten nicht benennen können. Und die Formen treten in Erscheinung. *Parabrahman* ist der indische Name dieses Begriffes. Die Völker heißen es ganz einfach *GOTT*, die Quelle von allem was ist. Eine Gottheit ist dem untergeordnet.

In der Astrophysik einigte man sich auf ein Alter unseres Sonnensystems von rund **4 500** 000 000, 4,5 Milliarden Erdenjahre. Die heilige Wissenschaft, worüber wir Aufzeichnungen in den Büchern von Helena Petrowna Blavasky[30] finden, benennt das Alter unseres Sonnensystems mit **4 320** 000 000 Jahren. Ist ein so kleiner Unterschied bei einer derart gigantischen Zeitspanne nicht belanglos? Diese Genauigkeit ist eine grandiose Leistung unserer Wissenschaft. In einer solchen Dimension hat die Wissenschaft die ungefähre Zeit grandios getroffen und ist wie ein Beweis für die exakte Zahl aus der Geistwissenschaft. Hierbei handelt es sich nämlich um Angaben aus dem totalen Bewusstsein, dem vollkommenen Wissen, nicht aus der Forschung.

Diese Zahl ist nicht erdacht. Sie ist inspiriert, aus dem All-bewusstsein des göttlichen Geistes.

Manvantara

„Ausatmung Parabrahmans" in die Gottesferne =
Manifestation, materieller Schöpfungsakt

Pralaya

„Einatmung Parabrahmans" in die Gottesnähe =
Zurückziehung, Rückkehr in den reinen Geist

(Anhang: Parabrahman)

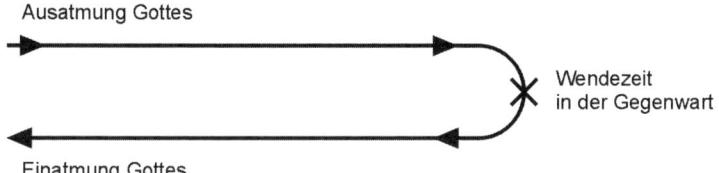

**Unsere Zeit ist in höchstem Maße außergewöhnlich.
Dieser Jahrmilliardenwechsel zur „Einatmung" hat
dieselbe Bedeutung wie der zeitgleiche Wandel
in den kleineren Rhythmen.
Sie alle fallen zusammen in unsere Jetztzeit
und tragen das Zeichen des Lichtes.**

Ein Zitat möchte ich hier anführen. In dem Buch „Zeit und Rhythmus" von Wilhelm Hoerner fand ich in dem Kapitel „Harmonie der Weltenrhythmen" folgende Beschreibung:

„Vielmals, mehrmals, einmal sind sehr verschiedene Zeit-qualitäten, die im Leben des einzelnen Menschen und in dem der Menschheit ihr je eigenes inneres Gewicht haben. Wir müssen sie beachten, wenn wir an Leib, Seele und Geist gesund bleiben wollen. Und das ist das Geheimnis überhaupt von allem Sein, dass sich Zyklen *durchdringen*, und dann wiederum getrennt weiter entwickeln, dann wiederum durchdringen . . . Und das Kleine, das Jahresläufige verstehen wir nur, wenn es uns Symbol ist für das große Welten-Geschehen, für das Jahrtausendläufige."

Ein solches Zusammenströmen von Hinweisen ist nicht zu übersehen, nicht zu überhören, sobald es bekannt gemacht wird. Das muss mehr sein als der Untergang einer Kultur, eines Volkes und der Aufstieg eines anderen. Wir Menschen unserer Epoche erleben Tod und Erneuerung der gesamten Welt und Erde, ihrer Menschheit mitsamt ihren Kulturen und Zivilisationen. „Ich mache alles neu." (Offenbarung 21, 5)

Neue Begriffe werden geläufig, weil sie akzeptiert werden. Evolutionssprung, Mutationssprung, Paradigmenwandel, Bewusstseinsexplosion. Diesen letzten Begriff prägte schon in den 80er Jahren der Physiker Peter Russel.[31] Er setzte für die Bewusstseinsexplosion den Beginn des 3. Jahrtausends und wurde einfach überhört oder angegriffen. Nur Esoteriker interessierten sich weiterhin. Der Beweis für seine Behauptung wird ständig deutlicher. Das spirituelle Interesse wächst seit diesem Zeitpunkt in grandioser Weise.

Ungute Zustände habe ich zur Genüge erwähnt. Es folgte der Hinweis auf dunkle Energien, die als Realität hinter all den Machenschaften stehen, und dass auch diese Ereignisse ihren Sinn haben, sogar in die kosmische Ordnung gehören. **Shiva tanzt wieder.** Der indische Gott der Vernichtung, durch dessen Tanz die Welt zugrunde geht, ist nur *ein* Aspekt Gottes. GOTT, *Parabrahman,* vereinigt in sich die Gottheiten der Schöpfung *Brahma* und der Erhaltung *Vishnu und Shiva.* Jeder Teil hat seine ganz spezielle, besondere Aufgabe und Zeit. Shivas Tanz ist nicht das Ende der Erde, er ist der Abschluss einer veralteten, sterbenden Epoche, in der Shiva dem Schöpferanteil, dem Gott Brahma, die Regentschaft für den heraufdämmernden neuen Weltentag übergibt.

Die Kinder des Wassermanns

Und wer wird dieses Weltwunder verwirklichen? Die Kinder des *Wassermanns*! Wir, die wir jetzt Erwachsene sind, müssen ihnen heute die Brücken bauen und am anderen Ufer die Steigbügel halten.

Wir sollten unsere Kinder nicht als kleine, unfähige, unwissende Menschen in Miniausgabe sehen und behandeln. Oft kann man Kinder beobachten, die geradezu ungehalten sind, weil sie etwas nicht fertig bringen. Es fehlt ihnen noch die Geschicklichkeit. Ihr Kindsein schränkt sie ein. Unzufrieden sind sie, weil sie von Erwachsenen nicht verstanden werden. Sie können noch nicht sprechen oder können sich noch nicht in der Sprache der Eltern ausdrücken. Manches Mal geht es sogar um spirituelle Dinge von denen die Eltern tatsächlich keine Ahnung haben, die Kinder aber schon, denn sie sind erst vor kurzem aus der geistigen Welt hierher gekommen. Oft ist das der Grund, warum die Kleinen ,frech' und aufsässig werden und die Eltern wissen nicht angemessen zu reagieren. Deswegen haben sich private Hilfsgruppen gebildet, in denen sich Eltern zusammenfinden, um ihre Erfahrungen auszutauschen. Denken Sie an die Wiedergeburtslehre und Sie werden es realisieren, dass Sie gar nicht wissen können, in welchen Persönlichkeiten die Seele Ihres Kindes schon gelebt hat. Sie wissen nicht, wer da vor Ihnen steht. Es kann Ihr, vor der Geburt des Kindes, verstorbener eigener Vater sein oder Ben Hur oder eine Kaiserin von China, eine Waschfrau aus Berlin, die im 19. Jahrhundert sieben Kinder alleine groß gezogen hat, bewundernswert – bewundernswert.

Behandeln Sie Ihre Kleinen als vollwertige Personen. Jetzt haben Sie, aus karmischen Gründen, die aus Ursachen von vergangenen Leben stammen, die schicksalhafte Aufgabe für Ihre Kinder zu sorgen. Genau genommen sind die karmischen Aufgaben wechselseitig. Es geht immer um die Bewusstseinsentwicklung der Seelen. Deswegen sind die Menschen oft durch familiäre Bande an einander gebunden, bis durch erwachte Liebe Harmonie zwischen ihnen entsteht. Vorher wird niemand von derartigen Bindungen frei. Die Thematik geht in späteren Leben weiter bis sie aufgelöst, erlöst sind.

Besonders die *neuen* Kinder, nach *Kryon* sollen sie seit 1987 in stark ansteigender Zahl geboren sein, schätzen die Überheblichkeit der Erwachsenen gar nicht. In ihrem Inneren wissen sie, dass Eltern nicht unbedingt wissender, weiser, weiter entwickelt sind, nur weil sie an Erdenjahren älter sind. Wer weiß, wie alt die Seelen der Kinder sind? Es werden viele Kinder geboren, deren Seelen viel älter und reifer sind als die ihrer Eltern. Und oft kommen sie mit der selbst gewählten Aufgabe, ihren Eltern bei dem Sprung in ein erweitertes Bewusstsein zu helfen. Die daraus entstehenden Missverständnisse zwischen den Kindern und Eltern wie auch mit Lehrern, überhaupt mit den Älteren, führen zu zahlreichen Generations-Problemen, mehr als je zuvor. Viele Hyperaktive sind die nicht verstandenen *Neuen*. Natürlich kenne ich die Vielschichtigkeit und Vielseitigkeit derartiger Fälle. Wahrhaftig, sie sind nicht einfach in eine Schublade zu stecken.

Ein weit reichender Realsinn ist im Wassermannzeitalter angesagt. Jetzt, in der sich ständig mehr verwirklichenden, uranischen Qualität des Wassermanns, kommen zu den Beweisführungen von physikalischen Gesetzen die empirischen Beweise der Metaphysik (Anhang) hinzu. Das entspricht genau dem Wassermann und dem dazu gehörenden Planeten Uranus. Auch das Erkennen kosmischer Ordnung und ihrer Gesetze entspricht dem uranischen Wassermannprinzip. Neigungen dazu und sogar hervorragende Kenntnisse bringen ‚Kinder des Wassermanns' bei ihrer Geburt mit. Wen wundert es, wenn sie in Elternhäusern aufwachsen, wo dieses Wissen fehlt, dass einige von Ihnen unzufrieden, aufsässig und aggressiv werden. Sie fühlen ihre Ohnmacht den Erwachsenen und sich selbst gegenüber. Das macht wütend und wird nach außen projiziert. Noch ist es so, dass die ‚Kinder des Wassermanns', die mit ständig umfangreicherem Wissen hier ankommen, überwiegend ihren Weg alleine finden müssen. Allerdings sind sie stark und werden es schaffen.

Zur Umsetzung der planetaren Evolution ‚hat der Himmel' ein Projekt entwickelt, wobei sich eine große Zahl so genannter ‚Sternen-Saat' auf der Erde inkarniert. Das sind hoch entwickelte Wesenheiten, die nach ihrem letzten Tod wieder für eine erneute Geburt auf der Erde bereit sind. Manche kommen aus anderen kosmischen Welten oder Planeten um zu helfen. Die Seelen aus der Menschheitslinie kommen freiwillig für ihre eigene Weiterentwicklung und darüber hinaus, um ihren Beitrag zur Evolution zu geben. Ihre Aufgabe und Absicht ist es, mehr Licht und Erkenntnis auf die Erde zu bringen. Erstens allein durch ihre Anwesenheit und zweitens als Lehrer und Vorbilder, drittens um aktiv mitzuarbeiten. Die ‚Sternen-Saat' ist ein wesentlicher

Aspekt für die Entwicklung des allgemeinen Bewusstseins. Seit Beginn der 1930er Jahre hat sich die Zahl dieser Menschen ständig gesteigert. Seit 1987 wird eine noch stärkere Art von ihnen geboren, die ‚Indigo-Kinder'. Obwohl im Gesamten der Begriff bleibt, ist diese Zeit schon wieder eine Etappe weiter gegangen. Inzwischen kamen die ‚Kristall-Kinder' und 2008 wurden die ersten ‚Sonnenkinder' geboren. Das sind derzeit übliche Bezeichnungen.

Unter meinen Notizen fand ich ein Blatt, dessen Text mit einem braunen Farbband getippt war. Deswegen weiß ich, dass ich diesen Gedanken vor mehr als 25 Jahren zu Papier brachte:

„Die Menschheit hat in ihrem jetzigen Bewusstseinsstand und mit ihrem Wissen die Grenze ihrer irdischen Erfahrungsfähigkeit erreicht. Um der Erkenntnis des Daseins näher zu kommen – was eine zwangsweise Folge der Entwicklung ist – muss eine nächste Menschheitsrasse gezeugt werden, die schon bei der Geburt mit einem höheren Bewusstsein ausgestattet ist." Sie sind da, die Indigo-, Kristall- und Sonnenkinder.

Außergewöhnliche Menschen, die mit hohem Wissen gesegnet waren, gab es zu allen Zeiten und in allen Völkern. Sie sprachen über die Schätze der Weisheit. Oft brauchten sie nicht für ihre eigene geistige Entwicklung auf die Erde zu kommen, denn sie hatten das Menschheitsniveau schon hinter sich. Sie kamen ausschließlich aus Liebe, um den Weg zu Sinn und Zweck des Lebens zu zeigen und nahmen oft ein schweres Los auf sich.

Aus geistiger Sicht ist die menschliche Existenz von ihrem Beginn an mit dem Opfer verbunden. Wie zuvor beschrieben geht menschliches Dasein auf den Sonnenlogos und auf diejenigen zurück, „die den Tod wählten" – wie es die alten heiligen Schriften Indiens beschreiben. Es sind aber nicht nur die hoch entwickelten Wesenheiten, die aus bestimmten Gründen eine irdische Inkarnation annehmen wozu der Tod gehört. *Es sind <u>alle</u> sterblichen Menschen, alle Lebensfunken, die im mystischen Urbeginn auf den Lebensstrahl des Sonnenlogos reagierten und bereit waren, das große Menschheits-Experiment, der freien Entscheidung in der Polarität, mitzumachen.* Sie verließen die Seligkeit und nahmen ein sterbliches Erdenleben an. Da treffen wir wieder auf den Faktor: Entscheidungen. Es geht darum, durch Entscheidungen freiwillig das Licht zu wählen, um Gottheiten werden zu können und damit das Leben des Universums zu stärken. Urbeginn und Grundlage des Lebens – ein Opfer.

Die aus Liebe das sterbliche Erdenleben wählten, sie lehrten, sie wurden gehört, bewundert und verhöhnt, ermordet. *Nur wenige Menschen verstanden sie.* Ihre Lehren entsprachen noch nicht den Massen, mussten aber sein als ein Anfang. Sie waren notwendige Pioniere, diese großen „Meister der Weisheit". Erst in unserer Gegenwart beginnt eine Zeitqualität, in der die Masse dazu fähig wird, zum Beispiel das eigene Da-Sein als eine göttliche Lebensform zu erkennen. Es war nicht die Aufgabe dieser Weisen, die Massen zur Erkenntnis zu führen, sondern lediglich, das spirituelle Wissen tiefster Wahrheit lebendig zu erhalten und wie Pioniere, den Boden erneut umzugraben. Nicht nur die Schriften der modernen Boten des Lichtes, auch die Literatur der

Weisen längst vergangener Zeiten sollten wir jetzt lesen, sie studieren, um den Sinn unserer Existenz zu erkennen und den Sinn augenblicklicher Turbulenzen.

Aber der Stiefel des globalen Kapitalismus drückt die Menschen derartig, dass die meisten abends nach ihrer Arbeit nicht mehr fähig sind, etwas für ihre Seele zu tun, zu lesen oder Gespräche mit ihren Familien und Freunden zu führen. Sie sind ausgelaugt, leer. Und, wenn die Steuern bezahlt sind, bleibt nichts übrig. Auf mich wirkt das wie diabolisch gelenkt, keine Zeit zu haben, um seine Seele zu berühren und den Sinn des Leben zu finden. Nun, das Muster der sterbenden Epoche ist noch nicht beerdigt.

Mit 89 Jahren starb 2007 der berühmte schwedische Filmregisseur Ingmar Bergmann. Auf dem 50. Filmfestival in Cannes, 1997, erhielt er die höchste zu vergebende Auszeichnung des internationalen Films, die „Palme der Palmen". Seine Filme werden beschrieben als **„der Inbegriff von der vergeblichen Suche nach dem Sinn des Lebens."** Jedenfalls ist bemerkenswert, dass diese Suche – natürlich auch seine Regiekunst – eine derartige allgemeine Bedeutung gewonnen hat. Es ist wie eine öffentliche Akzeptanz dieser „Suche" als Tatbestand. Welch ein Armutszeugnis für unsere Zeit. Es ist anzunehmen, dass Ingmar Bergmann den oben erwähnten Sinn und Zweck des Lebens selbst *nicht gefunden* hatte. Andernfalls würden ihn Filme über die *Suche* danach nicht interessiert haben.

Zur Abgrenzung von den Wunderkindern sei betont, dass sie nicht unbedingt Indigos sind. Zwar finden sich zahlreiche hoch und höchst Begabte unter den Indigo- oder Kristallkindern. Wunderkinder waren in allen Zeiten in allen Ländern zu finden. Sie sind Beweise, wozu der Mensch grundsätzlich befähigt ist, welche Potenziale im Menschen vorhanden sind. Ob Weisheitslehrer, ob Wunderkind oder Indigo, sind sie nicht die ‚Neuen‘? Möglicherweise haben sie eine veränderte Funktion ihrer DNS und ihres Gehirns, auch eine größere Anzahl aktiver Energiezentren (Chakren) als es normal war und noch ist. Sie waren aber immer Ausnahmen, was jetzt zur Normalität wird. Übrigens, die Erwachsenen können auch Indigos werden. Sie müssen sich um das bemühen, was diese Kinder als alte, erfahrene Seelen mitbringen. Wenn wir zustimmen, bewirken kosmische Einstrahlungen auch bei älteren Menschen Aktivierungen:

- der Gehirnfunktionen,

- der 6-strängigen Doppelhelixen unserer DNS,

- eine Anzahl neuer zusätzlicher Energiezentren im Körper.

Allerdings ist diese Entwicklung für Erwachsene bedeutend schwieriger, denn sie müssen erst die unbrauchbar gewordenen alten Muster und die karmischen Belastungen aus sich herausschaffen. Sie müssen das Niveau erst erarbeiten, womit diese Kinder geboren werden.

Aussprüche von mir bekannten Kindern aus der Zeit der Indigos

Ramona, 2 – 3 Jahre

- *„Als ich schon mal groß war, hab’ ich ein Pferd gehabt.“*

- *„Als ich schon mal groß war und du (ihre Mutter) warst mein Kind."*

- Ramonas Vater starb, als sie 3 Jahre alt war. Nach dem Tod fragte sie ihre Mutter:

  „Die Seele von Papi ist jetzt beim lieben Gott und kommt doch dann wieder als Baby?"

Sofia, 5 Jahre

- Sie sah ihre Mutter einmal besonders liebevoll an und sagte: *„Mama, ich wollte immer zu dir kommen. Ich hab' so lange auf Dich gewartet."*

- Ein anderes Mal sagte Sofia: *„Mama, ich glaube das ganze Leben ist ein Traum und wenn man stirbt, dann wacht man auf."*

Susanne, 7 Jahre

- Ich war in einem Gespräch mit Susanne über sie selbst. Da sagte sie: *„Du meinst wohl DAS, was „Susanne" heißt."*

Susanne 12 Jahre

„Wofür wurde uns das Leben gegeben?

Um verstanden zu werden oder um selbst zu verstehen?

Um einfach ins Ungewisse hinein zu gehen?

Um das Leben als solches zu sehen?

Um große Karriere zu machen, um zu weinen, um zu lachen?

Um zu erleben, um dann zu verderben?

Um eine Aufgabe auszuführen, um unsere Seele zu berühren?

Um zu lernen, um zu lehren?

Um zu geben, um zu nehmen?

Ja – wofür ist eigentlich das Leben?

Sami 9 Jahre

- Er sagte zu seiner Mutter: *„Ich gebe dir ein Rätsel auf: Was ist strahlender als die Sonne? Die Liebe."*

Diana, 5 Jahre

- Sie hatte sich über ihre Mutter, über mich, geärgert, denn sie sollte in ihr Zimmer gehen, was ihr nicht gefiel. Zu gerne wollte sie hören, was ich mit einer Freundin besprach. Mit einer abwertenden Handbewegung drehte sie sich um, ging und sagte laut: *„Wenn ich wieder Baby bin, bist du nicht meine Mama!"* Das war in einer Zeit als ich selbst noch nichts von Wiedergeburt wusste. Es hat mir sehr geholfen, die Wiedergeburtslehre sofort anzunehmen, als ich davon hörte.

May 4 Jahre

- Ich brachte May, meine Enkeltochter, abends ins Bett, da fragte sie mich: *„Sag' mal, wie sieht Gott aus?"*
  „Gott sieht gar nicht aus, Gott ist."
  Daraufhin fragte May: *„Ist er auch Elektrizität?"*
  Ich rief laut: „Ja! Ja! Ja!"

Sie sprang aus dem Bett und wir führten einen ‚Indianertanz' auf.

- Meine Tochter hatte mich mit May besucht. Der kleine Bruder Tamim war gerade in Deutschland geboren. Es war der Tag, an dem sie früh morgens zurück flogen. Ich hatte May geweckt und als sie mit halb geschlossenen Augen im Flur an mir vorbei zum Badezimmer ging, sagte ich so im Spaß: „Hopp, hopp, Zähne putzen, Gesicht waschen, Haare kämmen, schminken." Da antwortet sie: *„Ich bin noch schön von Gott."*

May 5 Jahre

- Meine Tochter lebt mit ihrer Familie in einem wasserarmen Land. Ich beobachtete wie May sich die Hände gewaschen hat. Das Wasser floss und floss und floss und sie spielte herum und auch die Seife floss mit. Da dachte ich, ich müsse etwas sagen: „May, das darf man wirklich nicht, mit dem Wasser so spielen. Du wohnst in einem Land, wo es sehr wenig Wasser gibt. Und ohne Wasser kann der Körper überhaupt nicht leben." Dann ging mir durch den Kopf: Das ist zu wenig. Wie kann ich es eindrucksvoller sagen? Ich sprach es aus: „Weißt du, Wasser ist heilig." Sie drehte den Wasserhahn zu. Einige Tage später kam sie zu mir und fragte: *„Bleibt es dabei, was du mir versprochen hast, wenn ich groß bin, dass wir dann in viele Länder reisen?"* „Ja, ich denke schon."

„Dann können wir den Menschen doch erzählen,
dass Wasser heilig ist."
„Das machen wir!"

„Aber die Shumana (ihre Freundin) muss mit.“
„Warum muss denn Shumana mit?“
Sie bewegte ihren kleinen Zeigefinger hin und her,
sah mir in die Augen und sagte:
„Wir können jeden gebrauchen!“

May 6 Jahre

- *„Unsere Seele weiß alles, wie es richtig ist.“*

- *„Kein Mensch braucht Angst zu haben, denn Gott ist in unserer Seele.“*

- *„Gott weiß, warum er will, dass die Menschen Krieg machen und wozu die Menschen sterben.“*

- *„Das Lächeln ist die Schönheit, die aus dem Herzen kommt.“*

- *„Mach' mal deine Augen zu und schau wo meine Uhr ist.“* (May hatte sie verlegt.)

Fragen von May 7 Jahre

- *„Wo hört der Himmel auf?“*

- *„Wo kommen die Seelen her, ganz am Anfang?“*

- *„Woher kommt Gott? Kann sich Gott denn selbst machen?“*

- *„Wir sind nur Teile von Gott. Aber was ist Gott wirklich? Schwer zu verstehen!“*

Tamim 4 Jahre

- *„Wenn es ganz still im Hause ist, aber es muss ganz still sein, der Papa ist nicht da und die May auch nicht und die*

Mama schläft, dann gehe ich in mein Zimmer und frage Gott, warum ich mich geboren habe."

- *„Wo war ich damals, war ich schon in Mamas Bauch oder war ich noch bei Gott?* (Damals als seine Mutter mit ihm schwanger war. Mit „ich" hat er wohl seine Seele gemeint.) *„Bei Gott ist es viel schöner als auf der Erde."*

Tamim 5 Jahre

- Wir sprachen über zaubern und über Wunder, ob es das in Wirklichkeit gibt. Da meinte Tamim:
  „Wenn man ganz, ganz verbunden ist mit Gott, dann kann man zaubern."
  (Die Menschheit geht jetzt in die 5. Dimension. Das beinhaltet auch die Aktivierung unserer Schöpfungskraft und das ist unsere Verbindung mit Gott.)

Tamim, 6 Jahre

- Tamim hatte ein Paket gemalt, zeigte es mir und meinte:
  *„Ich schenke dir, was in dem Paket drin ist. Drei Mal darfst du raten. Ach besser ist ich sag's dir:
  Gott, Weisheit, Kraft und Mut, Liebe und alles Gute."*
  (Die Qualitäten Gottes werden bezeichnet mit Weisheit, Kraft und Liebe.)

- *„Das weiß ich, als ich Außerirdischer war. Ich war auf einem anderen Planeten."*
  (Über einen weiteren Zusammenhang mit diesem Satz habe ich keine Notiz.)

- *„Dann werden alle Menschen daran glauben, was die Wahrheit ist, was sie jetzt nicht glauben."*

Tamim, 7 Jahre

- *„Beten ist alles gleich bei Moses, Jesus und Mohammed.“*

- Tamim fragte mich: *„Gibt es eine böse Phantasie und ein gute Phantasie?“*
  Meine Antwort: „Ja, das gibt es schon.“
  Tamim: *„Kennst du den Unterschied zwischen der guten und der bösen Phantasie?“*
  „Ja. Ich glaube ja.“
  „Ich kenne den Unterschied ganz genau. Ich habe das nämlich in der Schule gelernt.“
  „Ach, wirklich?“
  „Ja, in der Schule im Himmel. Das ist aber nicht der Himmel, wo die Flugzeuge fliegen.“
  Ich wollte nicht übereilig fragen, so sagte ich einige Tage später: „Kannst du mir noch etwas von der guten und der bösen Phantasie und der Schule im Himmel erzählen?“
  „Ja. Das ist so: Wenn das Kind schläft, dann geht da so ein Faden aus dem Kopf heraus. (Tamim zeigte auf sein Schädeldach, auf die Fontanelle.) *Und da war das Herz. Aber es sah nicht aus wie das Herz, aber es war das Herz. Da waren auch die Seelen und die sind nicht gegangen. Die sind so geschwebt und alles war durchsichtig. Der böse Teil der Seele kann auch in die Bösheitsschule gehen. Alle haben etwas Böses in sich. Da war eine ganz, ganz, ganz, ganz liebe* (4 Mal liebe) *Stimme. Die sagte, geh' da nicht hin, das brauchst du nicht. In der Bösheitsschule kann man auch lernen wie man mordet. Gott ist gar nicht böse, wenn eine Seele in die Bösheitsschule gehen will.*

Die liebe, liebe, liebe, liebe Stimme fragte mich: Möchtest du zu Gott? Und da hab' ich JA gesagt. Dann fasste sie mich oben am Kopf und zog mich in der Mitte und dann ging es durch das Loch und hinter mir ging das Loch zu und da war alles so schön. Es war alles so schön! Gott war da, aber er war nicht da. Gott war da, aber er war nicht da. (Das wiederholte er mehrmals.) *Gott ist nicht im Himmel. Er ist überall. Gott war nicht da, aber die Mitte war da. Und meine Augen, die waren so.*

(In der Meditation wenden sich die physischen Augen oft automatisch nach oben.)
In der Schule wo ich war, da war der Lehrer/Lehrerin. Das war eins (androgyn). Und der stand da (rechts) und wir standen da (links) und ich stand da mitten drin. Da gab's mehrere Stockwerke und im obersten da lernt man die Liebe. Die Welt wird vom Bösen kaputt gemacht, aber das Licht macht eine neue Welt.
(Diesen Satz hatte er ein anderes Mal auch gesagt, doch ohne das ‚Böse'.)
Wenn du willst, kannst du wieder auf die Erde.

Die liebe, liebe, liebe, liebe Stimme sagte, sie kennt dich ganz genau.“

(Sofort anschließend habe ich diese Notizen aufgeschrieben. In der Geistwissenschaft kennt man die ‚Silberschnur'. An ihr entlang verlässt die Seele durch die Fontanelle den schlafenden Körper und bewegt sich in der geistigen Welt, bleibt aber über die Silberschnur mit dem Körper verbunden. Wenn der Mensch zu plötzlich geweckt wird, saust die Seele an der Silberschnur zurück in den Körper und viele haben dann beim Erwachen Herzklopfen.)

Zwei Jahre später fragte ich Tamim, ob er wieder in der Schule im Himmel war. Ich wollte wissen, ob er geflunkert hatte. Aber er antwortete spontan: *„Nein, das war nur ein Mal."*

Gespräche zwischen Tamim und May

- May: *„Die Bösen wissen das von der Liebe auch, aber sie können es nicht erkennen."*
  Tamim: *„Warum nicht?"*
  May: *„Weil sie es vergessen haben."*
  Tamim: *„Ja!"*

Tamim 12 Jahre

- Im Sommer 2005, sagte mir Tamim am Telefon: *„ Ich freue mich so sehr, in den Ferien zu dir zu kommen. Ich muss Dir etwas erzählen. Die Mama und die May hören nicht richtig zu. Ich habe ihnen aber gesagt: Wenn ihr tot seid, dann werdet ihr wissen, dass ich Recht hatte."*

- Als wir zusammen waren, erzählte er mir:
  „Manchmal denke ich darüber nach, über das Universum und die Zeit. Der Raum fängt da an, wo er endet. Es fängt da an, wo es endet. Eigentlich gehören Zeit und Raum zusammen. Ohne Raum, was wäre die Zeit? Ei-

gentlich ist die Vergangenheit die Zukunft und die Zukunft ist die Vergangenheit und beides sind die Gegenwart."

- Ich fragte ihn, ob die liebe, liebe Stimme ihm wieder etwas gesagt habe.
  „Die liebe Stimme hat mir schon alles gesagt. Teilweise kommt es bei mir an. Ich denke es dann. Eigentlich ist die Stimme ich selber."

Mit diesen Erlebnissen habe ich Ihnen beschrieben, wie Indigos denken und fühlen, was und wie Indigo-Kinder sind. Die ersten von der schnell steigenden Geburtenanzahl sind bereits um die 20 Jahre – jung oder alt. Die Nachfolgenden werden sich nicht mehr mit so vielen Erdenjahren zum Erwachsenwerden aufhalten, wie es in früheren Generationen war. Sie werden schneller reifen, nicht nur sexuell, auch im Bewusstsein. Die Neuen tragen diese Fähigkeit in sich. Sie sind stark, die Möglichkeiten zu erschaffen, um die Welt zu verändern und Mutter Erde wieder gesund zu machen durch Bewusstsein *und* Technik. Ich bin davon überzeugt. Es wird geschehen in Zusammenarbeit mit helfenden, extraterrestrischen Wesen.

Vielleicht nehmen Sie an, dass May und Tamim derartiges Wissen in unserer Familie gehört haben. Wenn dem so wäre, dann hätten sich die Kinder damit beschäftigt und es gut verarbeitet. Auch fein. In den Aussprüchen der Kinder ist, abgesehen von einem spirituellen Wissen eine soziale Einstellung zu erkennen. So sind sie eben, die Indigos. Achten Sie darauf, was Ihre Kinder und Enkelkinder als Selbstverständlichkeiten aussprechen. Ich habe diese kleinen Geschichten erwähnt, nicht ohne zuvor Tamim und

May gefragt zu haben. Weil ich es selbst erlebte, kann ich mich für die Ehrlichkeit und Echtheit verbürgen. Natürlich gibt es noch mehr interessante Notizen. Oft konnte ich das Gesagte nicht sofort notieren und später nicht genau wiederholen, so wurde es hier nicht erwähnt. In Bezug auf die Glaubwürdigkeit bedenken Sie bitte, dass ich niemals einem Kind sagen würde, dass „diese Welt kaputt geht". Auch habe ich Tamim niemals von „einem Faden, der aus dem Kopf herausgeht" erzählt. Mir war sofort klar, dass er die „Silberschnur" meinte. Über viele Aussagen war ich sehr erstaunt und habe von den „Kleinen" einiges gelernt, wie von meiner kleinen Tochter den Hinweis auf die Wiedergeburt. Da meine Familie im Ausland lebt, sah ich meine Enkelkinder nur in den Sommerferien, hatte also keinen besonderen Einfluss auf sie. Mein Schwiegersohn befasste sich nicht mit religiösen und spirituellen Themen, meine Tochter in jener Zeit ebenfalls nicht. Doch etwas, was meine Tochter strikt einhielt, das war das Abendgebet mit den Kindern vor dem Einschlafen. Ich hatte es für meine Enkelkinder gemacht und gebe es hiermit an Sie weiter.

Ich wünsche:
Der Schlaf möge die Menschen gesund und stark machen,
damit sie am Tag gute Laune haben und
nett zueinander sind.
Mein Schutzengel, ich bitte dich,
führe mich in dieser Nacht dort hin,
wo es schön ist, wo ich Gesundheit bekomme
und wo ich viel Gutes lerne.
Ich schlafe im Herzen von Vater-Mutter-Gott.

Das gemeinsame Abendgebet, liebe Eltern, ist ein wertvoller und lebenslanger Halt für die Seele. Als mein Leben anfing schwierig zu werden, habe auch ich mich an die Abendgebete mit meiner Mutter erinnert.

Mit derartigen Erlebnissen fällt es mir natürlich leicht, die Existenz von Indigo-Kindern anzunehmen. Den Eltern kleinerer Kinder möchte ich dringend raten, das, was ihre Kinder sagen, zu beachten. Betrachten Sie ihre Kinder als vollwertige, selbstständige Menschen. Sie sind keine Miniausgaben von Körper und Geist! Es heißt, wir kämen jetzt in eine Zeit, da die Kinder ihre Eltern in geistigen Dingen belehren werden. Doch gleichzeitig ist es eine Lehr-Aufgabe der Eltern, in vielerlei Beziehung Grenzen zu setzen. Derzeit (2009) sind die meisten der Neugeborenen Kristallkinder. Die ‚Kinder des Wassermanns' sind mit den Qualitäten ausgestattet, die gebraucht werden, um die Welt zu einem Paradies in Wohlergehen und Freude zu verändern. Nicht jedes in dieser Zeit und fortan geborene Kind ist eine alte, sehr entwickelte Seele. Doch, lassen Sie sich nicht von den aktuellen, schwierigen Geschehnissen mit Kindern und Jugendlichen irritieren. Das sind die Geburtswehen der neuen Zeit. Die neue Generation findet ihren Weg. Die Welt wird sich über den sozialen Aspekt verbessern und diesen werden die Neuen kennen und können. Das ungute Verhalten Jugendlicher ist oft ein, ihnen selbst unerklärlicher Ärger über die (rückständigen) Erwachsenen, eine Unzufriedenheit mit den eigentlich unnötig schwierigen Verhältnissen. Außerdem war Unverständnis zwischen den Generationen schon immer ein Thema. Derzeit erscheint es besonders krass. Die Jugend spürt den Wandel, fühlt sich irgendwie großartig, kann damit nicht umgehen, ist nicht mehr gehorsam, lässt sich nichts gefallen von den ‚unwissenden Alten', ob Eltern, Lehrer oder Politiker. Jugendliche wollen Vorbilder. Werden sie nicht geleitet, so wählen viele von ihnen die falsche Richtung. Es ist zu beobachten, dass außergewöhnliche Persönlichkeiten, mit dem Weitblick des neuen Paradigmas mit Jugendlichen keine oder nur geringe Probleme haben. Empfehlenswert ist das Buch von Carolina Hehenkamp „Das Indigo-Phänomen", Schirner-Verlag.

Zu den Wassermann-Kindern noch ein interessantes Thema. Medizinisches Wissen besagt, dass der Mensch zwei Drüsen hat, die vom siebten Lebensjahr an verkümmern. Dabei handelt es sich erstens um die Epiphyse, die Zirbeldrüse, am Kleinhirn gelegen, zweitens um die Thymusdrüse, hinter dem Brustbein lokalisiert. Endokrinologen, die Spezialisten, bezeichnen das Hormonsystem als die ‚Brücke' von der Seele zum Körper.

Die Epiphyse spielt eine große Rolle für das Wachstum und die Entwicklung des Körpers gemäß dem richtigen Zeitplan. Das Besondere: Sie ist zuständig für Fähigkeiten wie Hellsehen und Hellhören, also für den direkten Zugang zu den unsichtbaren Bereichen. Verständlich, dass die Epiphyse zum ‚Dritten Auge' in Bezug steht, zum Energiezentrum Stirnchakra ‚Ajna'. Vom Dritten Auge weiß man, dass es zwischen den Augenbrauen oberhalb der Nasenwurzel liegt. *Die Epiphyse beginnt vom 7. Lebensjahr an zu verkalken. Es ist also ganz logisch, dass Kinder in der frühen Kindheit noch vieles hellhören und hellsehen und einfach wissen, zumal sie gerade erst aus der geistigen Welt kommen und ihre Zirbeldrüse physiologisch noch voll aktiv ist.* Durch die Verkalkung wird die

Funktion mehr und mehr eingeschränkt, bis der Erwachsene diese Fähigkeit verloren hat.

Die Thymusdrüse ist zuständig für die Abwehr des Körpers, für ein gut funktionierendes Immunsystem. Bekannte Tatsache ist, dass Liebe die Lebenskraft erhöht, das Wohlgefühl steigert, die Abwehr stärkt. Die Thymusdrüse bildet ihre Funktion ebenfalls zurück. Sie verfettet und verkleinert sich ab dem 7. Lebensjahr. Und wovon sprechen wir ständig? Von der verlorenen, erkalteten Liebe unter den Menschen. Auch dieses ist verständlich, denn zur Thymusdrüse gehört das Energiezentrum Herzchakra ,Anahata'. *Beides, wozu die verkümmerten Drüsen in Beziehung stehen, hat die Menschheit weitgehend verlernt, 1. unsichtbare Welten wahrzunehmen und 2. zu lieben.* Bitte denken Sie jetzt nicht, die Rückbildungen wären die Ursachen für den Verlust. Es ist umgekehrt, der geistig-seelische Zustand menschlicher Wesenheiten ist ursächlich. Im Körper zeigt sich die Entsprechung, die Spiegelung.

Ebenso ist es mit allen Krankheiten. Das Eine schließt das Andere nicht aus. Es sind zwei mit einander verwobene Erscheinungsformen, die ursächlich geistige und die körperliche. Lernen Sie zu lieben, es steigert Ihre Abwehr. Wahre Liebe ist eine schützende Schwingung, macht gesund, schön, glücklich. Liebe öffnet die Herzen der Menschen und die Tore des Himmels.

Entsprechend der Wassermannzeit ausgedrückt, ermöglicht Liebe den Aufstieg in höhere Dimensionen des Bewusstseins. Zur Bestätigung dieser kurzen Aussage binde ich drei Faktoren zusammen:

1. Funktionen von Epiphyse und Thymusdrüse

2. Zustände in der Gegenwart, der Wandel

3. ein Ausspruch von Jesus

Die beiden ersten Punkte sind besprochen. Was hat Jesus damit zu tun, dessen Weisheiten erst Jahrzehnte nach seinem Tod aufgezeichnet wurden? Sei es, wie es will, wir haben diese Aufzeichnungen und sie sind äußerst beachtenswert. Darin sind nämlich die Lösungen zu dem derzeitigen Dilemma zu finden.

In Matth. 18, Vers 3 ist verzeichnet: „. . . Es sei denn, dass ihr euch *umkehrt und werdet wie die Kinder*, so werdet ihr nicht ins Himmelreich kommen." Es heißt so viel wie: Werdet wie die Kinder, bleibt in Verbindung mit dem Himmel, der geistigen Welt! Wer verbunden ist mit dem Himmel, mit dem, was GOTT genannt wird, der denkt, fühlt und handelt nicht ‚böse'. Wenn ihr ‚werdet wie die Kinder', dann könnt ihr lieben. Die regenerierte, voll funktionierende Thymusdrüse ist die körperliche Entsprechung dazu. Wenn ihr ‚werdet wie die Kinder', dann könnt ihr mit euren inneren Augen in die geistigen, unsichtbaren Welten schauen. Die regenerierte, voll funktionierende Epiphyse ist die körperliche Entsprechung dazu. Recht hat er, der Jesus. Ein Mensch in vollkommenem Bewusstsein kennt nicht nur die richtige Melodie des ‚Halleluja', sondern auch die Physiologie des Körpers.

Nehmen Sie an, dass die Menschen vor 2000 Jahren das mit der Epiphyse und der Thymusdrüse verstanden hätten?

Wahrscheinlich nicht. Also sagte Jesus ganz einfach: Werdet wie die Kinder.

Ob Indigo-, Kristall-, bis hin zu Sonnenkindern oder was noch kommen mag, die Bezeichnung ‚Kristallkinder' ist für mich sehr eindeutig. Kristalle sind Informationsträger. Diese Kinder speicherten uralte Weisheitsinformationen aus Zeiten des Lichtes und tragen sie bei ihrer Geburt in sich. Deswegen diese Bezeichnung. Jeder Kieselstein ist eine Zusammensetzung von Kristallen. Quarze sind es, welche Informationen speichern. Von ihnen ist Silicium (von lat. silex ‚Kiesel') ein absoluter Wissensträger. Silicium speichert Informationen. Es ist kein Metall, sondern ein chemisches Element. Nach Sauerstoff ist es das zweithäufigste Element auf der Erde und der Hauptbestandteil der Erdkruste. Nimmt nicht der Pfarrer bei einer Beerdigung eine kleine Schaufel voll Erde und spricht: Von Erde bist du genommen, zu Erde sollst du werden. Und heißt es nicht, dass die ‚größte Bibliothek' unseres Universums auf der Erde sei? In Mutter Erde und in menschlicher DNS.

Kristallkinder, eine Bezeichnung für Menschen, die gespeichertes uraltes Wissen und Können in sich tragen. Diese Neuen Menschen sind fähig, Wissen und Weisheit abzurufen, zu handhaben, zu benutzen und zum Wohle aller zu nutzen. Wie sich das äußert? Sie wissen, dass Liebe die wesentlichste Essenz im Universum ist. Somit sind sie ganz natürlich mitfühlend und sozial eingestellt. Sie wissen, dass Kriege das begrenzte Denken einer sterbenden Epoche sind. Sie werden dementsprechend handeln, und je mehr von ihnen auf Erden leben, umso deutlicher wird die neue Prägung. Sobald sie die Entscheidungsträger in obersten

Positionen von Wirtschaft und Politik sind, wird es sein, wie Tamim sagte, dass durch sie das Licht eine neue Welt erbaut. Im Vergleich zu heute, da kaum Lichtträger in diese Positionen hinaufkommen, werden es viele sein.

Die Erwachsenen, die bewusst für das neue Zeitalter tätig sind, werden als ‚Lichtträger' bezeichnet. Außergewöhnliche Persönlichkeiten von ihnen, die bereits in bedeutenden Positionen von Wirtschaft und Politik unerkannt arbeiten, bezeichnen die Außerirdischen als *Weiße Ritter*. Es sind diejenigen mit einem erweiterten Bewusstsein, die höchst aktiv, aber verdeckt die Fundamente legen, was zunächst zum Zusammenbruch des global maroden Finanz- und Wirtschaftssystems führt. Es ist nicht aufzuhalten, dass wir danach zum Beispiel eine Energie zum Null-Tarif haben werden! Malen sie sich aus, was das bedeutet! Tun sie es! Sie ziehen damit diese Zeit herbei. Träumen Sie, wie das sein wird. Wir werden, so wie es Bird Spalding und seiner Forschergruppe bereits Ende des 19. Jahrhunderts aus den geistigen Bereichen mitgeteilt wurde, für Licht, Wärme und alle mechanischen Zwecke kostenlose Energie haben.[4] Das Geplänkel um alternative Energien ist dagegen ‚Kindergarten'.

In jeder Sekunde gehen Menschen durch den Tod in unsichtbare Bereiche, andere kehren auf die Erde zurück und werden geboren, denn wir sind unsterblicher Geist und haben unseren Körper jeweils für eine gewisse Zeit. Für jedes Erdenleben bauen wir uns einen neuen Körper. Jetzt sind es mehr und mehr Kinder der Wassermann-Qualität des geistigen Erwachens, reife, wissende, alte Seelen. Als Erwachsene werden sie und ihre Kinder diejenigen sein, die den Unrat verbrennen und die Brutstätten der Dunklen, die

sich nicht zum Licht wenden konnten, ausräuchern. Mutter
Natur wird ihnen dabei helfen. Gleichzeitig sind sie fähig,
neue Organisationen, neue Regierungen, neue Finanz- und
Wirtschaftssysteme „zum Wohle aller" zu installieren. Es
bleibt nichts, wie es ist. Alles wird besser. Menschen, Unternehmen, Organisationen, Regierungen, die nicht in der
Lage sind, auf einem spirituellen Fundament der Liebe zu
arbeiten, werden nicht überleben. Das wage ich auszusprechen. Spirituell heißt hier nicht, sanftmütig ‚Halleluja' zu
singen, sondern miteinander in guter Kommunikation mit
Freude leben, als eine praktische Meditation für einander
zu arbeiten, Entscheidungen zu finden zum Wohle von
Mensch und Tier, Erde und Pflanze, Berg, Wasser Luft und
Sonne, sich näher zu kommen und sich dann als Einheit zu
erfahren. Es keimt bereits, das Neue. Mit unserer Zuversicht wird es wachsen.

**Durch die ‚Kinder des Wassermanns'
erweitert sich der Realsinn um eine
bedeutende Dimension,
nämlich in die des heute noch Unsichtbaren und
Unbekannten. Damit beginnt die Verwirklichung
des göttlich-schöpferischen Menschen.
Auf dem Weg ist, wer in Demut Größe lebt.**

Die ständig erneuerbare kosmische Energie des menschlichen Geistes

Wer seine Augen vor den aktuellen Weltereignissen nicht verschließt, die Logik aus den kosmischen Ordnungen nicht kennt, müsste meine Ausführungen als unmöglich bezeichnen, in ständiger Angst leben oder alles ignorieren. Depressionen sind weit verbreitet und vor allem Ängste: vor Krankheit, Geldverlust, Arbeitslosigkeit, vor Armut, vor dem Altern, vor dem Tod, Angst vor Betrug, vor den Steuern, einem Krieg, vor Naturkatastrophen, vor der überall lauernden Unsicherheit.

Doch der große Wandel, aus kosmischer Sicht betrachtet, garantiert uns eine andere Lebensweise. Je schneller wir folgende Qualitäten entwickeln und in uns festigen, umso kürzer wird die schwierige Übergangsphase dauern.

- Überzeugung von unserer eigenen Schöpfungskraft

- Mut, unsere mentale Energie bewusst anzuwenden

- Zuversicht, innere Gewissheit, dass es so wirkt

Lassen Sie uns von einer glücklichen Zukunft träumen, denn die Träume von heute haben die Kraft, die Wirklichkeit von morgen zu werden. In einer fortgeschrittenen Bewusstseinsentwicklung können sich echte Demokratien etablieren, später sogar Hierarchien nach dem Vorbild der geistigen Lichthierarchie. Ein total neues Finanzsystem, noch verdeckt, ist bereits im Entstehen, möglicherweise als umlaufgesichertes Währungssystem. Ich meine *nicht* die von den bisherigen Machteliten vorbereiteten Umgestaltungen ihrer alten Verfahrensweisen. Eine lebhafte weltweite soziale Marktwirtschaft auf der Basis von Moral und zum Wohle aller wird das Leben von Angst befreien. Ich sage absichtlich *nicht* „Globale Wirtschaft", damit sie nicht mit dem System der heute noch wirkenden Weltwirtschafts-Interessen verwechselt wird. In verbesserten Sozialstrukturen können mit Vertretern aus anderen Bereichen, Pläne zur Beseitigung der Existenznot umgesetzt werden. Sie nehmen den Menschen diesen allergrößten Druck – und gute, kreative, soziale, humane Veranlagungen können erneut in ihnen aufblühen.

Kriege werden im Großen nicht mehr möglich sein, denn das Bewusstsein von internationalen Rätegruppen wird sich so weit entwickeln, dass die Beteiligten aufkommende Konflikte zu lösen wissen. Wenn die UNO und die EU bestehen bleiben, dann in veränderter Form. Sie werden zu ehrlichen, aktiven, anerkannten und beschlussfähigen Weltgemeinschaften. Die *Macht mentaler Zusammenarbeit* wird erkannt und genutzt werden. Abgeordnete der verschiedenen Staaten *werden* von *Verantwortlichkeit* motiviert sein. Kein Staat, keine Interessengruppe wird Weltherrschaft anstreben.

Die meisten rufen: Utopie! Nein, mit der kosmischen Energie des menschlichen Geistes ist es möglich. Diese Faktoren, tatsächlich gelebt, verändern alle Bereiche des Lebens. *Das menschliche Bewusstsein erweitert sich in den kosmischen Raum.* Der Mensch erkennt sich spätestens dann als Teil in der Einheit. Das ist unsere Zukunft, die schon begonnen hat.

So lange wir sagen, „es *wäre* zu schön, um wahr zu sein", ist unser Denken im Zweifel, neigt zur Ablehnung, obwohl wir es so gerne hätten. Der Zweifel verhindert den eindeutigen Weg. Er zerteilt die Kraft. Das ist der springende Punkt. Sobald ein bestimmter Prozentsatz der Menschheit, die ‚kritische Masse' (Anhang), den Wandel für möglich hält, nicht mehr zweifelt, sondern über den Gedanken der Möglichkeit hinausgeht, sogar über den Glauben noch weiter bis in die *Zuversicht* hinein, materialisieren sich diese Visionen. Das sind ganz natürliche physikalische Vorgänge. Derzeit sind viele Physiker über ihre eigenen Entdeckungen erstaunt. Bald wird Metaphysik in den Schulen als Selbstverständlichkeit gelehrt, das ist nicht nur meine Vision. Es gibt viele Menschen in allen Ländern die auf diese Weise die ständig erneuerbare Energie des Geistes einsetzen, wissentlich und unwissentlich.

Aller Wahrscheinlichkeit nach, dem Weltgeschehen entsprechend, ist dieser bedeutendste Faktor, die kritische Masse, in unserer Jetztzeit nahezu erreicht. Von den Außerirdischen erhalten wir Nachrichten, dass der Wandel zum Licht mit seinen höchst erfreulichen Veränderungen entschieden ist und in geistigen Bereichen schon sichtbar. Es heißt, dass die Auswirkung von dieser menschlichen Leistung in unser gesamtes Universum hinausstrahlt. Warum sollte es nicht so sein können, wenn der Flügelschlag eines Schmetterlings ...

Ein neues Schlagwort ist *Erneuerbare Energie*. Ursulina Telberg, eine Pionierin aus den Anfängen der bewussten geistigen Evolution, verwendete dieses Wort schon vor einem halben Jahrhundert. Sie wusste, dass den physikalisch erneuerbaren Energien, vor allem der *Freien Energie*, eine unbekannte Kraft zugrunde liegt. Endlich ist die Zeit reif. Ursulinas bekannter Ausspruch wurde aktuell:

„Zu den ständig erneuerbaren Energien zählt als Erstes die kosmische Energie des menschlichen Geistes."

Diese Quelle fließt unaufhaltsam und ist unerschöpflich. Es gibt keine Grenzen des Wachstums! Die Offenbarung von der Unermesslichkeit des lebendigen Geistes ist die Einweihung in ein wesentliches kosmisches Gesetz. Dieses Naturgesetz war seit der Ära des Weltenmonats Krebs unaufhaltsam mehr und mehr verheimlicht worden. Dieses Muster ist noch nicht ganz ausgelaufen, bedenken wir welche Mächte allein in den Logen zusammenkommen, allen voran bei den *Illuminaten* und bei *Scull and bones* (Schädel und Knochen), einer Sektion der vielen Freimaurerlogen. Auch wenn diese Insider es nicht wahrhaben wollen, insgeheim wissen sie, dass ihre Zeit vorbei ist, jetzt da der Wassermann „die Wasser des reinen Geistes der dürstenden Menschheit ausschüttet". Die Wahrnehmung, dass der menschliche Geist unbegrenzt ist, nicht nur das Ebenbild Gottes, sondern ein Teil davon, macht die Menschen frei. Es ist die Offenbarung, die Erkenntnis der Wahrheit von menschlicher Größe und Bedeutung. „Ihr werdet die Wahrheit erkennen und die Wahrheit wird euch frei machen." (Joh. 8, Vers 32)

Sobald sich das Bewusstsein der eigenen schöpferischen Energie von Millionen Menschen guten Willens flächendeckend ausbreitet, wird die Welt in kürzester Zeit zu einem Planeten auf dem es Freude macht zu leben. Dazu müsste Spiritualität in Wirtschaft und Politik Eingang finden, denn sie ist der Boden von Ethik und Moral. Für immer mehr Menschen wurde und wird Spiritualität zur Realität. Auch diejenigen, die sich über einen religiösen Ansatz – in welcher Form auch immer – mit geistigen Begriffen und Werten beschäftigen, tragen zu einem in die Breite gehenden Anfang bei. Eine Welle der Verallgemeinerung mit seinen herrlichen und auch seltsamen Blüten, entsprechend dem, wie der Einzelne es aufzunehmen vermag, schwappt ins Volk. Was man ,esoterisch' nannte, ist ,exoterisch' geworden (esoterisch: nur für Eingeweihte verständlich, exoterisch: auch für Außenstehende).

Betrachten Sie den deutlichen Anstieg alternativer Heilweisen und den Konsum von Nahrungsergänzungen tatsächlich als wachsende Bewusstseinserweiterung. (Wie wird es sich auswirken, wenn diese alternativen Therapien und Vitamine in der EU gesetzlich verboten werden? Zwangsimpfungen aber per Gesetz befohlen?) Viele Menschen suchen zur seelischen und körperlichen Heilung die Hilfe durch spirituelle Methoden. Es wächst die Wahrnehmung, dass es ungute Erlebnisse aus der Kindheit und aus früheren Leben sind, die sich als körperliche und seelische Krankheiten äußern. Sie sitzen im wahrsten Sinne des Wortes in unseren Zellen. *Probleme lösen, Krankheit auflösen, Seele erlösen* – so ist die Reihenfolge. Die ursprünglichen Ursachen von Krankheiten sind weder durch Operation noch durch Spritzen zu heilen. Doch die ständig fließende kosmisch-göttlich-menschliche Energie des menschlichen Geistes vermag es. Es ist ein weites Gebiet und hängt sehr stark mit dem Verzeihen zusammen, der großen Reinigung von Seele und Körper. Sie steht zu Beginn der Aufgaben, denen sich niemand entziehen kann, der bereit ist, seine Schwingungen zu erhöhen, damit sie der kosmischen Strahlung entsprechen und dann zum Wohle anderer ausgestrahlt werden können.

Wir sind frei in unserer Entscheidung, ob wir diese Evolution in diesem Erdenrhythmus machen möchten oder es auf eine spätere Weltenrunde verschieben. Möglichkeiten wie die gegenwärtigen kommen erst in Jahrtausenden wieder. Dann ist im Rhythmus von Aufstieg und Abstieg erneut eine ähnliche Chance geboten. Das betrifft jeden Menschen in gleicher Weise, in allen gesellschaftlichen und beruflichen Schichten, in Ost und West, Norden und Süden. Wer dazu bereit ist und sein Bemühen einbringt, kommt automatisch in den Wandlungsprozess. Sein Leben verändert sich. Es ergeben sich Herausforderungen und Bewährungsmöglichkeiten im Schicksal, die den Menschen vorwärts katapultieren. Erkennungsmerkmal für eine richtige Entscheidung oder Handlung ist ein Wohlgefühl, ein Freudegefühl, Leichtigkeit.

Einige der Verhaltensweisen, die der Neuen Zeit entsprechen, kennen Sie. Aber leben Sie es wirklich?

- Mitgefühl,

- Akzeptanz,

- Toleranz,

- Anerkennung der Andersartigkeit,

- Verständigungsbereitschaft,

- Wahrhaftigkeit,

- Freundlichkeit,

- Hilfsbereitschaft usw.

Sie alle basieren letzten Endes auf Liebe. So einfach ist der größte Wandel aller Zeiten, 4 Milliarden und 320 Millionen Erdenjahre in einer göttlichen Ausatmung und dieselbe Zeit nochmals für eine Einatmung. Doch Wissen allein bewirkt nichts. Tun muss man's. Weltweit gibt es eine große Anzahl von Menschen, die im Bewusstsein des Wandels leben und an ihrer eigenen Entwicklung konsequent arbeiten, so dass ihre spirituelle Energie deutliche Signale aussendet. Mein Freundeskreis sagt: „Wir leben miteinander schon jetzt die Neue Zeit."

Die im menschlichen Geist entstehende göttliche Energie, wird die Nutzung der physikalisch-chemischen Energieerzeugung möglich machen. Spirituelle Lehren sagen: Gebt dem Himmel keine Vorgaben, wie er eure Gedanken verwirklichen soll. Der Himmel hat Möglichkeiten, die ihr euch gar nicht ausdenken könnt. Ihr behindert die Verwirklichung.

Diese ständig erneuerbare, kosmische Energie des menschlichen Geistes ist die Ausgangsbasis, die auf unserer Erde besonders die physikalische Energieform der „Freien Energie" für Licht, Wärme und mechanische Zwecke zur Anwendung bringen kann.

Ich wage zu sagen: . . . zur Anwendung bringen <u>wird</u>. Der wahre Beginn dazu liegt ausschließlich und ursächlich in der Aktivierung der Kraft des menschlichen Geistes in übergeordnetem Sinne. Diese geistig-mentale Energie ist in der Lage zusammen mit der geistig-göttlichen Energie, eine Vernetzung von Forschern, Investoren, Regierungen, möglicherweise sogar mit Mitgliedern der‚schwarzen Zellen' – die ihr Bewusstsein gewandelt haben – zu erwirken. Das wird Ko-Kreation genannt. Der Mensch kann es noch nicht alleine erschaffen. Wir heben erst den Fuß, um die 5. Dimension zu betreten. Wir brauchen noch die Mithilfe des göttlichen Geistes.

Mit anderen Worten, Sie verehrte Leser, setzen mit Ihrem guten Willen und Ihren beglückenden Visionen einen Entwicklungsprozess zum Wohlergehen und Wohlstand für alle in Gang. Diese unerschöpfliche Energiequelle wird gewiss nutzbar werden. Das wiederum befreit die Welt von dem monetären Würgegriff. Mutter Erde wird nicht länger ihr schwarzes Blut abgesaugt und Sie können, mit sauberer Energie und minimalem Geldaufwand für den ersten Input, mit Ihrem Auto von München nach Hamburg fahren.

Energien durch alternative Methoden zu gewinnen, sind freundliche Versuche, werden den aufkommenden Bedarf aber nicht decken können. Ebenso ist der Weg über Kernenergie nicht die Lösung, ob Spaltung oder Fusion. Bei der Energiegewinnung geht es um Erkenntnis und Nutzung physikalischer Gesetze, dem Ordnungs-System der Natur. Die gesamte Natur ist *sichtbar gewordener Gott* und damit sind wir im spirituellen Bereich. Seien wir gewiss, zum richtigen Zeitpunkt, entsprechend der menschlichen Bewusstseinsentwicklung, werden unsere Forscher zur richtigen Lösung inspiriert oder es werden bisher zurückgehaltene, anwendungsfertige Entwicklungen zur Nutzung frei gegeben.

Der indische Begriff ‚Prana‘,
die ständig vorhandene kosmische Energie in der Luft,
ist zur Nutzung durch den Menschen bestimmt
und wartet darauf, genutzt zu werden.
Wann es sein wird,
das entscheidet unser Bewusstseinsstand.

Planet Erde in der Galaktischen Föderation

Der Lebenskreis der Menschheit schwingt sich in einen größeren Bogen ein. Wir sollten, wir müssen, wir werden Mutter Erde und Vater Sonne (franz. *le solei* = der Sonne, eine maskuline Sonne) als lebende Wesenheiten anerkennen. Glauben Sie, dass mit dem Sonnensystem eine Grenze erreicht ist oder erst nach unserer Milchstraße? Sollten Lebensmöglichkeiten damit aufhören? Unser Sonnensystem, die Galaxis, unser Universum ist angefüllt mit unendlich vielen Lebensformen. Dass auf dem Planeten Erde Leben existiert, ist das nicht wie ein Beweis dafür, dass auf anderen Planeten und auf Sternen ebenfalls wesenhaftes Leben vorhanden ist? In anderen, weniger und höher entwickelten Formen. Mensch und Erde sind nicht das Maß aller Dinge. Astronomen sprechen heute von 300 Milliarden Himmelskörpern. In einer Galaxis wären 10^{11} Sonnensysteme. Alte Sanskrittexte nennen eine symbolhafte Zahl von 7 x 77 Universen. Kein Mensch kann dieses in seiner Ganzheit begreifen und doch wissen wir, dass Universen existieren. Nur wenige Menschen können geistige Wesen sehen. Sie sind da, aber in einer anderen energetischen Schwingung. Um gesehen zu werden, müssen sie sich auf unsere Energie ‚beamen'. Höchst selten können sich Menschen dem Höheren anpassen. Es kann auch sein, dass sich Wesenheiten in ihrer Schwingungsfrequenz einander angleichen.

Wie bereits erwähnt, die Ausstrahlungen von Radiostationen und Fernsehsendern können wir weder hören noch sehen, obwohl sie da sind. Wir brauchen einen Radio- oder Fernsehapparat. Früher sprach man vom Radio-*Empfänger*. Die Wellen werden sozusagen eingefangen und schon sind

Töne und Bilder in unseren Wohnzimmern. Also existieren sie, auch wenn wir sie ohne diese Apparate nicht wahrnehmen können. Ebenso ist es mit den Bewohnern unseres Universums. Wesen in materieller Form, aber in anderen Frequenzen als die unseren sind für uns einfach nicht sichtbar. Sie leben mit uns und auf anderen Himmelskörpern wie in den Zwischenräumen. Wenn zum Beispiel die Energieballungen, die wir Engel nennen, mit uns in Verbindung treten – wir Menschen sind auch nichts anderes als Energiezentren – werden sie nur von Wenigen richtig gesehen.

Kein gewöhnlicher Mensch kann das gesamte Universum sehen – möglicherweise die großen Weisen, die Samadhi - das himmlische Bewusstsein erreichen, vielleicht die kommenden Sonnenkinder? „Das Höhere erkennt das Niedere, das Niedere aber nicht das Höhere." Das trifft in vielerlei Formen zu. Die W*assermannqualität* wird helfen, auch diese Begrenzungen aufzuheben. Wenn wir es zulassen, erhöht sich unsere Schwingung und Außerirdische werden für uns sichtbar und richtig physisch erlebbar. Engel sind keine ‚Puttenengelchen', sondern Powerstationen von Energie, Liebesenergie.

Warum sollte es sie nicht geben, die außerirdischen Wesen, durchaus auch solche, die für uns sichtbar sind und zum Anfassen. Wollen Sie hundertprozentig wahre und echte Information von hochkarätigen Persönlichkeiten aus Militär und Geheimdiensten, dann sehen Sie sich diesen Film an. Es handelt sich um Zeugenaussagen im *National Pressclub* in Washington C.D., 2001. http://www.nuoviso.de/filmeDetail_disclosureProject.htm

Einer der besten Kenner für Kontakte mit den Außerirdischen der seriösen UFO-Szene und diesbezüglich mit Verbindungen zu bedeutenden Regierungen ist Steven Greer[1]. Er hatte für den 09. Mai 2001 diese Pressekonferenz für Journalisten organisiert. Über 400 Zeugenaussagen von kompetenten amerikanischen Persönlichkeiten besaß Steven Greer damals. Heute werden es bedeutend mehr sein. 20 Zeugen hatten den Mut zu öffentlichen Aussagen. Sie alle sagten, dass sie jederzeit bereit wären, ihre Zeugenaussagen unter Eid vor dem amerikanischen Kongress zu wiederholen, was nie zugelassen wurde. Ein Zeuge war Clifford Stone aus der US Army. Er hatte die Aufgabe, als Erster abgestürzte UFOs zu betreten und er sah die toten UFO-Piloten. Ich zitiere einen Zeugen, John Maynard, der während seiner Militärzeit und in späteren Positionen immer in höchst geheimen Bereichen tätig war. Zum Ende seiner Laufbahn war er Chef der *Defence Intelligence Agency* (Verteidigungs-Spionage Agentur), DIA. Diese Einrichtung sammelt und analysiert die von den militärischen Geheimdiensten beschafften Informationen und gibt die daraus gewonnenen Erkenntnisse an die zuständigen Entscheidungsträger in der US-Regierung, im Pentagon und an militärische Einsatztruppen weiter. Anzahl der Mitarbeiter ist ungefähr 7500. John Maynard berichtete, dass er mehr als 2000 solcher Dokumente eingesehen, unterschrieben und weiter gereicht hatte. Darunter befanden sich zahlreiche Berichte über UFOs. Der zweite Punkt, warum er auf dieser Pressekonferenz auftrat, sei Folgender: „Viele Leute sprechen davon, dass es **Verschwörungen und eine Schattenregierung** *gäbe*. Ich sage ihnen und ich bin bereit, vor dem Kongress auszusagen, **dass diese** *,black operations'* (schwarze Aktivitäten, Unternehmungen) **existieren**. Ich wäre fast ein Teil von ihnen geworden, *doch ich sah das Licht – so glaube ich – und ich kam heraus.* Wir haben offen zu sagen, was wir wissen. Ich bin bereit, vor dem Kongress unter Eid auszusagen, dass das, was ich bezeuge, wahr ist." (Viele, die ein Erlebnis mit dem Göttlichen hatten, sprechen von *dem Licht.* Ich deute es als Demut, zu sagen: *so glaube ich.)*

Der allgemein bekannteste Fall über die Existenz der ETs ist der Absturz in Roswell. Trotz großer Bemühungen und Befehle, Stillschweigen zu bewahren, konnte das Ereignis nicht ganz vertuscht werden. Lesen Sie darüber im Anhang. Erst 2009 ist der letzte Zeuge des Vorfalls gestorben.

Alle Ereignisse um und mit *Unbekannten Flugobjekten* haben mich lange Zeit nicht interessiert, obwohl ich ihre Existenz nicht abgelehnt habe. Damals, als es mir noch unwichtig war, machte ich die Beobachtung eines Ufos. Ich sprach kaum darüber, weil ich keine feste Meinung dazu hatte. Vor drei Jahren erlebte ich erneut ein solches Ereignis, welches das vorherige bestätigte. Es war noch eindrucksvoller und schöner als das erste Mal. Beide Male war es in der Nacht. Die Objekte waren groß wie Miethäuser und sehr nahe zu meinem Standort. Es faszinierte mich, wie lange sie in der Luft an ein und derselben Stelle standen und die unbeschreibliche Geschwindigkeit in der sie sich entfernten. Das zweite Objekt war in seiner blauen Farbe und Strahlung unbeschreiblich schön. Ich fühlte mich tief bis zu Tränen berührt. Heute zweifle ich nicht mehr daran, dass ich außerirdische Flugobjekte wenigstens beobachten durfte.

Wahrhaftig, der Mensch mit seiner Erde ist im Hinblick auf das Universum winziger als winzig. Öffnen wir uns dieser Tatsache, so schrumpft jede Überheblichkeit dahin. Die historische Zeit der Aufklärung hat ihren Dienst getan. Sie hat für materielle wie auch für philosophische Bereiche das Denken aufgerissen, um es zu erweitern. Im beginnenden Neuen Zeitalter ist ein weiter reichender Realsinn angesagt, Spiritualität. Jetzt, in der sich ständig intensivierenden Schwingungsqualität des Wassermanns kommt zu den wissenschaftlichen Beweisführungen die Anerkennung empirischer Beweise der Metaphysik hinzu. *Der Realsinn wird sich um eine bedeutende Dimension erweitern,* da jedes Forschungsergebnis der Beginn einer weiteren Forschung ist. Es ist vernünftig, das Unsichtbare für existent zu halten. „Ich bin Realist, das Unsichtbare ist für mich Unsinn", solche Aussprüche sind nicht mehr haltbar. Sie verraten Begrenzung und Unwissenheit. *Unendlich* viel mehr als das, was bis jetzt „bewiesen" ist, gibt es, das auch ohne Beweis existiert und funktioniert. Kleiner als ein Stecknadelkopf ist das, was wir bisher wissen im Vergleich zu dem, was wir nicht kennen. Doch unbesorgt, die Evolution nimmt ihren Lauf und hört nie auf.

Der heraufdämmernde Morgen wird zu einem neuen Tag. Wenn wir mit ETs im Austausch sind und vor allem wenn sie uns ihre fortschrittlichen Techniken zukommen lassen wird auch Mutter Erde in kürzester Zeit zu heilen sein. Dann fallen alle Bedenken von Begrenzung und Grenzen weg. Es ist an der Zeit, dass die Anwesenheit und bereitwillige Hilfe von außerirdischen Lichtwesen endlich anerkannt und angenommen wird und die über ein halbes Jahrhundert währenden Vertuschungen, Lügen und Verleumdungen aufgehoben werden. Früher wunderte ich mich, warum Sciencefiction-Filme fast immer derartig kriegerisch böse Inhalte mit Gefahr für die Erde besitzen. Wer manipuliert die Filmindustrie? Hier treffen wir auf einen der wesentlichen Faktoren für die Verheimlichung der Anwesenheit hilfreicher Lichtwesen aus unserer Galaxis. **Sobald wir Menschen von ihnen wissen und sie einladen, auffordern, bitten, uns beizustehen, dann gibt es für dunkle Kräfte auf der Erde keinen Platz mehr.** Mit derartigen Filmen sind die Menschen *gegen* die Außerirdischen einzustellen und es ist möglich, ihnen Angst zu machen. Angst zu machen heißt in diesem Fall, die Menschheit weiterhin zu dominieren, den Weg frei zu halten für Waffensysteme bis hin zum „Krieg der Sterne".

Diese Filme haben einen gewissen Wahrheitsgehalt. Hinter allen Ereignissen und jeder Entscheidung stehen entweder Lichtkräfte der Liebe oder Dunkelkräfte der Lieblosigkeit. Liebe baut auf, lässt erblühen, erweckt Schönheit und Freude. Jede Träne, jeder Schmerz, ein jedes Leid, Ärger und alle Ängste haben ihre Wurzeln in Dunkelheit, Unwissenheit und Lieblosigkeit. Die Lichtwesen bieten jeder Seele ihre Hilfe an, die Schattenwesen kämpfen um jede Seele, sie zu verderben. Vertreter beider Seiten sind auf der Erde inkarniert, in ständigem Kontakt mit ihren unsichtbaren Brüdern und Schwester und jetzt im Endspurt um die Gunst der Menschheit sind sie sehr aktiv. Um es deutlich zu sagen: Licht wie Schatten kennen die kosmischen und naturwissenschaftlichen Gesetze und sie kennen gegenseitig die Wortwahl der anderen Seite, ihre Ausdrücke und Formulierungen. Die Dunklen nutzen es für ihre Zwecke, die Lichtwesen nicht, da sie nicht manipulieren. Der große Unterschied ist, dass die Lichtwesen in der Liebe leben und die Schattenwesen die Liebe *nicht* leben können. Welch bedeutungsvolles Geheimnis, dass sie den Liebeskern trotzdem in sich haben. Wir alle sind ‚Kinder eines Vaters‘. Wenn wir das Böse verdammen wollen, sollten wir zuvor dieses bedenken: Welche Freude hatte der Vater, als der „verlorene Sohn“ nach Hause kam, zurück ins Vaterhaus. Informative Channelings auch von der *Galaktischen Föderation* berichten, dass ganze Gruppen von den Wesen, die für die dunkle Seite gearbeitet haben, die Annunakis, sich um das Jahr 2000 dem Licht zuwandten und sich jetzt für den Wandel einsetzen. Mir ist durchaus bewusst, dass vieles von dem was ich vor Ihnen ausbreite, für Menschen die sich damit bisher nicht beschäftigt haben, phantastisch, märchenhaft klingt, unsinnig. Ruhig bleiben, darüber nachdenken, beobachten!

! Zuvor hatte ich erwähnt, dass die CIA Channelings erstellt und in Umlauf bringt. Es ist schwierig herauszufinden, welche Durchgaben wahrhaftig von liebevollen, geistig hoch entwickelten Wesen kommen. Möglicherweise glauben selbst mediale Menschen, dass die Durchgaben, welche sie erhalten, gut und wertvoll sind. Sie erkennen nicht, dass ihre mediale Fähigkeit benutzt wird. (Math. 24, 11: „Viele falsche Propheten werden erweckt werden und viele irreführen.“) Vor kurzem las ich ein Channeling, das von einer Wesenheit aus dem Kreis der Aufgestiegenen Meister stammen soll. Doch, erstens waren alle Aussagen darin mir schon bekannt und sind zweitens dermaßen ungeheuerlich – erinnern an George Orwell 1984 – dass ich sie in diesem

Buch nicht erwähne. Die Durchgabe ist durchaus geeignet, Angst zu machen. Zweitens, was noch gefährlicher ist, es werden Szenarien aufgezeigt, die ganz automatisch immer wieder als Bilder vor dem inneren Auge auftauchen. Sie wissen, visionäre Bilder formen sich aus Gedanken und haben Verwirklichungskraft. Es ist mir ein Herzensanliegen, Ihnen zu sagen: Seien Sie achtsam und nehmen dunkle, Angst machende Gedanken nicht an! Im Gegenteil, erstellen Sie sofort eine Vision von gesunden, tätigen Menschen in einer glücklichen Gemeinschaft. Wir Menschen gestalten unsere Zukunft und unsere Energie ist groß, denn wir sind die Masse. **Lassen Sie sich nicht beirren! Die Menschheit braucht Ihre Standhaftigkeit**, denn damit helfen Sie Ihren Liebsten, Ihren Freunden und Bekannten aus der Angst heraus!

Es gibt Beweise dafür, dass von verschiedenen Regierungen der Erde seit dem Ende des zweiten Weltkriegs noch immer daran festgehalten wird, die Tatsachen zu vertuschen, dass von Außerirdischen mit früheren Regierungen Kontakt aufgenommen wurde und angebotene Hilfen für die Zeiten des Umbruchs abgelehnt wurde.

Die Außerirdischen, die mit ihren echten UFOs unsere Erde umkreisen - es gibt auch die von Menschen nachgebauten UFOs - vermögen sich mitsamt ihren Flugobjekten sichtbar und unsichtbar zu machen. Durch Erfahrungen mit außerirdischen Wesenheiten ist kaum noch anzuzweifeln, dass sie spirituell entwickelt und technisch uns weit voraus sind. Mit einem sehr hohen Bewusstseinsniveau, großer Weisheit und Liebe, mit einer weit fortgeschrittenen Technologie sind sie bereit, uns bei unserem Mutationssprung Hilfestellung zu geben. Eine Gruppe aus unserer Galaxis ist hervorzuheben.

Die „Galaktische Förderation" ist der Zusammenschluss von Himmelskörpern und ihren Bewohnern aus unserer Galaxis, wozu auch die Erde nach ihrem Entwicklungssprung gehören soll. Ufos sind der Beweis für außerirdische Welten und ihre Bewohner, uns verwandt und bereit zu brüderlichem Kontakt.

(Für außerirdische Informationen möchte ich Ihnen eine Webseite empfehlen. Als wesentlich erwähne ich die Channelings durch den Amerikaner Sheldan Nidle. Er lebt, aller Wahrscheinlichkeit nach, in engem Kontakt mit der Galaktischen Föderation.

- www.paoweb.com

- International Pao-Links

- Germany

- >>klick>>

- Berichte von Sheldan Nidle

Unter 'Aktuelles' finden Sie andere Channelings *von der Galaktischen Föderation.* Ich erinnere an: Unterscheidungsvermögen, obwohl auf diesen Seiten die Durchgaben bereits gut aussortiert wurden.)

Durch Toleranz lernt der Mensch andere Menschen, Rassen, Traditionen, Denkweisen, Verhaltensmuster zu akzeptieren. Das ist eine Vorbereitung, eines Tages auch außerirdische Wesen respektieren zu können und einen natürlichen Umgang mit ihnen zu pflegen. Unser Heimatplanet Erde soll in die *Galaktische Föderation* des Lichtes aufgenommen werden und wird damit zu einer vollbewussten galaktischen Gesellschaft gehören. Was jetzt geschieht, ist von planetarer, galaktischer und kosmischer Bedeutung. Es heißt:

Unser kleiner Planet Erde ist mit seiner grandiosen Menschheit gegenwärtig der Schrittmacher im All für die Schwingungserhöhung eines ganzen Universums.

Nelson Mandela:

„Unsere tiefste Furcht ist nicht, dass wir nicht genügen. Unsere tiefste Furcht ist, dass wir über alle Maßen machtvoll sind."

„Alle Menschen werden Brüder"

Leid und Schmerz auf der Erde schreien so laut, dass der Himmel antwortet:

Schon seit mehr als zwölf Jahrtausenden höre ich euer ständig anwachsendes Stöhnen und Wehklagen. *Cheiron*, der Gott des richtigen Augenblicks, hat die Erde erst in eurer Jetztzeit erreicht. Der Zeitpunkt des Wandels ist gekommen.

Erinnern Sie sich, verehrte Leser, schon 1950 sagte der Bankier James Warburg „Wir werden zu einer Weltregierung kommen, ob Sie es wollen oder nicht, durch Unterwerfung oder Übereinkunft." John Maynard kennt die Existenz der ‚Schattenregierung' wie im vorangegangenen Kapitel beschrieben. Nach dem Plan dieser Gemeinschaft soll eine ‚staatenlose Weltregierung' als offiziell etabliert werden. Allerdings ist es höchst wahrscheinlich geworden, dass der Treibsand von Gier nach Geld und Macht, Motor und Räder zum Stehen bringt.

Überwältigend und weltweit ist der Wandel! Äußere Mittel und Maßnahmen, ob Subventionen, Gesetzesänderungen oder innovative Forschungen greifen nicht mehr. Sie reichen nicht bis zu den Wurzeln, den zutiefst liegenden, ersten Ursachen. Sie sind lediglich ein Herumbasteln an den Auswirkungen, Symptombehandlungen. „Der Krug geht so lange zu Brunnen, bis er bricht." Wahrscheinlich braucht die Welt diesen Zusammenbruch, denn die Form unserer bisherigen Lebensweise entspricht nicht mehr dem sich ändernden geistigen Inhalt. Nach den bisherigen Herrschaftsmethoden wird ein neuer Krug freiwillig nicht getöpfert, um mit Brot, Gesundheit und Frieden gefüllt zu werden. Doch die Nächstenliebe für eine humane Welt erwacht in den Völkern. Das Zerbrechen der alten Formen sind Zeichen gelebter Bewusstseinsentwicklung, menschlicher Veränderung von innen nach außen, die große Innovation.

Vor einigen Tagen sagte ich morgens während meiner Konzentration oder Meditation zu meinen geistigen, unsichtbaren Freunden: „Was ist es, was ihr mir heute sagen möchtet?" Ich hörte folgenden Satz: „Geborgen fühlen in der Liebe eurer Mitmenschen." Das ist die Neue Zeit.

Alle bedeutenden Veränderungen gehen vom Geist aus. In Wahrheit sind wir Menschen schöpferische Entitäten. Wir haben ein wesenhaftes Dasein und erhalten unsere Lebensimpulse aus dem Kosmos. Über eine sich auflösende Welt können wir uns erheben. Wir sind aufgefordert, unsere Meinung darüber, *was* und *wie* der Mensch ist, total zu ändern – freiwillig. In dieser Übergangsperiode erleben wir das Abenteuer des erwachenden Bewusstseins. Bei einer solch bedeutenden Aufgabe braucht die Welt *Orientierungsgrößen und neue Ordnungssysteme.* Damit beginnt die Gesundung von Erde und Mensch. Es ist bedauerlich, was im Allgemeinen Entscheidungsträger in Politik und Wirtschaft von wahrer, kosmischer Gesetzmäßigkeit wissen. Sobald das Bewusstsein erweitert ist, kann in umfassenden Dimensionen gedacht werden. Ein Haus mit Schimmel in den Wänden des Kellers wird nie ein gesundes Haus sein. Mit eifrig gedruckten Geldscheinen, die etwas zu sein scheinen, was sie nicht sind, können die anstehenden Aufgaben gewiss nicht gelöst werden, auch nicht mit dem Austausch von Managern. Es sei denn, es werden Führungspersönlichkeiten eingetauscht, die wissen, wozu die Turbulenzen und Zusammenbrüche dienen. Es sollten Menschen sein, die erkannt haben, dass es gilt, zuerst sich selbst zu entwickeln, dass Fachwissen allein nicht ausreicht. Herzensbildung führt zu echter, beständiger Wertschöpfung nicht nur in Unternehmen. Das ist der ‚lange Marsch‘, eine wahrhaft wohlhabende Weltgemeinschaft zu werden.

Eine weitere, verbessernde Entwicklung ist die *Verschmelzung des Bewusstseins mit den Gefühlen*. Das Bewusstsein äußert sich im Denken, die Gefühle aber über das Herz. Wenn Sie die Weltereignisse wie auch Einzelschicksale betrachten, werden Sie entdecken, dass alles Geschehen ein und denselben Ursprung hat: ein Verhalten das *liebevoll oder lieblos* war.

Der Hoheit der Herzen in all ihrer Verschiedenartigkeit gebührt eine freundliche Anerkennung.

Christus, der Sonnenlogos, der den göttlichen Lebensfunken in uns entzündete, ist reine Energie der Liebe. Ob im Christentum als Christus, im Hinduismus als Krishna oder welche Namen die verschiedenen Religionen dieser Liebesqualität gegeben haben, sie ist der Weg zum Wohlergehen, zur Freude, zur Seligkeit. Die *Christusliebe, die Nächstenliebe, zu verwirklichen ist das Wesentliche. Sie ist der Lebenskern, so lange unser Sonnensystem existiert.*

In unserem vollkommenen Bewusstsein, das noch weitgehend zugeschüttet ist, wissen wir, dass wir alle zusammen gehören, ein einziges Wesen sind, eine Menschheit. Sobald wir die Wahrheit vom EINS-SEIN in unseren Herzen erfassen, werden wir sie leben können, nicht mehr gegeneinander kämpfen, nicht im Kleinsten und nicht mit Atomwaffen.

Es bedeutet nämlich, *sich selbst* zu bekämpfen. Stattdessen werden wir zu Friedensbrennpunkten im All. Auf diesem Wege entzünden sich die Feuer der Liebe. Streit und Krieg entlarven sich als Unwissenheit und überflüssig. Gewiss, Historiker werden über unsere neue planetare Zeit als dem Zeitalter der Wunder schreiben.

Wie könnte diese Liebe besser gelebt werden, denn uns als Brüder und Schwestern zu erkennen? „*Alle Menschen werden Brüder . . .* "

Friedrich von Schiller kannte diese Weisheit. Wäre es ihm sonst möglich gewesen, in seiner „Ode an die Freude" sie an uns weiterzugeben? Wusste seine Seele von großen Wendezeiten? Ein Satz lautet: „*O Freunde, nicht diese Töne.* "

Ludwig van Beethoven war gleichermaßen inspiriert. Er hat die Worte unübertrefflich in Musik gekleidet. Beethoven vertonte den Text in seiner 9. Sinfonie.

Am 12. Januar 2003 wurde „Die Neunte" mit dem Text von Schiller in das „Weltgedächtnis" aufgenommen. Diese Sinfonie soll allen Völkern der Erde gehören und wurde nach der offiziellen Erklärung in fast allen Ländern gleichzeitig aufgeführt. Zufällig ist mir bekannt, dass in Japan die Schulkinder den Text mit seiner Vertonung auswendig lernen mussten und zusätzlich auch den Text in Deutsch.

Leid kann niemals das letzte Wort der Schöpfung sein. Die Bestimmung des Menschen ist es, in Freude zu leben, in materieller Fülle und geistigem Reichtum. Freude ist eine besondere Weisheit. Sie erwächst aus unserem Inneren und führt zur Glückseligkeit des Seins.

Nutzen wir die Zeiten des Wandels
für unsere Entwicklung, auszuwickeln was in uns ist,
um zu werden was wir wirklich sind:
Götter in einer Welt aus Licht.

Freude schöner Götterfunke . . .

Alle Menschen werden Brüder . . .

Diesen Kuss der ganzen Welt.

e marche ton visage

Foto: Richter-Lux PR München

Anhang

Falla mit seiner Familie

Marianne mit ihrer Namibia-Frisur

Corinna, meine Gastgeberin, mit Kudu

John, „das Mädchen für alles",
mit seinem Lieblingsaffen

Afrika und Albert John Luthuli

Im Busch von Namibia habe ich mich gefragt, was mir diese Landschaft mit ihren uralten, kahlen Bergen sagt. Da hallte ein Satz in mir zurück: Bereit, bereit für den Wandel! Wandel oder Untergang?

Quälendes Leid und überstandene Schmerzen entwickeln in Afrika eine ganz besondere Kraft. Den Auswahlprozess für die Erbmasse einer Neuen Weltenzeit wird die Natur vornehmen – nicht nur in Afrika. Hat Afrika die Vergewaltigung durch Missachtung der Menschenwürde unter den eigenen Stämmen und von Seiten der Weißen überwunden, wird sich in Afrika eine Erbmasse entwickeln können, mit der sich Seelen in hohem Niveau von Kraft, Liebe und Weisheit inkarnieren.

Was in Afrika im 20. Jahrhundert geschehen ist, zeigt das Bild der absolut fehlenden Nächstenliebe seitens der herrschenden Klasse, ob weißer oder schwarzer Hautfarbe. Der Friedensnobelpreisträger von 1961, Albert Luthuli sagte: „Um zu isolieren und uns von unserer ständigen Minderwertigkeit zu überzeugen – diese beiden Motive stehen bis heute hinter vielen Gesetzen." Es wird den Einheimischen immerzu ihre Unfähigkeit, ihre Dummheit, ihr Alkoholismus (wer verdient damit das Geld?), Unzuverlässigkeit usw. vorgeworfen. Wer bedenkt ihr Herkommen? Wer überlegt, wie er selbst wäre, geboren und aufgewachsen in den Gegebenheiten der Wildnis und den Zuständen einer Urgesellschaft, mit Gebräuchen und Sitten der Stammesvergangenheit ohne den Hauch einer Zivilisation, in Ohnmacht den total überlegenen, weißen Machthabern gegenüber?

Herausgerissen aus dem Schutz ihres primitiven Stammeslebens, hineinkatapultiert in eine verderbte, ausbeuterische Zivilisationsgesellschaft. Die Ergebnisse sind Unverständnis und Hoffnungslosigkeit. Dieses zu erkennen, lässt vieles verstehen.

Jetzt, zu Beginn des 21. Jahrhunderts sehen sich die weißen Siedler großen Problemen von Seiten der schwarzafrikanischen Regierungen und Bevölkerung gegenüber. Wer will nach dem Beginn all dieser Probleme fragen? Und wozu? Doch, jeder Bumerang kommt zurück.

Was der schwarzafrikanische Politiker Luthuli erlebt hat, das steht bis heute beispielhaft für das Klassenverhalten in den „Dritte-Welt-Ländern".

Die Apartheid ist eine schwarzafrikanische Veranlagung zur Stammesabgrenzung. Sie ist ursprünglich schwarz-schwarz. Die Situation entwickelte sich zu schwarz-weiß, als sich nach der Siedlerzeit die Kolonialherrschaft eine Eigentumsmacht aneignete. Sicherlich gibt es beschreibende Lebensgeschichten aus neuerer Zeit. Während des Lebens von Luthuli aber eskalierte die Apartheid speziell durch einen Weißen, den Ministerpräsidenten Hendrik Verwoerd. Das Buch von Albert Luthuli „*Mein Land – mein Leben*" ist lesenswert. Tatsachen der Apartheid wurden von ihm, einer vornehmen Persönlichkeit ohne Hass und ohne Polemik, niedergeschrieben. Verehrte Leserin, verehrter Leser, lesen Sie zwischen den Zeilen dieser Lebensdaten. Die Zeit der Apartheid ist auch im 21. Jahrhundert *nicht* vorbei.

Albert John Luthuli

1898   Wurde als Enkel eines Zuluhäuptlings in Rhodesien (Südafrika) geboren.

1921   Nach dem Besuch einer Missionsschule folgte das Studium am Lehrerseminar in Adams College. 13 Jahre war er dort als Dozent tätig.

1936   Luthuli wird zum Häuptling des Umvoti-Missionsreservates gewählt.

1938   Sprecher der einheimischen Christenheit Teilnehmer internationaler Kongresse

1945   Luthuli wird Mitglied des „Afrikanischen Kongresses".

1950   Hendrik Frensch Verwoerd wird Minister für Eingeborenenfragen. Das betraf die Themen der Urbevölkerung. (Er war einer der stärksten Verfechter der Interessen der Weißen und der Diskriminierung schwarzer Afrikaner, zumal er als der ideologische Begründer der Apartheid-Politik gilt. Er war Ministerpräsident bis zu seinem Tod. Geboren in Amsterdam 1901, ermordet 1966 in Kapstadt.)

1952   Luthuli wird von der Regierung als Häuptling abgesetzt. Der *Afrikanische Nationalkongress* wählt ihn zum Präsidenten.

1953   Luthuli wird von der Regierung geächtet.

1955 Verhaftung

1956 Beginn des Hochverratsprozesses

1958 Verwoerd wird Ministerpräsident von Südafrika.
Unvorstellbare Gesetzeserlasse zur
Diskriminierung der schwarzen Bevölkerung

1959 Luthuli wird zum dritten Male geächtet.

1960 Die Regierung löst den Afrikanischen
Nationalkongress auf. Luthuli wird verhaftet und
unter Hausarrest gestellt.

1961 Durfte Luthuli seinen Friedensnobelpreis selbst
in Empfang nehmen.

1967 verstarb er in Südafrika.

Der Atem Parabrahmans

Astrophysiker benennen das Alter unseres Sonnensystems mit ungefähr 4 500 000 000, 4 Milliarden 500 Millionen Erdenjahren.

Die spirituellen Lehren sprechen von der Entstehung unseres Sonnensystems vor 4 320 000 000, 4 Milliarden 320 Millionen Jahren.

Eine „**Aus**atmung Parabrahmans" ist 1 Tag Parabrahmans

von 4 320 000 000 Jahren = 1 vollendetes *Manvantara*.

Eine „**Ein**atmung Parabrahmans" ist 1 Nacht Parabrahmans

von 4 320 000 000 Jahren = 1 vollendertes *Pralaya*.

„Tag und Nacht Parabrahmans sind von gleicher Dauer."

Unwillkürlich muss man an moderne Astronomen denken, die vermuten, dass sich das Weltall periodisch ausdehnt und zusammenzieht. „Das Universum atmet."

Tag und Nacht Parabrahmans werden beide auch als *Kalpa* bezeichnet.

Eine Ausatmung = 1 Tag = 1 Manvantara = 1 Kalpa

Eine Einatmung = 1 Nacht = 1 Pralaya   = 1 Kalpa

„Am Ende eines Pralaya geht eine ‚neue Sonne' über einem neuen Manvantara auf."

1 Jahr Parabrahmans sind 360 Tage und Nächte Parabrahmans.

1 Jahr Parabrahmans sind 720 Kalpas.

100 Jahre Parabrahmans = 1 *Maha Kalpa* (großes Kalpa).

„Nach einem Maha Kalpa verschwindet ein Weltall."

Nur das bleibt und wirkt weiter, von dem wir wissen durch die Worte:

„ICH BIN von Ewigkeit zu Ewigkeit."

Zusammenfassung nach Helena Petrowna Bavatsky (1831-1891) „Die Geheimlehre". Ihre Quellen sind älteste Sanskritschriften, „Das Buch Dzyan".

Das Kosmische Jahr
Das Große Jahr
Das Platonische Jahr

– astronomisch betrachtet:

Die Präzession, die rückläufige Bewegung des Frühlingspunktes (null Grad Widder), bewegt sich in rund 72 Jahren
ein Grad im Tierkreis, dem Zodiak. Ein Grad ist eine Einheit bei einem Kreis von 360 Grad.

Anders ausgedrückt, innerhalb von 25 920 Erdenjahren (72
x 360), exakt 25 916 Erdenjahren hat der Frühlingspunkt
den Anfangspunkt seiner Reise durch den Zodiak wiederum
erreicht.

Ca. alle 2 150 Erdenjahre aktiviert sich das folgende Feld
im Tierkreis auf der Reise des Frühlingspunktes durch den
Tierkreis auf der Ekliptik, der angenommenen Sonnen-
bahn. Dabei handelt es sich keineswegs um die Sternenbil-
der, denn diese haben unterschiedliche Größen.

Der Fall Roswell

Im Juli 1948 geschah der spektakulärste Absturz dreier Beobachtungs-Raumschiffe mit drei Wesen aus dem Sternbild *Zeta Reticuli*. Dieses Ereignis konnte nicht ganz verheimlicht werden. Die US-Marine und US-Luftwaffe forschte seit dem Ende des 2. Weltkrieges an fortgeschrittenen Radarsystemen. Zwei Experimentierstationen befanden sich in New Mexico und in Arizona. Die Route der Beobachtungs-Raumschiffe, die den Stand der technischen Entwicklung erkunden sollten, führte über dieses Gebiet. Als sich durch Unachtsamkeit die Hauptstrahlungsfelder der beiden Stationen trafen, erzeugten sie ein enormes elektromagnetisches Feld. Die Raumschiffe überflogen genau in diesem Augenblick das Gebiet und ihr Antrieb setzte aus. Das entsprach einem totalen Motorenausfall. Die Piloten konnten die Flugobjekte nicht abfangen und stürzten ab. Verhandlungen verschiedener Außerirdischer sollen dazu geführt haben, dass unsere Erde einem Vergeltungsschlag entkommen ist.

Die *Galaktische Föderation des Lichtes* schlug einen anderen Weg ein. Sie versuchten, die wichtigsten Regierungen der Erde zu kontaktieren, um eine diplomatische und technologische Zusammenarbeit aufzubauen. Das bedeutete, der Menschheit fortgeschrittene Technologie zu vermitteln, was in Zukunft zur Regenerierung von Mutter Erde sein sollte. Die Vertuschungsstrategie der irdischen Regierungen vereitelten diese Bemühungen bisher. Schon in den 1950er Jahren wechselten die Lichtwesen ihre Vorgehensweise und entwickelten im Sinne des evolutionären Wandels ein anderes Programm. Sie nahmen und nehmen mit privaten Gruppen und Einzelwesen den Kontakt auf. Dieses Programm ist bis heute aktiv, verfestigt sich ständig und nimmt im Untergrund Formen an. Dass Außerirdische und ihre für uns ‚Unbekannten Flugobjekte' UFOs Tatsache sind, beweisen die technischen Funde und nicht nur die drei Wesen vom Absturz bei Roswell, sondern auch von anderen Abstürzen, die besser geheim gehalten werden konnten.

„Krieg der Sterne" und andere Science-Fiction-Filme sind keine reinen Fiktionen. Sie beinhalten durchaus Teilwahrheiten. Bedauerlich, dass diese Filme aus menschlich unvollkommener, unwissender Sicht gemacht werden. Grausame und Angst machende Szenen überwiegen bei weitem. Es fragt sich, wozu diese Filme auf dem Markt sind. Nur Unterhaltung? Und wenn, es bleibt immer etwas in den Zuschauern haften. Dass es eine Liga überaus mächtiger Lichtwesen gibt, wird nicht verdeutlicht. Wie schon gesagt, die Lichtseite informiert, führt, lehrt, beschützt in Form von Empfehlungen oder auch physischem Eingreifen. Es wird den Menschen als Inspiration bewusst oder in Form verschiedenster Erlebnisse. Alles bleibt in freier Entscheidung. Sie greift ein, wenn es vom persönlichen und Weltenkarma erlaubt ist, aber sie manipuliert nicht, was eine bedeutende Methode der Schattenseite ist.

„Die Ode an die Freude"

Zur „9. Sinfonie von Beethoven" ist hier aus dem Jahre 1849 ein Kommentar von Richard Wagner: „ Auf die letzte Sinfonie Beethovens ist kein Fortschritt möglich, denn auf sie unmittelbar kann nur **das vollendete Kunstwerk der Zukunft** folgen."

Tatsächlich scheint die „Neunte" von Beethoven die Grenzen der damaligen sinfonischen Komposition zu überschreiten. Es entstand allgemein eine Scheu unter den großen Komponisten, selbst eine 9. Sinfonie zu schreiben. Unweigerlich würde sie an Beethovens letzter gemessen werden. Auch zeigte sich eine irrationale Angst, eine Sinfonie mit der Ordnungsnummer 9 nicht zu überleben. Tatsächlich traf es zu für Anton Bruckner. Auch Gustav Mahler hat die Aufführung seiner 9. Sinfonie nicht erlebt.

Arnold Schönberg sagte 1912 über Beethovens letzte Sinfonie: „Die ,Neunte' ist eine Grenze. Wer darüber hinaus will, muss fort. Es sieht aus, als ob uns in der ,Zehnten' etwas gesagt werden könnte, was wir noch nicht wissen sollen, wofür wir noch nicht reif sind. Die eine ,Neunte' geschrieben haben, standen dem Jenseits zu nahe. Vielleicht wären die Rätsel dieser Welt gelöst, wenn einer von denen, die sie wissen, die ,Zehnte' schriebe."

Nach der Zahlenmystik symbolisiert die Neun die Vollkommenheit und die Eins (Quersumme 10 = 1) steht für das Neue. Ausgerechnet Arnold Schönberg äußerte diese seherische Erkenntnis über eine erhöhte Lebensdimension, er, der Begründer der 12-Ton-Musik, wenn man bedenkt, dass in der Geistwissenschaft schon bekannt ist, dass das physikalische Ordnungssystem in Zukunft auf der Zahl Zwölf gründen wird.

Beethoven, einer von uns, ein Mensch dieser Welt, sprach durch seine Musik über seine Gefühle, seine Freuden, Enttäuschungen, Sehnsüchte. Doch dann, seines Gehörs beraubt verstummte der hörbare menschliche Lärm. Durch seine Schmerzgefühle hindurchgehend, erreichte er die Welt des Geistes. Beethoven hörte und komponierte von dieser höheren Ebene aus, von dort, wo das Gehör menschlicher Sinne unwesentlich geworden ist.

Selbst die Worte aus Schillers „Ode an die Freude", die Beethoven seiner musikalischen Sprache zur Erklärungshilfe gab, reichten nicht aus, diese Botschaft, deren Zeit noch nicht gekommen war, verständlich zu machen.

Das drückte Wagner aus, als er 1846 schrieb: „ . . . , wenn ihr zu eurer Verwendung seine (Beethovens) Sprache nicht sogleich zu verstehen glauben solltet, wenn sie euch so seltsam, ungewohnt klingt, dass ihr euch fragt: Was will der Mann sagen? O, nehmt ihn auf, schließt ihn an euer Herz, höret staunend die Wunder seiner Sprache, in deren neu gewonnenem Reichtum ihr bald nie gehörtes Herrliches und Erhabenes erfahren werdet."

1824 in Wien uraufgeführt, haben heute, nahezu 200 Jahre später, Schillers und Beethovens Botschaft Eingang gefunden in das Treiben der Menschheit. In den letzten Zeiten haben wohl nur Wenige sie richtig gehört und verstanden. Intuitiv aber spürten stets alle, ob unsensible Politiker oder die Masse, dass, wenn diese Musik erklang, sich etwas Ungewöhnliches, Denkwürdiges ereignete.

Die „Neunte" ist die außergewöhnliche, musikalische Sprache einer Weltepoche. Sie wurde zur erhebenden Begleitung politischer Ereignisse mit historischer Dimension. Nur zwei davon seien erwähnt:

Erstens die „Friedens- und Freiheitsfeier" in der Silvesternacht des Jahres 1918 (nach dem ersten Weltkrieg) in Leipzig und zweitens: Nach dem Fall der Mauer 1989 dirigierte Leonhard Bernstein die „Neunte" am Heiligabend in der Berliner Philharmonie im Westen und am ersten Weihnachtstag im Ost-Berliner Schauspielhaus.

Ungefähr seit einem halben Jahr beobachte ich eine wachsende Bewusstseinserweiterung, die sicherlich verändertes Handeln in Wissenschaft, Wirtschaft, Politik und anderen Lebensbereichen nach sich ziehen wird. Durch diese Überzeugung wachsam geworden, bewegte mich die Interpretation im Dirigat von Christian Thielemann in außergewöhnlicher Weise. Als das Grundthema zu Schillers Worten: Freude schöner Götterfunke . . . Alle Menschen werden Brüder . . . zum ersten Mal erklang, dirigierte Thielemann als wolle er auf magische Weise das Orchester in einen Bann ziehen: Spielt sachte, spielt leise, spielt so, dass die Töne gerade schon zu hören sind. Ich sage: ‚schon', denn es verändert sich Wesentliches auf der Erde. Wer Ohren hat zu hören, vernimmt die leisen Stimmen einer unvorstellbar schönen Zukunft. Das ist die Botschaft:

Freude schöner Götterfunke – Alle Menschen werden Brüder – Seid umschlungen Millionen – Diesen Kuss der ganzen Welt!

Sichtbar auf der politischen Weltbühne bedeutet das: Streben nach Frieden, Freiheit und Wohlstand für alle aus Wurzeln von liebevoller Wahrhaftigkeit. Achten Sie auf sehr leise Töne. Es gibt in privaten und öffentlichen Bereichen viele Aktivitäten hin zu einer ‚zehnten Sinfonie' für die Menschheit.

Die „Neunte" ist das lichtvolle Vermächtnis einer sterbenden Epoche. Die Menschheit beginnt für die „Zehnte" zu reifen. Die heutigen Kinder, Indigos genannt, werden den Weltfrieden erschaffen, und wir müssen ihnen dafür die Startbahn bauen. Lassen Sie sich von den allgemeinen Turbulenzen weder irritieren, erschüttern, noch entmutigen.

„Ode an die Freude"

Friedrich von Schiller
vertont von Ludwig van Beethoven in seiner 9. Sinfonie

O Freunde, nicht diese Töne!
Sondern lasst uns angenehmere anstimmen
Und freudenvollere!

Freude schöner Götterfunken,
Tochter aus Elysium,
Wir betreten feuertrunken,
Himmlische, dein Heiligtum!
Deine Zauber binden wieder,
Was die Mode streng geteilt;
Alle Menschen werden Brüder,
Wo dein sanfter Flügel weilt.

Wem der große Wurf gelungen,
Eines Freundes Freund zu sein,
Wer ein holdes Weib errungen,
Mische seinen Jubel ein!
Ja, wer auch nur eine Seele
Sein nennt auf dem Erdengrund!
Und wer's nie gekonnt,
Der stehle weinend sich aus diesem Bund.

Freude trinken alle Wesen
An den Brüsten der Natur;
Alle Guten, alle Bösen
Folgen ihrer Rosenspur.
Küsse gab sie uns und Reben,
Einen Freund, geprüft im Tod;
Wollust ward dem Wurm gegeben,
Und der Cherub steht vor Gott!

Froh, wie seine Sonnen fliegen
Durch des Himmels prächtgen Plan,
Laufet Brüder eure Bahn,
Freudig, wie ein Held zum Siegen.

Seid umschlungen, Millionen.
Diesen Kuss der ganzen Welt!
Brüder! Über'm Sternenzelt
Muss ein lieber Vater wohnen,
Ihr stürzt nieder Millionen?
Ahnest Du den Schöpfer, Welt?
Such ihn über'm Sternenzelt!
Über Sternen muss er wohnen.

Das Dollarsystem seit 1913

Zusammenfassung von Marianne Streuer

1913   Gründung der Fed, Ferderal Reserve System. (Anders ausgedrückt: Die Methode, aus Luft und Papier Geld zu drucken. Lesen Sie dazu die Fakten, von Heinz Pfeiffer recherchiert in seinem Buch „Die Brüder des Schattens.)
Federal Reserve Bank = US Zentralbank, privates Unternehmen.

1944   Das „Bretton Wood Abkommen" betonierte den Dollar an Stelle des British Pound zur Weltreserve-Währung, „Sicherheits-Währung" (die Rücklage zur Sicherheit als Deckung des in Umlauf befindlichen Geldwertes), sozusagen reines Gold. Doch der Dollar war nicht mehr durch reinen Wert, Gold, gedeckt!

1960   verlangten Frankreich und andere Länder von USA 1 Unze Gold gegen 35 Dollar zu zahlen. USA verlor ungeheure Mengen an Gold. Diese Tatsache hob den Pseudo-Gold-Standard auf.

In den 1960igern verkaufte das US-Schatzamt eine Unze Gold für 35 \$. Das war ein Versuch, die Welt zu täuschen, um sie von einem harten Dollar zu überzeugen. Normalerweise steigt der Goldpreis bei zunehmendem Misstrauen auf eine Papierwährung. Januar 2008, 1 Unze Gold = 950 \$ (674 €)

Ab 1970 entstand eine weltweite Nachfrage nach Dollars, die eifrig gedruckt wurden, ohne wertmäßig gedeckt zu sein. (Ebenso wie in der neuerlichen Krise 2008/2009.) Der Ölhandel wurde ausschließlich in US Dollar abgewickelt und sollte als eine gewisse Sicherheit dienen. Als Gegenleistung versprachen die USA, diverse Scheichtümer gegen Invasionen zu schützen. Die allgegenwärtige Anwesenheit der USA, ihr Einfluß und ihre Ölausbeute erregten den Widerstand der radikalen Islamisten. Das Ergebnis wurde die radikal islamische Bewegung.

1971 beendete Nixon den Gold-Dollar-Austausch. Eigentlich war die USA bankrott.

1972/73 Doch die Vorsorge der Hochfinanz trat in Kraft, zuerst durch das Abkommen mit Saudi Arabien, den Ölhandel ausschließlich über den Dollar abzuwickeln und dann erweiternd mit der OPEC. Von nun an wurde der Dollar als abgesichert erklärt und zwar durch Öl. Es begann das Post-Bretton-Wood-System mit dem ‚Petrodollar'. (OPEC Organisation of Petroleum Exporting Countries)

1979 Das System stand auf tönernen Füßen und die Dollarwährung mußte mit 21% Zinsen gestützt werden.

Anfang der 1980iger Jahre begann trotzdem eine Dollar-Hegemonie, die über 20 Jahre anhielt. Durch ein unglaubliches Zusammenspiel der Nationalbanken und der Geschäftsbanken wurde der Dollar allgemein in einer Weise akzeptiert, als handle es sich um Gold.

1980 – 2000 wurde letztendlich vergeblich versucht, die Welt über den wirklichen Wert des Dollars zu täuschen.

2000 kündigte Saddam Hussein an, den Ölhandel des Irak in Euro abzuwickeln, was er Ende des Jahres tatsächlich durchführte.

2001 begann der dritte Irakkrieg.
In Russland erklärte der Botschafter Venezuelas, sein Land würde im Ölhandel auf Euro umstellen. Danach wurde ein Staatsstreich gegen Chavez inszeniert der misslang. Dieser war von der CIA gestützt und verursachte viel Aufsehen.

Bis 2006 verlor der Dollar gegenüber dem Gold mehr als 50 % an Wert. Der Iran wollte im März 2006 eine Ölbörse auf Euro-Basis einrichten. Trotzdem dehnte sich der Einfluß des Dollars weiter aus. Politiker scheuen sich, die Probleme auf den Tisch zu bringen und suchen, die überholte alte Ordnung zu erhalten durch Sanktionen, Zins und andere Versuche, bis hin zu Gewalt und Krieg. Ron Paul, Mitglied im US Kongress, sagte vor dem Kongress am

15. 02.2006: „Die künstliche Nachfrage nach unserem Dollar, verknüpft mit unserer militärischen

408

Macht, hat uns in die einzigartige Position versetzt, die Welt beherrschen zu können, **ohne selbst produktiv zu sein**.“

Und: „Das Ausland hortet unsere Dollars zu Gunsten seiner hohen Sparquote (durch die Vortäuschung von Sicherheit) und verleiht uns diese netterweise zu niedrigen Zinsen, um unseren exzessiven Konsum zu finanzieren.“ (Lesen sie dazu die gesamte Rede von Ron Paul vor dem amerikanischen Kongress „Das Ende der Dollar-Hegemonie“ und von Emmanuel Todd sein Buch „Weltmacht USA – ein Nachruf“.) Ron Paul ist Republikaner, also aus den eigenen Reihen von Präsident Bush, Todd ist Franzose.

Seit 2006 werden im Untergrund vermehrt, Informationen über die grenzenlosen Machenschaften der Hochfinanz vermittelt. Von spiritueller Seite werden Angaben in verstärktem Maße und über den Fortschritt der Gegenaktionen durchgegeben. Diese müssen aus Schutzmaßnahmen sehr zurückhaltend gehandhabt werden. Durch Verheimlichungen und Irreführungen seitens der manipulierten Mainstream-Presse erfährt die Welt kaum etwas, von dem, was wirklich auf sie zukommt.

Ende 2007 begannen die Bankenschwierigkeiten in den Medien offensichtlich zu werden, angeblich einzig durch das Immobilien-Desaster in USA erzeugt.

Das Energie-Thema, das Öl-Geschäft wurde deswegen nicht weniger brisant. Die City-Banken Gruppe führt die Betrugsbanken an. Soweit die Fakten.

Januar 2008 Banken- und Börsenprobleme waren nicht mehr zu verheimlichen. Die Immobilienblase in USA platzte. Der Stein ist ins Rollen gekommen. Es ist sehr wahrscheinlich, dass er eine Lawine auslöst.

17. 02.2008 wurde die Iranische Ölbörse mit Sitz auf der Insel Kish im Persischen Golf eröffnet. Statt in Euro werden die Preise allerdings überwiegend in der Landeswährung Rial berechnet.

2009 Die Lawine rollt. Wir leben in einem Gemisch von Inflation und Deflation. Die bisherige Währungsform mit Geld als Produkt und seinem Zinseszinssystem liegt in der Agonie.

„Ein Hoch auf die globale Krise!"

Am 26. Januar 2008 erschien auf der Webseite der Strategischen Kulturstiftung fondsk.ru dieser Beitrag des russischen Generaloberst Leonid Iwaschow:

Von General Leonid Iwaschow

Die Menschheit sieht mit Besorgnis, wie die amerikanische und die Weltwirtschaft in den Sog der Krise geraten.

Die Regierung George Bush sucht einen Weg aus der Krise durch Kriege. Der Präsident der USA hat gerade den Nahen Osten besucht, wo er versuchte, eine Allianz gegen den Iran zu schmieden. Berichten zufolge, die am 25. Januar eintrafen, haben die Mitglieder des UN-Sicherheitsrates den Entwurf einer neuen Resolution zum Iran vorbereitet. Diese neue Version macht die Hände des US-Präsidenten und der Israel-Lobby im amerikanischen Kongress im Wesentlichen frei für einen Krieg gegen die Islamische Republik des Iran.

Aber wird ein neuer Krieg die Weltwirtschaft und die Reservewährung der Welt retten?

Das gegenwärtige Modell des Weltfinanz- und Wirtschaftssystems ist unipolar, wobei der herrschende Pol das Land ist, welches die Weltwährung kontrolliert. Und diese Nation wird wiederum von den Besitzern der großen privaten Geldvermögen kontrolliert.

Das sind die Vereinigten Staaten, die lediglich als ein Instrument der globalen Macht und des Geldes fungieren. Die Formel der Bilderberg-Gesellschaft besagt, dass Macht lediglich eine Ware ist, wenn auch die wertvollste. Daher sollten die reichsten Menschen Macht haben.

Trotz der scheinbaren Demokratie bei ihren Präsidentschaftswahlen stehen die Vereinigten Staaten unter der Macht des Finanzkapitals. Mao Tsetungs Spruch „Die Macht erwächst aus dem Lauf eines Gewehrs" hört sich heute anders an: „Die Macht wächst aus dem Dollar." Aber wenn der Dollar einbricht, werden die Internationale der Finanziers und die USA gezwungen sein, ihren Traum von der Weltherrschaft aufzugeben. Und ohne diesen Traum werden die Amerikaner kaum als einheitliche Nation überleben können, denn die Amerikaner haben keine Weltanschauung - außer der Utopie der Weltherrschaft.

Patrick J. Buchanan, der frühere Berater der Präsidenten Nixon und Reagan und Kandidat für die Präsidentschaftsnominierung der Republikanischen Partei der Jahre 1992 und 1996, prognostiziert in seinem Buch *Der Tod des Westens* (dt. Ausgabe: Bonus-Verlag, Selent 2002), dass die USA sich bis zum Jahr 2025 in drei unabhängige Nationen aufspalten werden: eine afro-amerikanische, eine hispanische und eine angelsächsische.

Vorahnungen einer globalen Katastrophe findet man auch in den Werken von F. Fukuyama, E. Wallerstein, S. Huntington und anderen wohlbekannten Forschern.

Natürlich wäre ein solcher Gang der Ereignisse eine Katastrophe für die jetzige Generation der Amerikaner, so wie die Desintegration der UdSSR eine Katastrophe für die Mehrheit ihrer Einwohner war. Aber was passiert mit der übrigen Welt?

Der Kollaps der USA und des Dollar wird für alle Länder, die mit der Weltwährung verbunden und in das System des globalen Marktes integriert sind, Leiden bringen. Aber leiden diese Völker nicht schon jetzt unter der amerikanischen Unverschämtheit? Verlieren die Nationen nicht ihre Souveränität, während die Machteliten in den meisten von ihnen den Interessen des globalen Kapitals dienen, anstatt den Bedürfnissen ihrer eigenen Bevölkerung?

Überdies wird das bloße Überleben der modernen Zivilisation zum Problem Nr. 1 der Menschheit. Ökonomen, Ökologen, Demographen, Physiker, Mediziner und Globalisierungsgegner warnen davor.

Sollten wir uns also gar nicht so viele Sorgen über den derzeitigen Zustand der Weltwirtschaft machen, sondern vielmehr ihren Kollaps begrüßen und die notwendigen Maßnahmen treffen, um uns darauf vorzubereiten?

Die Bedeutung des Lebens

Aber zunächst müssen wir das Wesen der heutigen Weltordnung richtig verstehen. Wir müssen versuchen, wieder über die Bedeutung des Lebens nachzudenken, über den Platz der irdischen Zivilisation im Universum und unsere Beziehung zu Gott. Wir müssen uns an Platos Folgerung erinnern, dass die Zivilisation von Atlantis unterging, weil sie aufgehört hatte, mit Gott zu kommunizieren, und in einem Leben des Luxus und des Vergnügens versank.

Die russischen Akademiemitglieder G.I. Schipow und A. J. Akimow haben nicht nur die Existenz eines physischen Vakuums und der Torsionsfelder wissenschaftlich nachgewiesen, sondern auch die Abhängigkeit der natürlichen und kosmischen Phänomene (einschließlich der Katastrophen) von den Gedanken und den Prinzipien der Weltanschauung der Menschheit und dem Bewusstseinszustand ihrer Individuen. Auch A. Einstein nähert sich einem Verständnis darüber, wie der Zustand des Planeten vom menschlichen Bewusstsein abhängt.

Das Weltsystem, das nach dem Zerfall der UdSSR aufgebaut wurde, ist eine Hierarchie, die ein finanziell mächtiges Land als ihren Kopf voraussetzt, während die Philosophie des Lebens, die sie durchsetzt, strikt an den Kult des Geldes und der Lust gebunden ist. Zum ersten Mal in der Geschichte der Menschheit wurde die Wirtschaft so unmoralisch.

Die Philosophie des Monetarismus beruht, wie der russische Gelehrte W.G. Sokolenko sagte, auf „der Idee einer Union von Geld und Recht, oder dem sogenannten kapitalistischen Absoluten, vor dem alle die großen Ideen aus der Epoche des historischen Romantizismus und der sozialen Revolutionen, die darauf abzielten, die Organisation der Gesellschaft zu verbessern, zu Boden gingen. Im 20. Jahrhundert erhoben die rationalistische Philosophie und der Liberalismus das Kapital zur absoluten Macht über die Welt." (W.G. Sokolenko, *Die globale Herrschaft des Kapitalismus*, Moskau 2005)

Es sind heute nicht mehr die Philosophen, Dichter, Musiker oder die Erforscher ferner Welten, welche im Leben der Menschen den Ton angeben, sondern vielmehr die Finanziers und Unternehmer. Materieller Gewinn, Geld, Luxus und Macht wurden für die große Masse der Menschen zu den fundamentalen Schlüsselbegriffen.

Der physisch-geistige Dualismus der Menschen wird immer mehr auf die Komponente des „Körpers" reduziert. Ein solcher Mensch nützt jedoch weder der Natur, noch ist er für Gott akzeptabel. Deshalb ist er dazu verurteilt, zu verschwinden. Denn der Mensch wurde nach dem Ebenbild Gottes geschaffen, während seine physische Existenz durch seine Verbindung zur Welt der Pflanzen und Tiere und der nicht-lebenden Natur erhalten wird.

Das zeitgenössische Modell des Seins, das auf der Ideologie des Monetarismus beruht, sollte durch das kognitive, geistige Wesen ersetzt werden. Darin liegt die Rettung der menschlichen Zivilisation. Das kann nur geschehen, wenn man durch das Feuer einer Krise hindurchgeht, wobei die Krise ein Mittel ist, um der globalen Oligarchie ihre Macht zu entreißen.

Lyndon LaRouche, der wiederholt vor dem kommenden Crash gewarnt hat, hat folgenden Aufruf herausgegeben: ‚Statt die törichten Versuche zur Stimulierung des Leichnams fortzusetzen, sollte die Regierung der Vereinigten Staaten ihre souveräne Macht benutzen, um ihr eigenes Finanzsystem einem Konkursverfahren zu unterziehen, und so einen Präzedenzfall schaffen und den Rahmen bieten, in dem andere Nationen handeln können."

Leider gibt es in den Vereinigten Staaten, Russland oder Europa keine souveränen Regierungen. In begrenztem Ausmaß gibt es sie in China, Indien, Iran, Japan und anderen östlichen Ländern und in mehreren lateinamerikanischen Nationen. Die übrigen sind kontrolliert von der Weltfinanzoligarchie.

Monströse Ungleichheit

350 Familienklans von Milliardären haben, gemessen in Dollar, ein Gesamteinkommen, das größer ist als das gemeinsame Einkommen von 45% der Weltbevölkerung. Die Quintessenz dieser monströsen Ungleichheit ist das mafiaartige oligarchische Syndikat, das von den reichsten Menschen auf dem Planeten geleitet wird. Sie bestimmen, wie sich die Prozesse in der Welt entwickeln, während sie selbst im Schatten bleiben, jenseits des Blickfelds der Öffentlichkeit. Sie kontrollieren auch den größten Teil der Rohstoffe des Planeten, finanzieren riesige illegale Armeen und NGOs und haben Einflussnetzwerke in den Regierungen und Parlamenten der meisten Länder der Welt aufgebaut.

Das ist die Spitze der unipolaren Welt. Aber diese Finanzoligarchie ist unfähig, die Entwicklung der Welt zu bestimmen. Sie weiß, wie man Geld macht, Macht ergreift und an dieser Macht festhält, um weiteren Profit hervorzubringen. Nichts außer dem Kollaps der Dollarpyramide wird diese Macht erschüttern.

Was könnten die Konsequenzen einer solchen Katastrophe des Dollars sein?

Negatives Szenario:

- Rund 500 Mrd. Dollar an Bargeld werden aus dem Umlauf genommen, während zig Billionen an virtuellen (elektronischen) Dollars gelöscht werden. Das wird sämtliche Nationen und transnationale Unternehmen und Millionen von Menschen treffen. Belarus, Kuba, Nordkorea und andere „nicht-Dollar-Länder" werden besser fahren.

- Die Amerikaner werden einen „Erlass" ihrer Schulden gegenüber allen anderen im Umfang von fast 27 Billionen Dollar durchführen (das Auslöschen der Dollarkomponente des russischen Stabilisierungsfonds und der internationalen Reserven miteingerechnet).

- Die Parität und Wechselkurse der übrigen konvertiblen Währungen werden verzerrt werden.

- In der Weltwirtschaft wird Chaos ausbrechen, während die Regierungen und transnationalen Unternehmen versuchen, neue Wirtschaftsmodelle für ihre Volkswirtschaften zusammenzuzimmern; einige werden zu einer geschlossenen Wirtschaft (Autarkie) übergehen.

Positives Szenario:

- Die Rolle der Institutionen des Staates in der Weltwirtschaft und in den internationalen Beziehungen wird wiederbelebt.

- In den meisten Ländern (einschließlich Russlands) werden Regierungen im nationalen Interesse gebildet und Programme zur Wiederbelebung der Nation aufgelegt.

- In den nicht-westlichen Zivilisationen (Russland, China, Indien, Islam, Buddhismus, Lateinamerika) werden Konsolidierungsprozesse eingeleitet, während sich ein Dialog der Kulturen entwickelt.

- Die Rolle der UNO und anderer internationaler Organisationen wird größer.

- Die westliche (euro-amerikanische) Zivilisation wird schwächer werden und in Verfall geraten, auch wenn sie noch viele Jahrzehnte lang den Status eines zweitrangigen Pols der Welt einnehmen wird.

- Es wird sich ein neuer Pol der Welt auf der Grundlage der Schanghaier Organisation für Zusammenarbeit bilden.

- Die Menschen werden sich wieder Gott zuwenden, den Dollar als Idol zurückweisen. Kultur-, Wissenschafts-, Bildungs- und Gesundheitssysteme werden sich entwickeln, während die moralischen Werte und die nationalen Traditionen eine Renaissance erleben werden.

- Der Mensch wird zur Harmonie mit der Erde und mit dem Kosmos zurückkehren.

- So wird die Menschheit die Chance zum Überleben erhalten. Also, ein Hoch auf die globale, gnadenlose, reinigende Wirtschafts- und Finanzkrise!

El Morya

El Morya ist eine geistige Wesenheit, zurzeit nicht inkarniert – oder doch? Zu seiner Entwicklung ins volle Bewusstsein hatte er ebenso wie Sie, verehrte Leserin und Leser, wie auch ich, den Weg des Mensch-Seins gewählt. Dieses Buch habe ich mit Worten von ihm begonnen. Seine letzten Inkarnationen sollen in arabischen Ländern gewesen sein. **„Wenn ich mein Ohr auf den Wüstensand lege, höre ich Stimmen einer unvorstellbar schönen Zukunft."**

Wir sind aufgerufen, diese „unvorstellbar schöne Zukunft" jetzt zu verwirklichen. In einem Gespräch mit el Morya soll Jesus gesagt haben: „Durch menschliche Hände und Füße muss es getan werden." Im christlichen Kulturkreis ist die Persönlichkeit des Jesus von Nazareth bekannt. So stellen Sie sich bitte auch el Morya vor. Es gibt viele derart weit entwickelte Wesenheiten, die, obwohl nicht mehr in ihrem Körper, noch immer Sorge tragen für das Wohlergehen der Menschheit. Wir sehen sie nicht, weil sie ebenso wie Engel eine sehr viel höhere Schwingung haben. Doch sie können sich für einen bestimmten Zweck materialisieren oder auch eine neue physische Geburt annehmen. Wenn Sie noch nicht zu denen gehören, die das wissen, was ich hier in Worte fasse, dann sagen Sie bitte nicht, es sei Unfug. Ich gebe in diesem Zusammenhang zu bedenken, dass die Erde eine Kugel war, als die Menschheit annahm, sie sei eine Scheibe.

Das Ende der Dollar-Hegemonie

Ron Paul ist als Republikaner Mitglied des US-amerikanischen Kongresses und arbeitet in verschiedenen Finanzausschüssen mit. Es ist fast unglaublich dass so viele Tatsachen im US-amerikanischen Kongress ausgesprochen wurden. In den Massenmedien wurde kaum etwas darüber veröffentlicht. Die zerstörerische Hegemonie (Vormachtstellung, Vorherrschaft) des Zins-Geld-Systems beginnt immer mehr zu bröckeln. Die Wahrheit wird laut gesagt und einige Menschen übernehmen wieder ihre Verantwortung.

http://www.house.gov/paul/index.shtml

Rede von Ron Paul (Texas) vor dem US-Repräsentantenhaus am **15.2.2006**

Vor hundert Jahren wurde die Angelegenheit **„Dollar-Diplomatie" genannt**. Nach dem Zweiten Weltkrieg und insbesondere nach dem Zusammenbruch der Sowjetunion 1989 entwickelte sich diese Politik weiter, hin zu einer **„Dollar-Hegemonie"**.

Aber nach all diesen Jahren des großen Erfolgs nähert sich unsere Dollar-Herrschaft ihrem Ende. Es wird zu Recht allgemein behauptet, dass diejenigen, welche das Gold besitzen, die Gesetze machen. (In USA lagert(e?) die größte Menge des deutschen Goldes. M. St.) In früheren Zeiten war allgemein akzeptiert, dass ein **fairer und ehrlicher Handel den gegenseitigen Austausch wirklicher Werte erfordert**. In den Anfängen war der einfache Tauschhandel von Gütern üblich. Später wurde entdeckt, dass Gold eine universelle Anziehungskraft erfährt und den geeigneten Ersatz für den umständlichen, beschwerlichen Tauschhandel darstellte. **Gold** Erleichterte nicht nur den Austausch von Gütern und Dienstleistungen, sondern **diente als Wertaufbewahrungsmittel** für diejenigen, welche den Wert für schwerere Zeiten aufbewahren wollten.

Obwohl sich das Geld naturgemäß auf den Handelsmärkten entwickelte, maßten sich Regierungen, deren Macht wuchs, die monopolartige Kontrolle über das Geld an. In manchen Zeiten garantierten Regierungen die Qualität und Reinheit des Goldes, aber **mit der Zeit lernten Regierungen, mehr auszugeben als sie einnahmen.** Neue oder höhere Steuern zogen das Missfallen der Leute auf sich, sodass es nicht lange dauerte, bis Könige und Kaiser lernten, wie sie ihre Währungen inflationieren konnten - indem sie den Goldgehalt der Münzen reduzierten und dabei glaubten, ihre Untertanen entdeckten den Betrug nicht. Doch die Leute bemerkten es immer recht schnell und protestierten energisch.

Dies verstärkte den Druck auf führende Gesellschaften, durch die Eroberung anderer Länder mehr Gold zu akquirieren. **Die Bevölkerung wurde daran gewöhnt, über ihre Verhältnisse zu leben** und erfreute sich an „Brot und Spielen" (circuses and bread). Die Finanzierung dieser extravaganten Lebensweise durch die Eroberung fremder Länder schien eine logische Alternative dazu zu sein, selbst härter zu arbeiten und mehr zu produzieren. Nebenbei bemerkt - die Eroberer-Nationen schafften nicht nur Gold nach Hause, sondern ebenso Sklaven. Die Besteuerung der eroberten Territorien bildete ebenfalls einen Anreiz, Imperien (empires) aufzubauen. Dieses Herrschaftssystem funktionierte eine ganze Zeit lang recht gut, aber der moralische Verfall der Bevölkerung des Imperiums führte zu einem zunehmenden Unwillen selbst zu arbeiten. Da die Zahl der ausplünderbaren Völker/Länder begrenzt war, war das Ende der jeweiligen Imperien gesetzt. Konnten sie sich nicht länger das notwendige Gold beschaffen, zerfiel ihr Militärwesen, ihre militärische Kraft. Wie gesagt, in jenen Zeiten machten diejenigen, welche das Gold besaßen, die Gesetze und lebten vorzüglich.

Dieses generelle Gesetz hatte durch die Jahrhunderte Bestand. **Wenn Gold als Wertmedium benutzt wurde, bei gleichzeitig geschütztem, ehrlichem Handel, gediehen die produktiven Nationen.** Aber immer wenn wohlhabende Nationen - solche mit mächtigen Streitkräften und Gold - nach einem Imperium strebten und nach günstigen Gelegenheiten, die Wohlfahrt zu Hause zu unterfüttern, scheiterten sie. Die genannten Prinzipien gelten auch heute noch - aber der Prozess ist ein deutlich anderer: **Gold ist nicht länger das Geld des „Reichs", an seine Stelle trat das Papier.** Heute gilt: „Derjenige, der das Geld druckt, setzt die Regeln, herrscht", zumindest vorläufig. **Obwohl Gold nicht mehr im Gebrauch ist, sind die Ziele die gleichen geblieben: fremde Länder zur Produktion zwingen und das eigene Land mit militärischer Überlegenheit ausstatten und das Gelddrucken kontrollieren. Seitdem Geld zu drucken der Fälscherei gleichkommt,** muss der Herausgeber der internationalen Leitwährung immer das Land mit dem militärischen Apparat sein, das die Kontrolle dieses Systems ausüben kann. Dieses großartige System scheint **d a s** System schlechthin zu sein, um fortwährend dem Land Wohlstand zu verschaffen, das die Weltleitwährung herausgibt. Das einzige Problem ist, wie immer, **dass ein so geartetes System den Charakter der Bevölkerung des Fälscherlandes korrumpiert** - ebenso wie zu den Zeiten, als Gold das universelle Zahlungsmittel war und durch die Eroberung anderer Länder akquiriert wurde. Diese Verhältnisse zerstören den Anreiz zu sparen und zu produzieren, währenddessen sie die Verschuldung und die Degression des Wohlstandes befördern. Der Druck, im eigenen Land die Währung zu inflationieren, rührt sowohl von den korporierten Wohlfahrtsempfängern als auch von denen her, die Almosen als Entschädigung für das Notwendigste und für die ihnen von anderen zugefügten Ungerechtigkeiten verlangen. In beiden Fällen wird die persönliche Verantwortlichkeit für das eigene Handeln verweigert.

Wenn Papiergeld nicht mehr angenommen wird, oder wenn das Gold zu Ende geht, sind Wohlstand und politische Stabilität verloren. Das Land geht in einem solchen Fall vom Zustand des Über-die-Verhältnisse-Lebens in den Zustand des **Unter-den-Verhältnissen-Lebens** über, solange bis die ökonomischen und politischen Systeme an die neuen Regeln angepasst sind - Regeln, welche nicht diejenigen erlassen haben, die sich der nun funktionslosen Notenpresse bedienten. Die „Dollar-Diplomatie", eine von William H. Taft und seinem Staatssekretär Philander C. Knox etablierte Politik, wurde entworfen, um die US-Geschäfts-Interessen in Lateinamerika und dem Fernen Osten zu befördern. McKinley brach deswegen 1898 einen Krieg mit Spanien vom Zaun, und **Teddy Roosevelts logisch daraus folgende Anwendung der Monroe-Doktrin ging dem aggressiven ers-**

ten Schritt Tafts voraus, den US-Dollar und diplomatischen Einfluss einzusetzen, um ausländische US-Investitionen zu sichern. Diese Politik wurde allgemein als „Dollar-Diplomatie" bezeichnet.

Das hervorstechende Merkmal von Roosevelts Politik war, dass unsere Politik allein durch den offenen Anschein gerechtfertigt werden konnte, dass sich ein Land unseres Interesses durch europäische Kontrolle politisch oder finanziell in Gefahr befand. Wir deklamierten öffentlich nicht nur das Recht, sondern die offizielle Verpflichtung der US-Regierung, unsere Geschäftsinteressen gegen die Europäer zu verteidigen. Diese neue Politik folgte der Kanonenboot-Politik des späten 19. Jahrhunderts auf dem Fuße, d.h. **wir konnten nun unseren Einfluss „kaufen", bevor wir zur Androhung offener Gewalt Zuflucht nehmen mussten.** Unterdessen war die „Dollar-Diplomatie" von Howard William Taft klar formuliert, die Setzlinge des US-Empires gesteckt. **Und sie waren dazu bestimmt, unter der fruchtbaren Sonne eines Landes zu gedeihen, das seine Liebe und seinen Respekt für das republikanische Vermächtnis der Verfassungs-Väter verloren hatte.** Und sie Gediehen in der Tat. Es dauerte nicht lange, bis die **„Dollar-Diplomatie" zur „Dollar-Hegemonie"** in der zweiten Hälfte des 20. Jahrhunderts mutierte. Dieser Übergang war nur mit Hilfe eines dramatischen Wechsels in der Währungspolitik und durch einen Funktionswechsel des Dollars möglich.

1913 schuf der Kongress **das Federal Reserve System.** Bis 1971 wurde das Prinzip des soliden Geldes systematisch untergraben. **In den Jahren 1913-71 hielt die FED (Federal Reserve Board = US-Zentralbank) es für den einfacheren**

Weg, die Geldmenge ohne größeren Widerstand des Kongresses nach Belieben auszudehnen, um Kriege zu finanzieren oder die Wirtschaft zu manipulieren, wobei spezielle Geschäftsinteressen, welche die Regierung stark beeinflussten, profitierten. (Siehe die Gründung der FED in „Brüder des Schattens", von Heinz Pfeiffer, M. St.)

Nach dem Zweiten Weltkrieg verstärkte sich die Dominanz des Dollars enorm. Wir erlitten keine Kriegszerstörungen wie andere Länder und unsere Safes waren mit dem Gold der Welt gefüllt. Aber die Welt entschied sich nicht, zur Disziplin des Goldstandards zurückzukehren; die Politiker applaudierten. **Die Notenpresse laufen lassen,** um Rechnungen zu bezahlen, war viel populärer als Steuern zu erheben oder unnötige Ausgaben zu vermeiden. Ungeachtet der kurzfristigen Vorteile waren Ungleichgewichte für die kommenden Jahrzehnte vorprogrammiert. **Das Bretton Woods Abkommen von 1944** zementierte den Dollar anstelle des Britischen Pfunds als überragende Weltreserve-Währung. Aufgrund unserer politischen und militärischen Stärke und weil wir eine große Menge des Weltgoldes (Achtung! Nicht USA-Gold M. St.) besaßen, akzeptierte die Welt bereitwillig unseren Dollar als Weltreservewährung; ein Dollar war definiert als 35ster Teil einer Unze Gold. **Der Dollar galt quasi als reines Gold** und war für alle ausländischen Zentralbanken in dem vorig genannten Verhältnis in physisches Gold umtauschbar. Den amerikanischen Staatsbürgern war nach wie vor der Besitz von Gold verboten. Der oben erwähnte Gold-Tausch-Standard musste von Anfang an scheitern. Die USA verhielten sich im Weiteren so wie die meisten vorhergesagt hatten: **Sie druckten mehr Dollarscheine als**

durch Gold gedeckt waren. Über 25 Jahre lang duldete die Welt diesen Zustand ohne groß zu fragen - bis Frankreich und andere Länder Ende der 1960er verlangten, dass wir unser Versprechen wahr machten und eine Unze Gold zahlten für jeweils 35 Dollar, die sie beim US-Schatzamt ablieferten.- Das **Ergebnis war ein ungeheurer Goldabfluss**, der den schlecht konstruierten Pseudo-Gold-Standard aufhob.

Das Ganze endete am 15. August 1971, als Nixon das „Goldfenster" schloss und die weitere Auszahlung auch nur einer der restlichen 280 Millionen Unzen Gold verweigerte. Bei Lichte besehen erklärten wir damit unseren Bankrott und jeder konnte erkennen, dass ein anderes Weltwährungssystem gefunden werden musste um die Märkte zu stabilisieren. Erstaunlicherweise wurde ein neues System ersonnen, welches den USA erlaubte, die Notenpresse für die Weltreservewährung ohne jede Einschränkung laufen zu lassen - ja sogar nicht einmal mit dem Anspruch der Goldkonvertibilität oder dergleichen.

Obwohl diese neue Politik noch viel fehlerhafter war, machte sie den Weg für eine sich noch weiter ausdehnende Dollar-Hegemonie frei. Nachdem sie registriert hatten, dass die Welt etwas Neues und Revolutionierendes entwickeln wollte, vereinbarte **die Elite der Geldmanager**, besonders nachhaltig unterstützt von den US-Behörden, ein **Abkommen mit der OPEC, den Preis für Erdöl weltweit ausschließlich in Dollar festzusetzen.** Dies verhalf dem Dollar zu einem besonderen Platz unter den Weltwährungen und **sicherte den Dollar im Endeffekt mit Öl ab. Im Gegenzug versprachen die USA, die diversen Öl-Scheichtümer gegen drohende Invasionen oder innere Aufstände zu schützen.**

Dieses Arrangement setzte den Aufstieg der radikalen islamischen Bewegung unter denen in Gang, die uns unseren Einfluss in der Region übel nahmen. Das Abkommen verlieh dem Dollar eine künstliche Stärke, verbunden mit unglaublichen finanziellen Vorteilen für die Vereinigten Staaten. In dem Maße, wie der Dollareinfluss gedieh, erlaubte uns dies, unsere Geldinflation zu exportieren, und zwar über große Preisnachlässe beim Öleinkauf und beim Import anderer Güter.

Dieses Post-Bretton-Woods-System war wesentlich fragiler als das zwischen 1945 und 1971. Obwohl das Dollar/Öl-Abkommen hilfreich war, war es nicht annähernd so stabil wie der Pseudo-Goldstandard von Bretton Woods. Zweifellos war es weniger stabil als der Goldstandard des späten 19. Jahrhunderts. Während der 1970er kollabierte der Dollar beinahe, als der Ölpreis sprunghaft anstieg und der Goldkurs auf 800$ pro Unze hoch schoss. 1979 waren Zinssätze von 21 Prozent erforderlich, um das gesamte System zu retten. Der Druck auf den Dollar in den 1970ern reflektierte - trotz der Vorteile, die ihm zukamen - die **grob fahrlässige Staatsverschuldung** und die Währungsinflation während der 1960er. Die Märkte ließen sich von Lyndon B. Johnsons Gerede nicht an der Nase herumführen, wir könnten uns sowohl „Kanonen als auch Butter" (guns and butter) leisten. Wieder einmal war der Dollar gerettet und dies führte in die Phase der tatsächlichen Dollar-Hegemonie, die von Anfang der 1980er bis in die heutige Zeit andauert. **Durch ein unglaubliches Zusammenspiel der Zentralbanken und internationalen Geschäftsbanken wurde der Dollar allgemein so akzeptiert als handle es sich um**

Gold. Bei verschiedenen Gelegenheiten **antwortete** der FED-Vorsitzende **Alan Greenspan** vor dem Banken-Komitee des Repräsentantenhauses **auf meine Kritik an seiner zuvor vertretenen günstigen Beurteilung des Goldes, er und die anderen Zentralbanker hätten das Papiergeld - d.h. das Dollar-System - dahin entwickelt, dass es wie Gold reagiere. Jedes Mal widersprach ich heftig und wies darauf hin, wenn sie eine solche Heldentat vollbracht hätten, hätten sie sich einfach über die geschichtliche Erfahrung der Wirtschaft hinweggesetzt, die besagt, dass das Geld einen wirklichen Wert zu repräsentierten habe. Dem stimmte Greenspan dann selbstgefällig und selbstsicher zu.**

In den vergangenen Jahren machten Zentralbanken und verschiedene Finanzinstitutionen, alle interessiert an der Aufrechterhaltung eines funktionsfähigen **Dollar-Standards ohne Deckung,** kein Geheimnis daraus, große Mengen Gold auf dem Markt zu verkaufen bzw. zu verleihen, während die sinkenden Goldpreise eine Reihe von Fragen aufwarfen, ob solch eine Politik klug sei. Diese Kreise stimmten nie einem Fixing des Goldpreises zu, **vielmehr ist ihr Glaube reichlich belegt, falls der Goldpreis falle, erzeuge das ein gewisses Vertrauen des Marktes in ihre erstaunliche Fähigkeit, Papier in Gold verwandeln zu können. Geschichtlich betrachtet deutet der Anstieg des Goldpreises auf ein zunehmendes Misstrauen in Papierwährungen hin.** Dieser Sachverhalt war vor einiger Zeit sichtbar, als das US Schatzamt in den 1960ern eine Unze Gold für 35 \$ verkaufte, **ein Versuch, die Welt von der Solidität des Dollar und dass er hart sei wie Gold, zu überzeugen.** Ja selbst während der Großen Depression waren die ersten Amtshandlungen Roosevelts, die freie Markt-Preisbildung von Gold zu unterbinden - ein Zeichen des faul gewordenen Währungssystems - und den US-Bürgern den Besitz von Gold zu verbieten. Ökonomische Gesetzmäßigkeiten begrenzten diese Anstrengung, so in den frühen 1970ern, als US-Schatzamt und IWF versuchten, den Goldpreis dadurch zu halten, indem sie Tonnen Gold in den Markt pumpten, um den Enthusiasmus derjenigen zu dämpfen, die nach einem sicheren Hafen im Fall des Dollar-Verfalls suchten, nachdem der Goldbesitz für Privatleute wieder erlaubt worden war.

Der neuerliche Versuch, zwischen 1980 und 2000 die Märkte über den wirklichen Wert des Dollars zu täuschen, erwies sich als erfolglos. In den letzten fünf Jahren verlor der Dollar gegenüber Gold mehr als 50% an Wert. Man kann nicht alle Leute die ganze Zeit täuschen, selbst nicht mit der Macht der gewaltigen Notenpresse und des Geldschöpfungssystems der FED. Trotz all der beschriebenen Unzulänglichkeiten des **deckungslosen Papier-Geld-Systems** dehnte sich der Einfluss des Dollars aus. Die Resultate schienen vorteilhaft zu sein, jedoch die großen Verzerrungen im Gesamtsystem blieben. Fast nach Vorschrift scheuen sich die Politiker in Washington die Probleme, die aus den zu Tage getretenen Verschleierungen resultieren, anzugehen, wobei sie gleichzeitig die zugrunde liegende fehlerhafte Politik nicht verstehen und mit ihr nicht umgehen können.

Protektionismus, feste Wechselkurse, Strafzölle, politisch motivierte Sanktionen, Subventionen für Konzerne, internationales Handelsregime, Preiskontrollen, Zins- und Einkommenskontrollen, hypernationalistische Vorurteile, die

Drohung mit Gewalt und sogar Krieg - zu all dem wird Zuflucht genommen, um die Probleme zu lösen, die künstlich durch ein zutiefst mit Fehlern behaftetes Währungs- und Wirtschafts-System hervorgerufen worden sind. Auf kurze Sicht können die Herausgeber nicht gedeckter Papierwährungen erhebliche Profite akkumulieren. Auf längere Sicht bedroht dies das Land, welches die Weltleitwährung stellt. In diesem Fall sind das die USA. Solange andere Länder unsere Dollars in reale Wirtschaftsgüter eingetauscht haben, kamen wir gut raus.

Diesen Vorteil wollen viele im Kongress nicht wahrhaben, wenn sie China, wegen seines Handlesbilanzüberschusses uns gegenüber, anklagen. Dies führte zur Auslagerung vieler industrieller Arbeitsplätze ins Ausland, gleichzeitig wurden wir mehr von anderen abhängig und weniger selbstversorgungsfähig. **Das Ausland hortet unsere Dollars zu Gunsten seiner hohen Sparquote und verleiht uns diese netterweise zu niedrigen Zinsen, um unseren exzessiven Konsum zu finanzieren.** Das scheint vordergründig das große Geschäft für alle Beteiligten zu sein, **aber die Zeit wird kommen, in der unsere Dollars - wegen ihrer Abwertung - weniger freudig entgegengenommen oder gar vom Ausland zurückgewiesen werden.** So könnte eine ganz neue Situation entstehen, die uns dazu zwingt, den Preis für das Über-unsere-Verhältnisse- und **Über-unsere-Produktionsfähigkeit-Leben** zu bezahlen. Der Sinneswandel hat, was den Dollar betrifft, bereits begonnen, aber das Schlimmste steht noch bevor.

Das Abkommen mit der OPEC zu Beginn der 1970er verlieh dem Dollar eine künstliche Stärke als der herausragenden Welt-Reserve-Währung. Das Abkommen schuf eine weltweite Nachfrage nach Dollarnoten und saugte Unmengen jährlich neu gedruckter Scheine an. Allein im letzten Jahr wuchs die Geldmenge M3 um über 700 Milliarden Dollar. (3) Die künstliche Nachfrage nach unserem Dollar, verknüpft mit unserer militärischen Macht, hat uns in die einzigartige Position versetzt, die Welt beherrschen zu können, **ohne selbst produktiv zu arbeiten** (siehe das Buch „USA – ein Nachruf" von Emmanuel Todd), zu sparen und unseren Konsum oder unsere Verschuldung zu begrenzen Das Problem ist, so kann das nicht weitergehen (Rede **2006** vor dem Kongress).

Die Preisinflation erhebt ihr hässliches Haupt und die Blase an der NASDAQ-Börse, welche von schnellem Geld provoziert wurde, ist geplatzt. Genauso geht der Immobilienblase die Luft aus. **Die Goldpreise haben sich verdoppelt und ein Ende der Bundesausgaben ist nicht in Sicht, bei Null politischem Willen, sie zu zügeln. Das letztjährige Handelsdefizit lag bei über 728 Mrd. Dollar. Ein Zwei-Billionen-Dollar-Krieg tobt, und es werden Pläne lanciert, den Krieg auf den Iran und möglicherweise Syrien auszudehnen. Die einzige Kraft, die dies verhindern kann, ist die weltweite Abkehr vom Dollar.** Diese wird kommen und schlimmere Bedingungen als 1979/80 hervorrufen, die 21%ige Zinsraten erforderten, um korrigierend einzugreifen. Aber in der Zwischenzeit wird alles nur Erdenkliche getan, um den Dollar zu schützen. Wir teilen dieses Interesse mit denjenigen, welche unsere Dollars horten, um die Farce fortzusetzen. Greenspan meinte in seiner ersten Rede nach dem Ausscheiden aus der FED, die Goldpreise seien so hoch wegen der Terror-Angst, nicht jedoch wegen der Besorgnis bezüglich der Währung oder weil er während seiner Amtszeit eine ausufernde Geldschöpfung betrieben habe. Gold müsse in Verruf gebracht werden und der Doller gestützt, so Greenspan. Sollte der Dollar von den internationalen Märkten ernsthaft angegriffen werden, unternähmen die Zentralbanken und der IWF sicher alles in ihrer Macht Stehende, um die Dollarmengen vom Markt abzusaugen in der Hoffnung, dessen Stabilität wieder herzustellen. Letztendlich werden sie dabei scheitern.

Am wichtigsten ist, **dass die Dollar-Öl-Beziehung aufrechterhalten wird, um ihn als überragende Währung zu sichern. Jeder Angriff auf diese Beziehung wird machtvoll beantwortet werden - so wie es immer schon geschehen ist. Im November 2000 verlangte Saddam Hussein für das irakische Öl Euros.** Seine Arroganz bedrohte den Dollar; seine nicht vorhandene militärische Macht stellte hingegen nie eine Bedrohung dar. Auf der ersten Kabinetts-Sitzung der neuen Administration 2001 - so wird von Finanzstaatssekretär Paul O'Neill berichtet - war der wichtigste Tagesordnungspunkt, wie wir Saddam Hussein aus dem Amt jagen könnten - obwohl es keinerlei Anzeichen gab, in welcher Weise er uns bedrohte. Diese hohe Besorgnis bezüglich Saddam Hussein überraschte und schockierte O'Neill. Inzwischen ist allgemein bekannt, dass sich die unmittelbaren, ersten Reaktionen der Bush-Administration nach 9-11 darum drehten, wie man Saddam Hussein mit den Anschlägen in Verbindung bringen könne, um eine Invasion in den Irak und den Sturz seiner Regierung zu rechtfertigen. Obwohl keinerlei Anzeichen irgendeiner Verbindung Husseins mit

9-11, keinerlei Anzeichen für den Besitz von Massenvernichtungswaffen vorlagen, **wurde durch Verdrehung der Tatsachen**, durch eine Flut von Fehlinterpretationen die Unterstützung der Öffentlichkeit und des Kongresses erzeugt, der Sturz Saddam Husseins sei gerechtfertigt.

Es fand keine öffentliche Diskussion darüber statt, dass wir Saddam Hussein beseitigen wollten, weil er mit der Auspreisung des Öls in Euro die Integrität des Dollars als Weltreservewährung angriff. Viele glauben heute, das sei der eigentliche Grund für unsere Besessenheit gegenüber dem Irak. Ich zweifle daran, dass dies der einzige Grund war, aber er hat wohl eine bedeutende Rolle in unserem Kalkül, Krieg zu führen, gespielt. Innerhalb kürzester Zeit nach dem Sieg wurde sämtliches irakisches Öl wieder in Dollar gehandelt, der Euro war verbannt. Im Jahre 2001 verkündete der Botschafter Venezuelas in Russland, sein Land steige bei der Auspreisung aller Ölverkäufe auf Euro um. Innerhalb eines Jahres gab es einen Staatsstreich gegen Chavez, den, so wird berichtet, unsere CIA unterstützte.

Nachdem diese Versuche, den Euro zu pushen und den Dollar als Weltreserve-Währung zu verdrängen auf heftigen Widerstand gestoßen waren, kehrte sich der starke Wertverlust des Dollar gegenüber dem Euro um. Diese Ereignisse mögen eine wichtige Rolle dabei gespielt haben, die Dollar-Herrschaft aufrechtzuerhalten. Es ist sehr deutlich geworden, dass die US-Administration mit denen sympathisiert hatte, die sich zum Sturz von Chavez verschworen hatten, und sie war über das Scheitern der Sache ziemlich in Verlegenheit gebracht worden. Die Tatsache, dass Chavez demokratisch gewählt worden war, hatte keinen Einfluss darauf, welche Seite wir hier unterstützten.

Nun startet ein neuer Angriff auf das Petrodollar-System. Iran, ein anderes Mitglied der „Achse des Bösen", hat bekannt gegeben, dass es im März dieses Jahres (2006) eine Ölbörse eröffnen wird. Wer hätte erraten, dass das Öl in Euro und nicht in Dollar ausgepreist werden soll. Die meisten US-Amerikaner haben vergessen, wie im Laufe der Zeit unsere Politik gegenüber dem Iran systematisch und ohne Not einen unüberbrückbaren Graben zwischen unseren Ländern aufgerissen hat. 1953 half die CIA, den demokratisch gewählten Präsidenten Mohammed Mossadeqh zu stürzen und installierte die Schah-Diktatur, die mit den USA befreundet war. Die Iraner schäumten darob immer noch vor Wut, als die US-Geiseln 1979 gefangen genommen wurden. Unsere Unterstützung von Saddam Hussein bei der Invasion des Irans in den frühen 1980ern war kontraproduktiv und trug augenscheinlich auch nicht viel zugunsten unserer Beziehungen zu Saddam Hussein bei. Dass die US-Regierung 2001 verkündete, der Iran sei Teil der „Achse des Bösen", verbesserte ebenfalls nicht gerade unsere Beziehungen. Dass bei den jüngsten Bedrohungsszenarien wegen einer aufkommenden iranischen Nuklearmacht ignoriert wird, dass der Iran von Atommächten umgeben ist, kommt anscheinend nicht bei denen an, welche den Iran fortgesetzt provozieren.

Wenn man sich vor Augen hält, was die meisten Muslime als unseren Krieg gegen den Islam wahrnehmen und zusätzlich diese neueste Geschichte, dann verwundert es nicht, dass der Iran es bevorzugt, den USA zu schaden, indem er die

Stellung des Dollar unterminieren will. **Der Iran hat - wie der Irak, 0-Fähigkeit uns anzugreifen**. Aber dies hielt uns nicht davon ab, Saddam Hussein als einen modernen Hitler zu modellieren, der sich anschickt die Welt zu erobern. Nun scheint der Iran – besonders nachdem er seine Pläne, Öl in Euro auszupreisen, wahr gemacht haben wird – Ziel eines Propagandakriegs zu sein, ähnlich demjenigen, den wir gegen den Irak vor unserem Einmarsch geführt haben. Es ist nicht wahrscheinlich, dass die Verteidigung der Vorherrschaft des Dollars der einzige Beweggrund für den Krieg gegen den Irak war bzw. für die Agitation gegen den Iran ist. Obwohl die wirklichen Gründe für den Kriegseintritt komplex sind, wissen wir aber, dass die offiziell verkündeten, gelogen waren, wie z.B. die Stationierung von Massenvernichtungswaffen im Irak und Saddam Husseins Verbindung mit den Anschlägen des 11. September. Die Bedeutung des Dollars ist offensichtlich, aber das verringert nicht den Einfluss der Pläne zur **Restrukturierung des Mittleren Ostens**, die vor Jahren von den Neokonservativen gemacht wurden. Um diesen Krieg voranzutreiben, spielten der Einfluss Israels wie auch der der Christlichen Zionisten eine Rolle. **Der Schutz „unserer" Ölvorräte hat unsere Politik im Mittleren Osten seit Jahrzehnten beeinflusst**. Wahr ist aber auch, dass es unmöglich ist, in altem Stil, d.h. mit höheren Steuern, Sparen, größerer Wertschöpfung durch die US-Amerikaner, die Rechnungen für unsere aggressiven Interventionen zu bezahlen. **Ein großer Teil der Kriegskosten des Golfkriegs 1991 wurde von vielen unserer willigen Alliierten bezahlt**. (Der deutsche Kanzler Kohl zahlte zu meiner großen Verwunderung mehrere Milliarden DM –Vasallengeld -, erarbeitet von deutschen Menschen. Es war das erste Mal, dass ich in deutscher Politik von Milliardenbeträgen hörte. M. St.) Heute ist das nicht mehr der Fall. Heute ist - mehr denn je - die Dollar-Hegemonie, d.h. die Funktion des Dollars als Weltreserve-Währung, notwendig, um unsere aufwendigen Kriegsexpeditionen zu finanzieren. Dieser nicht enden wollende 2-Billionen-$-Krieg muss auf die eine oder andere Weise bezahlt werden. Die Dollar-Hegemonie stellt uns dafür die Werkzeuge zur Verfügung. Größtenteils sind sich die wirklichen Opfer dessen nicht bewusst, wie s i e diese Rechnungen bezahlen. Die Lizenz, **Geld quasi aus dünner Luft zu drucken**, ermöglicht es uns, die Rechnungen durch Preisinflation zu begleichen. Unter dieser Inflation leiden die US-Bürger ebenso wie der Durchschnittsbürger in Japan, China oder in anderen Ländern. Diese Inflation ist die „Steuer", mit der die Rechnungen für unsere militärischen Abenteuer bezahlt werden. Das geht so lange, bis dieser Betrug aufgedeckt wird und ausländische Produzenten entscheiden, sich nicht in Dollars auszahlen zu lassen bzw. diese nicht länger für die Bezahlung der von ihnen erworbenen Güter vorrätig zu halten. **Es wird alles Mögliche unternommen, um zu verhindern, dass den breiten Massen dieser Betrug des Währungssystems, unter dem sie zu leiden haben, enthüllt wird.** Falls die Ölmärkte den Dollar durch den Euro ersetzen, würde das unmittelbar unsere Möglichkeiten einengen, ohne weitere Einschränkungen die Weltreserve-Währung zu drucken.

Es ist ein unbestreitbarer Vorteil für uns, wertvolle Güter einzuführen und dafür im Wert verfallende Dollars zu exportieren. Die Exportnationen sind in ihrem Wachstum von unseren Käufen abhängig geworden. Diese Abhängigkeit macht sie zu unseren Verbündeten im fortgesetzten Betrug, und ihre Teilhabe an diesem hält den Wert des Dollars künstlich hoch. Sollte dieses System noch über lange Zeit funktionierten, müssten die US-Bürger nie mehr arbeiten. Genau wie die Römer könnten auch wir „Brot und Spiele" genießen. Aber denen ging schlussendlich das Gold aus und Roms Unvermögen, die eroberten Länder weiter auszuplündern, führte zum Zusammenbruch seines Imperiums.

Das wird auch uns geschehen, wenn wir diese Pfade nicht verlassen. **Obwohl wir fremde Länder nicht besetzen, um sie direkt auszuplündern, haben wir trotzdem unsere Truppen in 130 Ländern stationiert**. Der Zwang, unsere Militär-Macht im ölreichen Mittleren Osten zu dislozieren (Truppen räumlich verteilen), ist kein Zufall. Aber im Gegensatz zu früheren Zeiten erklären wir uns nicht zum unmittelbaren Eigentümer der Naturschätze anderer Länder, bestehen jedoch darauf, dass wir kaufen können, was wir wollen, und dass wir mit unserem Papiergeld dafür bezahlen können. Jedes Land, das unsere Herrschaft herausfordert, geht ein großes Risiko ein. **Unser gesamtes wirtschaftliches System hängt davon ab, dass das gegenwärtige Dollar-Recycling-System Bestand hat. Wir leihen uns jährlich 700 Mrd. Dollar von unseren „großzügigen Wohltätern", welche dafür hart arbeiten und unsere Dollarnoten für ihre Produkte annehmen.** Weiters borgen wir uns all die Gelder aus, die wir für die Sicherung des Empires brauchen (Verteidigungsbudget: 450 Mrd. Dollar) und noch mehr. Die Militärmacht, welcher wir uns „erfreuen", wird zu d e r „Deckung" unserer Währung. Es gibt keine anderen Länder, die uns auf militärischem Gebiet Paroli bieten, weshalb die Welt keine andere Wahl hat, als **die Dollars, welche wir zum „Gold von Heute" deklarieren,** zu akzeptieren. Das ist auch der Grund, weshalb Länder, die dieses System herausfordern - wie der Irak, Iran oder Venezuela, zum Ziel unserer Umsturzpläne werden.

Komischerweise hängt die Dollar-Vorherrschaft von unserer militärischen Stärke ab und umgekehrt. **Solange das Ausland unsere Dollars im Tausch für reale Güter akzeptiert und unseren extravaganten Lebensstil und Militarismus finanziert, kann der Status Quo weiter bestehen,** unbeschadet der wachsenden Auslandsschulden und des Zahlungsbilanzdefizits. Die wirkliche Bedrohung kommt von unseren politischen Gegnern, die uns militärisch zwar nicht die Stirn bieten, aber auf wirtschaftlichem Gebiet herausfordern können. Deswegen wird die neue Herausforderung seitens des Iran für so ernst gehalten. Die eindringlichen Argumente, Iran bedrohe die Sicherheit der USA, sind ebenso wenig plausibel wie die erfundenen Vorwürfe gegen den Irak. **Noch** leisten diejenigen, welche sich gegen die Irakkrieg engagiert hatten, diesem Marsch in die Konfrontation keinen Widerstand. Augenscheinlich hat der Hurrapatriotismus der Promotoren des Präventivkriegs die Öffentlichkeit und den Kongress überzeugt. Erst nach Verlusten an Menschenleben und zu hoch gestiegenen Kosten protestieren die Leute gegen diesen törichten Militarismus.

Befremdlich ist, dass der Kongress und die Leute dem Ruf nach einer völlig unnötigen und gefährlichen Konfrontation mit dem Iran folgen, obwohl der großen Mehrheit das Irak-Desaster wohlbekannt ist. Aber andererseits: Unser Versagen, Osama bin Laden zu finden und sein Netzwerk zu zerstören, hielt uns auch nicht davon ab, den Irak mit Krieg zu überziehen – ohne jede Verbindung mit 9-11. Unser Interesse an der Öl-Dollar-Preis-bindung hilft bei der Erklärung unserer Bereitschaft, all das zu vergessen und Saddam Hussein wegen seiner Frechheit eine Lektion zu erteilen. Und wieder einmal ertönt der dringende Ruf nach Sanktionen und Gewaltmaßnahmen gegen den Iran justament zu dem Zeitpunkt, in dem dieses Land eine neue Ölbörse errichten will, auf der Öl in Euro gehandelt werden soll.

Leute zu zwingen, Papiergeld ohne realen Wert zu akzeptieren, klappt nur kurze Zeit. Auf lange Sicht führt das zu ökonomischen Erschütterungen im Inland und weltweit und muss letztlich mit einem Preis bezahlt werden. **Das wirtschaftliche Gesetz, dass ehrlicher Handel eine solide Währung von wirklichem Wert erfordert, kann nicht außer Kraft gesetzt werden.** Das Chaos, welches unser 35jähriges, weltweites Experiment mit einer deckungslosen Papierwährung nach sich zieht, wird eine Rückkehr zu einem Geld mit realem Wert erzwingen. Dieser Tag rückt näher, wenn die Erdöl produzierenden Staaten für ihr Öl Gold oder einen vergleichbaren Wertträger anstatt Dollars **und** Euros verlangen. Je früher, desto besser.

Anmerkungen (m.z.):

(1) Originaltext der Rede unter URL:

http://house.gov/paul/congrec/congrc2006/cr021506.htm

(2) Ron Paul ist Mitglied des US-amerikanischen Kongresses und arbeitet in verschiedenen Finanzausschüssen mit. Nähere Infos zu seiner Person vgl. Kongress-Website:

http://www.house.gov/paul/bio.shtml

(3) Zur Geldmenge M 3: Mit der Geldmenge M 3 sind hier gemeint alle US-Dollar-Bar-Bestände in Banknoten und Münzen, plus die laufenden $-Girokontenbestände plus alle $-Einlagenzertifikate (z.B. $-Staatsanleihen) und alle $-Geldmarktkontenbestände unter $100.000, plus alle größeren Guthaben über $100.000 (u.a. die Eurodollar-Reserven, größere übertragbare $-Wertpapierbestände, und die Dollar-Devisenbestände der meisten nicht europäischen Länder.

Der springende Punkt in dieser Frage ist nun, dass die FED beschlossen hat, vom 23. März 2006 an diese Geldmenge M 3 nicht mehr zu veröffentlichen, d.h. den wichtigsten, zuverlässigen Indikator für die weltweit umlaufende Menge an Dollars unter Verschluss zuhalten (vgl.: http://www.federalreserve.gov/releases/h6/discm3.htm)

Diese von der internationalen Finanzwelt scharf kritisierte Entscheidung hat zur Folge, dass die Transparenz über die Entwicklung der international umlaufenden Dollarmenge verloren geht, im Klartext: dass das uferlose Drucken und in den Weltfinanzmarkt-Pumpen von Dollarnoten/-zertifikaten durch die FED zumindest einige Zeit verborgen werden kann.

Erklärung zu dem Begriff ‚Kryon'

Kryon ist der Ton einer Energie, wie ein Name zu verwenden, weder männlich noch weiblich. Sein erster Channel (Kanal), der Amerikaner Lee Carroll, erklärt, dass für die Menschheit, die soeben erst aus einer patriarchalischen Vergangenheit kommt, die männliche Sprachform ‚er' gewählt wurde.

Kryon sagt von sich, Meister des Magnetismus zu sein. Er erklärt, das Magnetgitter der Erde erstellt zu haben. Inzwischen wurde es von ihm drei Mal verändert. Das dritte Mal in unserer Zeit, vom 01.01.1992 bis zum 31.12.2002. Bei den beiden früheren Durchführungen wurde die Menschheit vernichtet, **dieses Mal wird das nicht geschehen**. In alten indischen Sanskrittexten heißt es über die früheren Veränderungszeiten: „ . . . es blieb nur der Same für eine neue Menschheit." Die germanischen Sagen sprechen von solch einem Ereignis als von der „Götterdämmerung". In der Bibel werden ‚Sodom und Gomorrha' als vernichtender ‚Sintbrand' und die Flut zu Zeiten Noahs erwähnt. Die globale ‚Sintflut' nach kosmischem Rhythmus wird sich bedeutend früher ereignet haben.

Wenn die Menschheit der Gegenwart, ein solch geradezu unermessliches Geschehen, die Veränderung des Erdmagnetgitters, überlebt hat, dann fragt man sich: Wozu? Gewiss nicht, um von kleinen, aber für uns immer noch ungeheuerlichen, menschlichen Manipulationen versklavt oder ausgerottet zu werden. Vergessen Sie nie:

Der Mensch ist eine Spezies, die zum Höchsten befähigt ist, göttlich-schöpferisch im Universum zu wirken.

Die Gründung
des Federal Reserve Systems, die Fed

„Brüder des Schattens" Ausschnitt
von Heinz Pfeiffer, Roland Uebersax Verlag, 1983

„Ein Helfershelfer zur Herbeiführung des Federal-Reserve-Systems in den USA war für die Finanzoligarchie der bei Trotzkijs Entlassung aus einem kanadischen Gefängnis erwähnte Colonel House. Er war wie eine Art Führungs-agent der <linken Zirkel> für den Präsidenten Wilson. House verfasste ein Buch, <Philip Dru: Administrator>, in dem er über die Errichtung eines Sozialismus Marxscher Prägung schrieb. Nicht nur in dieser Schrift, sondern auch im öffentlichen Leben forderte House eine gestraffte Ein-kommensteuer und die Einführung einer inflationistischen Papierwährung. Damit unterstützte er die hintergründigen Absichten des Federal Reserve Systems und der daraus ent-standenen Organisation der Federal Reserve Banken.

House, geboren am 26.07.1858 in Houston (Texas) als Sohn eines <Repräsentanten> englischer Finanzinteressen des amerikanischen Südens, verstarb am 26.07.1938 in New York. Er hatte nicht gedient und seinen Obersten-Titel eh-renhalber erhalten. Charles Seymour betrachtete House in seinem Buch <The Intimate Papers of Colonel House> als den <unsichtbaren Schutzengel (unseen guardian angel)> des Federal Reserve Gesetzes. In dem Buch wurden zahl-reiche Dokumente und Aktenberichte aufgeführt, aus de-nen die engen Kontakte zwischen Paul Warburg und House während der Vorbereitungsarbeiten für dieses Gesetz er-sichtlich waren. House' Biograph, George Viereck, schrieb:

„Die Schiffs, Warburgs, Kahns, die Rockefellers und die Morgans setzten ihr Vertrauen in House . . . „

Sie wurden nicht enttäuscht. **Der Einfluss von House auf Präsident Wilson räumte stets alle Schwierigkeiten beiseite und sorgte dafür, dass der Federal Reserve Act (Gesetz) am 24.12.1913, unbemerkt von der amerikanischen Bevölkerung, die sich am Heiligen Abend den Vorbereitungen auf das Weihnachtsfest hingab, von nur drei Senatoren beschlossen wurde.** *Die übrigen Senatoren befanden sich bei dieser Senatssitzung in den Weihnachtsferien. Zwei dieser drei Senatoren waren an der Jekyl-Island-Konferenz von 1910 beteiligt. Es waren Carter Glass und Nelson Aldrich.* **Wilson unterschrieb noch am Abend des gleichen Tages das Gesetz.** In seiner *Auswirkung gab es der anglo-amerikanischen Hochfinanz monopolartig die amerikanische Währung in die Hände. Was das bedeutete, beschrieb Wycliffe B. Vennard:*

<Diese Bankiers könnten in die Staatsdruckerei gehen und den Auftrag geben, einen 50 000-Dollarschein zu drucken. Dafür bezahlen sie 2/3 Penny. Dann gehen sie ins Schatzamt und kaufen mit jenem Schein eine zinstragende USA-Schatzanweisung für 50 000 Dollar. Dann deponieren sie diese Schatzanweisung in der Münze und erhalten 50 000 Dollar in Geld. Außerdem müssen ihnen die Zinsen der Schatzanweisung gezahlt werden. Jetzt horten sie als nächstes erst einmal diese 50 000 Dollar zu 6 % Zinsen jährlich.>

1965 waren die USA an diese Hochfinanziers derart verschuldet, dass an sie jährlich 12 ¼ Billionen Dollar (eine amerikanische Billion ist nach deutscher Bezeichnung gleich einer Milliarde) zu zahlen waren. Seit Einführung des Federal Reserve Systems hatte die Geldherrschaft weniger Kreise bis zum 24.01.1964 allein an Zinsen 310 Billionen 517 Millionen Dollar <verdient>. Das veranlasste eine Gruppe Kongressabgeordneter zu dem vergeblichen Versuch, das Gesetz von 1913 für nichtig erklären zu lassen. Sie bezogen sich dabei auf einen Passus, wonach der Staat die Federal Reserve Banken <zurückkaufen> könnte. Bei Ausbruch des 2. Weltkrieges betrugen die Aktiven dieser Banken 5 Billionen Dollar und bei dessen Ende 40 Billionen. 1933 hatten sie mit Zustimmung des Präsidenten Franklin D. Roosevelt dem Staatsschatz 36 Billionen in Gold entnommen und 1963, während der Regierung von Kennedy, etwa vier Billionen des Wertes in Silber.

Der amerikanische Kongress, der Staat oder die Regierung besitzen (bis heute Anm. M. St.) keine Kontrollfunktionen über diese Banken, die auch als eine Art <Landeszentralbanken> bezeichnet werden können. Sie sind von jeglicher Einkommensteuer befreit. Gouverneur W. P. G. Harding vom Federal-Reserve-Board bezeugte, die Federal-Reserve-Banken seien eine Institution, an welcher die Regierung nicht <mit einem einzigen Dollar beteiligt> sei und sich im Besitz der aktienführenden Mitgliedsbanken befände (Eustace Mullins, <The Federal Reserve Conspiracy>, Square Dollar imprint 1950, Omni Publications, Hawthrone, California 1917). Einen Einblick in die sich im Besitz nur Weniger befindliche Macht vermittelte der Bericht des US-Kongressabgeordneten Wright Patman vom 14.04.1952:

<Das Open Market Committee des Ferderal-Reserve-System besteht aus den sieben Mitgliedern des Board und fünf Mitgliedern, die Leiter von Federal-Reserve-Banken sind und nach privaten

Handelsbank-Interessen gewählt werden. <u>*Das Komittee hat das*</u> <u>*Recht, Banknoten der Vereinigten Staaten – Federal-Reserve-*</u> <u>*Noten – aus der amtlichen Druckerei zu erhalten und wechselt*</u> <u>*diese Banknoten, die natürlich keine Zinsen bringen, in Regie-*</u> <u>*rungsobligationen der Vereinigten Staaten um, die Zinsen brin-*</u> <u>*gen.*</u> *Nachdem dieser Umtausch vollzogen wurde, verbleiben diese* *zinstragenden Obligationen bei den 12 Federal-Reserve-Banken,* *und die Zinsen gehen in ihre eigenen Fonds. Diese Fonds wer-* *den von dem System, ohne einen entsprechenden Bericht an den* *Kongress, verwendet. Noch nie hat eine unabhängige Revision* *stattgefunden, weder der 12 Banken noch des Federal-Reserve-* *Board, die vom Kongress registriert worden wäre und die man* *hätte einsehen können. Der oberste Rechnungshof besaß keine* *Gerichtsgewalt über das System. 40 Jahre lang verfügte man* *frei über die Gelder der Regierung und legte niemals einen Re-* *chenschaftsbericht vor. Die Tätigkeit des Open Market Committee* *ist das Wichtigste im ganzen Federal-Reserve-System. Es liefert* *entweder teures oder billiges Geld; es gestaltet unsere Lage gut* *oder schlecht. Es bestimmt, ob das Land in Wohlstand weiterleben* *kann oder in eine Wirtschaftskrise gerät.>*

Die Macht dieses Systems befestigte nach zehnjähriger Vorberei- *tung durch den US-Kongress und Senat endgültig das Gesetz* *<Financial Institutions Deregulation and Monatary Control* *act 1980>. Dazu meldete das amerikanische Wochen-Magazin* *<Newsweek> am 17.03.1980, nunmehr sei dem Federal-Reser-* *ve-System (und damit der Hochfinanz) die Kontrollmacht über* *jene 9 000 Privatbanken und deren Reserven in den USA über-* *tragen, die bisher nicht dem Federal-Reserve-System zugehörten.* *Es dient als* **Muster für die Weltfinanzen.**

Alles das waren die Auswirkungen des intriganten Verhaltens einzelner Auserwählter, wie des Colonel House oder eines Woodrow Wilson. House war auch an den Vorbereitungen zu Amerikas Kriegseintritt 1917 maßgeblich beteiligt. Er hatte bereits fünf Monate vorher Geheimabkommen mit England abgeschlossen in Übereinstimmung mit Hochfinanzkreisen, vertreten von J. P. Morgan, John D. Rockefeller, Jacob Schiff und Paul Warburg und den anderen. Sie erwarteten und erzielten weitere finanzielle Gewinne und damit Machtausweitungen durch eine Verknüpfung Amerikas mit den Westmächten der Weltkriege, die ihnen das Weltfinanzwesen unter eine ähnliche Kontrolle und Beherrschung wie in den USA bringen sollten. Dieses zu erreichen, dachten sie sich die Gründung eines Internationalen Währungsfonds aus. 1944 trat unter dem Etikett der Vereinten Nationen (UNO) in Bretton Woods (USA) eine <Sonderkommission> zusammen. Diese beschloss ein <Internationales Währungs- und Finanzabkommen> (IWF) für <zwischenstaatliche Kreditgewährung>. Die Ratifizierung erfolgte, mit Ausnahme der Sowjet Union, 1945. Der formelle Zweck lautete: Internationaler Währungsfond, Internationale Bank für Wiederaufbau und Entwicklung. Förderung des Welthandels, Produktionssteigerung und Fortfall der Devisenbeschränkungen. Die unterzeichneten Staaten verpflichteten sich, einen Anteil ihrer Beteiligung in Gold einzuzahlen. (Die amerikanische Währung war nicht mehr goldgedeckt. M. St.) Mit der Errichtung einer <Weltbank> und dem IWF war die Finanzoligarchie zu jener Macht gelangt, welche die <Brüder des Schattens> für eine weitere Verwirklichung ihres angestrebten Zieles für notwendig erachteten. Realisiert wurde, was bereits 1913 in Paris von der <Banken-Allianz> ausgesprochen worden war:

<Die Stunde hat geschlagen für die Hochfinanz, öffentlich ihre Gesetze der Welt zu diktieren, so wie sie es bisher im Verborgenen getan hat . . . Die Hochfinanz ist berufen, die Nachfolge der Kaiserreiche und Königtümer anzutreten, mit einer Autorität, die sich nicht über ein Land, sondern über den ganzen Erdball erstreckt.>

Was mit Hilfe der zwielichtigen Persönlichkeit des Colonel Edward Mandel House Ende November 1910 im Klubhaus des J. P. Morgan und einigen Bankiers gehörigen Jekyl Island Hunt Club auf der gleichnamigen Insel (Georgia, USA) vorbereitet und beschlossen war, am Heiligen Abend 1913 von dem US-Präsidenten Wilson als Federal Reserve Act (Gesetz) unterzeichnet, erhob sich am Ende des 2. Weltkrieges zum Finanz-Moloch, der sich anschickte, nicht nur die <Mitte> Europas von sich abhängig zu machen, sondern die Welt zu beherrschen.

Der 1913 für seine Inthronisierung <ausgewählte> Kreis von <u>acht</u> Persönlichkeiten setzte sich zusammen aus:

1. Nelson Aldrich, Senator

2. A. Piatt Andrew, Volkswirt und Hilfssekretär im Schatzamt

3. Shelton, Privatsekretär Aldrichs

4. Frank Vanderlip, Präsident der National City Bank of New York

5. Henry P- Davison, Partner von J. P. Morgan & Co.

6. Charles D. Norton, Präsident der Morgan gehörigen First National Bank of New York

7. Paul Moritz Warburg, Teilhaber von Kuhn, Loeb & Co.

8. Benjamin Strong, ein besonders vertrauter Mitarbeiter von J. P. Morgan

Aldrichs Bedeutung entsprach seinen Verbindungen zu den Gummi- und Tabak-Trusts. Seine Stellung als Senator stellte er in die Dienste der Internationalen Hochfinanz und nutzte seine mit noch vier anderen erreichte Beherrschung des US-Senates zum Erlass von Gesetzen und Zollbestimmungen, die nicht nur für ihn nützlich waren. Als Vorsitzender einer Nationalen Währungskonferenz bereiste er, bevor die Konferenz stattfand, etwa zwei Jahre lang Europa, um für die USA eine Finanzreform vorzubereiten; dabei begleitete ihn Andrew als <Sonderassistent>.

Frank Vanderlip vertrat nicht allein die Interessen der National City Bank, (derzeit (2007/2008) in vorderster Reihe bei ungeheuren Geldmanipulationen, M. St.), sondern mehr noch jene des Bankhauses Kuhn, Loeb & Co., eigentlich Besitzer der damals mächtigsten National City Bank. Sie nahm die Interessen des Rockefellerschen Ölimperiums und seiner Eisenbahngesellschaften wahr. Durch ihren umfangreichen Besitz in Südamerika besaß sie außerdem ein Ausdehnungsbestreben auf Cuba. Es wird dieser Bank nachgesagt, 1898 den Krieg zwischen den USA und Spanien aus keinem anderen Grund veranlasst zu haben, als jenem, sich in den Besitz der Cubanischen Zuckerindustrie zu setzen.

Davison und Norton traten während der Jekyl-Island-Konferenz als die Beauftragten von Morgan auf, dessen Bankhäuser damals bereits weitgehend das Kreditwesen der USA unter Kontrolle gebracht hatten. Damit übten sie einen maßgeblichen Einfluss auf die Schwerindustrie und das Zeitungswesen aus.

Benjamin Strong war mitbeteiligt an der Bildung der Northern Security Company; die war vorwiegend eine Fusion der Bankhäuser J. P. Morgan und Kuhn, Loeb & Co., die 1901 Theodore Roosevelt die US-Präsidentschaft ermöglicht hatten."

Wenn auch diese Informationen aus einem Buch von 1981 stammen, so haben sich die beschriebenen Tatsachen nicht verbessert, im Gegenteil. Im Schutz der Unglaublichkeit derartiger Manipulationen wurde das Bestreben die Weltherrschaft zu erreichen und diese zu erhalten, unermüdlich fortgesetzt. Erinnert die Persönlichkeit von House nicht sehr an den jetzigen Präsidentenberater Zbigniew Brezinski?

Etwas, das in besonderem Maße an Pfeiffer zu schätzen ist: Er verwendet weder eine sensationelle Schreibweise noch Polemik oder Ausschmückungen. Bei ihm zählen die Fakten und genau die sind es, die überzeugen und selbst letzte Hintergründe klarstellen. Man sieht, der „Kampf zwischen Schatten und Licht" ist keineswegs nur eine Angelegenheit die auf den für uns unsichtbaren Ebenen ausgetragen wird. Nicht allein die Energien des Dunklen sind inkarniert. Sogar in den eigenen Reihen von Präsident Bush, bei den

Republikanern stehen Menschen auf wie Ronald Paul und verlangen die Abschaffung des Federal-Reserve-Systems.

Was die Brüder des Schattens aus ihren fest etablierten Machtpositionen aushebeln kann, das ist die menschliche Sehnsucht nach Licht, das Streben nach Liebe und Frieden, gegenseitige Hilfe, Dankbarkeit und gelebte Heiterkeit von vielen. Sobald diese Energie die „kritische Masse" erreicht, hat sie eine solche Kraft, dass sie selbst Weltgeschehen und Physik verändern kann.

Maibaum

Der Maibaum, in der Mitte eines Dorfes aufgestellt, hat in seiner Bedeutung im Laufe der Jahrtausende viele Veränderungen erlebt. Ein Fest mit und um den Maibaum war über das gesamte Gebiet, das wir heute Europa nennen, verbreitet.

Zweifellos sind die Wurzeln dieser Tradition heidnischen Ursprungs. Die älteste Form für ein fröhliches Feiern um den Maibaum, die ich erfahren durfte, führt zurück ins frühere Germanien. Dort gab es das ‚Fest zur Mannbarkeit'. Jünglinge, wie die jungen Männer genannt wurden, mussten einige symbolträchtige Prüfungen bestehen. Dazu gehörte, dass sie an einem bestimmten Tag im Frühling einen hohen Baum zu fällen, ihn zu schälen und aufzustellen hatten. Die folgende Nacht musste wachend und im Gespräch am Fuße des Baumes verbracht werden. Ob damals dabei Met getrunken wurde, vermag ich nicht zu sagen. Jedenfalls war Met zu trinken als ein Opfer an die Götter angesehen. Ob dies eine Rechtfertigung für den reichlichen Biergenuss ist? So jedenfalls konnte ich es in einer Zeit beobachten, als ich im Alpenvorland auf einem Dorf lebte.

Es war das Fest zur Mannbarkeit, so galt es am nächsten Tag die geforderte Aufgabe zu bestehen. Erst nach bestandener Prüfung durfte der junge Mann ‚ein Weib freien'.

Die Jünglinge mussten mit nackten Füßen den Stamm erklettern. Dann durch den angebrachten Kranz weitersteigen und das frische Grün eines Birkenzweiges berühren. Ursprünglich soll es ein kräftiger Birkenbaum gewesen sein, dem seine Spitze belassen wurde.

Eine interessante Symbolik stand dahinter?

Die Jünglinge müssen ihre aufgerichtete Männlichkeit beherrschen können.

Der Kranz bedeutet das weibliche Prinzip.

Der junge Zweig ist Sinnbild für das neue Leben, als ein gezeugtes Kind.

Dieses Ritual lehrte die jungen Menschen, dass erst der Mann, der seine Männlichkeit beherrschen kann, reif und berechtigt ist, eine Frau zu wählen und Kinder zu zeugen.

Anschließend tanzte die Jugend um den Baum herum. Auch darin lag ein bedeutender Sinn. Die beim Tanz aufkommende Schwingung sollte Frau und Mann sagen, ob's passt.

Metaphysik

von gr. *meta ta physica* > nach, jenseits der Physik<

„Seit dem Neuplatonismus allgemein die Lehre von den Gründen und Zusammenhängen des Seienden, gelegentlich untergliedert in die Ontologie, die Kosmologie, die philosophische Anthropologie und die philosophische Gotteslehre (Theologie); >meta< wurde nicht mehr im Sinne von >nach<, sondern von >jenseits< verstanden: Metaphysik wurde zur Wissenschaft des Erfahrungsjenseitigen. Die bedeutendsten Systembildner der Metaphysik waren Platon, Aristoteles, Plotin, Thomas von Aquino, Spinoza, Leibniz, Fichte, Schelling, Hegel." (Brockhaus)

Die Namen des Bösen

Luzifer

Wörtlich übersetzt: „Lichtbringer".

Aus dem Lateinischen *Lux* = „Licht" und *ferre* = „bringen" wurde fälschlicherweise ein Name des Teufels.

Lucifer ist im Lateinischen der Name des Morgensterns, der Venus.

In römischer Mythologie hat *Lucifer* vorrangig die Aufgabe, den neuen Tag heraufzuführen.

Diabolo

Griechisch: Diabolos = der „Verleumder", „Durcheinanderbringer", „Verwirrer".

Ethymologisch weiter zurück gesehen findet sich das Wort *Dia-ballein,* zu übersetzen mit: ‚entzweien, verfeinden, schmähen'.

Teufel

Das Wort „Teufel" als ‚Widersacher' bedeutete in mitelhochdeutsch *tiuvel.* In christlicher und islamischer Theologie hat er die Bedeutung als die Personifizierung des Bösen.

In verschiedenen Religionen wird er als eigenständiges Geistwesen angesehen.

Mephisto

Mephistopheles, Name eines Teufels.

Herleitung möglicherweise aus dem Hebräischen: *mephir* =
„Zerstörer", „Verderber" und *tophel* = „Lügner". Es klingt
ähnlich wie Teufel. Im Arabischen gibt es die Aussage: Der
Teufel ist der Vater der Lüge.

Satan

In hebräisch ist „Satan" das Wort für: „Widersacher",
„Feind", „böser Engel".

Potenzieren der Energie von Gedankenkraft

Eine spirituelle Information besagt: Wenn eine Gruppe von Menschen guten Willens ein und dasselbe fühlt und denkt, dann potenziert sich ihre gemeinsame Energie. Wird die Personenzahl durch 3 geteilt, so ist der Quotient dem Exponenten gleich.

Beispiel:

$12 : 3 = 4$ Eine Zwölfergruppe erzeugt einen Exponenten von 4

Folglich: $12^4 = 20736$!

$12 \times 12 = 144 \times 12 = 1728 \times 12 = 20736$

1.   2.   3.   4.

(Quelle: „Das Zeitenende", Kryon, Ostergaard Verlag, 1998)

Ordnet man einer Person 1 Energie-Einheit zu und es konzentrieren sich beispielsweise 12 Menschen gemeinsam auf ein und dieselbe Sache, so entstehen nicht 12, sondern 20736 Energie-Einheiten, die zusammenwirken. Meine Formulierung „eine Gruppe von Menschen guten Willens" ist dabei durchaus bedeutungsvoll. Denn diese grandiose Kraftvermehrung gewinnt ihre außerordentliche Wirkung durch die Energie einer vorhandenen Liebe. Ja – tatsächlich Liebe. Das ist der Grund, warum die erhöhte Liebe in der Menschheit die etablierten Machtstrukturen auflösen kann.

„Leben und Lehren der Meister im fernen Osten" von Baird Spalding Tagebuchaufzeichnungen mit Belehrungen der

Aufgestiegenen Meister und anderer Wesenheiten der Licht-hierarchie [4].

„Bedenkt, dass, wenn zwei ihre geistigen Kräfte vereinigen, sie die Welt besiegen können, währenddem sie einzeln nichts zu vollbringen vermögen. Diese *Zwei* sind *Gott* und *Du*, zu einem Zweck vereinigt. Wenn andere hinzukommen und mit der gleichen aufrichtigen Absicht sich mit euch zusammentun, dann wird eure Macht größer sein als die Quadratzahl der Beteiligten. Und so wird ein jeder, der mit Gott verbunden sich mit euch vereint, zu einer vierfach ver-stärkenden Macht werden."

Grundsatzrede von Prof. Dr. Carlo Schmid vom 08.09.1948 zum Grundgesetz

„Meine Damen und Herren!

Worum handelt es sich denn eigentlich bei dem Geschäft, das wir hier zu bewältigen haben? Was heißt denn: „Parlamentarischer Rat"? Was heißt denn „Grundgesetz"?

Wenn in einem souveränen Staat das Volk eine verfassungsgebende Nationalversammlung einberuft, ist deren Aufgabe klar und braucht nicht weiter diskutiert zu werden: Sie hat eine Verfassung zu schaffen. Was aber heißt „Verfassung"?

<u>Eine Verfassung ist die Gesamtentscheidung eines freien Volkes über die Formen und die Inhalte seiner politischen Existenz.</u> Eine Verfassung ist dann die Grundnorm des Staates.

Sie braucht in letzter Instanz, ohne auf einen Dritten zurückgeführt zu werden, die Abgrenzung der Hoheitsverhältnisse auf dem Gebiet und dazu bestimmen sie die Rechte der Individuen und die Grenzen der Staatsgewalt.

Nichts steht über ihr, niemand kann sie außer Kraft setzen, niemand kann sie ignorieren. **Eine Verfassung ist nichts anderes als die in Rechtsform gebrachte Selbstverwirklichung der Freiheit eines Volkes**. Darin liegt ihr Pathos, und dafür sind die Völker auf die Barrikaden gegangen.

Wenn wir in solchen Verhältnissen zu wirken hätten, dann brauchten wir die Frage: Worum handelt es sich denn eigentlich?, nicht zu stellen. Dieser Begriff einer Verfassung gilt in einer Welt, die demokratisch sein will, die also das Pathos der Demokratie als ihr Lebensgesetz anerkennen will, unabdingbar...

Ich glaube, dass man in einem demokratischen Zeitalter von einem Staat im legitimen Sinne des Wortes nur sprechen sollte, wo es sich um das Produkt eines <u>frei erfolgten konstitutiven Gesamtaktes eines souveränen Volkes handelt</u>. Wo das nicht der Fall ist, wo ein Volk sich unter Fremdherrschaft und unter deren Anerkennung zu organisieren hat, <u>konstituiert es sich nicht</u> – es sei denn gegen die Fremdherrschaft selbst –, <u>sondern es organisiert sich lediglich</u>, vielleicht sehr staatsähnlich, aber nicht als Staat im demokratischen Sinne. ..

Diese Organisation als staatsähnliches Wesen kann freilich sehr weit gehen.

Was aber das <u>Gebilde</u> von echter legitimierter Staatlichkeit unterscheidet, ist, dass es im Grunde nichts anderes ist als die Organisationsform einer Modalität der Fremdherrschaft; denn die trotz mangelnder voller Freiheit erfolgende Selbstorganisation setzt die Anerkennung der fremden Gewalt als übergeordneter und legitimierter Gewalt voraus. Nur wo der Wille des Volkes aus sich selber fließt, nur wo dieser Wille nicht durch Auflagen eingeengt ist durch den Willen, der Gehorsam fordert und dem Gehorsam geleistet wird, wird Staat im echten demokratischen Sinne des Wortes geboren. Wo das nicht der Fall ist, wo das Volk sich lediglich in Funktion des Willens einer fremden übergeordneten Gewalt organisiert, sogar unter dem Zwang, gewisse

Direktiven dabei befolgen zu müssen, und mit der Auflage, sich sein Werk genehmigen zu lassen, entsteht lediglich ein Organismus mehr oder weniger administrativen Gepräges. Dieser Organismus mag alle normalen, ich möchte sagen, „inneren" Staatsfunktionen haben; wenn ihm die Möglichkeit genommen ist, sich die Formen seiner Wirksamkeit und die Grenzen seiner Entscheidungsgewalt selber zu bestimmen, fehlt ihm, was den Staat ausmacht, nämlich die Kompetenz der Kompetenzen im tieferen Sinne des Wortes, das heißt die letzte Hoheit über sich selbst und damit die Möglichkeit zu letzter Verantwortung. Das alles hindert nicht, dass dieser Organismus nach innen in höchster wirksamer Weise obrigkeitliche Gewalt auszuüben vermag.

Was ist nun die Lage Deutschlands heute?
(1948 offensichtlich und wandelte sich bis heute, 2008, in verdeckte aktivitäten, insbesondere durch die Hauptsiegermacht, USA. Anm. M. St.)

Am 8. Mai 1945 hat die deutsche Wehrmacht bedingungslos kapituliert. An diesen Akt werden von den verschiedensten Seiten die verschiedensten Wirkungen geknüpft. Wie steht es damit? **Die bedingungslose Kapitulation hatte Rechtswirkungen ausschließlich auf militärischem Gebiet. Die Kapitulationsurkunde, die damals unterzeichnet wurde, hat <u>nicht</u> etwa bedeutet, dass damit das deutsche Volk durch legitimierte Vertreter zum Ausdruck bringen wollte, dass es als Staat nicht mehr existiert, sondern hatte lediglich die Bedeutung, dass den Alliierten das Recht nicht bestritten werden sollte, mit der <u>deutschen Wehrmacht</u> nach Gutdün-**

ken zu verfahren. **Das ist der Sinn der bedingungslosen Kapitulation und kein anderer...**

Manche haben daran andere Rechtsformen geknüpft, Sie haben gesagt, auf Grund dieser bedingungslosen Kapitulation sei Deutschland als staatliches Gebilde untergegangen. Sie argumentierten dabei mit dem völkerrechtlichen Begriff der Debellatio, der kriegerischen Niederwerfung eines Gegners. Diese Ansicht ist schlechterdings falsch...

Nach Völkerrecht wird ein Staat nicht vernichtet, wenn seine Streitkräfte und er selbst militärisch niedergeworfen sind. Die Debellatio vernichtet für sich allein die Staatlichkeit nicht, sie gibt lediglich dem Sieger einen Rechtstitel auf Vernichtung der Staatlichkeit des Niedergeworfenen durch nachträgliche Akte. Der Sieger muss also von dem Zustand der Debellatio Gebrauch machen, wenn die Staatlichkeit des Besiegten vernichtet werden soll. Hier gib es nach Völkerecht nur zwei praktische Möglichkeiten.

Die eine ist die Annexion. Der Sieger muss das Gebiet des Besiegten annektieren, seinem Gebiet einstücken. Geschieht dies, dann allerdings ist die Staatlichkeit vernichtet. Oder er muss zur so genannten Subjugation schreiten, der Verknechtung des besiegten Volkes.

Aber die Sieger haben nichts davon getan. Sie haben in Potsdam ausdrücklich erklärt, erstens, dass kein deutsches Gebiet im Wege der Annexion weggenommen werden soll und zweitens, dass das deutsche Volk nicht versklavt werden soll. Daraus ergibt sich, dass zum mindesten aus den Ereignissen von 1945 nicht der Schluss gezogen werden kann, dass Deutschland als staatliches Gebilde zu existieren aufgehört hat...

Aber es ist ja 1945 etwas geschehen, was ganz wesentlich in unsere staatlichen und politischen Verhältnisse eingegriffen hat. Es ist etwas geschehen, aber eben nicht die Vernichtung der deutschen Staatlichkeit (des Deutschen Reiches, Anm. M. St.).

Aber was ist denn nun geschehen?

<u>Erstens:</u> Der Machtapparat der Diktatur wurde zerschlagen. Da dieser Machtapparat der Diktatur durch die Identität von Partei und Staat mit dem Staatsapparat identisch gewesen ist, ist der deutsche Staat durch die Zerschlagung dieses Herrschaftsapparates desorganisiert worden.

Desorganisation des Staatsapparates ist aber nicht die Vernichtung des Staates der Substanz nach. Wir dürfen nicht vergessen, dass in den ersten Monaten nach der Kapitulation im Sommer 1945, als keinerlei Zentralgewalt zu sehen war, sondern als die Bürgermeister der Gemeinden als kleine Könige regierten – die Landräte auch und die ersten gebildeten Landesverwaltungen erst recht –, alle diese Leute und alle diese Stellen ihre Befugnisse nicht für sich ausübten, nicht für die Gemeinden und für das Land, sondern fast überall für das Deutsche Reich...

Es war eine Art von Treuhänderschaft von unten, die sich dort geltend machte. Ich erinnere mich noch genau, wie es in diesen Monaten war, wie die Landräte die Steuern einzogen, nicht etwa, weil sie geglaubt hätten, sie stünden ihnen zu, sondern sie zogen sie ein, weil jemand dieses Geschäft stellvertretend für das Ganze besorgen musste. Ähnlich machten es die Bürgermeister und machten es auch die Landesverwaltungen.

Als man z. B. in der französischen Zone die Länder veranlassen wollte, einen Vertrag zu schließen, in dem ihnen zugestanden war, das deutsche Eisenbahnvermögen auf sich selber zu übertragen, da haben diese Länder sich geweigert, dies zu tun und haben gesagt: Aus technischen Gründen mag der Vertrag nötig sein, wir übernehmen aber das Reichsbahnvermögen nur treuhänderisch für Deutschland...

Diese Auffassung, dass die Existenz Deutschlands als Staat (hiermit ist das Deutsche Reich gemeint, Anm. M. St.) nicht vernichtet und dass es als Rechtssubjekt erhalten worden ist, ist heute (1948 bis heute, 2008) weitgehend Gemeingut der Rechtswissenschaft, auch im Ausland.

<u>Deutschland (das Deutsche Reich, M. St.) existiert als staatliches Gebilde weiter. Es ist rechtsfähig, es ist aber nicht mehr geschäftsfähig, noch nicht geschäftsfähig.</u> Die Gesamtstaatsgewalt wird zum mindesten auf bestimmten Sachgebieten durch die Besatzungsmächte, durch den Kontrollrat im Ganzen und durch die Militärbefehlshaber in den einzelnen Zonen ausgeübt. Durch diese Treuhänderschaft von oben wird der Zusammenhang aufrechterhalten.

Die Hoheitsgewalt in Deutschland ist also nicht untergegangen; sie hat lediglich den Träger gewechselt, indem sie in Treuhänderschaft übergegangen ist. Das Gebiet Deutschland ist zwar weitgehend versehrt, aber der Substanz nach ist es erhalten geblieben, und auch das deutsche Volk ist – und zwar als Staatsvolk – erhalten geblieben.

Deutschland braucht nicht neu geschaffen zu werden. Diese Feststellung ist von einer rechtlichen Betrachtung aus unausweichlich.

Es ist aber an dieser Stelle noch kurz darauf einzugehen, ob nicht vielleicht durch politische Akte, die nach dem Mai 1945 in Deutschland selbst sich ereignet haben könnten, doch eine Auflösung Deutschlands als eines staatlichen Gebildes erfolgt ist. Ich glaube aber, dass nichts von dem, was seit drei Jahren geschehen ist, uns berechtigt, anzunehmen, dass das deutsche Volk oder erhebliche Teile des deutschen Volkes sich entschlossen hätten, Deutschland aufzulösen...

Der Rechtszustand, in dem Deutschland sich befindet, wird aber noch durch Folgendes charakterisiert: Die Alliierten halten Deutschland nicht nur auf Grund der Haager Landkriegsordnung besetzt. Darüber hinaus trägt die Besetzung Deutschlands interventionistischen Charakter.

Was heißt denn Intervention? Es bedeutet, dass fremde Mächte innerdeutsche Verhältnisse, um die sich zu kümmern ihnen das Völkerrecht eigentlich verwehrt, auf deutschem Boden nach ihrem Willen gestalten wollen.

Aber kein Zweifel kann darüber bestehen, dass diese interventionistischen Maßnahmen der Besatzungsmächte vorläufig legal sind aus dem einen Grunde, dass das deutsche Volk diesen Maßnahmen allgemein Gehorsam leistet. Es liegt hier ein Akt der Unterwerfung vor – drücken wir es doch aus, wie es ist -, eine Art von negativem Plebiszit, durch das das deutsche Volk zum Ausdruck bringt, dass es für die Zeit auf die Geltendmachung seiner Volkssouveränität zu verzichten bereit ist. Man sollte sich doch darüber klar sein, was Volkssouveränität heißt:

Nicht jede Möglichkeit, sich nach seinem Willen in mehr oder weniger Beschränkung einzurichten, sondern zur Volkssouveränität gehört, wenn das Wort einen Sinn haben soll, auch die Entschlossenheit, sie zu verteidigen und sich zu widersetzen, wenn sie angegriffen wird...

Solange das nicht geschieht – und es hat sehr gute Gründe, dass es nicht geschieht -, werden wir die Legalität der interventionistischen Maßnahmen zum mindesten für Zeit anerkennen müssen. Das ist ja gerade die juristische Bedeutung der Résistance in Frankreich gewesen, dass infolge des Sich-Nicht-Unterwerfens die Maßnahmen der „Zwischenregierung" nicht als legal zu gelten brauchten. (In seinem Buch von 1922 „Politik – Wirtschaft – Weisheit" schreibt Graf Keyserling: „Der Deutsche ist ein total unpolitischer Mensch." Anm. M. St.)

Zu den interventionistischen Maßnahmen, die die Besatzungsmächte in Deutschland vorgenommen haben, gehört unter anderem, dass sie die Ausübung der deutschen Volkssouveränität blockiert haben. An und für sich ist die Volkssouveränität, in einem demokratischen Zeitalter zum mindesten der Substanz nach unvermeidbar und unverzichtbar...

Wir müssen uns fragen: Ist das, was uns nunmehr frei gegeben worden ist, der ganze verbliebene Rest der bisher gesperrten Volkssouveränität? Manche wollen die Frage bejahen; ich möchte sie energisch verneinen. Es ist nicht der ganze Rest freigegeben worden, sondern ein Teil dieses Restes.

Zuerst räumlich betrachtet: Die Volkssouveränität ist, wo man von ihrer Fülle spricht, unteilbar. Sie ist auch räumlich nicht teilbar. Sollte man sie bei uns für räumlich teilbar halten, dann würde das bedeuten, dass man hier im Westen den Zwang zur Schaffung eines separaten Staatsvolkes setzt. Das will das deutsche Volk in den drei Westzonen aber nicht sein!

Es gibt kein westdeutsches Staatsvolk und wird keines geben!

<u>Eine gesamtdeutsche konstitutionelle Lösung wird erst möglich sein, wenn eines Tages</u> **eine deutsche Nationalversammlung in voller Freiheit** <u>wird</u> gewählt werden können. Das setzt aber voraus entweder die Einigung der <u>vier</u> Besatzungsmächte über eine gemeinsame Deutschlandpolitik oder einen Akt der Gewalt nach der einen oder anderen Seite.

Die erste Einschränkung ist, dass uns für das Grundgesetz bestimmte Inhalte auferlegt worden sind. <u>Dass wir das Grundgesetz</u>, nachdem wir es hier beraten und beschlossen haben, <u>den Besatzungsmächten zur Genehmigung werden vorlegen müssen</u>.

Dazu möchte ich sagen:

Eine Verfassung, die ein anderer zu genehmigen hat, ist ein Stück Politik des Genehmigungsberechtigten, aber kein reiner Ausfluss der Volkssouveränität des Genehmigungspflichtigen!

<u>Die zweite Einschränkung</u> ist, dass uns entscheidende Staatsfunktionen versagt sind: Auswärtige Beziehungen, freie Ausübung der Wirtschaftspolitik; eine Reihe anderer

Sachgebiete sind vorbehalten. <u>Legislative, Exekutive und sogar die Gerichtsbarkeit sind gewissen Einschränkungen unterworfen.</u>

<u>Die dritte Einschränkung:</u> Die Besatzungsmächte haben sich das Recht vorbehalten, im Falle von Notständen die Fülle der Gewalt wieder an sich zu nehmen. Die Autonomie, die uns gewährt ist, soll also eine Autonomie auf Widerruf sein, wobei nach den bisherigen Texten die Besatzungsmächte es sind, die zu bestimmen haben, ob der Notstand eingetreten ist oder nicht.

<u>Die vierte Einschränkung:</u> Verfassungsänderungen müssen genehmigt werden. . .

Damit glaube ich die Frage beantwortet zu haben, worum es sich bei unserem Tun denn eigentlich handelt.

<u>Wir haben unter Bestätigung der alliierten Vorbehalte das **Grundgesetz zur Organisation** der heute freigegebenen Hoheitsbefugnisse des deutschen Volkes in einem Teile Deutschlands zu beraten und zu beschließen.</u>

Wir haben nicht die Verfassung Deutschlands oder West-deutschlands zu machen, wir haben keinen Staat zu errichten, wir haben etwas zu schaffen, das uns die Möglichkeit gibt, gewisser Verhältnisse Herr zu werden, besser Herr zu werden, als wir es bisher konnten. . .

<u>Das Grundgesetz für das Staatsfragment muss gerade aus diesem seinem inneren Wesen heraus seine zeitliche Begrenzung in sich tragen.</u>

Die künftige Vollverfassung Deutschlands darf nicht durch Abänderung des Grundgesetzes dieses Staatsfragmentes entstehen müssen, sondern muss originär entstehen können. Aber das setzt voraus, dass das Grundgesetz eine Bestimmung enthält, wonach es automatisch außer Kraft tritt, wenn ein bestimmtes Ereignis eintreten wird.

Nun, ich glaube, über diesen Zeitpunkt kann kein Zweifel bestehen: **„an dem Tage, an dem eine vom deutschen Volke in freier Selbstbestimmung beschlossene Verfassung in Kraft tritt.“** . . .

Deutschland ist, das glaube ich bewiesen zu haben, als staatliches Gebilde nicht untergegangen. Damit, dass Deutschland weiter besteht, gibt es auch heute noch ein deutsches Staatsvolk. Es ist also auf dem Gebiet, das heute durch die drei Westzonen umschrieben wird, ein Gesamtakt dieses deutschen Staatsvolkes noch möglich. Ein solcher Gesamtakt kann auch durch Länderverfassungen nicht verboten werden. . .

Darum ist es sicher, dass das Grundgesetz unseres Staatsfragmentes nicht auf Grund einer Vereinbarung der deutschen Länder zu entstehen braucht, weil die Quelle der Hoheitsgewalt nicht bei den Ländern liegt, sondern beim deutschen Volk. . .

Noch eine Frage: <u>Soll das Gebilde, **dessen Organisation** wir hier zu schaffen haben einen Namen erhalten oder nicht? Die Frage ist von höchster Bedeutung.</u> Nomina sunt omina. Namen bringen zum Ausdruck, was denn eigentlich entsteht oder entstehen soll. .

Ich brauche hier nicht an die großen Gedanken Immanuel Kants zu erinnern, dort in seiner Schrift „Vom ewigen Frieden", wo er sagt, dass der Staat selber den Menschen nur dann ins Recht einzubetten vermöge, wenn er selber im Verhältnis zu den anderen Staaten in das Recht eingebettet sei.

Ich glaube darum, dass das Grundgesetz eine Bestimmung enthalten sollte, die besagt, dass die allgemeinen Regeln des Völkerrechtes unmittelbar geltendes Recht in diesem Lande sind, dass also das Völkerrecht von uns nicht ausschließlich als eine Rechtsordnung, die sich an die Staaten wendet, betrachtet wird, sondern als eine Rechtsordnung, die unmittelbar für das Individuum Rechte und Pflichten begründet...

Ich glaube, dass das Grundgesetz weiter eine Bestimmung enthalten sollte, dass wir die Abtretung deutschen Gebietes ohne die Zustimmung der auf diesem Gebiet wohnenden Bevölkerung nicht anerkennen...

Möchten die Besatzungsmächte sich der Verantwortung bewusst sein, die sie übernommen haben, als sie sich zu Herren unseres Schicksals aufwarfen. Diese Verantwortung schließt die Pflicht ein, um des Friedens Europas willen Deutschland <u>endlich</u> (Rede von 1948) den Frieden zurückzugeben und damit dem deutschen Volk die Möglichkeit, <u>von seinem unverzichtbaren Recht auf eigene Gestaltung der Formen und Inhalte seiner politischen Existenz Gebrauch zu machen</u>. Ein geeintes demokratisches Deutschland, das seinen Sitz im Rate der Völker hat wird ein besserer Garant des Friedens und der Wohlfahrt Europas sein als ein Deutschland, das man angeschmiedet hält wie einen bissigen Kettenhund!"

Es gibt zu denken, dass deutsche Kanzler zwar einen Stuhl in der UNO haben, der Deutschland übrigens teuer zu stehen kommt, aber kein Stimmrecht.

Betonungen durch Fettdruck und Unterstreichungen von M. St.

Quelle: „Staatsgeheimnis" 2009, ISBN: 978-3-833-49681-3

Bei *Wikipedia* sind Hinweise auf diese Rede in verschiedenen Veröffentlichungen und auf Tonträgern angegeben.

Obwohl diese Grundsatzrede äußerst bekannt wurde und höchste Beachtung gewonnen hatte, und Prof. Carlo Schmid selbst sein Leben lang politisch aktiv blieb, nahmen die Dinge doch ihren Lauf dahingehend wie sie heute sind, durch Manipulation und Gehirnwäsche. Die Zeit von zwei Generationen hat für eine ‚Umerziehung' durchaus Gewicht.

Als sehr junger Mensch, so ungefähr 25 Jahre jung, fühlte ich mich einmal veranlasst, Prof. Carlo Schmid einige bewundernde Worte zu schreiben. Der genaue Anlass ist mir nicht mehr erinnerbar. Erstaunt war ich, als ich eine persönliche Antwort auf seinem privaten Briefpapier erhielt. Heute bedaure ich, diesen Brief nicht aufbewahrt zu haben. Doch damals war Politik nicht mein Interesse. Jedenfalls ging mir folgender Satz nie mehr aus dem Kopf: „Anfeindungen trage ich für meine Person mit Gelassenheit, denke ich jedoch an Deutschland, dann schwindet meine Gelassenheit dahin."

Schumann-Resonanz-Frequenz

Der deutsche Physiker Winfried Otto Schumann entdeckte 1954 eine bestimmte Biofrequenz, die nach ihm benannt wurde. Es ist eine natürliche Frequenz im elektro-magnetischen Feld, das die Erdoberfläche umgibt. Sie ist **der** Lebensimpuls für neues Leben und um alles Leben gesund zu erhalten, im Geist wie im Körper. Ebenso gehört sie zu den elektro-magnetischen Wellen, die unser Gehirn produziert. Verschiedene Frequenz-Typen haben unterschiedliche Wirkungen. Es sind Informationsfelder mit tief greifenden Eigenschaften auf Körper **und** Seele und werden in *Hertz* gemessen. Einfach ausgedrückt sind Frequenzen Informationsträger.

Theta-Wellen von 4 Hz bis 8 Hz ermöglichen, nach den Bewusstseinsforschern, den Zugang zu verborgenem Wissen, zur Weisheit. Bei Intuitionsschulungen, Visualisationen, Kreativitätstraining wird diese Frequenzebene angestrebt. Die Schumann-Resonanz-Frequenz liegt in diesem oberen Bereich mit ihrer stärksten Ausprägung bei 7,83 Hz.

Das ist **die** Entdeckung welche auf physikalischem Gebiet die erste Türe in geistige Dimensionen öffnete. Sie ermöglicht wissenschaftliche Beweise für Wirkungsmechanismen von Wahrnehmungen materieller Art hin in unsichtbare, unendliche Dimensionen, für uns noch unvorstellbare Dimensionen ohne Ende. Dazu ist der Mensch befähigt. Das ist seine wahre Bewusstseinsweite. Ich erinnere an den Wirtschaftswissenschaftler Georgescu-Roegen. Er traute der Menschheit eine rettende Innovation zu. Ich wage zu sagen: *Es ist die aktive Bewusstseinserweiterung.*

Diese Frequenz 7,83 Hz ist der Naturzustand ewige Naturzustand für Erde und Mensch. Er wird durch künstlich erzeugte elektro-magnetische Wellen in unguter, extremer Weise gestört. Z. B. ist unser Stromnetz auf 50 Hz eingestellt. Alles Weitere braucht bei etwas Nachdenken nicht erst aufgezählt zu werde.

Um die Richtung der Entwicklung aufzuzeigen, wohin diese Forschungen führen, seien drei Wirkungsgebiete erwähnt.

- Die bisher unerklärlichen Ergebnisse von geistigen Heilern gründen auf folgendem Tatbestand: Die Gehirnfrequenz von Heilern, während ihrer heilenden Tätigkeit gemessen, ergab 7.83 Hz.

- Immer wieder wird betont, dass echte Heiler zu großer Liebe fähig sind. Forscher entdeckten, was in der Geistwissenschaft Selbstverständlichkeit ist, dass es einen intensiven Zusammenhang zwischen Herz und Gehirn gibt. Wenn sich Probanden während der Tests in vollkommener Liebe befanden, schlug das Herz in einem harmonischen Takt, der sich als Impuls der Hypophyse, dem Dirigenten im Konzert der innersekretorischen Drüsen, mitteilte und sie in eine Schwingung von 7.83 Hz brachte.

- Im medizinischen Bereich bringt der Einsatz dieser Frequenz bei den verschiedensten Krankheiten erstaunliche Heilungsquoten, zumindest Besserungsergebnisse. Wenn ein kranker Mensch sich verliebt wird er schneller gesund oder gesundet vollkommen oder erlebt einen enormen Besserungsschub. Sind das nicht auch für Sie Beobachtungen oder Erfahrungswerte?

Sheldrake

Der hundertste Affe

Diese Bezeichnung geht auf eine Affenpopulation zurück, die auf einer kleinen japanischen Insel lebte. Wissenschaftler beobachteten die Affen dort über einen Zeitraum von dreißig Jahren. Im Zeitraum von 1952 - 1958 zeigte sich dort Erstaunliches. Die Affen fraßen immer die Kartoffeln, die man ihnen in den Sand warf, um sie zu füttern, so schmutzig wie sie waren. Eines Tages beobachteten die Forscher jedoch, wie ein junger Affe begann, die Kartoffeln zuerst am Strand im Wasser zu waschen, bevor er sie verzehrte. Mit der Zeit übernahmen dies immer mehr Affen, zuerst die Mutter des Tieres, dann seine Spielkameraden, bis schließlich fast alle Tiere jener Inselpopulation ihre Kartoffeln wuschen. Die genaue Zahl ist nicht bekannt, nehmen wir an, dass eines Morgens der hundertste Affe gelernt hatte, seine Kartoffel vor dem Essen zu waschen. Da geschah das „Wunder". Plötzlich begannen auch Affen auf anderen Inseln, ihre Kartoffeln zu waschen, ohne dass sie ein physisches Vorbild dafür gehabt hätten, weil die einzelnen Affenstämme durch das Meer völlig isoliert voneinander waren. Wie ist so etwas möglich?

Der Verhaltensforscher *Rupert Sheldrake* [9] erklärte es viele Jahre später mit den so genannten *morphogenetischen Feldern*. Das sind feine unsichtbare Energiefelder, über welche die Affen miteinander verbunden sind. Wenn nun genügend Affen ihre Kartoffeln vor dem Verzehr waschen, wird die energetische Information so stark, dass sie über die morphogenetischen Felder unabhängig von der Entfernung übertragen wird. (Wikipedia)

Obwohl die genaue Anzahl variiert, zeigt dieses *Phänomen des Hundertsten Affen,* dass es einen Punkt gibt, von dem an ein neues Bewusstseinsfeld energetisch so stark wird, dass dieses Bewusstsein fortlaufend in *Kettenreaktion* übernommen wird.

Kritische Masse

‚Kritische Masse' ist ein Begriff aus der Kernphysik und Kerntechnik. Es ist die *Mindestmasse* eines aus einem spaltbaren Nuklid bestehenden Objektes, ab der die effektive Neutronenproduktion eine *Kettenreaktion* der Kernspaltung aufrechterhalten kann.

Dieser Begriff wurde für das Phänomen des *Hundertsten Affen* entlehnt.

Verzeihensübung zur seelischen Reinigung

Zeremonien haben eine große energetische Wirkung durch die ausschließliche Hinwendung und Sammlung auf das gewählte Thema.

Bevor Sie mit dieser Übung beginnen, spüren Sie in sich hinein, um herauszufinden, wie lange Sie diese Übung mit einer speziellen Person durchführen möchten. 1 Woche? 10 Tage? 14 Tage? Halten Sie diese Meditation täglich ein, entsprechend Ihrem Vorsatz.

- Sie setzen sich, lassen alle Muskulatur und die innere Spannung los. Fühlen sich hinein in innere Ruhe.

- Sie stellen sich die betreffende Person vor und fühlen sich tief hinein in Ruhe und Gelassenheit. Jetzt denken, fühlen und sprechen Sie leise doch verständlich und so, dass sie selbst es hören können:
  (Name) ich bitte Dich, verzeihe mir alles, was ich Dir wissentlich und unwissentlich jemals angetan habe.
  (Wiederholen Sie diese Bitte 7 x.)

- Sie lassen die Bitte bei dem anderen wirken, sind ruhig und gelassen.

- Dann wenden Sie sich wieder dieser Person zu und sagen:
  (Name) ich verzeihe Dir alles, was Du mir wissentlich und unwissentlich jemals angetan hast.
  (7 x wiederholen)

- Ruhig lassen Sie diese Bitte bei dem anderen wirken, ohne etwas zu denken. Sie sind ganz frei und neutral.

- Danach konzentrieren Sie sich auf sich selbst und fühlen sich in Ihren Wunsch hinein, dass Sie selbst auch frei werden wollen. Sie sagen vernehmlich:
  Ich verzeihe mir selbst.
  Nur 1 x klar, eindeutig und bestimmt.
  Sollten später zweifelnde Gedanken aufkommen, lösen sie diese sofort auf und setzen stattdessen die Überzeugung von Ihrem Befreitsein.

- Sie lassen die gesamte Übung abklingen und kommen langsam zurück, indem Sie tief atmen, den Körper anspannen, langsam die Augen öffnen.

Weitere Kinder-Aussprüche

- Diana, meine Tochter, lutschte Däumchen, besonders nachts. Der kleine Daumen war schon platt und viel breiter als der ihrer linken Hand. Eines Abends, als ich sie „betthübsch" machte, fragte ich, was wir denn wegen des Daumens machen könnten. „Mama, mach' mir doch einen Verband d'rum." Von ihr gesagt, von mir getan. Bevor ich schlafen ging schaute ich, wie Mütter es so machen, ob das Kind ruhig schläft. Sie schlief, das Däumchen war im Mund der Verband hing beiseite. Am nächsten Abend sagte ich: „Nana, es hat ja nicht geklappt mit dem Verband." Und ohne mir etwas dabei zu denken erzählte ich ihr während ich sie für's Bett zurecht machte, das wäre im Leben so, jetzt müsste sie ganz feste *nicht* mehr Däumchen lutschen *wollen*, ganz fest, das nennt man ‚überwinden' und wenn man das kann, dann käme etwas anderes zu überwinden und dann wieder etwas anderes und so weiter. Das wiederholte ich drei oder viel Mal und dann sagte Diana: *„Und dann, dann denkt man nur noch an Gott."*

  Sie konnte es nicht von mir wissen, weder ich noch meine Freunde hatten damals zum Göttlichen einen solchen Bezug, dass wir darüber sprachen.

- Ich hatte Tamim eine Feige zum Essen gereicht. Er probierte, nannte eine arabische Speise und fragte: „Ist das da drin?" Ich antwortete: „Nein, das ist eine Feige, so wie die Natur sie gemacht hat." Tamim: *„So wie Gott, sie gemacht hat mit Hilfe seiner Engel?"* „Ja. Woher weißt du das?" Tamim zeigte mit seinem Zeigefinger

auf sein Schädeldach. Dabei sagte er: *„In der Nacht."*
Obwohl wir alleine im Zimmer waren, kam er dicht
zu meinem Ohr und flüsterte: „Ich weiß (kleine Pause)
fast so viel wie du." Es fühlte sich so an als wollte er
gesagt haben: Ich weiß mehr als du. Aber, einer Großmutter sagt man das nicht. Ich dachte laut: „Das muss
ich aufschreiben." Tamim: *„Ich schenk
dir das, dir und allen anderen."*

Als wir einige Tage später alleine waren,
er malte und ich habe gelesen, kam er mit
seinem Papier zu mir gerutscht, malte und
erklärte mir: „Das ist das Bett, da liegt das
Kind und so kommt es herein."

(Im Schädeldachknochen sind so genannte Fontanellen, wie
Nähte. Sie halten den Kopf für die Geburt in der Größe
veränderlich und wachsen in den ersten 2 Lebensjahren zusammen. Durch die Fontanelle von der Stirn zum Hinter-
haupt gibt der Mensch im Sterben ‚seinen Geist auf'. Es ist
auch die Stelle, von wo aus die ‚Silberschnur' im Schlaf aus
dem Körper austritt.)

- Wir spielten Monopoly. May rief: „Ich habe, ich habe,
  ich habe!" Tim sagte: *„Ich, ich, ich!"*, kleine Pause.
  „Falsch – das gibt's doch nicht: Wir!" und spielte weiter
  als habe er nichts gesagt.

- Wir sprachen über das Wasser, denn die Straße vor
  ihren Häusern in dem wasserarmen Land lassen die
  Hausbesitzer nicht fegen, sondern täglich mit Wasser

abspritzen. Ich hatte einen Artikel gelesen „Wasser bedeutet Frieden, kein Wasser bedeutet Krieg". Das erzählte ich May und sie antwortete: *„Das ist doch ganz klar: Beide wollen das Wasser und dann ist Krieg, anstatt sich das Wasser zu teilen. Es ist ganz einfach: Teilen!"*

- Einmal kam ich nach Hause. Tim war alleine, spielte mit seinem Gameboy. Ich fragte: „Wo ist die Mama?" *„Sie holt Zigaretten. Ach, die Mama und ihre Zigaretten"*, eifrig Gameboy spielend. „Achte darauf, dass du nicht auch mal rauchen wirst!" *„Wenn ich groß bin, gibt es keine Zigaretten mehr."* „Wieso meinst du das?" *„Weil sie dann klüger geworden sind."* „Wer?" *„Na, die Menschen."*

- Tamim: *„Was ist ein Schutzengel?"* May: *„Ich weiß, was ein Engel ist, aber ich kann es nicht erklären."* Ich war dabei und ermunterte May: „Versuch es mal." May: *„Engel sind auch Kinder von Gott, aber anders als Menschen. Tiere sind auch Kinder von Gott. Da sind die Tiere und die Engel und die Menschen sind in der Mitte."* Tamim: *„Sind die Engel klein?"* May: *„Engel sind ganz verschieden. Sie sind auch ganz große Kraft."* Tamim: *„Man kann sie nicht sehen, aber sie sind da, so wie der Jesus jetzt auch hier sein kann?"* (Tim hat keine christliche Erziehung.) May: *„Ja, jeder Mensch hat einen Schutzengel?"* Tamim: *„Die May hat ihren Engel?"* (Frage an mich.) May: *„Ja und du auch und Marianne und alle."*

- „Gott ist nichts, er ist gar nichts, denn er ist alles." (Gott ist keine bestimmte Form, ist aber in allem enthalten.)

Abkürzungen und Begriffserklärungen

CIA   Central Intelligence Agency, offiziell: Zentraler Nachrichtendienst, klarer bezeichnet als Zentrale Geheimdienst- oder Spionage-Agentur Wikipedia: Ihre Aufgaben liegen im Bereich der Spionage, der Beschaffung und Analyse von Informationen über ausländische Regierungen, Vereinigungen und Personen, um sie den verschiedenen Zweigen der amerikanischen Regierung zur Verfügung zu stellen sowie der Durchführung von Geheimoperationen im Ausland. Nicht selten bedient sich die CIA, so wie andere Nachrichtendienste auch, der Desinformation und illegaler Mittel, um die öffentliche Meinung, die internationale Politik und die Repräsentanten der Vereinigten Staaten zu beeinflussen. Häufig geschieht dies unter einem Deckmantel, denn es entspricht kriminellen Machenschaften.

FBI   Federal Bureau of Investigation (in USA: das Fahndungsamt). Es ist die bundespolizeiliche Ermittlungsbehörde des amerikanischen Justizministeriums mit Sitz in Washington DC. Veranlasst und führt u. a. brutalste, menschenverachtende Foltermethoden durch.

Fed	Federal Reserve System, Zentralbank-System der USA, in Privatbesitz und am 23. Dezember 1913 gegründet. Seit seinem Bestehen ist die Fed durch die Finanzkrise seit Ende 2007 zum ersten Mal in Schwierigkeiten und Angriffen ausgesetzt. (Lesen sie in diesem Anhang das Kapitel „Die Gründung des Federal Reserve Systems". Die Wahrheit dieses Systems wird damit kristallklar.)
IMF	International Monetary Fund auch genannt:
IWF	Internationaler Währungsfond, Sonderorganisationen der Vereinten Nationen, UNO Schwesterorganisation der Weltbankgruppe IWF nahm seine Tätigkeit nach den Verhandlungen nach Bretton Woods auf, gegründet 1944, gehören ihm derzeit 185 Mitgliedsländer an. Das Stimmrecht richtet sich nach den Kapitaleinlagen, derzeit: USA 16,77 % / Japan 6,2 % / Deutschland 5,88 % / Frankreich 4,86 % / England 4,86 % / China 3,66 % Der Rest verteilt sich auf andere Staaten
NGO	Non-Governmental Organization, eine nichtstaatliche Organisation, ist eine nicht auf Gewinn gerichtete, von staatlichen Stellen weder organisierte noch abhängige Organisation.
NRO	Zu deutsch: Nichtregierungsorganisation

OECD   Organization for Economic Cooperation and Development. Diese Organisation für wirtschaftliche Zusammenarbeit und Entwicklung hat ihren Sitz in Paris. Ihre 30 Mitgliedsländer, die so genannten entwickelten Länder, fühlen sich der Demokratie und Marktwirtschaft verpflichtet.

OPEC   Organization of Petroleum Exporting Countries 1960 in Bagdad gegründet, seit 1965 Sitz in Wien

TK   Trilaterale Kommission wurde auf Betreiben von David Rockefeller im Jahre 1973 gegründet. Ziel der Gruppe ist die Zusammenarbeit der drei Blöcke USA, Europa, Asien. Die drei Blöcke werden auch als Triade bezeichnet.

WTO   World Trade Organization, Welthandelsorganisation 1995 gegründet, hat sie ihren Sitz in Genf. Die WTO ist neben dem IWF und der Weltbank eine der wichtigsten internationalen Einrichtungen, die wirtschaftliche Angelegenheiten von globaler Bedeutung verhandelt.

WELT-BANK	Hauptsitz in Washington DC (USA), hatte ursprünglich die Aufgabe, nach dem zweiten Weltkrieg den zerstörten Ländern finanzielle Hilfe zukommen zu lassen. Heute ist die offizielle Kernaufgabe der Weltbankgruppe: die wirtschaftliche Entwicklung von weniger entwickelten Mitgliedsländern durch finanzielle Hilfen, Beratung sowie technische Hilfe zu fördern und so zur Umsetzung der internationalen Entwicklungsziele beizutragen (vor allem den Anteil der Armen an der Weltbevölkerung bis zum Jahr 2015 um die Hälfte reduzieren zu helfen). Die Formulierung in der Klammer stammt von Wikipedia. Zufällig oder absichtlich zweideutig? IWF und IMF sind Schwesterorganisationen der Weltbankgruppe.

Weitere interessante Begriffe:

Stateless Global Governance
Staatenlose globale Regierung, angestrebt von der ‚Weltregierung'

Sonderproduktionszonen
befinden sich in Freihandelszonen

Domain Name System
DNS, ist das Herzstück des gesamten Internets. Interessant, dass es offiziell die gleiche Abkürzung ist wie die DNS, Desoxyribonucleinsäure, ein Biomolekül, das für

den Aufbau eines jeden Organismus und das Leben einer jeden Zelle zuständig ist. Man kann sogar sagen, das totale Bewusstsein unserer Zellen ist in der DNS vorhanden. In Deutschland wird oft die englische Abkürzung DNA verwendet, A von ‚acid' = Säure.

Reuters

Reuters Group war der größte globale Anbieter von Nachrichten mit Hauptsitz in London. Nach Kauf und Zusammenschluss mit der kanadischen Thomson-Gruppe heißt der Konzern seit April 2008 „Thomson Reuters" mit seinem Hauptsitz in New York.

Begriffe, die sich selbst erklären:

- Monopolisiertes Finanzkapital

- Globalisierter Kapitalismus

- Transkontinentale Gesellschaften

- Internationales globales Verbrechen

Begriffe der Neuen Zeit:

- Freie planetare Zivilgesellschaft

- Interplanetare Zivilisation

- Galaktische Gesellschaft

- Planetarer universaler Frieden

Bibliographie

1. Steven M. Greer
„Verborgenes Wissen – Verbotene Wahrheit,
Mosquito Verlag

2. Ronda Byrne
„The secret", (in Deutsch) Goldmann Verlag

3. Nicholas Georgescu-Roegen
„Vor uns der Niedergang" von Nikolaus Piper
DIE ZEIT, Nr. 9 vom 26. Februar 1993

4. Baird Spalding
„Leben und Lehren der Meister im fernen Osten",
Drei Eichen Verlag

5. Alice Baily
„Die geistige Hierarchie tritt in Erscheinung",
Lucis Verlag

6. „Nikola Tesla – eine Biographie", Omega Verlag
„Nicola Teslas Vermächtnis",
Lizenzausgabe raum & zeit verlag

7. Swami Sri Yukteswar
„Die heilige Wissenschaft", Otto Wilhelm Barth Verlag

8. Lee Carroll
„Kryon" 1.- 8. Ausgabe Ostergaard Verlag

9. Rupert Sheldrake
„Das schöpferische Universum" Meyster Verlag

10. Emmanuel Todd
„Weltmacht USA – ein Nachruf", Verlag Piper

11. David Lamb
„Afrika Afrika“, Kyrill & Method Verlag

12. Theodore Leutwein
„Elf Jahre Gouverneur in Deutsch-Südwestafrika“,
Namibia Wissenschaftliche
Gesellschaft Windhook

13. Stefan von Jankowich
„Ich war klinisch tot“, Drei Eichen Verlag

14. Karlheinz Deschner
„Kriminalgeschichte des Christentums“, Rowolth Verlag

16. Süddeutsche Zeitung 18.03.05
„Ein Manager für Afrika“

17. Über Burghard Heim
„Elf Lichtjahre in 80 Tagen“,
TELEPOLIS spezial 01/2005

18. Bücher über Konspiration
Kopp Verlag

19. Gregg Braden
CD „Im Einklang mit der göttlichen Matrix

20. Goetz Werner
Bei Google eingeben: Grundeinkommen Goetz Werner

21. Christian Anders
„Der Rubel muss rollen“, Elke Straube Verlag

22. Marianne Streuer
„Schicksal ist machbar“ Kösel Verlag

23. Fernando Balazar Banol
„Die okkulte Seite des Rock", F. Hirthammer Verlag

24. Hanna Reitsch
„Fliegen mein Leben", Dt. Verl. Anstalt

25. Helena Roerich
„Briefe", Roerich Gesellschaft e. V., Pfronstetten

26. Franz Hartmann, Übersetzung
„Bhagavad Gita", Schatzkammer Verlag

27. Masaru Emoto
„Die Botschaft des Wassers", KOHA-Verlag

28. Peter Yoda
„Ein medizinischer Insider packt aus", SENSEI Verlag

29. Ronna Hermann
„Auf den Schwingen des Lichts" Ventla Verlag

30. Helena Petrowna Blavatsky
„Die Geheimlehre" Adyar Theosophische Gesellschaft

31. Peter Russel
„Die Erde erwacht" Heyne Verlag

Für diejenigen, die mein spiritueller Weg interessiert, sei hier einiges erwähnt:

Schon in meiner Jugend zog mich die Existenz des Geistigen als Realität stark an. Als ich zum ersten Mal die „Bhagavad Gita" las, wurde ich für 2 Tage richtig krank („Bhagavad Gita in Sanskrit „Das Hohe Lied", poetische Übersetzung von Franz Hartmann, Schatzkammer Verlag). Überwältigend war für mich die Erkenntnis der wieder gefundenen Heimat.

Wie im alten Indien junge, suchende Menschen zu einem Weisen gingen, um bei ihm zu leben und umgehend durch die alltäglichen Ereignisse geschult zu werden, wurde mir für mehrere Jahre ebenfallsein solcher Mensch zur Seite gegeben.

Als mich das Selbststudium westlicher Philosophie nicht mehr zufrieden stellen konnte, suchte ich weiter in Schriften von der Self-Realisation Fellowship, Parahamsa Yogananda; Theosophischen Gesellschaft, Helena Petrovna Blavasky; Arkanschule, Alice Bailey. Mehrmals reiste ich nach Indien und lernte Ashrams höchst unterschiedlicher Qualitäten kennen. In Japan war ich im Zentrum von Ogamisama und auf Hawaii wegen des Wissens der Kahunas. Überall durfte ich Weisheitslehren mitnehmen, ebenso von den Ausbildungen zur astrologischen Psychologie, API Astrologisch-Psychologisches Institut in Adliswil bei Zürich und in Psychosynthese, Psychosynthesis Institute of New York.

In besonderem Maße habe ich erfahren und erkannt, nur wenn Weisheitslehren verinnerlicht werden sind sie einfach, lebendig und können gelebt werden. Wahre Spiritualität ist Gnade. Sie muss vom Menschen begehrt und gerufen werden. Das ist unabhängig von seinem Denken und Wissen – durch Liebe entsteht sie ganz von selbst.

Mein Yogalehrer Dhirendra Brahmachari, Lehrer einiger indischer Ministerpräsidenten stellte mir die Befähigung aus, klassischen Yoga in westlichen Ländern lehren und repräsentieren zu können. Dies beendete mein früheres Unternehmertum. Eines Tages kam ein Firmenchef in meine Yogaschule. Als Erster engagierte er mich, seine Mitarbeiter in physischer und mentaler Fitness zu schulen.

Ende der 80iger Jahre begann eine neue Zeit. Mein Aufgabengebiet in der Wirtschaft wandelte sich dahin gehend, Führungspersönlichkeiten im Sinne der Bewusstseinsentwicklung zu begleiten. Derzeit bezieht sich meine Aufgabe darauf, in diesem Sinne mit Führungspersönlichkeiten Dialoge zu führen. Wie dieses Buch zeigt, ist das Tagesgeschehen nicht von seinen geistigen Wurzeln zu trennen.

Für mich ist es keine Frage, ob geistige Wesen existieren oder nicht. Hoch entwickelte Wesenheiten haben die Fähigkeit, sich für uns zu materialisieren. So durfte ich es zwei Mal mit Jesus, dem Mann aus Nazareth erleben. Beim ersten Mal habe ich ihn körperlich berührt und gespürt. Wir haben mit einander gesprochen. Er war schön und jung, wie man es von Avataren berichtet. Das war zu Beginn meines spirituellen Weges.

Auch UFOs sind für mich keine zweifelhafte Angelegenheit, seit ich im Abstand von zehn Jahren ein silbern und ein blau strahlendes Unbekannte Flugobjekt erlebt habe. Beide

Male standen sie in geringer Höhe auf der gegenüberliegenden Straßenseite. Es war nachts und das blaue UFO war überwältigend schön. Ich war sehr bewegt. Meine Tränen tropften auf meine nackten Füße.

Frühere Veröffentlichungen

neben diversen Aufsätzen in Zeitschriften
erschienen folgende Bücher:

„Schicksal ist machbar" Die 7 Bewusstseinsstufen,
Kösel Verlag 2005

„Sein Leben verstehen und meistern" Persönlichkeitsentfaltung und Bewusstseinserweiterung,
Fernlehrgang in 3 Bänden,
Peter Erd Verlag 1985

„Zauberformel Gedankenkraft",
Ariston Verlag 1982; Übers. ins Französische

„Gesundheit für ein ganzes Leben"
Econ Verlag 1977; Übers. ins Holländische

Vorträge und Lesungen
aus „Die Streifen des Zebras" mit
Fragen der Anwesenden
und Antworten von Marianne Streuer

Anfragen per Mail: Vorträge@Marianne-Streuer.de

Für Ihre persönlichen Anmerkungen:

Traugott Ickeroth

Im Namen
der Götter Band 1

Eine Chronologie
fremden Einwirkens

23,00 € (D) • 23,70 € (A) • 37,00 Fr (CHF)
Hardcover, 335 Seiten, 16 Seiten farbig
ISBN: 978-2-937987-00-2

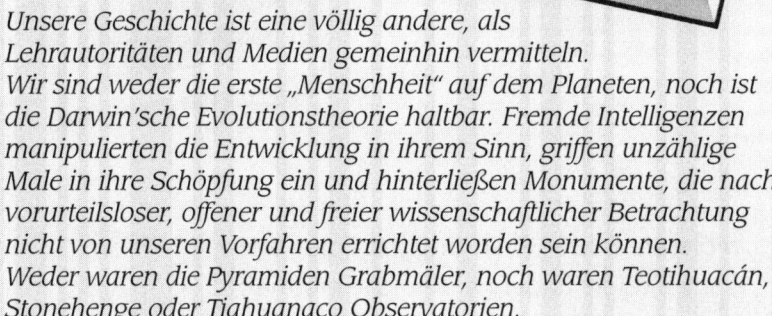

*Unsere Geschichte ist eine völlig andere, als
Lehrautoritäten und Medien gemeinhin vermitteln.
Wir sind weder die erste „Menschheit" auf dem Planeten, noch ist
die Darwin'sche Evolutionstheorie haltbar. Fremde Intelligenzen
manipulierten die Entwicklung in ihrem Sinn, griffen unzählige
Male in ihre Schöpfung ein und hinterließen Monumente, die nach
vorurteilsloser, offener und freier wissenschaftlicher Betrachtung
nicht von unseren Vorfahren errichtet worden sein können.
Weder waren die Pyramiden Grabmäler, noch waren Teotihuacán,
Stonehenge oder Tiahuanaco Observatorien.*

Im Namen
der Götter Band 2

Die Fortsetzung der Manipulation

23,00 € (D) • 23,70 € (A) • 37,00 Fr (CHF)
Hardcover, 355 Seiten, 8 Seiten farbig
ISBN: 978-3-937987-01-9

*Band 2 ist eine nahtlose Fortsetzung
des ersten Buches „IM NAMEN DER GÖTTER –
Eine Chronologie fremden Einwirkens". Die „Götter" haben
sich nur scheinbar von dem Schlachtfeld Erde zurückgezogen.
Im Hintergrund ziehen sie weiterhin die Fäden. Dies tun sie aus
ihren feinstofflichen, für uns unsichtbaren Reichen, aber auch in
unserer dreidimensionalen Welt tauchen sie als Außerirdische
auf. Sie sind jene Instanzen, mit welchen eine verborgene Elite
zweifellos in Kontakt steht – ob zum Wohl der Menschheit, darf
in Frage gestellt werden.*

Grazyna Fosar, Franz Bludorf

Zaubergesang

Frequenzen zur Wetter- und Gedankenkontrolle

Hardcover, 285 Seiten, 16 Farbseiten
EUR 23,00 (D) · EUR 23,70 (A) · CHF 36,40
ISBN 978-9-9808206-6-0

In diesem Buch gehen Grazyna Fosar und
Franz Bludorf folgende Bereiche erstmals
in sachlicher und wissenschaftlich fundierter
Weise an.

Ihre Schlußfolgerungen sind mehr als überraschend.
Die neuesten Technologien zur Wetter- und
Gedankenkontrolle basieren auf den Grundlagen
der Frequenz-Modulation!

Den Schlüssel dazu bildet die Wiederentdeckung
der geheimnisvollen Schumann-Frequenzen.

Offizielle amerikanische Patentschriften beweisen,
daß mit Hilfe elektromagnetischer Wellen das Wetter
manipuliert werden kann.

Conrad E. Terburg

Geosophie

Mensch und Erde in
kosmischen Kraftfeldern

Hardcover · ca. 300 Seiten
EUR 24,00 (D) · EUR 24,70 (A) · CHF 37,95
ISBN: 978-3-937987-85-9

Ist Landschaft Götterwerk?
Dieses Buch enthüllt die verborgene Bedeutung von
Landschaftsformen und Orten der Kraft und führt weit
über die landläufige Geomantie hinaus.

Der Autor erläutert komplexe Strukturen voller Geheimnisse:
Riesige Sternbilder, die auf der Erde markiert sind, Kornkreise oder
Landschafts-Pentagramme, deren esoterische Hintergründe und
vieles mehr.

Anhand verschiedener Beispiele, wie der mystischen Wewelsburg
oder
der Sonnenstadt Karlsruhe, zeigt er Zusammenhänge zwischen
der okkulten Planung von Landschaften und Bauwerken und den
esoterischen Aspekten ihrer Geschichte. Siebengebirge und Wester-
wald, Kassel und das Weserbergland, Hannover, der Harz, Bran-
denburg oder Berchtesgaden sind einige der Stationen in dieser
spektakulären Landschafts-analyse, wie es sie in dieser Form noch
nicht gegeben hat. So entsteht ein ganz neues Bild der Entwicklung von Erde und Mensch mit einem völlig anderen Konzept, als
es die derzeitigen Wissenschaften bieten.

Ein ausführliches Literaturverzeichnis vermittelt dem Leser Impulse
zur eigenen Weiterforschung.

Bestellen Sie im Internet: www.magazin2000plus.de

Barbara Singer

Die „What the Bleep" Geschichte

Eine Geschichte über Quantenphysik

Hardcover . 200 Seiten
EUR 18,00 (D) · EUR 18,50 (A) · CHF 28,50
ISBN 978-3-937987-78-1

Können wir unsere Wirklichkeit beeinflussen?
Unser Unterbewusstsein reagiert am stärksten auf
innere Bilder und die damit verbundenen Gefühle.

Das vorliegende Buch erklärt auf einfache Art, wie Träume,
Wünsche und Ziele schneller erreicht werden.

Die „What the Bleep" Geschichte ist kein gewöhnliches Anwender-
buch, sondern beschreibt die Quantenphysik als Geschichte.

Sie handelt von zwei Jungen aus Wales, Oliver und Samuel.
Ihre Charaktere könnten unterschiedlicher nicht sein, Oliver, ein
sachlich aufgeklärter Junge, Samuel, der an die Kraft des Unter-
bewußtseins glaubt. Oliver lernt die Großmutter seines Freundes
Samuel kennen, die ihm aus der fantastischen Welt der Quantenphysik erzählt. Langsam bemerkt er, daß wir unsere Realität selbst
schaffen können.

Der Autorin gelingt der Spagat zwischen praktischen Beispie-
len und spielerischen Erzählungen. Durch die liebevolle Schilde-
rung ist dieses Buch nicht nur für Erwachsene geeignet.

Ein Buch für jede Altersgruppe, zum Vorlesen und selber lesen.
Denn am Ende begreifen Sie, wenn wir wollen, können wir die un-
glaublichsten Dinge erreichen.

Hartwig Hausdorf

Rückkehr aus dem Jenseits

Hardcover, 230 Seiten
EUR 19,90 (D) · 20,50 (A) · CHF 31,00

ISBN 978-3-937987-31-6

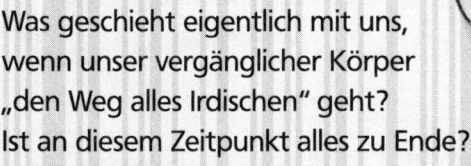

Was geschieht eigentlich mit uns,
wenn unser vergänglicher Körper
„den Weg alles Irdischen" geht?
Ist an diesem Zeitpunkt alles zu Ende?
War unser lebenslanges Streben nach Wissen und Erfahrung
buchstäblich umsonst – oder geht es „hinter dem Horizont"
weiter?
Immerhin lehrt uns die Physik, daß in diesem Universum
nichts verlorengeht: Materie verwandelt sich in Energie und
umgekehrt.

Hartwig Hausdorf, dessen Bestseller weltweit in mittlerweile
16 Sprachen erschienen sind, beleuchtet diese älteste aller
Menschheitsfragen aus der Sicht der Naturwissenschaften,
der Psychologie und der Religionen. Gespräche mit Professor
Ian Stevenson, der noch immer weltweit größten Kapazität
der Reinkarnationsforschung, atemberaubende Fälle offen-
sichtlicher Wiedergeburt und nicht zuletzt ein eigenes auf-
wühlendes Erlebnis bestärken den Autor in seiner Überzeugung: Unsere Persönlichkeit oder Seele – wie immer wir sie
auch nennen wollen – überlebt den körperlichen Tod,
und wir alle kehren immer wieder ins Leben zurück!

Peter Möller

Einweihungswege in die Mysterien

Geheimnisse der Rosenkreuzer-Einweihung

Hardcover, 385 Seiten
EUR 19,90 (D) · EUR 20,50 (A) · CHF 31,50
ISBN 978- 3-937987-36-1

Der Autor beschäftigt sich seit seinem 21. Lebensjahr intensiv mit den Geheimwissenschaften.

Besonders die Theosophie und die Anthroposophie finden sein Interesse. Die Lehren der Rosenkreuzer und der Meister der Weisheit üben eine besondere Faszination auf ihn aus.

1984 trifft er den Meister Frater Germanus, dessen Eröffnungen teilweise schockierend für ihn sind. Er erkennt, daß die Verbindungen zwischen den Meistern und Schülern doch etwas anders sind, als dies in geläufigen Büchern dargestellt wird.

Außerdem vertieft er sich in die Lehre des Meisters Mikhael Aivanhov, dem Meister von Frater Germanus.

Dr. Ignat Ignatov

Hellsehen

Hardcover, ca. 180 Seiten
EUR 19,95 (D) • EUR 20,50 (A) • CHF 31,50
ISBN 978-3-937-987-66-8

- Welches sind die Phänomene des Hellsehens?

- Prophezeiungen von Nostra-damus und Vanga, die sich jetzt verwirklichen.

- Außerordentliche Treffer von Christos Drossinakis und von herausragenden Hellsehern.

- Wie bekommt man Informationen aus der Vergangenheit, Gegenwart und Zukunft?

- Wie ist die Zeit als vierte Dimension zu verstehen?

- Wie können wir unsere Fähigkeiten entwickeln?

- Beeindruckende Prognosen, Fotos mit einzigartigen Abbildungen, Experimente, die das Hellsehen beweisen…

- Zum ersten Mal werden überzeugende Beweise über den Energieinformationsaustausch anhand der Farb-Kirlianfotografie präsentiert.

- Wie sehen die elektrischen Auren der bedeutensten Hellseher der Gegenwart aus?

- Tief und ergreifend enthüllt der Autor dem Leser nicht nur einzigartige Prognosen, sondern auch wissenschaftliche Tatsachen.

Reinhold Lutzmann

Das La Palma Komplott

Hardcover · 390 Seiten
EUR 19,90 (D) · EUR 20,50 (A) · CHF 31,50
ISBN: 987-3-937987-53-8

Reinhold Lutzmanns „La Palma Komplott" führt den Leser in die
gefährliche Welt der kompromisslosen Terroristen und Geheimdienste.
Ausgezeichnet verbindet der Autor Facts - den geologischen Status
der Insel La Palma (BBC Dokumentation), sowie die Mega-Tsunami-
Simulation, den ETH-Zürich - mit Fiction, den Personen, Handlungsorten
und Geschehen.

Der Leser wird von München über La Palma nach Kapstadt geführt,
von wo die eigentliche Ausführung des Komplotts - das totbringende
Projekt - entwickelt wird. Wir begegnen dem Ägypter Yussuf Al Shabba,
dem Erfinder des Projekts und Plans, welchen die Ereignisse vom
11. 9. 2001 - dem Tsunami in Süd-Ost-Asien und Hurrikan Katrina weit
übertreffen soll. Martin, der junge Münchner Ingenieur, wird entgegen
seiner Prinzipien eine Ferienreise nach La Palma antreten, die sein
weiteres Schicksal bestimmt. Dank seiner geologischen Kenntnisse
gelingt es ihm auf Insel-Wanderungen, das Komplott zu entschlüsseln.
Ein ausgeklügelter, teuflischer Plan, mit Hilfe eines raffinierten,
technischen Systems, die bereits erfolgten geologischen Veränderungen
der Insel unter Wasser zu benutzen, um einen Mega-Tsunami auszulösen
mit unheilvollen Folgen für Europa, der afrikanischen Küste bis Amerika.

Der Autor versteht es, seine Leser von Kapitel zu Kapitel in Spannung zu
halten. Die Gegenüberstellung von „Gut und Böse" in Verbindung von Fact
und Fiction, wird zum Erlebnis. Das teuflische Komplott, die rücksichtslose
Welt der Geheimdienste und Terroristen, veranlaßt zum Nachdenken. Ein
Buch, was man nicht beiseite schieben kann. Es ist „Der" in unser Zeitalter
passende Science Fiction Roman.

Bestellen Sie im Internet: www.magazin2000plus.de